LES MÈRES JUIVES N'EXISTENT PAS ... MAIS ALORS QU'EST-CE QUI EXISTE ?

Aldo NAOURI
Sylvie ANGEL
Philippe GUTTON

LES MÈRES JUIVES N'EXISTENT PAS ... MAIS ALORS QU'EST-CE QUI EXISTE ?

Odile Jacob

15, RUE SOUFFLOT, 75005 PARIS

www.odilejacob.fr

ISBN 2-7381-1580-2

PRÉFACE

On imagine toujours que les enfants, quand ils parlent entre eux, échangent des confidences sur leurs jeux ou leurs jouets préférés. C'est faux. Dès qu'ils ont intégré l'école, ils ne cessent plus de faire de cette dernière le centre de leurs conversations. Dans un véritable concours, qui tourne parfois au brouhaha, ils racontent leurs classes, leurs enseignants, leurs copains, leurs condisciples.

Qu'en est-il des grands quand ils se trouvent à partager un repas commun ? Ils font la même chose. Une fois épuisés les commentaires de l'actualité et de la culture, ils en arrivent immanquablement à leur profession, quand ils ne se réunissent pas sous ce seul prétexte. La satisfaction qu'ils tirent alors de leurs échanges peut même les amener à se retrouver régulièrement. Et ce n'est pas un hasard si ces fameux dîners en ville voient éclore le désir de formaliser les débats qui ont pu s'y ouvrir au point de conduire à envisager un véritable travail commun. C'est ainsi que Sylvie Angel, Philippe Gutton et moi-même en sommes arrivés, un soir, à nous intéresser de très près à la « mère juive ». Nos professions nous offrant des horizons proches, voire complémentaires, nos conversations avaient déjà souvent porté sur les enfants, les parents en général et les mères en particulier. Est-ce à cause d'une lecture, de l'exposé d'un cas ou d'une pièce de théâtre que nous nous sommes découvert le même intérêt pour ce personnage à l'appellation spécifique ? Je ne m'en souviens plus. Mais je me rappelle que chacun de nous semblait s'y intéresser pour un motif différent. Nous fallait-il en rester là, ou bien multiplier les rencontres, sans savoir où nous allions ? Nous avons alors décidé de travailler le sujet, d'explorer le champ qui s'offrait ainsi à nous et – pourquoi pas, si nos réflexions le méritaient ? – d'en faire un livre. Chacun de nous ayant déjà à son actif de nombreux ouvrages et le sujet nous passionnant au même point, il nous est apparu que nous ne pouvions pas faire autrement que d'écrire celui-ci ensemble.

Sylvie Angel, psychiatre, psychanalyste, thérapeute familiale ayant parachevé sa formation aux États-Unis, mère et juive de surcroît, ajouterai-je pour ne pas négliger ce détail de son personnage, a passé sa vie professionnelle à rencontrer des mères. Qu'elle les reçût seules, en face-à-face ou sur le divan dans le cadre d'une thérapie personnelle, ou bien accompagnées de membres de leurs familles dans le cadre de thérapies familiales, elles lui ont paru toujours tenir un discours dont le fond ne recelait aucune spécificité autre que celle d'une histoire personnelle. Elle ne parvenait donc pas à comprendre pourquoi ou comment on avait pu singulariser un groupe, comme celui des « mères juives », et qu'un tel groupe eût pu être devenu désormais à ce point évocateur pour un public élargi. Son projet s'est trouvé du coup immédiatement défini. Elle s'est mise en tête d'enquêter sur l'origine de cette formalisation sémantique qui a pris désormais une place repérable dans notre environnement culturel.

Partageant moi-même son constat et la sachant pugnace et déterminée, comme elle l'est toujours, à aller jusqu'au bout de son enquête, je me suis immédiatement rallié à son idée. Je dois ajouter que j'ai été ravi qu'elle donne cette direction à son travail puisque moi-même – juif et fils de « mère juive » préciserai-je, pour continuer à ne négliger aucun détail –, qui ai passé près de quatre décennies à rencontrer des mères dans mon activité de pédiatre, je n'ai jamais réussi à tracer entre elles la moindre frontière d'un tel type. Au point d'ailleurs que j'avais donné à deux reprises des conférences publiques dans lesquelles je démontrais que la « mère juive » n'est qu'un mythe sans réel contenu et qu'elle n'existe pas en tant que telle. J'ai repris l'essentiel de mon argumentaire dans la partie qui m'est échue.

Là où le travail que nous avions projeté nous a semblé prendre plus d'intérêt encore que l'allure grossièrement sociologique qui s'en dessinait, c'est quand nous avons entendu s'exprimer Philippe Gutton, pédopsychiatre, psychanalyste, professeur des Universités – et non juif, lui, pour toujours ne pas négliger les détails. Il nous a soutenu, pour sa part, qu'il ne suffisait pas de remonter à la source du mythe et de démontrer l'absence de son contenu. Mais qu'il fallait impérativement s'interroger sur la raison de son éclosion, sur celle de sa large diffusion et sur la manière dont il frappait l'imagination du public. Alors que nous nous serions sans doute contentés de plaider pour l'absence de singularité de cette fameuse « mère juive », nous découvrions chez notre collègue une disposition inattendue, celle d'un limier scrupuleux décidé à mener son enquête jusqu'au bout. Ce qu'il a d'ailleurs exprimé un soir d'une manière on ne peut plus lapidaire en nous disant : « Les mères juives n'existent pas, soit, mais alors, qu'est-ce qui existe ? » Amusés à la perspective qu'il nous dessinait ainsi et confiants dans ses talents de théoricien, nous nous sommes vivement ralliés à sa proposition, retenant même sa phrase pour en faire le titre de notre ouvrage. Notre confiance et notre enthousiasme n'ont pas été déçus. En enquêteur distancié et rigoureux, Philippe Gutton ne s'est pas en effet contenté de faire usage des résultats de notre travail. Avec son érudition et sa minutie habituelle, il a entrepris de démonter ce qu'il en est de la « mère », ce qu'il en est de ce qu'il appelle la « maternalité », pour montrer que, lorsqu'elle est décrite de façon caricaturale du côté de la « mère juive », elle ne fait rien d'autre que traduire une manière dont ont usé de toute éternité les mères pour faire reconnaître leur féminité. Une féminité réduite à ce stratagème et dont l'expression continue encore, au demeurant, d'être singulièrement bridée. Il n'a pas hésité à interroger, à cet égard, les théories freudiennes de la sexualité infantile pour en démontrer l'insuffisance à la lumière des travaux les plus récents. Tant et si bien que cet ouvrage, qui avait pris prétexte de la « mère juive » pour en éclairer le mystère, a fini par être, de diverses manières, une mise au point – dont notre environnement culturel semble avoir le plus grand besoin ! – sur ce qu'il en est de la mère, de la femme, de la féminité.

Aldo Naouri

I

GÉNÉALOGIE D'UN ARCHÉTYPE

« Dieu ne pouvant être partout, il a créé les mères juives. »

Proverbe hébreu

Isaac, qui termine son stage de coopération en Afrique, appelle sa mère.

« Maman, j'arrive demain à Orly et je t'appelle pour que tu me réserves trois chambres d'hôtel.

— Mais pourquoi, mon fils ? Il y a de la place à la maison.

— Maman, je rentre avec ma femme.

— Et alors ? Mazal tov *! Tu ne voudrais tout de même pas me priver du bonheur de recevoir ma bru ?*

— Maman, ma femme est noire.

— Et alors ? Depuis quand les juifs se permettraient d'être racistes ?

— Maman, elle a cinq enfants. C'est pour ça que j'ai besoin de plusieurs chambres.

— Mais les enfants sont une bénédiction, mon fils ! Et il y a de la place à la maison. Ils iront dans les lits vides de tes frères qui sont partis ; toi et ta femme, vous dormirez dans notre lit ; et ton père sur le canapé du salon.

— Ah ? Mais toi, maman ?

— Oh moi, ne t'en fais pas, mon chéri : je raccroche et je saute par la fenêtre. »

Les parents d'aujourd'hui ne cessent pas de s'interroger sur l'attitude qu'ils devraient adopter envers leur progéniture en craignant de se perdre dans le dédale des recommandations qu'on leur adresse de toutes parts. Même si les magazines et les livres leur prodiguent des conseils qui peuvent se révéler utiles, ils en arrivent tout de même à devoir nous consulter. Leur demande n'est alors bien souvent différente qu'en apparence. Ce qu'ils expriment, c'est l'angoisse dans laquelle les plonge un rôle dont nous nous efforçons pourtant de leur faire admettre qu'il a, depuis toujours, été difficile à tenir. Ils espèrent néanmoins que les progrès accomplis par la psychologie ces cinquante dernières années leur permettront de mieux éclairer leur place à défaut de leur fournir en toutes circonstances des recettes simples et efficaces.

C'est sur ce mode que chacun de nous a été amené à rencontrer la notion de « mère juive ». Son côté flou et faussement entendu, ainsi que la difficulté à en saisir le contenu et l'ambiguïté nous ont conduits à nous demander si elle constituait un « concept » susceptible d'éclairer le personnage maternel, ou si ce n'était qu'un « fourre-tout » vague, sans véritable consistance. Nos avis n'ont pas été immédiatement unanimes. Nous ne pouvions pas nous débarrasser de l'appellation au motif qu'elle se limiterait à la pure caricature, montée en épingle par les humoristes, ou qu'elle relèverait d'une tendance à la stigmatisation, toujours un peu douteuse et dont il conviendrait de se garder. D'un autre côté, il n'était pas non plus possible de l'ériger sans plus ample examen en concept opératoire pour notre pratique. C'est pourquoi nous sommes convenus de nous répartir la tâche.

Thérapeute familiale, j'ai été formée à la démarche analytique puis à l'approche systémique. C'est dans ce contexte que la notion de « mère juive » m'est devenue familière. Dans le cadre de consultations aussi bien au Centre de thérapie familiale Monceau que j'ai créé en 1980 qu'au Centre Pluralis, j'ai rencontré toutes les organisations familiales possibles. J'ai vu des mères aimantes comme des mères rejetantes, des mères possessives, intrusives ou au contraire froides, distantes ; des pères chaleureux ou rigides, comme des pères falots ou autoritaires ; des enfants rebelles ou assujettis, introvertis ou extravertis... J'ai surtout compris à quel point les systèmes familiaux étaient capables d'évoluer si on les aidait, mais aussi à quel point tous les personnages de la famille souffraient de situations inextricables, étaient pris dans les mailles de filets qui les étouffaient et combien le poids des générations était lourd à porter.

Dans ce travail quotidien, le qualificatif de « mère juive » est apparu comme la caractéristique de bien des familles, quelle que soit leur origine culturelle et sociale, dès lors que le lien transgénérationnel mère/fils, ou mère/fille, ou bien père/fille ou père/fils devenait l'alliance la plus forte de la famille. À vrai dire, la « mère juive » a presque atteint la dimension de « concept » psychologique décrivant un certain type de facteur relationnel pathogène, à repérer et à résoudre, ensemble. Je dis bien *presque*.

À travers cet archétype de la « mère juive », et même si c'est souvent avec la chaleur du rire, deux choses se trouvent évidemment stigmatisées : la femme, et donc la mère ; et puis la judéité. Il existe des recueils de plaisanteries sur les mères juives ; dans certains films, on attend avec délectation les irrésistibles rodomontades de cette *mamma* envahissante qui vient semer la panique dans la vie du héros, lequel, tant bien que mal, cherche à mener sa barque... Si ce n'étaient les auteurs, humoristes, scénaristes juifs qui mettaient eux-mêmes en scène ce sympathique jeu de massacre familial, le thème fleurerait facilement l'antisémitisme – nous y reviendrons.

Malgré tout, la « mère juive » occupe une certaine place dans la représentation populaire de la culture juive – chez les non-juifs, comme souvent chez les juifs eux-mêmes –, si bien que la « mère juive » semble être une personnalité scellée au cœur même de cette culture. *Grosso modo*, être juif signifierait entretenir un certain type de relations avec ses parents, et notamment avec sa mère...

On ne peut dès lors manquer d'évaluer la pertinence de cette figure pour voir si, oui ou non, les mères juives sont irrésistiblement conduites à devenir des « mères juives » – comme si elles avaient pour cela un penchant « atavique » – et pour tenter aussi bien sûr de comprendre pourquoi tant de mères non juives se comportent comme cette figure. Pour ce faire, il faudra aller voir du côté de l'histoire des rapports entre culture juive et maternité, et enfin regarder de plus près qui sont ces femmes juives qui sont devenues l'objet de dérision ou d'invectives plus ou moins sympathiques.

Pour autant, on n'aura pas réglé le problème. Car, qu'il recouvre ou non une « vérité », le cliché existe. Et, comme tout cliché, même d'apparence anodine, celui-ci doit avoir une histoire précise. Il ne s'agit donc pas tant de déterminer si les mères juives sont bel et bien ou non des « mères juives » ; la question est de savoir ce qui a poussé à la création, à la fixation, puis au ressassement infini de cette figure. Cet archétype doit bien avoir ses causes, sa raison d'être, et même sa finalité. Le rire qu'il convoque doit bien être la trace d'un problème. En fin de compte, le cliché doit être, comme tout cliché, un opérateur. Il doit renfermer un mécanisme propre, qui permet à ses créateurs, enchâssés dans une situation donnée, d'élaborer pour eux-mêmes leur histoire, leur identité. C'est pourquoi il faut rechercher les (bonnes ou mauvaises) raisons pour lesquelles il existe.

Vu la densité de sens, de contresens, d'opinions, de préjugés, étant donné la mosaïque que recouvre cette notion, une enquête de défrichage préalable s'est imposée. Il a fallu se résoudre à se lancer sur la piste de la « mère juive », et ce chemin, on va le voir, a été semé d'embûches, d'ornières, de bifurcations ; il a fallu de temps en temps prendre des voies de traverse, opérer des détours. Il a fallu accumuler pièce par pièce les documents, décortiquer pour mieux recueillir les fondements de cet étrange et tonitruant personnage.

Première approche

Lors de nos premières confrontations sur ce thème, Aldo Naouri a proposé de jeter quelques termes, à l'état brut : « Dévouée. Ingénieuse. Aimante. Prête au sacrifice. Fortement impliquée dans son rôle. La "tripe à l'air". Débrouillarde. Héroïque. Intraitable. Hantée par le sens du sacrifice. Possessive. Se mêlant de tout. Toujours préoccupée de bien nourrir. Sorcière. Gratifiée d'un don divinatoire. Angoissée. Exigeante. Infatigable. Voulant toujours avoir le dernier mot. Préoccupée seulement de ses enfants. Faisant passer ses enfants avant toute chose. Plus mère que femme ou épouse. »

Il serait illusoire de répertorier tous les comportements associés à ce qualificatif. On pourrait, ou peu s'en faut, associer à cette liste tous les synonymes du dictionnaire français et les décliner dans toutes les langues. En vérité, l'expression « mère juive » paraît rigoureusement équivaloir au qualificatif « trop ». La « mère juive » exagère, elle en fait trop, en tout, tout le temps : trop présente, trop concernée, trop intrusive, trop possessive vis-à-vis de sa progéniture.

Une relation d'attention envers un autre que l'on protège de façon disproportionnée, voire déplacée, une sollicitude dépassant toutes les bornes, tout cela peut mener à mériter l'appellation de « mère juive ». Que l'on soit mère ou pas, juif ou pas, et même femme ou pas, d'ailleurs, elle peut s'appliquer à toute personne (père, frère, sœur, ami) ayant une attitude trop anxieuse, trop envahissante vis-à-vis d'une autre. Nos patients nous ont ainsi donné de nombreux exemples de « mères juives »... qui souvent n'étaient pas juives du tout.

Ainsi, Jeanne, animatrice dans une station de radio, me racontait qu'elle ne savait pas comment « gérer » sa mère. Elle l'appelait pendant ses heures d'émission, se faisant passer parfois pour une auditrice. Jeanne recevait régulièrement par le service intérieur de messagerie des cageots de légumes adressés par sa maman : « Au cas où on ne trouverait pas de légumes frais sur Paris... »
« Appelle dès que tu arrives », disait, quant à elle, la mère de Jean-René. Or le trajet en question était de cinq cents mètres et Jean-René avait 45 ans. « Voici un petit casse-croûte pour la route » : la route, en l'occurrence, se réduisait à dix stations de RER.

De nombreuses mères non juives se qualifient elles-mêmes de « mères juives », tant leur attitude trop étouffante leur vaut des reproches de la part des autres membres de la famille.

Roberto a 58 ans et sa mère 85 : on la surnomme « la Nonna ». Elle continue d'appeler le soir chez les amis de son fils. « Avez-vous vu mon fils ? » demande-t-elle partout. Parfois, elle appelle des relations que Roberto n'a pas revues depuis des mois, simplement parce que le téléphone portable de Roberto était éteint... Lorsqu'il se lance dans un énième régime, sa mère l'aide en le surveillant, en lui apportant des tonnes de plats cuisinés (par elle-même), pour être sûre qu'il n'y ait que des bonnes choses à l'intérieur.

Il m'est impossible de distribuer ici la palme de la « mère juive » tant les exemples abondent. Pourtant, deux d'entre eux semblent pouvoir la décrocher *ex aequo*.

Julien est un homme élégant et il est ingénieur informaticien. Il vient me voir alors qu'il est au bord du divorce. Son épouse Alice ne veut plus voir sa mère et Julien se sent pris entre les deux femmes. Elles qui s'entendaient si bien au début... Alice disait même qu'elle était plus proche de sa belle-mère que de sa mère.

Julien a tellement peur qu'il arrive quelque chose à sa mère et elle qu'il lui arrive quelque chose qu'il ne peut s'empêcher de lui parler plusieurs fois par jour au téléphone. Sa femme lui reproche cette disponibilité. Même lors de sa nuit de noces, en pleine action, il n'a pu s'empêcher de répondre à sa mère au téléphone !

Alice, trouvant sa belle-mère trop intrusive, le lui a fait remarquer et le ton est monté. Depuis, les deux femmes ne se parlent plus, et Julien téléphone le plus souvent en cachette à sa mère pour éviter les reproches de sa femme. De même, il invente des réunions pour voir sa mère car Alice lui fait des scènes dès qu'il évoque le fait d'aller dîner avec elle.

Cette histoire rappelle une scène de *La Vérité si je mens*, le film de Thomas Gilou. Un soir, alors que le personnage interprété par Élie Kakou est au lit avec son amie, on sonne à la porte. La jeune femme le regarde, inquiète, et lui demande : « C'est ta mère ? » Il répond : « Non, ma mère a les clefs. »

La seconde anecdote m'a été rapportée par une patiente.

> *En train de passer ses épreuves orales du baccalauréat, tout à coup, elle a aperçu à travers les vitres de la salle d'examen quelqu'un qui tentait de regarder les élèves. Elle a alors reconnu sa mère qui, trop petite, faisait des sauts en hauteur pour accéder à la vitre. Elle voulait surveiller les épreuves et s'assurer que sa fille ne manquait de rien. Elle s'était introduite dans le lycée en cachette et avait trouvé la salle d'examen de sa fille... laquelle rata ses épreuves.*

Cependant, il arrive fréquemment que, comme par un hasard troublant, le qualificatif de « mère juive » s'attache à... des mères bel et bien juives. Lesquelles semblent former une sorte de typologie : c'est, comme le dit Renée David, « la mère abusive, maternelle au point d'en être envahissante ! Celle qui étouffe son grand fils sous de petites laines. Celle qui au nom de Dieu se montre prolifique, se réjouit de mettre au monde des fils et accepte en silence les filles que lui envoie ce même Dieu[1] ». Car là où la « mère juive » transparaît le plus, c'est dans le lien

1. Renée David, *Les Femmes juives*, Perrin, 1988, p. 95.

qu'elle entretient avec son fils, porteur de ses espoirs, de son ambition. La « mère juive » semble se marier pour avoir des enfants ; elle est mère avant tout et non pas épouse, et c'est sur son fils qu'elle projette tous ses espoirs ; lorsque ceux-ci sont déçus, perturbés, quand ses beaux projets sont bousculés, sa réaction prend un tour catastrophique. Peut-être même suffit-il que naisse chez elle l'angoisse de voir ses espoirs déçus pour qu'elle se transforme en véritable machine à culpabiliser.

C'est de cette mère-là dont l'auteur américain Dan Greenburg a fait la critique acerbe et cocasse dans son best-seller paru en 1967, *Comment devenir une mère juive en dix leçons* – adapté sous forme de pièce de théâtre, laquelle se joue encore à Paris. Nous lui devons d'ailleurs peut-être la large diffusion de la prétendue notion de « mère de juive ». Voici, selon lui, les commandements, les sept « sacrifices de base » :

« *1. Restez debout toute la nuit pour lui préparer un bon petit déjeuner.*
2. Enlevez-vous le bifteck de la bouche pour lui donner du gâteau.
3. Acceptez une invitation chez des amis pour qu'il puisse amener une fille à la maison.
4. Acceptez la fille avec laquelle il sort.
5. Ne lui dites pas que vous vous êtes évanouie de fatigue deux fois en faisant les courses. (Mais veillez à ce qu'il apprenne que vous n'avez pas voulu qu'il le sache.)
6. Quand il revient de chez le dentiste, prenez pour vous sa douleur.

7. Ouvrez toute grande la fenêtre de sa chambre pour qu'il ait du bon air frais et fermez la vôtre pour éviter le gaspillage. »

De même, cette mère qui se prépare à se jeter par la fenêtre en guise d'invitation adressée à sa nouvelle bru a fait évidemment le tour d'Europe. Elle a donné lieu à une pièce de théâtre : *Je raccroche et je meurs* de Maddy Gabay, créée en 2000 et qui a pour sujet le mariage d'un garçon juif et d'une femme antillaise. On raconte très souvent cette plaisanterie, mais peut-être ai-je un plaisir particulier à la rappeler car j'ai vécu dans mon entourage proche une histoire similaire.

Franck, un de mes amis d'enfance, était promu à un brillant avenir. Malgré des études secondaires un peu chaotiques, il se rattrapa à l'université, partit pour les États-Unis faire un MBA à Harvard et resta éloigné de ses parents qui vivaient à Paris.
Sa mère se lamentait auprès de ses amies, car il atteignait la trentaine, multipliait les aventures féminines, mais ne semblait pas près de se marier.
Un jour, il appela ses parents pour leur annoncer qu'il était amoureux d'une jeune femme qui vivait en Norvège. Il faisait de nombreux allers-retours dans ce pays et le moment venu, il annonça à sa famille ses fiançailles.
Ses parents partirent pour la Norvège, rencontrèrent la famille de la promise, s'adaptèrent avec beaucoup de joie aux traditions et aux coutumes locales, tout en soupirant du fait que cette jeune fiancée ne parlait pas le français et surtout qu'elle n'était qu'à moitié juive.

Quelques mois après, Franck rompit ses fiançailles. Ses parents furent à la fois déçus et soulagés.
Les lamentations de sa mère reprirent. Elle cherchait évidemment à présenter à Franck de nombreuses jeunes filles issues du même milieu que le sien, mais Franck voyageait beaucoup et collectionnait toujours les aventures.
Quelques années après, il appela ses parents pour les inviter à passer des vacances à New York. Son père étant fatigué, sa mère accepta de faire seule le voyage et se rendit là-bas.
Franck partit la chercher à l'aéroport et à la descente de l'avion, il annonça à sa mère qu'il s'était marié.
Elle réagit avec beaucoup de dignité et d'émotion à cette nouvelle, soupirant intérieurement. Elle avait tellement souhaité que son fils se marie, elle avait pendant de nombreuses années rêvé de le conduire à l'autel de la synagogue... mais c'était ainsi.
Sur le trajet qui menait de l'aéroport à Manhattan, la mère de Franck resta silencieuse, après ce mariage auquel elle n'avait pas assisté. Franck la rassura, lui disant que c'était simplement une formalité.
Mais arrivé au pied de l'immeuble où il habitait, il attendit quelques secondes et dit à sa mère qu'il avait un fils de deux ans.
Elle réagit par un malaise, monta à l'appartement, fit la connaissance de sa bru et de son petit-fils et resta couchée les volets fermés pendant un mois.

Lorsque j'ai raconté à des amis que j'écrivais ce livre, je les ai souvent entendus me répondre : « Si tu veux des exemples, je peux t'en donner... Ma mère est la championne du monde des mères juives. » Pourtant, les mêmes, lorsque je leur demandais s'ils avaient idée de l'origine de l'expression, avouaient n'en savoir pas plus que moi, même si beaucoup d'entre eux sont d'incontestables « puits de science ».

Une création littéraire ?

Au bout d'un moment, les exemples, les anecdotes ne m'ont plus suffi. Il fallait comprendre comment s'était mis en place cet archétype et, pour cela, s'atteler à des recherches plus élaborées. À cet égard, j'ai eu de la chance. J'ai d'abord sollicité Marika Moisseff, qui est psychiatre et ethnologue, afin de savoir si elle avait connaissance d'études scientifiques en la matière. Marika ne semblait pas connaître de travaux en France, mais elle a envoyé un certain nombre d'e-mails à travers le monde afin de me permettre de rassembler une bibliographie. C'est ainsi que j'ai découvert quelques ouvrages qui témoignaient de la représentation de la femme juive et une douzaine de thèses soutenues à l'Université de New York rapportées par Bambi Schieffelin. Ces travaux sont venus compléter les quelques ouvrages plus généraux qui existent dans notre langue.

En réalité, une première surprise m'attendait : la notion, l'archétype que nous connaissons aujourd'hui, malgré son allure de figure « éternelle », est d'origine somme toute très récente. Il semblerait qu'il ait éclos aux États-Unis, après la Seconde Guerre mondiale.

Un certain nombre d'écrivains, que l'on regroupe sous l'appellation d'« école juive de New York », sont à l'origine de l'émergence de ce que l'on a appelé la littérature juive américaine. Et, bien évidemment, ils ont beaucoup parlé de la famille juive traditionnelle sans chercher spécialement à stigmatiser les mères. Toutefois, parmi eux, le plus connu est sans doute Philip Roth, auteur de nombreux romans dont les personnages sont des juifs américains et où il s'invente de nombreux doubles[2]. En 1969, il a publié *Portnoy et son complexe*, qui a été un succès mondial et a fait scandale dans la communauté juive américaine. En voici un extrait, où le héros parle de sa mère :

> « *L'être le plus inoubliable que j'ai jamais rencontré [...]. Elle était si profondément ancrée dans ma conscience que, durant ma première année d'école, je crois bien m'être imaginé que chacun de mes professeurs était ma mère déguisée. Lorsque la dernière sonnerie de cloche avait retenti, je galopais vers la maison et tout en courant me demandais si je réussirais à atteindre l'appartement avant qu'elle ait eu le temps de se retransformer en elle-*

2. Précisons toutefois que Philip Roth déclare aujourd'hui haut et fort qu'il est un écrivain américain tout court et non pas un écrivain juif américain : « J'écris en anglais, je pense en anglais, je parle anglais, et ce depuis toujours. Je n'écris pas en yiddish ou en hébreu, j'écris en anglais américain ; donc je suis un écrivain américain » (*Le Monde*, 11 septembre 2004).

même. Invariablement, à mon arrivée, elle était déjà dans la cuisine en train de préparer mon lait avec des gâteaux secs. Au lieu de m'inciter à renoncer à mes illusions, cette prouesse accroissait simplement mon respect pour ses pouvoirs. »

La mère juive du narrateur est une mère omnipotente, omniprésente : un être-monde qui, aux yeux de son fils, semble vouloir l'avaler et le soustraire au monde extérieur.

C'est à cette même période que Dan Greenburg écrivit son *Comment devenir une mère juive en dix leçons.* L'archétype se serait mis en place en raison de la simultanéité de parution de ces deux ouvrages, et Dan Greenburg et Philip Roth auraient, en quelque sorte et sans le vouloir, stigmatisé ce personnage de « mère juive » dans un contexte culturel qui sans doute s'y prêtait.

Un auteur, de la même génération que Roth, partageant avec lui la même histoire et new-yorkais comme lui, popularisera davantage encore cette figure, avec des moyens différents et sur un versant comique : il s'agit de Woody Allen. Une des scènes les plus captivantes de ce point de vue dans son cinéma se situe dans le sketch qu'il a réalisé en 1989 pour le film *New York Stories*, auquel ont aussi participé Martin Scorsese et Francis Ford Coppola. Lors d'un spectacle de magie, le personnage joué par Allen parvient à faire disparaître sa mère, laquelle le poursuivra malgré tout dans le ciel et sera toujours là au-dessus de lui.

On a aussi vu le réalisateur, dans l'émission *Bouillon de culture*, se livrer à une plaisanterie sur le même thème. À Bernard Pivot lui demandant quel était son juron favori, Woody Allen répondit : « Je ne peux pas vous le dire. – Pourquoi ? – Parce que ma mère regarde peut-être votre émission. » Et il est vrai que, lorsqu'il nous est donné de rencontrer les parents du cinéaste américain, dans le film *Wild Man Blues* qui lui fut consacré en 1997, ceux-ci ne nous déçoivent pas : les géniteurs en question ne se privent pas de témoigner de leur insatisfaction à son égard – il fait du cinéma, alors qu'il aurait pu être pharmacien... Bref, il n'a pas réussi.

Nous connaissons de nombreux cinéastes qui, à l'instar d'Allen, ont utilisé l'humour juif en toile de fond. Les premiers en date sont sans doute les Marx Brothers[3]. Ils étaient au nombre de cinq : Leonard dit Chico, Arthur dit Harpo, Julius dit Groucho, Milton dit Grummo, Herbert dit Zeppo. Tous se voueront à la comédie, mais ils ne deviendront célèbres que grâce à la ténacité de leur mère qui eut l'idée de les réunir sur scène. Leur premier grand succès, *I'll Say She Is*, eut lieu à Broadway en 1924. Pour la première de cette comédie où quatre de ses fils tenaient l'affiche, Mme Marx essaya une nouvelle robe, glissa de la chaise sur laquelle elle était montée et se cassa une jambe. Voici ce que Groucho en raconte

3. Sylvie Angel, *Frères et Sœurs*, Robert Laffont, 1996.

dans ses mémoires, par ailleurs émaillés de nombreuses anecdotes sur ses frères et leur mère :

> « *Je crois qu'un tel désastre aurait découragé beaucoup de femmes de se rendre au théâtre, mais pas ma mère. À la limite, la soirée de la première n'en serait que plus excitante. Je doute que quiconque ait jamais fait une entrée plus triomphale dans une salle de théâtre. Adressant de petits saluts de la main aux spectateurs, souriante, elle descendit l'allée centrale sur une civière et se fit installer au premier rang. Ce fut sa première victoire personnelle. Ce fut l'aboutissement de vingt ans d'intrigues, de privations, de flagorneries et de lutte*[4]. »

Le cinéaste Mel Brooks évoque lui aussi sa mère avec tendresse : c'était une petite femme, née à Kiev, qui ne parlait aucune langue connue, mais avait un accent irlandais. Après la mort de son mari, elle s'acharna à nourrir ses quatre fils. Mel Brooks se souvient :

> « *Après la mort de mon père, j'avais vingt-deux mères [...]. Elles étaient toutes attentives : "Attention, je vais le dire à ta mère, ne va pas sur la route [...]. Tu as faim, voici un gâteau." Ma mère habitait au cinquième étage. Il y avait cinq appartements à cet étage. Elle frappait à chaque porte : "Je vais chez l'épicier, avez-vous besoin de quelque chose ?" Le lendemain, c'était quelqu'un d'autre qui frappait à notre porte [...] C'était des gens remarquables*[5]. »

4. Groucho Marx, *Mémoires*, L'Atalante, 1959.
5. Extrait d'une interview dans le *Telegraph Magazine*, 22 mars 2004.

Marjorie Morningstar, écrit par Herman Wouk, devint le best-seller de l'année 1957. Ce roman fut adapté au cinéma par Irving Rapper, en 1958, avec une distribution éblouissante : Gene Kelly, Nathalie Wood, Claire Trevor. Le livre relate l'histoire d'une famille juive, sa vie, son rapide succès économique, puis son déclin, la perte d'un fils durant la Seconde Guerre mondiale et enfin la rébellion de leur fille, en lutte contre les valeurs de ses parents.

Riv-Ellen Prell, dans son historique des émissions de télévision, analyse le show hebdomadaire d'Ed Sullivan, *Toast of the Town*[6]. Le comique juif Jack Carter y faisait régulièrement des apparitions, pour se plaindre d'être célibataire. Il expliquait cette situation par deux mots : « Ma mère. » Voici comment il décrit la réaction de celle-ci face aux femmes qui l'intéressent : « Elle ne pense pas qu'il existe dans ce monde une femme assez bien pour son *golden son* ("fils en or"). Si je lui dis : "J'ai rencontré une femme : elle sait cuisiner, coudre, laver la vaisselle", ma mère répond : "Je la prends les mardis et les jeudis." » Une plaisanterie favorite de Carter concernait la nourriture, que cette mère offrait en surabondance, tout en critiquant allégrement son fils, tandis que le père demeurait silencieux. Si Carter ne manque pas de rendre hommage à ses aînés Myron Cohen et Alan

6. Riv-Ellen Prell, *Fighting to Become American*, Beacon Press, 1999.

King, il s'est abstenu, contrairement aux humoristes plus âgés, de construire son humour sur l'utilisation d'un accent yiddish, lequel renforçait le côté « immigrant » des artistes juifs.

Nous n'en finirions pas d'égrener les noms de tous les humoristes et auteurs juifs qui, à l'époque, présentent des personnages tenant de la même veine. Mais Dan Greenburg semble avoir lancé la veine. Il faudrait citer l'intégralité de son livre, véritable entreprise d'analyse du personnage et de construction du mythe. La quatrième de couverture de la version française donne un aperçu :

> « *Pour mériter le beau titre de mère juive, il n'est nullement nécessaire d'être mère ni même d'être juive. L'essentiel est de bien maîtriser quelques techniques de base qui feront de votre fils ou de votre fille un être totalement dépendant, accablé de reconnaissance pour l'amour que vous lui portez et les sacrifices que vous avez consentis pour son éducation, bref un homme ou une femme idolâtrant sa mère (ou son père, selon le cas) à l'exclusion de toute personne étrangère.* »

L'ouvrage a été adapté pour le théâtre par Paul Fuks. Depuis vingt ans, son succès est considérable. L'histoire ? Daniel, le fils chéri, tente de soutenir sa thèse devant d'illustres professeurs, quand il aperçoit au fond de la salle celle qui, depuis qu'il a vu le jour, n'arrête pas de lui compliquer la vie : maman. C'en est trop. Il change de cap et décide d'expliquer, en dix leçons, ce qu'est vraiment une mère juive. Le trait peut paraître forcé. Et pourtant...

Un de mes patients, brillant avocat pénaliste, m'a raconté qu'au cours d'une de ses premières plaidoiries il avait aperçu au fond de la salle ses parents, venus l'écouter. C'est d'ailleurs devenu une habitude. Ses parents, juifs d'Europe de l'Est, enfin à la retraite, prirent l'habitude d'aller passer leurs journées au palais de justice pour écouter leur fils unique défendre les innocents.

Au moins étaient-ils respectueux du travail de leur fils, à l'inverse de ce que raconte le personnage de Greenburg.

L'écho de son livre fut réellement retentissant aux États-Unis. Ainsi, après que l'auteur y fut invité, le *David Susskind Show*, un talk-show populaire réunissant politiques ou écrivains, réserva une partie du programme aux caricatures de la « mère juive ». Pour Susskind, la « mère juive » est « une experte pour insuffler la culpabilité et une spécialiste en manipulation ». Culpabilisante, manipulatrice, mais aussi ridicule. Son manque de culture, sa certitude sur tout point de vue, sans qu'à aucun moment intervienne une once de remise en question, la rendent insupportable. L'humoriste Myron Cohen rapporte l'anecdote suivante : la mère reçoit d'un ami du champagne et du caviar. Le fils lui demande ce qu'elle en pense ; la mère répond : « Le soda était bon, mais les harengs trop salés. »

Immigration, transmission, émancipation

Voilà pour la figure de la « mère juive » telle qu'elle semble s'être culturellement affirmée dans les États-Unis des années 1960. Et très vite, grâce à force livres, films, mais aussi programmes de radio et de télévision, elle s'est diffusée partout, suscitant un nombre incalculable de plaisanteries. Toutefois, en repérant l'émergence populaire du stéréotype, nous n'avons fait que le début du chemin. Pourquoi, en effet, des *juifs* ont-ils été à la fois les auteurs et les protagonistes centraux de cette vague de clichés ? Et pourquoi *à ce moment-là ?* À *cet endroit-là* ?

Première piste, la tradition et l'histoire juives. Que l'archétype se soit fixé de manière si puissante et en fin de compte si rapide, qu'il apparaisse à tous si « naturel », et en premier lieu aux juifs eux-mêmes, doit en effet nous mettre la puce à l'oreille. Certains éléments nous conduisent à voir dans la culture juive, en particulier la culture talmudique ancestrale, des éléments fondamentaux marquant les rôles de la mère juive. C'est donc par là qu'il faut commencer.

L'idée centrale qui structure toute la société, voire la « civilisation » judaïque, c'est la *transmission*. « Ne pas avoir d'enfants blesse l'image de Dieu » ; « Chaque enfant apporte sa propre bénédiction dans le monde » ; « Celui qui enseigne à son fils à être vertueux est comme un immortel » : tels sont les adages ancestraux qui « fabriquent » les juifs comme parents – c'est-à-dire des enfants qui, à leur tour, doivent engendrer des enfants. Renée David rappelle en outre que « dans l'hébreu du rituel et de la liturgie, *enfant* se dit *fils* ». Chaque homme, chaque femme a une mission centrale : donner de « nouveaux fils ».

La tradition détermine, en outre, un point crucial. Dans une société fortement patriarcale et qui l'est restée, les femmes se sont vues, néanmoins, dotées d'un privilège exclusif. Ce sont elles, en effet, par lesquelles s'accomplit la transmission de l'identité juive. Les hommes transmettent tous les héritages, toutes les valeurs – à l'exception de celle-ci. On est juif de naissance par le fait d'avoir été engendré par une mère juive, condition nécessaire et suffisante pour faire partie de la communauté. Renée David note ainsi que, dans la tradition talmudique, la femme est « avant tout la femme du fils » : autrement dit, la femme juive, et donc la fille, ne se réalise pleinement que par le don qu'elle fait à ses beaux-parents – à qui elle est « donnée » par l'intermédiaire de son mariage –, non pas seulement de petits-enfants, mais plus précisément de petits-fils, lesquels sont comme les trésors de la communauté. La responsabilité est immense...

En théorie, selon la loi juive, l'éducation et la préservation des enfants sont des tâches partagées entre père et mère. En pratique cependant, la situation s'est révélée quelque peu différente. Tous, femmes comme hommes, reçoivent un enseignement qui leur permet d'observer les lois et les règles du judaïsme. Les femmes, cependant, ont droit – ou du moins ont eu droit pendant longtemps – à un programme d'études religieuses spécifique. Leurs écoles étaient différentes de celles des hommes. Il ne leur était pas permis d'étudier la Torah, et il était prévu qu'elles ne participent au culte que de façon périphérique : elles ne peuvent pas diriger des services religieux, ne comptent pas pour le quorum, qui permet de dire les prières et en particulier le *Kaddish*, la sanctification du nom divin, prononcé plusieurs fois pendant l'office ainsi que par les endeuillés pour honorer la mémoire de leurs morts.

Résultat : l'étude pour les hommes est tellement importante que l'on s'aperçoit « tout au long de l'histoire que les femmes juives sont sorties de chez elles pour pourvoir aux besoins de leur maisonnée, lorsque cela s'avérait nécessaire pour que leurs hommes puissent étudier[7] ».

Ce partage des rôles a été rendu possible par la tradition, et l'Histoire l'a rendu effectif. Dans une situation de diaspora, où le mot d'ordre de l'assimilation sociale se double du nécessaire maintien de la transmission de la judéité, les rôles et les responsabilités sont séparés : l'homme portera le souci de l'étude, de la loi ; la femme,

7. Renée David, *op. cit.*

quant à elle, portera le souci non seulement de son foyer – de ses enfants, et en particulier de ses fils –, mais encore de la communauté elle-même. Aux hommes de préserver ce qui est transmis, cette culture qui leur échoit en propre ; aux femmes d'assurer les conditions de la transmission elle-même, de faire naître et de protéger les fils du peuple juif ; quant aux filles, il s'agit d'en faire, à leur tour, d'autres mères. Dans les épreuves se dessinera déjà cette « mère juive », figure devenue peu à peu centrale d'une transmission toujours contestée, toujours en péril, et que Renée David, ainsi, voit naître :

> *« Sans doute parce qu'il s'est trouvé tant de fois en danger d'être décimé, le peuple juif a soigneusement entretenu le souci de sa fécondité déjà présent dans le texte biblique même. Il s'agit de maintenir en vie un peuple dépourvu de territoire. Surprotéger son enfant est devenu un réflexe puis la préoccupation principale des femmes juives. La génération suivante vaut plus que la génération passée, apprend Glückel Hameln, juive de la Hanse du* XVII*e siècle, à ses propres enfants. De là serait sans doute né le mythe de la "mère juive", protectrice au point d'en devenir envahissante*[8]. »

Le sens malheureux que prendra l'Histoire n'inversera évidemment pas les tendances. Entre pogroms, exclusions, expulsions, confiscation de la culture, la communauté sera sans cesse à reconstruire. Au cœur de

---

8. *Ibid.*

cette tourmente se trouveront les communautés juives d'Europe centrale – correspondant à ce qu'on appelle les ashkénazes. Ici, les fils ne seront plus seulement le trésor ; ils seront l'unique patrimoine – lequel se situe dans le futur, puisque le passé et le présent, inexorablement, perdent matériellement pied dans les épreuves. « La génération suivante vaut plus que la génération passée... » Le nazisme et la Shoah, l'extermination de six millions de juifs, incarneront l'aboutissement dramatique de cette ligne de fuite, que les femmes et les mères, au premier chef, portent en elle, comme en témoigne de façon aiguë Simone Veil :

> « *Toutes les mères juives ont eu l'anxiété de se dire qu'un jour leur enfant rentrerait de l'école et dirait : "On m'a traité de sale juif..." C'est quelque chose dont nous avons tellement souffert, qui est tellement au fond de nous-mêmes, que tout ce qui peut le rappeler, nous le subissons. Les gens disent : ils sont susceptibles, c'est affreux. Ils voient des choses là où il n'y en a pas. Aussi longtemps qu'il n'y avait pas eu le nazisme, cette cristallisation et ce drame, on pouvait supporter cette chose. Maintenant, nous sommes à fleur de peau sur ces questions*[9]. »

Or ces juifs américains de la côte Est que nous avons rencontrés plus haut ne sont autres que les héritiers de cette histoire. Dès la fin du XIXe et au début du XXe siècle, une vague très importante de juifs d'Europe

9. *Ibid.*

de l'Est ont immigré aux États-Unis ; on compte plus de deux millions d'immigrants, poussés hors d'Europe par la montée de l'antisémitisme. L'irruption du nazisme a, par la suite, convaincu de nombreuses familles de venir, à leur tour, s'établir dans cette nouvelle Terre promise, à la recherche d'un avenir qui, de l'autre côté de l'Atlantique, leur était interdit. Pour ces nouveaux Américains, les humiliations, les pogroms, la mort font partie de la mémoire collective. Les souffrances vécues en direct par les grands-parents ou les parents de ces écrivains ont été transmises par la mémoire familiale. Comment désormais préserver cette mémoire ? Car le monde de leurs parents, celui qu'ils portent, quoi qu'ils veuillent, n'est plus le même. Les premières à en prendre parfaitement conscience seront, peut-être, les filles, jusqu'alors restées dans l'ombre de leur devoir ontologique de mère.

Le mouvement d'émancipation des femmes s'est développé dans le monde occidental au cours de la seconde moitié du XXe siècle. Il n'a pas épargné les femmes juives, de plus en plus éduquées, actives et autonomes. Elles se sont en particulier rebellées contre le rôle secondaire qui leur était alloué par la religion. Aux États-Unis, les femmes juives se sont beaucoup manifestées dans la mesure où leur implication communautaire était déjà très forte. « Selon leur degré d'adhésion à leur prise de conscience féministe, aux divers courants qui partagent la communauté juive américaine, les femmes ont mis davantage l'accent sur l'intégration de leur judéité dans le féminisme ou de leur féminisme dans leur judéité[10]. » Dans les années 1970, ce ne seront pas moins d'une soixantaine de revues féministes juives qui seront mises en circulation[11]. Le mouvement touche la structure de la communauté juive elle-même ; il a conduit les femmes juives jusqu'à l'ordination : on a vu ainsi des femmes rabbins célébrer le culte. Ce mouvement libéral s'est répandu en Europe, et en France des femmes rabbins officient. Dans les faits, on est loin de la représentation caricaturale de la mère juive.

Le statut des pères a, lui aussi, considérablement changé. Au fur et à mesure que les femmes s'émancipent, on assiste au déclin de l'autorité paternelle. L'implication accrue des femmes dans la vie communautaire, que montrent de nombreux travaux de sociologie, a transformé certaines valeurs fondamentales du judaïsme ; ce sont désormais elles qui prennent en main l'éducation des enfants et s'attachent à définir les nouvelles orientations de la communauté. Leur énergie se concentre sur la création d'écoles plus que de synagogues. De cette manière, elles semblent entériner la baisse des pratiques religieuses ; le père, traditionnel gardien de ces pratiques, voit son statut en souffrir. Bref, un

10. Riv-Ellen Prell, *op. cit.*
11. *Ibid.*

matriarcat tend à succéder au patriarcat traditionnel, et la société juive a bien du mal à négocier ce virage.

Restent les fils... Traditionnels légataires d'une culture et d'une histoire qui, toujours, a voulu composer avec l'assimilation, ils vont se faire chroniqueurs de leur histoire. Plus encore : de leurs récits familiaux, ils feront des aventures et de la littérature proprement américaines. Ainsi apparaîtront Isaac Bashevis Singer (prix Nobel de littérature 1978), Saul Bellow (prix Nobel de littérature 1976), Chaïm Potok ou encore Bernard Malamud, pour former avec Philip Roth cette « école juive de New York » qui a créé une nouvelle littérature américaine.

Le premier auteur marquant de ce courant est Isaac Bashevis Singer (1904-1991). Né près de Varsovie, d'un père rabbin et d'une mère issue elle aussi d'une famille de rabbins, il est venu aux États-Unis peu avant la Seconde Guerre mondiale. Il s'attachera à peindre des sagas familiales du XIXe siècle jusqu'à la guerre, dans leur évolution sociale, financière et humaine. Il publiera son premier livre, *The Family Moskat*, en 1950 ; il décrira son enfance dans un de ses livres les plus enjoués, *In my Father Court,* publié en yiddish en 1966, traduit en anglais en 1967. D'autres ouvrages tel *Ombres sur l'Hudson* traitent de la thématique de la famille juive.

Plus retentissante encore, sans doute, sera l'œuvre de Saul Bellow (1915-). Elle décrit les ambivalences des immigrants partagés entre la tradition et la fascination, et les tentations suscitées par une Amérique matérialiste ; il dépeint l'homme dans son absurdité, mais aussi dans sa grandeur, ce qui a incité à le comparer à Kafka. Bellow est né en 1915 au Québec ; ses parents avaient immigré de Russie. Par la suite, la famille s'installe à Chicago, où Saul étudie l'anthropologie et la sociologie. *Les Aventures d'Augie March*, publiées aux États-Unis en 1953, le firent connaître du grand public. Bellow y met en scène Augie, un jeune héros juif américain à la fois naïf et pragmatique. Quittant le foyer dominé par Mémé Lausch, une vieille juive immigrée d'Odessa, Augie parcourt le monde pour gagner sa vie, accompagné de son frère Simon. Son long voyage, ponctué de toutes sortes d'aventures, se révèle être une recherche de ses propres valeurs. Philip Roth raconte qu'il ne pourra jamais oublier la lecture de cet ouvrage, affirmant qu'il s'agit là du « grand roman américain de la seconde partie du XXe siècle ».

Chaïm Potok (1929-2002), quant à lui, est né à New York, dans le Bronx. Fils aîné d'immigrants de Pologne, il devient rabbin. Ses romans, largement autobiographiques, décrivent et analysent la culture des juifs orthodoxes qu'il connaît si bien, ainsi que les tensions entre les valeurs de ce judaïsme et la culture de la société moderne. On a en mémoire son merveilleux livre, *L'Élu*, qui eut un très grand succès et fut adapté au cinéma en 1981 et réalisé par Jeremy Paul Kagan. Il relate l'amitié et la rivalité entre deux adolescents et leurs relations à leurs pères, rabbins d'obédience différente – l'un libéral, l'autre orthodoxe – qui, chacun à sa manière, les éduquent selon la tradition juive. Deux pères certes religieux, mais aux styles et aux approches pédagogiques opposés, dans un univers où les femmes restent en périphérie. *La Promesse*, le roman qui lui fait suite, raconte le devenir de ces adolescents et leurs différentes trajectoires.

Bernard Malamud (1914-1986) fait partie du même groupe d'écrivains. Si certains jugent qu'il n'a pas la puissance d'un Saul Bellow, il fait partie intégrante de la culture juive américaine. Parmi les nombreux ouvrages qui l'ont fait connaître, *L'Homme de Kiev*, fresque historique située dans la Russie tsariste du début du XXe siècle, est peut-être le plus fameux. Le roman remporta le prix Pulitzer et le National Book Award ; il fut porté à l'écran en 1968 par John Frankenheimer, avec Alan Bates et Dirk Bogarde dans les rôles principaux. Écoutons l'écrivain anglais Martin Amis parler, dans un article consacré à Saul Bellow, de cette « école juive » qui, selon lui, a dominé le roman américain de la seconde moitié du XXe siècle :

> « *On a compris la fascination unique qu'exerçait le conflit entre la sensibilité juive et les tentations – inévitables – d'une Amérique matérialiste. Comme le dit l'un des narrateurs de Bellow : "Chez soi, à la maison, une règle archaïque ; au-dehors, la réalité de la vie." La règle archaïque est sombre, marquée par le sang, déchirée par la*

culpabilité, vouée au renoncement, et transcendante ; la réalité de la vie est atomisée, irréfléchie et impure. Bien sûr, le roman juif américain absorbe l'expérience de l'immigrant, coupé du "vieux monde", et met l'accent sur l'obsession angoissante de la légitimité [...]. Ce n'est pas une obsession du succès, de la réussite ; c'est l'obsession du droit à se prononcer, à juger ; du droit à écrire[12]. »

Raconter aura alors quelque chose à voir avec survivre, ou plutôt avec l'affirmation de son droit à vivre. Raconter est comme le socle sur lequel le conteur peut se bâtir une identité – pour lui et pour sa communauté. Avec les écrivains de la génération de Bellow, il s'agit de faire de l'Amérique un lieu où la communauté juive aura droit à son identité. Avec la génération qui la suivra, celle des Roth, puis des Greenburg ou Allen, la radiographie de la famille juive américaine se fera plus acide, plus mordante – et l'on pourra, alors, voir apparaître cette « mère juive », cet étrange personnage du passé et de l'ancien continent niché au cœur de la modernité américaine. Mais n'est-ce pas dû au fait que ces auteurs, ces humoristes, estiment alors avoir conquis le droit de porter un regard proprement *américain* sur leur judéité ?

---

12. Martin Amis, *Le Nouvel Observateur*, 23 décembre 2003, n° 2040.

La Nice Jewish Girl

Il nous faut prendre ici un nouveau chemin de traverse, auquel nous conduit notre parcours dans cette veine des auteurs juifs américains des années 1950-1970. On aperçoit en effet, en suivant cette histoire et les travaux qui lui sont consacrés, que d'autres figures de la « femme juive » sont apparues à sa suite. Très différentes de cette « mère juive », ces nouvelles figures forment avec elle un tableau nouveau des rapports familiaux. Elles sont peu connues de ce côté-ci de l'Atlantique, mais ont sensiblement marqué l'imagerie américaine ; elles sont comme des reliefs portés à cette figure première qu'est la « mère juive », elles l'éclairent et lui donnent sens.

L'image de la *Nice Jewish Girl*, la « gentille fille juive », a suivi de peu le surgissement populaire de la « mère juive » ; son apogée se situe au tournant des années 1960-1970. (Il est intéressant de signaler, en passant, que l'on trouvera sur Internet plus d'items concernant les *Nice Jewish Girls* que les « mères juives » ou les *JAP [Jewish American Princess.]*) L'image est celle d'une fille façonnée par sa mère, gentille et soumise, ou, du moins, une « bonne » fille juive aux yeux de la mère juive : il peut s'agir, en effet, autant de sa propre fille que de la prétendante de son fils. Cette dernière a d'ailleurs peut-être autant d'importance encore aux yeux de la mère...

La *Nice Jewish Girl* paraît ambitionner de remporter le prix d'excellence du conformisme ; réplique jeune et américanisée de la mère ou de la belle-mère – cette dernière restant une immigrante, une parcelle de passé en terre étrangère –, elle est la personnification de ses exigences, l'espoir même d'une judéité qui persisterait et résisterait à la frivolité de la société américaine. Le modèle sans doute le plus accompli de la *Nice Jewish Girl* est décrit dans le remarquable livre de Gail Parent, *Sheila Levine Is Dead and Living in New York*, publié en 1972. Véritable précurseur de Bridget Jones, Sheila Levine est une jeune New-Yorkaise qui relate avec humour sa vie de célibataire, ses tentatives désespérées pour perdre du poids, ses aspirations au mariage – idée fixe de ses parents, que Sheila fait sienne... Le livre commence avec l'envie de suicide de Sheila qui découvre avec horreur que les milk-shakes diététiques, réalisés grâce à des ingrédients secrets, comptent plus de 280 calories : elle en mangeait deux puisqu'ils étaient censés ne pas faire grossir. « Comment voulez-vous vivre dans un monde où un homme ment au sujet des calories ? » s'exclame-t-elle.

Tel est le monde de la *Nice Jewish Girl* : un monde où toutes les jeunes filles juives cherchent des maris, où, si elle obtient son diplôme de fin d'études, des parents chaleureux et inquiets proposent à leur fille de se faire refaire le nez ou d'avoir un manteau de fourrure, afin de maximiser ses chances de mettre la main sur le « gentil garçon juif » type... Bien entendu, la gentille fille juive est une denrée rare ; le danger est grand que le fils rencontre une fille qui ne soit ni « gentille » ni même juive... ou que la fille, ingrate, s'écarte insensiblement du modèle. La mère doit donc encadrer et tenir à l'œil cette génération soumise aux pressions infernales du monde extérieur ; il y a lieu, en permanence, de couver inquiétude et angoisse quant à la disparition des gentilles filles juives... Une histoire de Christopher Mandelstein représente cela à merveille (tirée de son site Internet).

Le téléphone sonne chez Mrs Mandelstein.

« Allô, Maman, c'est moi, Christopher. J'ai de bonnes nouvelles à t'annoncer...

— Mon chéri, qu'est-ce qui se passe ?

— Maman, j'ai décidé de rentrer dans le droit chemin. Tu t'inquiètes toujours de mon homosexualité, mais j'ai rencontré une fille formidable.

— Une fille ! C'est merveilleux ! Mais je suppose qu'elle n'est pas juive.

— Si, Maman, C'est une Nice Jewish Girl.

— Une Nice Jewish Girl *! Formidable ! Je suppose qu'elle est pauvre.*

— Non, Maman, en fait elle est d'une riche famille de Beverly Hills.

— Une gentille fille juive d'une riche famille de Beverly Hills !

— Oui, Maman, Tu peux t'imaginer combien je suis heureux. Elle s'appelle Monica Lewinsky. »

Après une très longue pause...

« Christopher chéri, qu'est-ce qu'est devenu ce gentil garçon noir avec lequel tu sortais l'année passée ? »

Ce modèle trop idéal, trop rigide, demande l'effort permanent des parents pour se maintenir. Plus avancera l'assouplissement des mœurs, dans l'Amérique de la prospérité économique, et plus la gentille fille juive, figée dans ses comportements, aura du mal à trouver sa place.

La Jewish American Princess

Une nouvelle figure éclôt alors : c'est une fois encore chez Philip Roth qu'on peut la déceler. La nouvelle qui donne son titre au recueil *Goodbye, Colombus*, premier livre publié par Roth, en 1959, relate les premières amours d'un jeune homme, Neil, avec une certaine Brenda. Celle-ci vit dans une banlieue chic de New York, avec ses parents, Mr et Mrs Patimkin, son frère Ron et sa sœur Julie. Brenda a le nez refait, elle est très proche de son père, duquel elle obtient tout ; à l'inverse, elle entre souvent en conflit avec sa mère. Au moment où Neil rencontre Brenda a lieu le mariage de Ron avec une « gentille fille juive ». Nous assistons ainsi aux récits amoureux de ces jeunes, dans une ambiance estivale de familles conformistes ; hélas, l'été se termine, et Brenda doit retrouver le chemin de l'université... Elle a laissé son diaphragme dans un de ses tiroirs et sa mère, en rangeant sa chambre, le découvre. La crise éclate : leur fille chérie a eu des rapports sexuels avant le mariage ! La mère et le père envoient alors, séparément, chacun une lettre à leur fille.

La lettre du père commence ainsi :

« Chère Brenda,

Ne prête aucune attention à la lettre de ta mère quand tu la recevras. Je t'aime ma chérie, si tu veux un manteau, je te l'achèterai. Tu peux avoir ce que tu veux. Nous avons entièrement confiance en toi alors ne t'alarme pas trop à cause de ce que ta mère dit dans sa lettre. Bien sûr, elle est terriblement bouleversée par le choc. »

Un peu plus loin, il ajoute :

« Tu as toujours été jusque-là une gentille biche et tu as eu de bons résultats scolaires et Ron a toujours été comme nous le voulions un Bon Garçon, ce qui est très important, et un Gentil Garçon. »

Le ton de la lettre de la mère est, comme on s'en doute, sensiblement différent :

« Je ne sais pas comment commencer. J'ai pleuré toute la matinée et j'ai dû renoncer à une réunion cet après-midi tellement j'avais les yeux rouges. [...] Je ne sais pas ce que nous t'avons fait pour que tu nous récompenses de la sorte. Nous t'avons donné un foyer agréable et tout l'amour et le respect dont un enfant a besoin. [...] Mais tu t'es éloignée de ta famille, bien que nous t'ayons envoyée dans les meilleures écoles et donné le meilleur de ce que l'argent pouvait acheter. Pourquoi tu nous remer-

cies de la sorte est une question que j'emporterai jusque dans la tombe. »

Nous sommes à la fin des années 1950, quelques années avant l'arrivée de la pilule, avant l'époque *Peace and Love*. En vérité, les valeurs nouvelles qui s'annoncent ici – consumérisme, autonomie sexuelle – bouleversent aussi bien les relations mère/fille que les relations père/fille, mais, on s'en rend compte, selon des modalités toutes différentes. La Brenda de Philip Roth se situe à l'exact point d'équilibre entre la *Nice Jewish Girl* et un nouveau personnage que la culture américaine ne tardera pas à promouvoir, celui de la *Jewish American Princess*. Mais ce n'est que dans les années 1970-1980, au moment où la libération sexuelle sera consommée, que s'épanouira cette nouvelle figure ; il faudra le temps que la « gentille fille juive » revienne venger chaque excès qu'elle tenait de sa mère par un excès rigoureusement contraire.

Frivole, matérialiste, gâtée, narcissique, la *Jewish American Princess*, ou *JAP*, aime voyager, surtout dans de beaux hôtels, a recours à la chirurgie plastique, aime les soldes et les vêtements chers, aime les jeans trop étroits. Plus américaine que n'importe quelle Américaine, la *JAP* est en quelque sorte la *Nice Jewish Girl* débarrassée de ses complexes – ou plutôt la « gentille fille » aux yeux de ses parents devenue à l'extérieur de la famille et même de la communauté une « princesse » égocentrique. L'un des nombreux sites Internet qui lui sont consacrés présente ainsi le « profil » de la parfaite *JAP* :

« *Les grands magasins Bloomingdale [remplacer par Les Galeries Lafayette] sont enregistrés en numéro 2 sur ton téléphone portable. Tu portes des diamants soudés aux oreilles. Tu demandes à un architecte de te dessiner ta nouvelle maison. Ton chien a plus d'habits et de jouets que le fils de ton voisin. Ta phrase préférée c'est : "Je veux aller à Miami." La seule chose que tu saches faire à dîner, c'est de réserver un restaurant.* »

S'arrêter à ce portrait qui, finalement, n'est autre que celui, bien connu, de la *material girl* urbaine, de la *fashion victim* des capitales occidentales, appauvrit néanmoins considérablement l'intérêt de cette figure, autrement plus dense et donc plus intéressante. En fait, la *JAP* représente l'exacte inversion des valeurs de la « mère juive ». Si tenir une maison, cuisiner, nourrir, voire gaver les enfants est le métier de la « mère juive », c'est le contraire pour la *JAP*. Au lieu de devoir prendre soin des hommes, ce sont eux qui doivent s'occuper d'elle ; leur rôle exclusif est d'assouvir ses exigences et ses désirs – payer ses vêtements, ses lubies, car, évidemment, la « princesse » veut tout, mais le réclame sous forme de cadeaux, de présents fabuleux qui ne souffrent aucune contrepartie. Tout prendre, sans jamais rien donner : tel est le jeu de la *Jewish American Princess*.

Le point nodal est qu'en cela la « princesse » n'est aucunement une rebelle ou une ingrate vis-à-vis de sa famille, de son éducation, de sa judéité. Au contraire, la

Jewish American Princess est la créature non de « Maman » cette fois-ci, mais de « Papa ». « Papa » est souvent à l'origine de sa consommation. « Papa » (qui est bien sûr médecin, avocat ou homme d'affaires) offre tout, couvre sa fille de présents, finance ses cartes de crédit, accueille avec indulgence tous ses caprices. Le rapport père/fille est fusionnel. La mère, quant à elle, n'apparaît que très discrètement ; souvent, les relations entre la « princesse » et sa génitrice sont conflictuelles, notamment sur les questions d'argent.

Alors que la sexualité s'est libérée à peu près vers 1965, la *JAP* reste en effet indifférente à tout désir sexuel : sa vie sexuelle est un pur appât pour ferrer un mari, qui financera tous ses désirs et se substituera ainsi à son père (ou complétera ses cadeaux) ; une fois le mariage réalisé, la sexualité est jetée aux orties, au grand dam d'un époux qui ressent doublement l'ingratitude de sa femme – non seulement elle ne gagne pas d'argent et se contente de dépenser le sien, mais elle se refuse à lui... À moins qu'elle ne s'exécute avec une mauvaise volonté patente. La *JAP* ne bouge pas, n'exprime aucun plaisir dans les relations sexuelles. En vérité, son orgasme, elle l'atteint en tenant une carte de crédit ou en regardant dans la direction du plus grand magasin ; la seule chose qui la fasse monter au septième ciel, c'est l'ascenseur d'un grand magasin... C'est, en vérité, sur ce sujet de la sexualité que tournent nombre de plaisanteries célèbres sur les *JAP* :

> « *Qu'est-ce que demande une* JAP *nymphomane ? Faire l'amour une fois par mois...* » « *Un prince entre dans un château et trouve une ravissante femme couchée dans un lit. Il pénètre à pas feutrés dans la chambre et la séduit. Quand il repart, le châtelain s'approche de lui : "Avez-vous vu ma pauvre fille ? Elle est dans le coma depuis sa chute de cheval la semaine dernière. – Ah, elle est dans le coma, répond le prince. Je croyais qu'elle était juive..."* »

Entre 1970 et 1980, on a décliné cette image de toutes les façons possibles : plaisanteries, livres humoristiques, cartes postales, T-shirts, articles de journaux, romans, etc. La figure restera très à la mode jusque dans les années 1980. Cependant, un groupe de féministes juives a condamné durement ce stéréotype, le considérant comme antisémite et sexiste. Voici ce qu'écrivent par exemple Rachel Josefowitz Siegel et Ellen Cole :

> « *Nous avons été appelées mères juives et princesses juives par dérision et par manque de respect. Nous sommes des femmes dont la force et la valeur sont constamment exagérées entre des caricatures trop bienveillantes ou trop malveillantes*[13]. »

Ellen Totton Beck, dans le même ouvrage, prend quant à elle le personnage de Shylock créé par Shakespeare dans *Le Marchand de Venise* comme exemple de caricature personnifiant l'antisémitisme et rapproche

---

13. Rachel Josefowitz et Ellen Cole, *Jewish Women in Therapy : Seen but not Heard*, Haworth Press, 2001, p. 3.

ces représentations de celle de la *JAP*. Shylock est un manipulateur, il est intéressé par l'argent, matérialiste, avare, vulgaire, laid et d'une sexualité perverse ; de la même façon, la *JAP* est purement intéressée ; elle ne pense qu'à s'acheter des vêtements, des bijoux, de la fourrure ; elle est vulgaire, et pour couronner le tout elle est frigide... Elle ajoute que l'image de la *JAP* véhicule un antisémitisme mélangé au racisme asiatique très courant aux États-Unis : *JAP* renvoie phonétiquement à *Japanese*, et ce n'est pas un hasard si l'abréviation *JAP* a été tellement répandue. On connaît la tension entre Américains et Japonais...

Aussi, dès les années 1990, les produits dérivés de ce stéréotype ont pratiquement disparu. Il reste que, pendant toute une période, cette figure a supplanté, dans l'« esprit » américain, celle de la « mère juive ». Retenons tout de même l'essentiel : le personnage de la *JAP*, comme d'ailleurs celui de la *Nice Jewish Girl*, stigmatise les juifs. Comme la « mère juive ». Tous représentent un système de stéréotypes appliqués et à la femme et à la judéité.

L'archétype n'aurait eu, toutefois, qu'une existence discrète s'il n'avait été porté par un humour juif fantastique. Or, si la « mère juive » a « explosé » à un moment donné, l'humour qui l'a peinte n'est pas né des dernières histoires de Greenburg... L'humour juif a lui-même une longue histoire ; il a ses schèmes, ses thèmes, ses mécanismes. Il nous faut dès lors suivre cette nouvelle piste.

L'humour : de l'autodérision à la stigmatisation

Le monde juif n'a pas attendu le détour américain pour que fleurissent contes, fables, satires ou plaisanteries. Depuis toujours, l'humour est présent dans le quotidien des juifs ; à chaque occasion de la vie, il y a lieu de faire rire. Les rabbins de toute époque, de tout lieu n'étaient-ils pas de légendaires conteurs d'histoires – en particulier drôles ? Nombreux sont ceux qui illustrent encore leurs discours d'une note d'humour et le ponctuent de quelques mots divertissants ; les offices du vendredi soir et du samedi matin s'y prêtent aisément, lorsqu'il s'agit de mobiliser l'écoute des fidèles. Car le rire n'est pas réservé à une vie profane qui se détendrait des rigueurs de la tradition, des dogmes, des discussions spirituelles. C'est l'exact contraire : l'humour est un canal par lequel transporter la tradition spirituelle qui forme le cœur même de l'identité juive. Rire de soi ne s'oppose pas à la prière et à l'étude, mais au contraire y invite.

Le questionnement est à la base du judaïsme et fait partie intégrante de la tradition. Apprendre à réfléchir, à poser des énigmes, à commenter des discours est central dans l'éducation. Tous les textes de la Torah – Bible, Talmud, Midrash, Kabbale – sont soumis sans cesse au questionnement : le but est de dépasser le sens évident de manière à retrouver des sens plus voilés, à balayer les potentialités du texte au-delà de ce qui en est immédiatement manifeste. Cet exercice est de l'ordre de l'interprétation, de l'exégèse. « L'exercice de l'exégèse talmudique du texte biblique nous a appris qu'on ne s'attache tellement à la lettre du texte de référence que pour pouvoir mieux lui faire dire quelque chose qui vient d'ailleurs », écrivait Henri Atlan[14]. Or l'humour, lorsqu'il fonctionne sur le jeu de mots, lorsqu'il joue sur les malentendus, le double sens, l'homonymie, n'est jamais loin, formellement, d'un tel questionnement. C'est même une voie d'accès privilégiée, comme le remarquent avec finesse Marc-Alain Ouaknin et Dory Rotnemer :

> « *Le mot d'esprit réalise justement les conditions dans lesquelles des mots dont le sens primitif a pâli récupèrent leur sens plein. Cet aspect du fonctionnement de l'humour est particulièrement intéressant dans le cadre des blagues juives, car on rencontre une proximité méthodologique avec le Midrash, c'est-à-dire le commentaire sur les textes bibliques.*
> « *Ces commentaires se fondent sur l'homonymie ou l'homophonie des deux mots pour les rapprocher et entendre dans le texte de nouvelles sonorités, qui ouvrent le texte et le conduisent vers de nouveaux horizons.*
> « *C'est ce qui parfois donne cet aspect comique à certaines traductions de la Bible, qui restituent le sens originaire au lieu d'utiliser le sens habituel*[15]. »

14. Henri Atlan, *Entre le cristal et la fumée*, Seuil, 1979.
15. Marc-Alain Ouaknin et Dory Rotnemer, *La Nouvelle Bible de l'humour juif*, Le Rocher, 1999.

Le lecteur trouvera un très bel exemple de cette façon de se former à la pensée, à la discussion dans *L'Élu*, le roman de Chaïm Potok. Judith Stora-Sandor cite une histoire fameuse dans l'univers yiddish, qui pourrait valoir comme un exposé joyeux des mécanismes mêmes de l'interprétation :

> « *Deux commerçants se rencontrent dans le train. L'un demande à l'autre : "Où allez-vous, M. Schwartz ?" L'autre répond : "Je vais à Minsk acheter du blé." Le premier commerçant lui dit avec reproche : "Pourquoi vous mentez ?" "Moi, mentir ? Que me dites-vous là ?" "Allons, allons, répond l'autre, vous me dites que vous allez à Minsk acheter du blé pour que je croie que vous allez à Varsovie acheter de la farine. Or je sais bien que vous allez à Minsk pour acheter du blé. Alors pourquoi vous mentez*[16] *?"* »

L'humour dit « juif » ne serait-il pas, d'ailleurs, un humour yiddish ? Beaucoup d'indices invitent à le penser. Il est en effet avéré que beaucoup des plaisanteries les plus célèbres, telle celle qui vient d'être citée, appartiennent à la culture ashkénaze, plus précisément même à la culture hassidique.

Le hassidisme, mouvement de renouveau religieux né au XVIIIe siècle, en Ukraine, a parfois été décrit comme un « mysticisme populaire » ; il est remarquable de noter que, se présentant à l'origine « comme une

16. Judith Stora-Sandor, *L'Humour juif dans la littérature : de Job à Woody Allen*, PUF, 1984.

révolte contre l'intellectualisme desséché des rabbins, le hassidisme réussit effectivement à promouvoir, chez de nombreux juifs, la joie (*simhah*) et l'enthousiasme (*hitlahavout*) dans la prière ». Comme le note Marc-Alain Ouaknin, « ce courant constitua une révolution au sein du judaïsme, car il permit une démocratisation de l'étude et du rapport au sacré. La joie de vivre se répandit dans tous les cœurs juifs de la Pologne et de la Russie de la fin du XVIIIe et du XIXe siècle, la tristesse se transforma en chants, en mélodies et en danses très caractéristiques du judaïsme ». Histoires, contes et histoires drôles complétèrent ce renouveau ; Ouaknin ajoute que « certains maîtres hassidiques sont connus à travers leurs bons mots, que leurs disciples se transmettent de génération en génération[17] ».

Cette communauté hassidique, chassée d'Europe centrale, s'est installée pour une large part à Brooklyn, où elle représente peut-être la partie la plus orthodoxe et la plus fermée du monde juif américain. Toutefois, les auteurs juifs américains que j'ai évoqués, s'ils sont ashkénazes, ne sont pas tous d'origine hassidique – bien que cela soit le cas de Potok.

L'autre indice de cette attache géographique, c'est l'importance, dans le discours humoristique juif, de l'accent – pas n'importe lequel, mais précisément l'accent yiddish. Qu'est-ce, d'ailleurs, précisément que le

17. *Op. cit.*

yiddish ? Une langue étrange, qui apparaît en Rhénanie, aux alentours du XIe siècle, et qui résulte de la fusion de matériaux divers : des éléments hébreux, des langues romanes hébraïsées antérieures, des dialectes allemands médiévaux, des éléments de langues slaves... Comme n'hésite pas à conclure Marc-Alain Ouaknin, « le yiddish [étant] en soi une sorte de parodie, l'accent est parodie de parodie ». L'humour juif américain est pétri de références au yiddish : lorsqu'il est conté oralement, l'accent vient ajouter une saveur toute particulière (à la manière, chez nous, d'un Popeck) ; lorsqu'il est écrit, le discours utilise nombre de mots juifs, d'exclamations, de subtiles constructions de phrases qui font transparaître le yiddish derrière l'américain. À tel point que le critique Wallace Markfield a pu parler de « yiddishisation de l'humour américain », pour souligner cette prégnance des mots et des parlures qui donne sa forme et tout son sel à la langue de l'humour juif américain.

Il y a lieu, toutefois, de nuancer. Les ashkénazes n'ont certes pas l'apanage de l'humour juif ; comme le précise encore Ouaknin, « les juifs d'Afrique du Nord, Maroc, Algérie, Tunisie, ont développé un humour original qui trouve son fondement dans l'utilisation d'une judéo-langue, que ce soit le judéo-espagnol ou le judéo-arabe. Il existe toute une littérature qui va du conte au proverbe, en passant par la *romansa* (conte chanté), les *konsejas* (contes moraux), les *pasajes* (le vécu), les anecdotes ou les *chakas* (les blagues) ».

En France, ainsi, ce sont principalement les humoristes juifs d'Afrique du Nord qui développent cet humour, utilisant leur culture pour faire vivre des personnages truculents, comme la « mère juive », que l'on retrouve ici séfarade et pied-noire pour la mémoire collective française, et non plus ashkénaze... Le personnage joué par Marthe Villalonga dans le film d'Yves Robert *Un éléphant, ça trompe énormément* (1976) et sa suite *Nous irons tous au paradis* (1977) fera beaucoup pour populariser cette figure, reprise par la suite dans les spectacles de Michel Boujenah, puis dans *La Vérité si je mens*. Il faut en outre signaler que, dans l'adaptation française de la pièce *Comment devenir une mère juive en dix leçons*, tirée du livre de Greenburg, la mère, par son accent notamment, est clairement identifiée comme une femme issue d'Afrique du Nord.

Peu à peu, l'humour juif, tel que nous le connaissons aujourd'hui, s'est fixé sur certains thèmes. De nombreux sites Internet l'attestent, comme en témoignent ces réflexions de S. Uettwiller retrouvées sur un site « rire ». Cette plaisanterie illustre bien la propension des juifs à envisager leur identité comme un questionnement sans fin :

> *Après un naufrage sur une île déserte, toute petite et peuplée exclusivement d'éléphants, un scientifique juif est recueilli par un navire et retourne à la civilisation. Il écrit un ouvrage pour relater son expérience et l'intitule* Les Éléphants et la question juive.

On trouvera encore beaucoup de plaisanteries liées à Dieu, à la psychanalyse et au monde de l'argent. Voici ce qu'en dit Woody Allen :

> « *Mon père tient de sa tante May. Elle rejetait la Bible parce que le personnage central était invraisemblable* » (Crimes et délits). « *J'ai été très déprimé pendant longtemps. Je m'apprêtais à me suicider mais, comme je l'ai dit, je suivais une psychanalyse freudienne très stricte et si vous vous suicidez, on vous fait payer les séances que vous ratez* » (monologue).

L'un des mécanismes spécifiques de cet humour, c'est le mélange de l'abstrait et du concret, du spirituel et du trivial. Encore une fois, nous puiserons allégrement chez Woody Allen :

> « *L'univers n'est jamais qu'une idée fugitive dans l'esprit de Dieu ; pensée joliment inquiétante, pour peu que vous veniez d'acheter une maison à crédit.* » « *Non seulement Dieu n'existe pas, mais essayez d'avoir un plombier pendant le week-end !* » (Ma philosophie).

Mais l'un des thèmes préférés de cet humour reste le langage, ce qui se manifeste par de nombreux jeux de mots et jeux avec les mots, ainsi que la logique, détournée, poussée jusqu'à l'absurde. Le meilleur exemple du genre est sans doute le mot de Groucho Marx : « Jamais je n'accepterais de faire partie d'un club qui serait prêt à admettre comme membre quelqu'un comme moi ! » L'absurde, appliqué à soi-même, n'est jamais loin du masochisme...

La logique retournée, l'esprit peut se surprendre à soupçonner la raison même. C'est ce même retournement que l'on perçoit dans une célèbre plaisanterie :

> *Un jeune étudiant d'une école talmudique va voir son rabbin : « Rabbin, pourquoi, dans le Talmud, chaque fois qu'on pose une question à un docteur de la Loi, il répond par une autre question ? » Le rabbin regarde le jeune homme en lui souriant et répond : « Pourquoi pas ? »*

Du reste, nous, psychiatres, nous avons appris de longue date à répondre à une question par une question et la dialectique psychanalytique est assez proche de cette forme de pensée...

L'humour semble ainsi alors avoir essaimé dans le monde juif à partir des jeux de la parole et du sens inventés pour l'étude. Très vite, il prend une couleur d'autodérision : le juif rit de lui-même, de son rapport aux choses, aux mots, à la raison, et finalement au monde qui l'environne. Qu'il s'agisse de l'argent, de la question de l'identité, des perturbations du sens commun, de la raison et de la communication, le juif pointe sa propre singularité et, en fin de compte, le lien transversal, biaisé, qu'il peut entretenir à la réalité. De là à imaginer que le rire serait un mécanisme de désamorçage des problèmes et des affres auxquels la communauté est confrontée, il n'y a qu'un pas...

On passe toutefois plus rapidement qu'on ne le pense de l'autodérision à la stigmatisation. Le fond de masochisme qui transparaît à travers cet humour n'est-il pas une invitation à l'antisémitisme ? Il n'y a pas que les juifs qui aiment se rire des juifs... En vérité, la question de la limite entre humour juif et caricature antisémite est souvent posée. Elle travaille les créateurs. Ainsi, Alexandre Arcady, réalisateur du film *Le Grand Pardon*, soulignait lors d'une interview télévisée (mars 2004) la nécessité de tenir compte du contexte socioculturel des spectateurs, auditeurs ou lecteurs, dès que l'on fait de l'humour. Après avoir revu ce film, qu'il avait réalisé il y a plus de vingt ans (1982), il reconnaissait avec amertume que, s'il avait à le tourner aujourd'hui, il supprimerait probablement quelques phrases pouvant prêter à confusion dans le climat actuel qu'il ressent en France.

De nombreux auteurs ont prêté attention aux glissements et aux retournements qui peuvent conduire de l'humour juif aux plaisanteries antisémites. Pour Marc-Alain Ouaknin et Dory Rotnemer, la frontière est nette. À travers la blague juive, l'auditeur est incité à jouer le jeu de l'identification avec le personnage ; lorsque ce personnage bascule dans l'absurde, lorsque la raison quotidienne perd pied, c'est lui-même qui se voit interrogé, et inquiété dans son identité : « Dans la blague juive, la description qui est faite du juif ne vise pas à l'enfermer dans des critères stéréotypés : l'argent, l'aspect physique... La blague juive utilise les stéréotypes pour les faire éclater. Le rire est alors une corrosion de l'intégrité de l'identité. Le rire éclate à la frontière de l'identification-désidentification, frontière mouvante dans laquelle on se perd, on se trouve et l'on se reperd indéfiniment. » La plaisanterie invite toujours à un questionnement, et donc à une complexification du réel. La plaisanterie raciste, qu'elle porte d'ailleurs sur les juifs ou toute autre communauté, fonctionne à l'exact inverse : « Dans la blague antisémite ou raciste, le juif est assigné à être ce que les autres veulent qu'il soit. L'identité du juif ou de tel autre groupe social corse, belge, suisse est figée d'avance et la blague est une façon efficace de faire circuler les formules et les images qui conduisent le juif à être en état d'arrestation, c'est-à-dire dans un état fixé une fois pour toutes[18]. »

Ces remarques rejoignent les conclusions que Freud avait eu l'occasion d'émettre dans son ouvrage *Le Mot d'esprit et sa relation à l'inconscient*. À l'appui de sa démarche, le fondateur de la psychanalyse entendait classer les différents types de mots d'esprit et empruntait pour cela, à titre d'exemples, nombre de blagues juives, lesquelles concernent différents thèmes, comme l'argent, la propriété, le mariage arrangé... La différence que Freud observe entre blagues juives et traits à couleur antisémite est, elle aussi, sans appel : « Cette condition que constitue l'autocritique peut nous expliquer que ce soit précisément sur le terrain de la vie populaire juive qu'un certain nombre des mots d'esprit les plus remarquables aient pris naissance [...]. Ce sont des histoires inventées par des juifs et

18. *Ibid.*

dirigées contre des particularités juives. » À l'inverse, « les mots d'esprit sur les juifs faits par des non-juifs sont la plupart du temps des bouffonneries pleines de brutalité, dans lesquelles on s'épargne de faire de l'esprit par suite du fait que le juif est considéré par les non-juifs comme un personnage comique[19] ». En fin de compte, l'humour juif apparaît comme une interrogation et une reconstruction incessante de la judéité, qui doit traverser l'épreuve de l'autocritique ; la plaisanterie antisémite œuvre, quant à elle, à un rejet, un effacement du « juif ».

Du reste, il y a des limites que ne s'autorise pas à franchir l'humour juif et qui signalent, à l'inverse, de clairs « dérapages » antisémites. Il reste en effet des thèmes sensibles, voire interdits, dont on ne peut rire ; c'est le cas, notamment, de tout ce qui concerne l'Holocauste. Les familles des déportés y sont particulièrement vigilantes. En France comme aux États-Unis, ces débordements sont particulièrement condamnés, mais c'est de ce côté-ci de l'Atlantique que le sentiment est le plus fort d'un antisémitisme primaire persistant, sous couvert généralement d'antisionisme ; les États-Unis demeurent, apparemment, davantage protégés de ces tendances.

L'humour juif est donc soutenu par une histoire riche et complexe, qui lui donne sa structure et son expression si particulière. La « mère juive », en tant

19. Sigmund Freud, *Le Mot d'esprit et sa relation à l'inconscient*, Gallimard, 1992.

qu'archétype comique, s'inscrit, semble-t-il, parfaitement dans cette tradition ; à travers elle s'exprime tout un questionnement sur l'identité et, en fin de compte, sur la difficile transmission culturelle à des enfants insérés dans une société plus individualiste qu'elle n'a jamais été et traversés par des désirs d'autonomie et d'assimilation.

Une génération de vipères ? La stigmatisation des mères

Néanmoins, la question reste de savoir s'il n'y aurait pas dans la fixation du personnage des projections supplémentaires, comme le soulignent d'autres travaux. La thèse de Tamar Pelleg-Sani, sur *Les Traits de personnalité des mères juives*[20], après avoir fixé les traits stéréotypés de la mère juive – manipulatrice, dominatrice, se mêlant de tout, contrôlant tout à partir de la culpabilité, nourrissante –, montre ainsi combien le stéréotype a outrepassé la réalité. L'auteur choisit de comparer deux cents mères, cinquante juives et cinquante protestantes de moins de 50 ans, et cinquante juives et non-juives de plus de 50 ans. Cette étude révèle plusieurs choses : il n'y a pas, quant à ces traits, de différence entre les mères de moins de 50 ans et celles de plus de 50 ans, pas plus que l'on ne peut déceler de différences significatives entre les juives et les non-juives. L'émergence du mythe peut être attribuée

20. Thèse de PhD, New York University, 1984.

à la division non traditionnelle des rôles à l'intérieur de la famille, à son style de communication émotionnelle et au désir qu'a la jeune génération de s'assimiler.

Dès lors, les histoires de « mères juives » glisseraient insensiblement du dialogue avec la culture traditionnelle à une véritable stigmatisation... Certains travaux donneraient à le penser, qui décèlent dans le stéréotype le résultat d'une spectaculaire inversion des valeurs et d'une mutation sans précédent du regard porté par cette nouvelle culture juive américaine sur sa propre histoire. C'est ce qu'a analysé Gladys Weisberg-Rothbell, dans *Le Caractère de la mère juive : étude de ce stéréotype*[21]. Pour cette étude, l'auteur a analysé différentes figures de mères juives dans les films américains ; elle met au jour cinq inversions dramatiques qui ont transformé le caractère de la mère juive d'un objet de vénération en une cible ridicule.

Selon la représentation classique, le caractère des mères juives est exemplaire : dans l'abnégation la plus totale, elles se sacrifient pour leurs enfants, lesquels témoignent de ce fait à leur égard reconnaissance et fidélité. Les mères juives meurent souvent jeunes ; leurs enfants, orphelins, se les remémorent avec une extraordinaire sentimentalité.

L'image change à partir de 1950. Des rôles riches et multiples dont la mère juive était créditée, il ne reste plus

21. Thèse de PhD, New York University, 1989.

que celui de *mamma* surprotectrice et envahissante. Leur sacrifice est devenu un comportement douteux, voire déviant ; le fameux instinct maternel prend l'aspect d'une tendance pathologique et pathogénique, menaçant la santé mentale et le développement sexuel de l'enfant, et faisant obstruction à toute recherche d'autonomie. Pire, les mères vivent désormais trop longtemps, et deviennent l'objet de fantasmes matricides. Dans le récit de la « mère juive », telle que l'analyse Gladys Weisberg-Rothbell[22], apparaît dès lors quelque chose de radicalement nouveau et d'inattendu, compte tenu de la tradition juive : un véritable ressentiment à l'égard des mères, mises en procès dans leur rôle même.

Certes, l'humour juif structure le personnage, mais celui-ci en déborde ; le discours ne se contente pas de pointer les difficiles adaptations d'un comportement culturel à la situation moderne, il se livre à un véritable jeu de massacre. Le point de basculement est net, et il intervient dès lors que ce que représente cette mère n'est plus de l'ordre de la *protection*, même excessive, mais du *danger*. Pourquoi ? Parce que la mère rend fou. Il ne s'agit plus alors de se demander comment vivre avec cette mère. Il s'agit de clamer qu'il est désormais urgent de vivre sans elle.

Au-delà de la communauté juive, ce message accompagne une lame de fond de la société américaine, et même de la société occidentale dans son ensemble. Dès

22. *Ibid.*

1955, Philip Wylie s'attachait à vilipender les mères américaines[23]. De quoi sont-elles coupables ? Rien de moins que de détruire les aspirations morales de la nation par leur façon de traiter leur fils. Désormais désœuvrée de ses tâches ménagères traditionnelles, lesquelles sont confiées aux nouveaux appareils qu'offre la technologie, la mère américaine de Wylie s'abat sur sa progéniture :

> « *Son fils, après avoir été couvé par son amour, et, durant son âge barbare, protégé avec soin et inquiétude de tout développement intellectuel, se voit prémuni contre les étapes ultérieures de son évolution vers la maturité.* »

Certes, Wylie put être considéré comme un extrémiste ; il n'empêche que son travail fut très remarqué... Et il ne représente pas un cas isolé. Partout, les langues se délient contre les mères. C'est ainsi par exemple qu'à la même époque, en 1948, le livre d'Hervé Bazin, *Vipère au poing*, obtient un vif succès et crée le scandale. Ce récit autobiographique introduit une figure inédite : la mère violente, méchante et dangereuse pour ses enfants. Folcoche, le surnom de la mère, est devenue depuis le modèle même de cette mère « vipère » destructrice.

> « *Grand-mère mourut. Ma mère parut. Et ce récit devint drame. J'avais huit ans. Rappelés par télégramme, monsieur et madame Rezeau mirent huit mois à rentrer. Un beau soir, nous nous trouvâmes alignés sur le quai de la*

23. Philip Wylie, *Generation of Vipers*, Holt, Pinehart and Winston, 1955.

gare, très excités et difficilement contenus par la pontifiante tante Bartolomi et par notre gouvernante. Le tortillard, soufflant bas, parut avec dix minutes de retard. « La vitre s'abaissa, jaillit une voix : "Venez prendre les bagages, Mademoiselle." Notre gouvernante pensa qu'elle la prenait pour la femme de chambre, mais elle s'exécuta. Notre mère satisfaite, découvrit deux dents d'or, ce que, dans notre candeur, nous primes immédiatement pour un sourire à notre adresse. Enthousiasmés, nous nous précipitâmes, dans ses jambes à la portière. "Allez-vous me laisser descendre, oui !" Nous écarter d'elle à ce moment nous eût semblé sacrilège. Madame Rezeau dut le comprendre et, pour couper court à toutes effusions, lança rapidement à droite, puis à gauche, ses mains gantées. Nous nous retrouvâmes par terre, giflés avec une force et une précision qui dénotaient beaucoup d'entraînement. [...] Notre mère fut baptisée "Folcoche". Folcoche est une contraction d'un mot de Frédie, qui cria après sa mère : "La folle ! La cochonne !" Et il rebaptisa notre mère Folcoche. Nous ne la connaîtrons plus que sous ce nom. »

Bien sûr, la Folcoche de Bazin est à l'exact opposé de la « mère juive », qui ne va pas tarder à apparaître : ce n'est pas son angoisse et son trop-plein d'attention qu'elle déverse sur l'enfant, c'est sa haine. Toutefois, les deux figures participent de la même veine : un assaut généralisé des fils contre la statue maternelle. La question de la « mère juive » dépasserait-elle une problématique propre à la judéité pour prendre place et sens dans un mouvement et un dispositif plus large de stigmatisation ? Nous voici désormais conduits sur une nouvelle piste.

D'évidence, l'attaque réglée contre les mères qu'il faut discerner derrière ces caricatures plus ou moins sympathiques n'est pas le fruit de « tireurs isolés ». Si cette dénonciation a pu s'exprimer de manière si forte et rencontrer un large écho dans l'esprit du temps, c'est qu'en vérité elle a été soutenue par un tissu intellectuel et théorique dont elle reprend les grands thèmes. Car, de fait, la stigmatisation des mères au XXe siècle plonge plus loin que quelques plaisanteries, quelques films ou quelques romans ; pour la saisir, un retour en arrière s'impose.

« L'idéologie "familialiste", rappelle Françoise Couchard, a toujours considéré l'amour maternel comme un sentiment naturel, inhérent à l'état de femme[24]. » Ce sentiment, on le connaît : c'est le fameux « instinct maternel », réputé infaillible… Les travaux d'Elisabeth Badinter, notamment dans *L'Amour en plus*[25], se sont attachés à le décrire, en montrant la complexité de cet affect et des normes socioculturelles auxquelles il se rattache, pour conclure qu'il n'est qu'une construction sociale commode.

La réalité, pendant longtemps, a été fort différente. Les femmes vivaient dans un statut d'infériorité ; le « devoir conjugal » était une obligation imposée. Nombreuses étaient les femmes qui mouraient en couches ou se remettaient mal d'accouchements trop rapprochés, d'infections répétées. Les familles étaient constituées de nom-

24. Françoise Couchard, *Emprise et violence maternelles*, Dunod, 1991.

25. Elisabeth Badinter, *L'Amour en plus*, Flammarion, 1980.

breux enfants dont la plupart ne survivaient pas. L'historien Edward Shorter a analysé les charges économiques que représentait chaque nouvelle naissance : l'abandon d'une nouvelle bouche à nourrir était souvent une tentation sérieuse[26]. Sentiment amoureux et sentiment maternel passaient de ce fait au second plan. Il fallait d'abord survivre.

Et pourtant, comme l'explique Françoise Couchard, jusqu'au XIXe siècle, l'image de la mère restait vénérée. Une brèche apparaît qui rend possible de dissocier l'état de maternité et celui de féminité. « Jusque-là, la femme n'existait pas en dehors de ses statuts d'épouse et de mère. [...] La femme prétend aujourd'hui embrasser tous les statuts à la fois, femme, amante et mère. Est-ce cette suprématie qui attire sur elle les foudres de tous ? » La notion de « mauvaise mère » était née.

C'est dans ce contexte qu'au début du XXe siècle la psychologie prend son essor. Sigmund Freud thématise la notion d'inconscient et, s'appuyant sur elle, élabore une nouvelle discipline : la psychanalyse. Le concept freudien d'appareil psychique vise à comprendre le fonctionnement mental individuel ; sur cette base, Freud développe des idées révolutionnaires, parmi lesquelles l'hypothèse d'une sexualité infantile, dont le fameux « complexe d'Œdipe » représente un concept clé.

À sa suite, Melanie Klein étudie le développement de l'enfant, en se penchant particulièrement sur les

26. Edward Shorter, *Le Corps des femmes*, Seuil, 1984.

interactions précoces mère/enfant ; elle s'attachera à décrire les pulsions des nourrissons vis-à-vis du corps maternel. Sur le même thème, un grand nombre de psychanalystes développeront rapidement différentes thèses. Parmi eux, Hélène Deutsch s'efforce de mettre au jour la relation d'emprise maternelle et décèle que certaines mères semblent incapables de laisser le moindre espace physique et psychique entre elles et leur enfant, suscitant ainsi des angoisses d'effraction et de séparation.

Donald Winnicott introduit des concepts novateurs qui enrichissent l'analyse : la notion d'« objet transitionnel » lui permet ainsi d'expliquer la difficulté du jeune enfant à se séparer de sa mère. En définissant « la préoccupation maternelle primaire », il montre comment l'enfant est l'objet de toutes les attentions de la mère : celle-ci, dans les premiers mois qui suivent la naissance de son enfant, est complètement focalisée sur lui, très réactive au moindre de ses besoins[27].

Toutes ces recherches contribuent à affermir l'idée, chez une majorité de psychologues et de psychanalystes, que la mère est exclusivement responsable du développement de son enfant. Et donc, par là même, de ses troubles et de ses symptômes.

La notion de « mère schizophrénogène » est introduite par Frieda Fromm-Reichmann en 1948 : elle vise à

27. Donald Winnicott, *De la pédiatrie à la psychanalyse*, Payot, 1969.

décrire des mères froides, dominatrices, rejetantes, possessives, culpabilisantes. La présence d'un père passif, détaché et impuissant renforcerait chez le fils un sentiment de confusion, propice à terme au développement d'une symptomatologie schizophrénique[28].

Dès lors, l'idée de la mère responsable de tous les maux de son enfant – de l'autisme à l'homosexualité, en passant par la délinquance et de nombreuses autres pathologies – se développe et entre dans la croyance populaire. Au sein de la psychologie, la culpabilisation des mères n'aura de cesse ; Lacan introduira la notion de ravage, pour insister sur le potentiel pathogène des mères ; de nombreux psychanalystes abonderont dans ce sens. Caplan et Hall-McCorquale, étudiant la littérature clinique de neuf principales revues de psychologie ou de psychiatrie, prétendent ainsi montrer que les mères sont les responsables exclusives de soixante-douze sortes de pathologies.

Une autre voie de recherche s'est toutefois, entretemps, révélée ; il faut pour cela rendre hommage à Nathan Ackerman qui publie aux États-Unis, en 1938, un article intitulé « La famille, unité sociale et émotionnelle[29] ». Il ouvrira la voie aux prises en charge familiales. Dès 1940, Ackerman travaille avec les familles (parents et enfants) ; en 1960, il crée le premier centre de thérapie

28. Frieda Fromm-Reichmann, « Notes on the development of treatment of schizophrenia by psychoanalytic psychotherapy », *Psychiatry*, 1948, n° 11, p. 263-273.

29. Nathan Ackerman, « The unity of family », *Archives of Pediatrics*, 1938, n° 55, p. 51-62.

familiale à New York. En fait, dès le début du XXe siècle, la famille devient objet d'étude : mais, si elle représente le creuset de la construction de la personnalité des enfants, elle n'est pas encore étudiée dans son ensemble, dans ses interactions. Il faudra attendre les années 1950 pour voir éclore les premiers travaux en ce sens.

C'est à Palo Alto, au Mental Research Institute, que seront publiés les travaux passionnants menés sur la communication par Watzlawick et son équipe à partir des publications de Gregory Bateson[30].

Les recherches les plus fécondes en ce domaine (effectuées dans les années 1956-1960) et qui seront à l'origine des thérapies familiales systémiques empruntent une méthodologie radicalement différente de celles usitées jusqu'alors en psychologie. Elles prennent en effet pour objet la communication. La famille est considérée comme un système, qui se régule au moyen de règles qui lui sont propres ; son mode de communication est fait de messages verbaux et non verbaux. Elle évolue au cours de son cycle de vie, parcourant les étapes naturelles du développement.

Étudiant des patients schizophrènes, Gregory Bateson, connu auparavant pour ses travaux en anthropologie, publie un article important dans le champ de la psychiatrie. Il y élabore la théorie du double lien (*double bind*), qui entend décrire certains modes de communica-

30. Gregory Bateson, *Pour une écologie de l'esprit*, Seuil, 1977.

tion pathologique retrouvés dans des familles. Une célèbre blague illustre cette communication pathologique... Et ce qui nous intéresse encore plus est le fait qu'elle soit souvent racontée comme étant une blague juive, mettant en scène la fameuse « mère juive ». (On en retrouve d'ailleurs une version dans le livre de Greenburg.)

> *Une mère (juive) achète deux cravates à son fils, une rouge et une bleue. Le premier jour, il met la cravate rouge. La mère s'étonne : « Tu n'aimes pas la cravate bleue ? » Le lendemain, le fils arbore la cravate bleue. La mère réagit : « Tu n'aimes pas la cravate rouge ? » Le troisième jour, le fils met les deux cravates. « Mais tu es complètement fou, mon fils », réagit la mère.*

Dans un contexte de lien affectif intense, l'enfant se retrouve ainsi prisonnier d'une injonction contradictoire, qu'il ne pourra résoudre qu'à travers des symptômes. Conclusion : la mère est encore à la source du problème...

Changement de perspective

Aujourd'hui, qu'en est-il ? Du côté de la psychanalyse, les schémas ont grandement évolué. On a ainsi reconnu que, comme pour l'ensemble des problématiques traitées, la plupart des travaux psychanalytiques consacrés aux mères et aux interactions maternelles précoces ont été, longtemps, largement empreints d'une vision masculine. Les événements de mai 1968 et les revendications féministes ont contribué à ouvrir un débat sur ce sujet.

La littérature psychanalytique abonde en ce qui concerne l'instinct maternel, les liens d'attachement, les interactions précoces. Ces descriptions ont fourni un éclairage fort sur le lien mère/enfant et ont pointé à juste titre le fait que le devenir de la personne dépend de la qualité du lien établi pendant la première enfance. Mais le regard s'est aussi déplacé vers d'autres interactions, à d'autres étapes de la vie. Le lien mère/fils fait aujourd'hui l'objet de peu d'ouvrages[31] ; le lien mère/fille est mis plus en valeur qu'il ne l'a été, notamment grâce à Aldo Naouri ou à Caroline Eliacheff[32] ; quant aux relations avec le père, il faudra sans doute attendre encore pour qu'elles soient réellement étudiées – à l'exception notable des travaux d'Aldo Naouri, de Guy Corneau ou de Jean Le Camus[33].

De son côté, l'approche systémique de Palo Alto, à la suite des travaux de Gregory Bateson, a ouvert la voie à un champ de réflexion radicalement neuf. Les concepts systémiques utilisés par l'équipe de Bateson seront complétés notamment par les travaux d'Ivan

31. Alain Braconnier, *Mère et Fils*, Odile Jacob, 2005.

32. Aldo Naouri, *Les Filles et leurs mères*, Odile Jacob, 1998 ; Caroline Eliacheff et Nathalie Heinich, *Mères-filles*, Albin Michel, 2003.

33. Aldo Naouri, *Les Pères et les Mères*, Odile Jacob, 2004 ; *Une place pour le père*, Seuil, 1985 ; Guy Corneau, *Père manquant, fils manqué*, Éditions de l'Homme, 2004 ; Jean Le Camus, *Le Vrai Rôle du père*, Odile Jacob, 2000 ; *Comment être père aujourd'hui*, Odile Jacob, 2005.

Borszomenyi-Nagy ou de Murray Bowen[34] ; ils ouvriront la voie à l'approche transgénérationnelle. Selon cette approche, le système familial est avant tout un ensemble de relations qui relèvent de la communication ; c'est une unité où se retrouvent toutes les projections familiales créées au travers des générations ; pouvoirs et secrets de famille, loyautés et représentations s'y côtoient et dessinent des schémas complexes[35].

Ces recherches ont énormément apporté aux thérapies familiales, parce qu'elles ont permis de reconsidérer les difficultés familiales dans leur globalité et d'éviter ainsi de stigmatiser un rôle spécifique qui, dans une famille, serait responsable de difficultés, voire susceptible de créer des symptômes. L'individu interagit avec l'un ou l'autre des parents, mais aussi avec ses frères et sœurs, et ce qui lui est transmis de l'histoire transgénérationnelle. Comprendre une situation familiale demande une analyse du système à un moment donné et à travers le temps afin d'examiner les répétitions, la place des parents, le rôle de la fratrie dans l'histoire familiale. Tous ces paramètres permettent d'éclairer une pathologie – sans stigmatiser les mères... Il n'y a plus un coupable par lequel tout le mal arriverait !

34. Ivan Boszormenyi-Nagy et Geraldine M. Spark, *Invisible Loyalties*, Harper and Row, 1973 ; Murray Bowen, *La Différenciation du soi*, ESF, 1984.

35. À signaler, dans le champ psychanalytique français, les ouvrages de Geneviève Delaisi de Parseval, qui témoignent d'une préoccupation voisine : *La Part du père* (Seuil, 1981), *La Part de la mère* (Odile Jacob, 1997), *Le Roman familial d'Isadora D.* (Odile Jacob, 2002).

Car la dyade mère-enfant est relue différemment. Le père peut y prendre place : à travers son absence, on pourra, par exemple, déceler une disqualification par la mère. Réciproquement, l'opposition de la mère et des enfants évoquera l'action ou l'absence de réaction du père. De nouveaux personnages encore ont vu leur rôle réévalué, tels les frères et les sœurs, mais aussi les grands-parents, dont on comprend désormais qu'ils sont des acteurs importants de la vie familiale et des interactions précoces.

Chaque famille, chaque système témoigne d'attentes spécifiques, construites au fil des générations. Cette nouvelle approche se révèle apte à donner le jour à des schémas de compréhensions riches, en prise avec les spécificités de chaque histoire. La lecture à plusieurs niveaux qu'elle suscite oblige à réfléchir différemment, en prenant mieux en compte les spécificités socioculturelles, par exemple. Chaque famille traverse le monde avec un héritage propre. C'est à travers lui qu'elle se confronte à des réalités, des valeurs qu'il lui faut assumer. Comment alors comparer une famille juive de Vienne au début du siècle avec une famille juive de Shanghai ou une famille juive installée au Maroc ? Comment peuvent évoluer ces familles ? Comment se recomposent aujourd'hui des systèmes qui intègrent, avec plus ou moins de bonheur, différentes origines ethniques, différentes religions ?

Impossible, dès lors, de penser que notre « mère juive » soit une entité monolithique. Impossible de la tenir, à grande échelle thérapeutique, pour un concept viable et fiable. De cela, à vrai dire, on se doutait un peu. Quel rapport, par exemple, entre la « mère juive » de Woody Allen et celle d'Albert Cohen, que ce dernier dépeint dans son magnifique *Livre de ma mère* ?

> *« Cette femme, qui avait été jeune et jolie, était une fille de la loi de Moïse, de la Loi morale qui avait pour elle plus d'importance que Dieu. Donc, pas d'amours amoureuses, pas de blagues à l'Anna Karénine. Un mari, un fils à guider et à servir avec une humble majesté. Elle ne s'était pas mariée par amour. On l'avait mariée et elle avait docilement accepté. Et l'amour biblique était né, si différent de mes occidentales passions. Le saint amour de ma mère était né dans le mariage, avait crû avec la naissance du bébé que je fus, s'était épanoui dans l'alliance avec son cher mari contre la vie méchante.*
> *« Amour de ma mère, à nul autre pareil.*
> *– Elle perdait tout jugement,*
> *– quand il s'agissait de son fils.*
> *– Elle acceptait tout de moi,*
> *– possédait du génie divin qui divinise l'aimé,*
> *– le pauvre aimé si peu divin*[36]. »

Alors, « juive » ou tout simplement mère, celle à qui vaut le discours de ce fils ?

Et Romain Gary, dans son merveilleux ouvrage *La Promesse de l'aube*, donne son témoignage de l'abnégation de sa mère :

---

36. Albert Cohen, *Le Livre de ma mère*, Gallimard, 1954.

« À l'Hôtel-Pension Mermonts où je fis arrêter la jeep, il n'y avait personne pour m'accueillir. On y avait vaguement entendu parler de ma mère, mais on ne la connaissait pas. Mes amis étaient dispersés. Il me fallut plusieurs heures pour connaître la vérité. Ma mère était morte trois ans et demi auparavant, quelques mois après mon départ pour l'Angleterre.

« Mais elle savait bien que je ne pouvais pas tenir debout sans me sentir soutenu par elle et elle avait pris ses précautions.

« Au cours des derniers jours qui avaient précédé sa mort, elle avait écrit près de deux cent cinquante lettres, qu'elle avait fait parvenir à son amie en Suisse. Je ne devais pas savoir – les lettres devaient m'être expédiées régulièrement – c'était cela, sans doute, qu'elle combinait avec amour, lorsque j'avais saisi cette expression de ruse dans son regard, à la clinique Saint-Antoine, où j'étais venu la voir pour la dernière fois.

« Je continuai donc à recevoir de ma mère la force et le courage qu'il me fallait pour persévérer, alors qu'elle était morte depuis plus de trois ans.

« Le cordon ombilical avait continué à fonctionner[37]. »

Sylvie Angel

---

37. Romain Gary, *La Promesse de l'aube*, Gallimard, 1960.

II

TOUTES LES MÈRES, DES « MÈRES JUIVES » ?

Ainsi donc, à en croire l'enquête de Sylvie Angel, la « mère juive » parlerait depuis déjà des lustres à chacun. Elle serait même arrivée à si bien parler qu'on s'attendrait à ce que nul ne se sente gêné de disserter sur ce qu'elle évoque pour lui, assuré qu'il serait d'avoir depuis longtemps repéré le contenu du syntagme qui la résume, qui a eu et qui continue d'avoir la vie belle.

Et pourtant !

La mère que j'ai eue était juive, celle de mes enfants l'est aussi ; bien d'autres dans mon entourage immédiat le sont également ; et, au cours de ma longue carrière de pédiatre, j'en ai évidemment rencontré d'autres encore, par centaines sans doute. Le fait que toutes ces femmes aient été ou soient juives, assumant souvent cette caractéristique, la subissant parfois et la revendiquant rarement, fait-il automatiquement d'elles ce que chacun croit pouvoir entendre derrière l'expression censée communément les désigner ?

La « mère juive », une réalité ?

Pour tenter d'éclairer le débat, j'ai procédé à une enquête informelle dans mon entourage immédiat et plus large, histoire de cerner les caractéristiques censées être spécifiques de cette fameuse « mère juive », si tant est qu'elle existe. Les personnes que j'ai interrogées, juives ou pas, hommes ou femmes, n'ont été ni choquées ni étonnées de ma question. Elles y ont répondu sans hésiter comme si elles avaient, sinon une connaissance intime du sujet, du moins une intuition de qualité. J'ai classé moi-même les réponses, qui se recoupaient souvent, dans un ordre qui m'a paru aller du moins spécifique au plus insistant. Le catalogue que j'ai ainsi dressé – et qu'a déjà cité Sylvie Angel – ne m'a cependant pas semblé exhaustif. La « mère juive » serait fortement impliquée dans son rôle, particulièrement aimante, dévouée, infatigable, débrouillarde, ingénieuse, héroïque, la tripe à l'air, prête au sacrifice, hantée par le sens de ce sacrifice mis toujours en avant, pourvue d'un don divinatoire, sorcière, pleine de contradictions, assumant sans l'ombre d'une gêne sa mauvaise foi, manipulatrice, possessive, exigeante, intraitable, obstinée, extravagante, excessive, se mêlant de tout, voulant toujours avoir le dernier mot, focalisée sur la nourriture et la sécurité, angoissée et angoissante, dépourvue du moindre sens de la mesure, seulement préoccupée de ses enfants, faisant passer ses enfants avant toute chose, bien plus mère que femme ou épouse, etc.

Toutefois, je ne crois pas devoir accorder au recueil de tels indices, quelque longue qu'en soit la liste, la moindre valeur ; car j'ai rencontré au cours de ma carrière de pédiatre quantité de mères non juives auxquelles ils pouvaient intégralement s'appliquer... tout comme j'ai rencontré des mères juives auxquelles ils ne le pouvaient absolument pas.

Cette recension a néanmoins eu pour mérite de me pousser à associer son écriture à un cas susceptible de l'illustrer tant il est caricatural.

Ma secrétaire dont le bureau jouxtait la salle d'attente de mon cabinet avait développé, depuis le temps qu'elle était à mon service, une certaine oreille. Ainsi lui arrivait-il de me rapporter parfois les propos qu'elle avait recueillis parce qu'ils lui avaient semblé édifiants et susceptibles de m'intéresser. C'était sa marotte. Ce jour-là, elle m'a pris à part pour me raconter par le menu le violent échange qu'elle avait surpris – elle ne pouvait pas ne pas l'avoir entendu – entre une mère et son enfant de cinq ans. La mère hurlait littéralement à son fils : « Mets-toi bien ça dans la tête : un jour, je te tuerai. Je vais te tuer, quitte à aller en prison pour le restant de mes jours. Je vais te tuer, et je serai débarrassée de toi. Je n'aurai plus à te demander de manger. Je n'aurai plus à souffrir de te voir refuser tout ce que je te propose. Tu vas le manger, dis, ce yaourt ! Je ne l'ai pas transporté jusqu'ici pour rien ! » L'enfant lui répondait qu'il s'en fichait de mourir et que, de toutes les façons, il n'avait jamais faim. L'altercation se serait prolongée sur le même mode un certain temps sans que l'enfant n'ait cédé.

Quand j'ai ouvert la porte de la salle d'attente pour les inviter à me suivre, elle est sortie la première, tout sourire, gratifiant ostensiblement son rejeton d'une caresse sur la tête. Je la connaissais depuis des années. Ambivalente, tortueuse, manipulatrice, pétrie de contradictions et de mauvaise foi, sourde à tout propos qui n'allait pas dans le sens de ses convictions. C'était la reine du zapping ! Quels que soient mes conseils, mes prescriptions ou mes ficelles techniques, elle ne retenait que ce qui l'arrangeait, et je n'étais toujours pas parvenu à lui faire changer d'attitude. C'est d'ailleurs ce qui pouvait expliquer son investissement à mon endroit – paradoxalement, certaines personnes tiennent en effet plus à la personne qu'elles mettent en échec qu'à celle qui les fait progresser. Son fils n'allait au demeurant pas si mal que cela. Avait-il tiré quelque parti de nos altercations ? Il était en tout cas parvenu à développer une stratégie défensive de qualité, comme en témoignait la scène qui m'avait été rapportée.

Il avait environ un an quand elle me l'a amené pour la première fois en me déclarant tout de go, sur un mode rageur et grandiloquent : « Docteur, il ne mange rien ! » Sa plainte était d'autant plus frappante que son enfant était relativement replet alors qu'elle était, elle, pas seulement filiforme, mais très maigre, comme le demeurent longtemps les anciennes anorexiques. Elle ne travaillait pas. Quant au père de son fils, il tenait… un restaurant avec sa propre mère et elle se plaignait de le voir trop peu à son goût.

À la consultation suivante, elle est arrivée accompagnée de son mari et d'une dame rondouillarde et gaie, qui s'est présentée elle-même comme la grand-mère paternelle de l'enfant, me hélant aussitôt en des termes inattendus : « Je suis venue, docteur, parce que vous pensez que c'est de ma faute si mon petit-fils est dans cet état. » Comme je lui faisais observer que je n'avais pas encore ouvert la bouche, elle me rétorqua : « Oui, mais vous pensez si fort que je vous entends. » Nous avons tous ri et nous nous sommes assis. Elle a alors entrepris de me raconter sa vie arrêtée par une tragédie : son mari, avec lequel elle tenait déjà un restaurant, avait été assassiné devant elle au cours d'un hold-up ; son fils avait un an, et elle avait décidé de lui consacrer le reste de sa vie. M'ayant donné ces détails, sur le mode surprenant auquel je n'étais pas encore parvenu à m'habituer, elle me demanda si j'aimais les histoires parce qu'elle m'en aurait volontiers conté une. Je l'engageai à poursuivre en lui confessant combien j'étais friand de toutes sortes de contes et combien j'étais impatient de l'entendre.

« C'est l'histoire, triste, me dit-elle, d'un homme qui ne savait plus comment se tirer d'une situation impossible. Il vivait avec sa femme et sa mère, et ces deux-là étaient toujours en conflit. Dès qu'il rentrait de son travail et qu'il allait saluer son épouse, cette dernière se plaignait immédiatement à lui, en termes violents, des agissements de sa mère, lui intimant l'ordre de vider la querelle en prenant son parti. Si, le soir suivant, il décidait d'aller saluer d'abord sa mère, cette dernière se répandait en propos amers sur l'attitude et les propos irrespectueux de sa bru, l'engageant à tancer cette dernière et à lui rappeler le respect qui lui était dû. Ne sachant plus comment faire, il arriva un soir dans la chambre de sa mère et lui dit : "Mère, je n'en peux plus. Ma situation est devenue invivable.

Je l'ai tournée et retournée dans tous les sens. J'ai beaucoup réfléchi. J'ai cherché une solution. Et je crois que j'en ai trouvé une, la seule qui puisse convenir. Je n'ai pas le choix, je n'ai pas d'autre choix : je dois te tuer !" Ce disant, il sortit de dessous son manteau un long couteau. Sans marquer plus de crainte que de révolte, sa mère lui rétorqua en avançant la poitrine : "Puisqu'il en est ainsi, frappe donc dans le sein qui t'a nourri." Il le fit sans hésiter et il la tua. Après quoi, il la mit dans un sac, la chargea sur une brouette et entreprit de la transporter à l'autre bout du village où il avait d'ailleurs déjà creusé sa tombe. Il se félicitait de ce qu'il faisait nuit et que la rue était déserte, quand il aperçut à quelques dizaines de mètres de là des gendarmes qui venaient dans sa direction. Il se mit soudain à trembler et à suer à grosses gouttes. Pour se donner une contenance et avoir l'air le plus naturel possible, il serra un peu plus fort les manches de la brouette. Mais il ne sut plus comment faire ni comment être quand il croisa les gendarmes. Le sac s'était en effet mis à trembler si fort qu'il en ébranlait la brouette. Il crut sa fin venue tant il était certain que le bruit allait éveiller l'attention des sbires. Mais ces derniers n'y prêtèrent aucune attention. Il fit encore quelques dizaines de mètres avant de s'arrêter. Il lâcha alors les manches de la brouette, s'épongea le front, souffla un grand coup, puis, donnant un grand coup de pied dans le sac, il dit d'un ton rageur : "Salope, même morte tu continues de me martyriser !" C'est alors qu'il entendit une voix sortant du sac lui répondre : "Excuse-moi, mon fils, je n'ai pas pu m'empêcher de trembler à l'idée que tu aurais pu être pris avec un colis aussi compromettant." »

Je n'ai plus jamais revu en consultation cette délicieuse grand-mère, venue dire, d'une façon aussi originale et aussi imagée, la mère qu'elle avait été et qu'elle resterait même après la mort. Son fils abandonna assez vite son travail dans le restaurant maternel et se trouva un travail dont les horaires convenaient mieux à son épouse.

La mère de l'enfant comme la grand-mère paternelle étaient, l'une et l'autre, juives. Pour autant, dans leurs caractéristiques respectives et dans ce qui se dégage de leurs comportements, y a-t-il quelque chose qui puisse les unir en une catégorie particulière répondant à l'étiquette « mère juive » ? La première dit à son fils qu'elle est prête à le tuer et à lui survivre pour n'avoir plus à vivre la limite de sa puissance et à le voir résister à son injonction. En revanche, par le biais de l'histoire qu'elle raconte, la seconde dit sa permanence, même si elle affirme être prête à mourir si cela pouvait aider son fils à vivre ou tout simplement à mieux vivre. On pourrait relever que, dans l'un comme dans l'autre cas, on se situe dans l'excès. Toutefois, dans ce registre, quelle pondération ou quelle mesure serait autre que de surface ?

Que conclure des pétitions de principe que défendent ces deux mères, comme chaque mère au demeurant, dès que lui en est donnée l'occasion ? Sinon que chacune d'elles est l'exécutante appliquée d'une histoire qui lui est échue, à laquelle elle ne peut se soustraire et qu'elle proroge comme elle le peut. La première, ancienne anorexique, se sent agressée par l'anorexie de son enfant sans parvenir pour autant à savoir si elle a induit cette conduite ou si elle en est la cible. La seconde a fait de son dévouement permanent le sens que devait prendre sa vie après la tragédie qu'elle a vécue.

N'est-ce pas le cas de toutes les mères sans exception, quelles que soient leur origine, leur nationalité, leur religion ou leur couleur de peau ?

Quoi de « juif » chez ces mères ?

Cependant, pour ne vraiment négliger aucun détail, certaines mères bel et bien juives, si tant est qu'on tienne à les réunir sous une étiquette commune, partagent des caractéristiques qui leur sont spécifiques, trois exactement, parce qu'elles sont d'ordre rituel. Deux d'entre elles sont assez restrictives ; une est plus générale.

Les deux premières sont la fréquentation du *mikvé* et la soumission conjoncturelle aux dispositions du *guet*. Ces deux particularités sont restrictives en ce qu'elles n'intéressent en effet que les mères juives observantes qui ne sont pas, loin s'en faut, les plus nombreuses. Même si leur importance n'est pas négligeable, elles ne me paraissent cependant pas devoir interférer de façon décisive dans les caractéristiques des mères concernées.

Le *mikvé* tire son nom de l'établissement où se prend le bain rituel. Il fonctionne comme une métonymie. Les femmes en activité sexuelle, mères ou pas, doivent en effet s'y rendre et y procéder aux immersions codifiées, sept jours après la fin de leurs règles, quelle que soit la durée de ces dernières. C'est seulement après ce bain rituel qu'elles peuvent reprendre des rapports sexuels interrompus par la survenue des menstrues. Ces rapports sont en effet interdits par le judaïsme – comme ils le sont au demeurant dans d'autres religions et d'autres cultures – tout le temps que dure l'écoulement sanglant et, par sécurité, pendant les sept jours qui suivent. Durant cette période, la femme est déclarée non pure et ne partage pas la couche de son époux ; certaines vont même jusqu'à n'avoir avec lui aucun contact physique de quelque ordre qu'il soit. Elles refusent, au demeurant, en toutes circonstances, la main qu'un homme leur tendrait pour les saluer. Précaution, discrétion ou pudeur ? Ne pourrait-on pas imaginer que la règle de politesse, qui commande à un homme de ne jamais tendre le premier la main à une femme, vienne de là ? On pourrait imaginer que cette limitation de l'activité sexuelle conduirait ces mères à investir encore plus leur maternité que leur féminité. Ce serait négliger la capacité qu'a un interdit de souligner l'importance de ce qu'il limite. Les femmes qui acceptent de parler de leur vécu de cette expérience du *mikvé* la jugent pour leur part positive en ce que, aiguisant le désir, elle s'avérerait salutaire pour leur équilibre et celui de leur couple.

Le *guet* désigne quant à lui un dispositif d'ordre juridique qui intervient au moment du divorce religieux, lequel ne peut être concédé que par l'époux à l'épouse. Cela ne signifie pas qu'une épouse ne puisse pas le demander et l'obtenir. Cette vectorisation incontournable du dispositif conjugal obéit à la logique qui préside à l'acte de mariage lui-même. Dans le judaïsme, le mariage est un contrat passé entre un homme et une femme « achetée » pour une somme symbolique que représente l'alliance nuptiale. Un tel contrat, transcrit sur un document appelé *ketouba*, comporte ce détail précis, mais surtout l'ensemble des garanties que l'homme s'engage à donner à la femme qu'il prend pour épouse, durant leur vie commune comme en cas de divorce. Le procédé du *guet* continue donc d'engager l'homme, qui doit alors s'exécuter et remplir à la lettre les termes de son contrat. Si c'est cependant l'épouse qui désire divorcer, elle le peut. Il lui suffit de saisir de sa requête le tribunal rabbinique, lequel convoque l'époux, instruit la plainte et, au cas où il établirait la pertinence des arguments de l'épouse, dispose de diverses mesures pour contraindre l'époux de cette dernière à lui « donner le *guet* », autrement dit à lui accorder le divorce qu'elle demande. Tout cela n'a évidemment rien à voir avec le divorce civil, mais n'en conserve pas moins une grande importance dans la mesure où des époux non divorcés ne peuvent pas contracter un autre mariage religieux, sous peine de voir les enfants nés de mariages ultérieurs avec des coreligionnaires être déclarés *mamzer(im)* et exclus de la communauté hébraïque.

La troisième particularité tient au fait que l'identité juive d'un individu passe par la judéité de sa mère. Cette disposition, elle aussi juridique, serait intervenue assez tard dans l'histoire du peuple juif. Elle daterait seulement de la fin du IIe siècle de notre ère et elle se serait mise en place sous l'influence des dispositions juridiques romaines – *mater certissima, pater semper incertus*, enseignait le droit romain – ainsi que pour faire obstacle au prosélytisme chrétien et à l'assimilation, comme d'autres dispositions au demeurant. Elle ne me semble pas, elle non plus, particulièrement déterminante dans la constitution du comportement de la mère juive.

La « mère juive », un mythe ?

> « On dispose de quatre preuves établissant
> que Jésus était juif :
> il a toujours cru que sa mère était vierge ;
> elle a toujours cru qu'il était Dieu ;
> il a vécu chez ses parents jusqu'à 33 ans ;
> il a repris la petite entreprise de son père
> et il en a fait une multinationale florissante. »

Au cours de conférences publiques qui m'avaient été commandées sur le sujet par des institutions culturelles, il m'est arrivé par deux fois d'essayer de faire entendre ce que je pense de cette figure de la « mère juive », à savoir que ce n'est pas un « concept » dans la mesure où il est vide. Je ne crois pas y être parvenu et j'ai eu l'impression, chaque fois, d'avoir autant déçu mes commanditaires que mon public.

J'expliquais pourtant que ma mère, juive, pour prendre un exemple des plus simples, n'avait pas une seule caractéristique commune avec celle de mes enfants, voire avec n'importe quelle autre qui pouvait me revenir en mémoire. Il m'a été rétorqué, non sans le délicieux humour qui court autour du thème, que cette affirmation à elle seule était la preuve que ma mère avait certainement été une « mère juive » typique tant il est notoire que le fils d'une « mère juive » la prétend toujours incomparable à aucune autre ! Qu'on se reporte aux déclarations recueillies par Sylvie Angel qui entend ses amis, juifs ou pas, déclarer avoir eu des « mères juives » typiques, voire caricaturales. Tout en m'ayant fait sourire, cette ponctuation m'a conduit à répondre que j'étais suffisamment bien placé pour avoir recueilli – moi aussi – ce type d'assertion de la part de toutes les personnes, hommes ou femmes, qui m'ont parlé de leur mère. Incomparable et subjectivement unique, chacune l'est objectivement, ne pouvant renvoyer à aucune autre, juive ou pas.

Que je ne sois pas parvenu à gagner mes auditoires à mes vues ne m'a cependant pas amené à remettre en question les autres arguments que j'avais développés. Même avec le recul, ils continuent de me paraître convaincants.

S'il existait réellement un archétype de la « mère juive », ne trouverait-on pas quelques traits communs aux mères juives religieusement observantes et à celles qui sont éloignées de tout ritualisme ? Or, indépendamment des caractéristiques spécifiques dont j'ai fait état, rien, strictement rien, ne les rapproche dans leurs comportements, dans leur vécu, dans la hiérarchie de leurs valeurs ou dans l'expression de leurs préoccupations. Comment rapprocher la mère loubavitch[1] qui me demande un médicament pour la mémoire de son petit Mosché de trois ans, au motif qu'il ne parvient pas à retenir ses *michnaïot*[2], de la guère plus jeune ou plus vieille mère juive « dans le vent » qui se préoccupe seulement de savoir, elle, si la maladie de son enfant va ou non l'empêcher d'aller en week-end à Deauville ? Il y a fort à

1. Les juifs loubavitch sont extrêmement pratiquants, attachés au respect méticuleux de tous les commandements et de toutes les coutumes. Le fait que le rabbi Schnéor Zalman, qui a fondé le mouvement à la fin du XVIIIe siècle dans le sillage du hassidisme, ait été ashkénaze et que les membres aient longtemps été seulement des ashkénazes n'a pas empêché les sépharades de les rejoindre en nombre de nos jours. Voir par exemple Jacques Gutwirth, *La Renaissance du hassidisme*, Odile Jacob, 2004.

2. Proposition centrale d'une page de Talmud, autour de laquelle s'organisent les commentaires. Le Talmud est un recueil, écrit en style télégraphique, des commentaires du texte thoraïque émis par diverses autorités rabbiniques entre – 300 et + 500 de notre ère, augmenté de ceux de Rachi et de ses gendres, qui vécurent à Troyes, dans l'Aube, au XIe siècle. Il est le support d'un enseignement (c'est le sens même du mot *talmud*) oral transmis de maîtres à élèves. Il en existe deux, dits respectivement Talmud de Babylone et Talmud de Jérusalem. Le Talmud de Babylone, le plus étudié, comporte, selon les éditions, de 12 à 20 volumes totalisant 5 366 pages et divisé en 37 traités centrés sur six ordres de préoccupations.

parier que, si on demandait à la première ce qu'elle pense de la seconde, elle se garderait de répondre, son inscription dans la foi lui interdisant de porter le moindre jugement sur qui que ce soit ; quant à la seconde, elle n'hésiterait certainement pas à se défendre de la moindre proximité avec une personne dont elle exprimerait sans hésitation le rejet et sur laquelle elle pourrait même porter un jugement sévère, sinon méprisant.

S'il existait réellement un modèle typique de « mère juive », ne trouverait-on pas quelques traits communs aux mères séfarades et aux mères ashkénazes, si différentes les unes des autres, comme le sont en règle générale leurs groupes d'appartenance ?

L'appellation séfarade qui, en hébreu, signifie « espagnol » désigne, uniformément et de manière abusive, les juifs originaires de l'Espagne d'après la Reconquista (1492) comme ceux du Bassin méditerranéen et du Moyen-Orient, qu'ils soient issus ou non des premiers mouvements diasporiques. On retrouve des séfarades aussi bien en Amérique latine, aux États-Unis, au Canada, en Hollande, en Belgique, en Angleterre, dans les pays nordiques, que dans les Balkans, en Turquie ou en Inde.

On confond sous l'appellation ashkénaze, qui signifie « allemand » en hébreu, l'ensemble des juifs européens, qu'ils soient polonais, russes, lettons, scandinaves, voire français. On retrouve bien évidemment des ashkénazes en Amérique du Nord et du Sud, comme en Australie ou à Hong-Kong.

C'est dire combien la division, admise et reconnue comme telle au sein du peuple juif, n'obéit à aucun repérage géographique. Si elle repose sur des particularités rituelles qui vont de la différence de prononciation de la langue hébraïque à l'organisation des offices, elle n'entraîne pas de différences radicales dans le rapport au judaïsme. Il ne s'agit, somme toute, dans l'une ou l'autre des communautés, que de la greffe de coutumes locales sur un corpus de rituels à peu de chose près identiques. Par exemple, si tout individu est toujours nommé comme enfant de son père sa vie durant, il le reste au moment de ses funérailles chez les ashkénazes, alors qu'il est désigné, à cette seule occasion, chez les séfarades comme enfant de sa mère. De même en a-t-il été de la pratique de la polygamie : abandonnée depuis longtemps dans les communautés ashkénazes, elle a fait l'objet d'un édit rabbinique émanant du Rav Ghershon, l'interdisant dès l'an mil et pour mille ans. Les séfarades ne se sont cependant pas sentis concernés par cette disposition et ils ont continué, jusqu'à une période encore récente, de prendre plusieurs épouses dans les pays de l'aire arabo-islamique où ils résidaient et où cette pratique était légalement admise.

Le rapport des ashkénazes et des séfarades à l'humour est encore une caractéristique différentielle. Car, si les uns et les autres le goûtent suffisamment pour ne pas cesser de s'y adonner, ce qu'on appelle communément l'« humour juif » est ashkénaze, l'humour séfarade n'ayant rien qui puisse le différencier de l'humour arabe, pour les populations ayant vécu en milieu arabo-musulman, ou de l'humour environnant pour les populations des autres contrées. J'ai personnellement expérimenté et constaté le fait sans avoir jamais rien lu qui me donnât l'explication de ces différences. Cela viendrait-il d'une plus grande dispersion des communautés dans l'espace séfarade ou de leur long statut de *dhimmitude*[3] ? Je ne saurais décemment le soutenir. Mais, à constater l'éclosion récente de l'humour de certains jeunes humoristes séfarades, j'en viens à me demander si cette éclosion ne serait pas l'effet d'une plus grande liberté d'expression – que ne permettait pas la *dhimmitude* – sur fond d'un exil récent susceptible de convoquer et de souligner un certain exotisme.

Si cette division ashkénazes/séfarades pouvait être néanmoins clairement et précisément définie, chacun finirait sans doute par trouver le moyen de s'y repérer et

---

3. Les pays arabo-musulmans ont toujours toléré en leur sein les populations dites « du Livre », c'est-à-dire des populations juives et chrétiennes. Ils ont néanmoins restreint les droits des individus qui les composaient en en faisant des citoyens de seconde zone qui devaient payer un impôt spécial et, en fonction des pays, au comportement desquels étaient mises quantité de restrictions. Cela n'est bien sûr pas sans rappeler le sort qu'ont connu les juifs dans bien des pays d'Europe. La conséquence de ces dispositions n'a cependant pas été la même dans les différentes aires. La preuve en est qu'il n'y a jamais eu, dans l'aire arabo-islamique, des bourgades entièrement peuplées de juifs comme cela fut le cas en Pologne, en Ukraine, en Biélorussie, en Moldavie, etc. Je me demande du coup si ce ne sont pas ces regroupements en aire ashkénaze qui auraient produit la naissance d'un humour spécifique et permis son développement.

de la dépasser. Mais c'est loin d'être le cas, et les différences et les oppositions demeurent encore fortes.

En Bessarabie, et plus particulièrement à Kichinev où elles cohabitaient l'une et l'autre depuis pourtant longtemps, la forte communauté juive ashkénaze demeurait obstinément à distance respectable de la non moins forte communauté séfarade qui le lui rendait bien. L'une comme l'autre comportait de surcroît en son sein différents clans, eux-mêmes dessinés par une appartenance à des origines géographiques plus anciennes.

Les juifs des vieilles communautés séfarades anglaises, issues de l'émigration espagnole après 1492, ressemblent, à tous points de vue, bien plus aux Anglais de souche qu'aux ashkénazes dont les familles ne se sont implantées sur le sol britannique que depuis la seconde moitié du XIXe siècle – implantation qui n'a pas été sans poser nombre de problèmes, comme en témoignent les ouvrages d'Israël Zangwill. Les mariages entre membres de ces communautés continuent au demeurant de ne pas être vus d'un bon œil et il n'est pas jusqu'aux cimetières où ne se marquent des différences sensibles.

Il en va d'ailleurs de même en Hollande et en Belgique. Et cela se comprend si on se reporte à l'histoire, édifiante à cet égard, des migrations juives. En effet, quantité de témoignages décrivent le rejet par les communautés juives allemandes de la migration des juifs de l'Est fuyant les pogroms ukrainiens et russes, toutes ces communautés étant pourtant ashkénazes. Et on peut ne pas s'arrêter là. Car combien souvent n'ai-je pas entendu, moi-même, des juifs russes se récrier quand on les prenait pour des juifs polonais, roumains ou lituaniens, et *vice versa* ; et de même encore chez les juifs allemands, autrichiens, hongrois, danois ou autres. Même phénomène dans les communautés séfarades : n'allez surtout pas prendre pour un juif marocain un juif tunisien, égyptien ou, pire encore, algérien ; il se sentirait insulté ! Et ne vous commettez pas à prendre un juif de l'Ouest algérien pour un juif de l'Est, l'insulte serait aussi grave. Comme si le territoire d'origine, si précis soit-il, importait plus à chacun de ces représentants que sa communauté générale d'appartenance, qu'elle soit ashkénaze ou séfarade. Avec néanmoins cette légère et amusante nuance : on trouvera toujours une forme de solidarité ashkénaze pour stigmatiser les séfarades, comme on verra la même solidarité séfarade pour contrer les ashkénazes, les uns et les autres revendiquant ensemble la même identité juive, le tout fréquemment assorti d'une indubitable tendresse dans les propos. Ce qu'illustrent encore des blagues ! « Quels sont les meilleurs amis des juifs ? Les ashkénazes, bien sûr ! » Et que dire du sort de cette malheureuse jeune fille qui a attendu vainement une réponse à une annonce matrimoniale dans laquelle elle disait désirer rencontrer un ashkénaze optimiste à défaut d'un séfarade cultivé ou d'un Israélien poli !

Les « mères juives » qui sont étroitement incluses dans leurs communautés respectives adhèrent, quand elles ne le forgent pas elles-mêmes, à l'état d'esprit de ces communautés et se trouvent donc parfois dans des positions strictement inconciliables.

Je n'insisterai pas sur les particularités de leurs cuisines. Elles sont tellement différentes qu'on peut se demander ce qui, en dehors des lois de la *cachrout*[4], que les unes et les autres peuvent ou non respecter, pourrait en quelque façon les unir. La mère séfarade de nos régions, qui épice sa cuisine, est bien plus proche à cet égard de la mère arabe, corse, napolitaine, grecque ou méditerranéenne en général, que de la mère ashkénaze. Et cette dernière est bien plus proche de la mère européenne, en particulier de l'Est et du Nord, que de la mère séfarade. Il n'est pas jusqu'aux plats rituels du shabbat qui ne diffèrent radicalement : *dafina* ou *tfina* (enterrée) chez les unes, *shulent* (dérivé de « chaud lent ») chez les autres, qui traduisent la technique d'obtention d'un plat chaud pour le shabbat midi. Comment d'ailleurs ne différeraient-ils pas quand la confection de ces recettes est étroitement liée à l'approvisionnement local ? La carpe farcie ashkénaze du vendredi soir, assurant l'apport protéique alimentaire, relève des ressources poissonnières des lacs environnants, alors que le couscous-boulettes des communautés séfarades orientales, destiné à remplir le même office, a emprunté aux ressources des pays qui ont longtemps été des greniers à blé.

4. Ensemble des prescriptions alimentaires rigoureuses concernant la viande, les laitages, les produits de la mer et l'usage de la vaisselle.

On peut continuer d'égrener pêle-mêle d'autres différences.

La mère séfarade, comme l'ensemble des mères méditerranéennes partageant une culture dans laquelle prévaut la patrilocalité[5], investit en général son fils chez lequel elle envisagerait volontiers de finir sa vie. À l'inverse, la mère ashkénaze, comme les mères européennes, investit en général sa fille auprès de laquelle elle trouverait naturel de couler ses vieux jours.

On peut imaginer, à partir de là, la différence de destin et d'entente d'un couple composé d'un homme ashkénaze et d'une femme séfarade avec leurs familles respectives, et d'un autre couple fait d'un homme séfarade et d'une femme ashkénaze. Le premier jouirait d'une certaine liberté, dont l'épouse pourrait même se plaindre en la prenant pour du désintérêt ; le second aurait en revanche une vie d'enfer à être tiraillé entre deux pôles maternels aussi envahissants et possessifs l'un que l'autre. Si on ajoute à cela le facteur lié à l'observance, on mesurera plus encore la complexité du problème.

Si on s'éloigne de notre environnement immédiat et qu'on cherche à voir ce qui se passe ailleurs, que ce soit dans les différentes communautés séfarades ou dans les communautés ashkénazes, on notera encore nombre de différences.

5. On désigne par ce terme le fait que, lorsqu'un couple se constitue, il est agrégé à la famille d'origine de l'homme.

La colonisation de l'Algérie et la présence française dans les protectorats qu'ont été le Maroc et la Tunisie ont produit dans la mentalité des populations juives de ces pays des effets proportionnés au degré de leur assimilation. Si la patrilocalité est demeurée de mise en Tunisie et surtout au Maroc, les couples qui se formaient s'intégrant à la famille de l'époux, elle a laissé place à la matrilocalité[6] dans les populations des grandes villes algériennes. Les populations juives algériennes, ayant acquis la nationalité française en 1870 à la suite du décret Crémieux, n'avaient pas, du moins pour une frange d'entre elles, assez de mépris pour leurs coreligionnaires moins assimilés : un homme marocain, tunisien ou même des Territoires du Sud (on désignait ainsi, à l'époque, la partie saharienne de l'Algérie) avait peu de chance de nouer une union avec une femme algérienne. Et, si tant est que sa situation de fortune, ou son prestige personnel, lui apportât un argument compensatoire, cela ne le préservait en aucune façon de la condescendance dans laquelle, sa vie entière, il était tenu par sa belle-famille comme par son épouse. Au sein même de ces communautés séfarades, on trouvait donc, et on continue d'ailleurs de trouver, les oppositions générales que j'ai signalées entre les univers ashkénaze et séfarade.

6. C'est le contraire de la patrilocalité : le couple qui se constitue doit s'agréger à la famille d'origine de la femme.

Une illustration de ces différences nous est d'ailleurs fournie par ce que nous ont raconté de leur enfance deux écrivains célèbres.

Si, par exemple, la mère d'Albert Cohen[7] est bien une mère séfarade de type classique pourrait-on dire, elle diffère radicalement de celle d'Elias Canetti, pourtant également séfarade[8]. La première a vécu en milieu méditerranéen et s'est entièrement dévouée à son fils, à la manière des mères méditerranéennes ; elle a cuisiné pour lui sur un mode dont les parfums envahissent les pages du beau livre qu'il lui a consacré. Si la seconde est tout aussi parfaitement campée que la précédente dans des écrits pratiquement vides de référence culinaire, c'est bien plus comme un personnage brillant, impressionnant, dynamique et distant que comme une mère dévolue à l'entretien de son intérieur et au seul bien-être de son enfant ; ayant évolué dans les différentes provinces de l'empire austro-hongrois, elle semble avoir été plus proche de ses voisines de l'époque, les mères allemandes ou les mères ashkénazes allemandes.

Ce n'est d'ailleurs pas un hasard si mon catalogue passe sous silence les « mères juives », toutes origines confondues, qui vivent en Israël. Les mères israéliennes, ashkénazes ou séfarades, m'ont toujours paru, dans l'expérience que j'en ai eue, être d'abord et avant tout

---

7. Voir *Le Livre de ma mère, op. cit.*
8. Voir *Histoire d'une jeunesse. La langue sauvée*, Albin Michel, 1978.

des mères israéliennes, c'est-à-dire une catégorie encore à part et même tout à fait à part, pour ne pas dire inclassable. Elles sont en effet centrées sur leur enfant, et uniquement sur lui, avec au demeurant l'aval de leur compagnon, et s'évertuent à le satisfaire à chaque instant de son existence. Comme si, enseignées par l'insécurité chronique et l'intolérable état de guerre permanent de leur milieu de vie, elles voulaient lui donner par avance tout le bonheur possible, pour le cas où son incorporation ultérieure dans l'armée lui coûterait la vie.

De cet ensemble de considérations, que ressort-il ? Qu'à l'évidence les femmes censées être des « mères juives » sont des mères de confession ou d'origine juive, mais avant tout strictement identiques aux mères de leur environnement culturel[9]. Cela n'implique-t-il pas que toutes les mères sans distinction sont peu ou prou des « mères juives » ? La « mère juive » ne me paraît donc pas plus pouvoir constituer le singulier des mères juives que les mères juives ne paraissent pouvoir constituer le pluriel de « la mère juive ».

Le problème me semble d'ailleurs renvoyer à celui, bien plus vaste et combien plus complexe, de la définition même du « juif » et de son identité telle qu'elle lui a été posée dès le début de son aventure diasporique.

9. Le personnage de mère « pied-noire » campée par Marthe Villalonga, dans le film d'Yves Robert, *Nous irons tous au Paradis*, correspondrait parfaitement à l'archétype de « mère juive » alors que rien ne la désigne comme telle.

Le pourquoi d'un cliché

Lorsque j'ai été invité, à deux reprises ai-je dit, à parler de la « mère juive », j'ai cherché à en pister le concept, bien que, par intuition et par expérience, je l'aie toujours su vide. Je ne disposais pas alors des informations recueillies par Sylvie Angel. Quand j'ai néanmoins cherché à comprendre aussi bien son éclosion que l'importance qu'il est parvenu à acquérir, j'ai cru pouvoir moi-même en faire un pseudo-concept forgé, et largement exporté, par les romanciers juifs américains de la première moitié du XXe siècle, le succès de leurs écrits ayant suscité par la suite de véritables vocations autour du thème. Au demeurant, je ne prenais appui pour exploiter cette piste que sur mon bagage culturel littéraire et historique. J'ai même pensé pouvoir mettre la fortune de cette diffusion sur le compte des effets collatéraux des mouvements féministes américains de la fin du XIXe ainsi que sur ceux de l'avènement de l'ère industrielle, laquelle a vu, dans tout l'Occident, le déclin de la figure paternelle au bénéfice de la figure maternelle. Loin de procéder avec la rigueur de ma coauteure, je suis allé encore plus loin dans mes supputations puisque je me suis cru autorisé à imaginer que la figure de la « mère juive » avait pu être érigée, consolatrice, par ses fils loyaux et irrémédiablement endeuillés, sur le cénotaphe du père juif[10]. Je me suis sans doute laissé influencer à cet égard par la lancinante mélodie de la fameuse chanson *Mein Yiddish Mame*, dont on sait que, chantée dans de nombreuses langues, elle a eu un succès considérable. Mais un tel argument ne tient pas, car l'équivalent de cette chanson existait depuis plus longtemps encore en italien – admirablement chanté pour ancien qu'il soit, par Pavarotti – : *Mamma, sono per te, la mia canzone vola, Mamma sono per te, tu non sarai più sola* (« Maman je suis pour toi, vers toi vole ma chanson, maman je suis pour toi, tu ne seras plus seule »). Tout comme au demeurant il en existe également un en arabe : *Ya oumi, ya oumi, ya oumi, esmek daïman fi foumi* (« Ô ma mère, ô ma mère, ô ma mère, ton nom est toujours sur mes lèvres » – littéralement « dans ma bouche »). Je suis certain qu'il y a d'ailleurs des refrains de la même eau dans toutes les langues du monde.

Ce qui me vient aujourd'hui va bien au-delà de cette hypothèse.

Que les romanciers américains aient été pour quelque chose dans la construction et la diffusion de cette figure est indéniable par-delà même les circonstances sociologiques et historiques dans lesquelles son développement s'inscrit. Mais ce n'est pas un effet du hasard. La

10. C'est ainsi que Philip Roth campe son père dans des pages à la fois hilarantes et pathétiques, au moins dans *Portnoy et son complexe*.

psychanalyse avait déjà traversé l'Atlantique et Freud avait déjà apporté sa « peste[11] » à un auditoire au sein duquel furent sans doute nombreux, parmi les juifs venus l'écouter, ces écrivains ou ces futurs écrivains. La psychologie et l'introspection avaient déjà le vent en poupe. Que des auteurs se soient précipités sur l'occasion pour entreprendre de parler d'eux-mêmes, de leurs vies et de leurs mères en particulier – n'est-ce pas la grande mode aujourd'hui même ? – et que ces auteurs aient été juifs, n'a certainement pas manqué de faire procéder au glissement qui est survenu. Un peu comme s'il avait été impossible autrement d'accepter le dévoilement qui s'opérait ainsi. Que les mères en général puissent avoir une telle influence n'était, historiquement s'entend, pas plus facile à admettre que ne pouvaient l'être les révélations sur la sexualité infantile. Le processus de défense qui a dû s'opérer a donc résolu le dilemme en mettant l'insupportable de la révélation sur la particularité des mères décrites. Puisque les écrivains qui en parlaient étaient juifs et qu'ils parlaient de leurs mères, ce qu'ils en révélaient ne pouvait être rapporté qu'aux caractéristiques de ces mères-là, autrement dit de ces « mères juives ».

Reste qu'on peut se demander, puisqu'on persiste aujourd'hui encore à faire exister ce mythe, si la « mère

11. Allusion au propos de Freud à Jung, sur le bateau qui les emmenait pour la première fois en Amérique : « Ils ne savent pas que nous leur apportons la peste. »

juive » ne serait pas la « juive » des mères, comme le « juif » a été et demeure, d'une façon plus ou moins assumée, le « juif » des autres peuples, le « juif » des nations. N'y aurait-il pas une correspondance éclairante entre le « juif » et la « mère juive », la seconde pouvant être considérée comme le paradigme féminin du premier ? Il se serait alors développé à l'égard de l'un comme de l'autre le même ensemble de sentiments, plus troubles encore qu'ambivalents, dans lesquels le refus, l'irritation, la haine et l'envie le disputeraient autant à un ébranlement certain qu'à un attendrissement irrépressible et à une admiration perçue comme toxique parce que impossible à admettre.

Comment comprendre en effet qu'une petite population, représentant à peine 2 pour mille de la population mondiale, dispersée depuis vingt siècles aux quatre coins du globe, ayant connu partout et depuis toujours les brimades, la haine, l'ostracisme, la violence et un génocide qui a tué la moitié de ses membres, ait traversé ces souffrances, ces vicissitudes et ces tentatives d'élimination en s'obstinant à maintenir sa spécificité et son identité ? Étrange phénix défiant flammes et cendres ! Et si cette forme de miracle n'était due qu'à l'adéquation de ce peuple à un universel de l'humain ? Comment alors comprendre cet universel sans être effrayé par ce qu'il aurait à enseigner et qui s'avère si différent des dispositions générales de chacun ? Et quand on considère que cette population ne s'est pas seulement maintenue, mais qu'elle a donné à l'humanité des individus dont les travaux et la pensée, dans tous les domaines, ont été décisifs dans son devenir, les choses sont encore moins simples. De là à se demander si tout cela ne serait pas dû à un ressort secret, il n'y a qu'un pas. Et si tout cela était le résultat de l'action des mères sur leurs enfants ? Et si les mères de cette population avaient acquis au fil de leurs épreuves un véritable « savoir-faire » ? Et si elles s'étaient évertuées à le transmettre de mères en filles ? On pourrait du coup trouver une explication recevable à un phénomène aussi irritant que mystérieux !

Cette hypothèse rendrait alors la persistance du « concept » plus compréhensible et le glissement qui lui aurait donné naissance plus facile à repérer : ce serait aux qualités intrinsèques de la « mère juive » qu'on devrait ce qui se constate au sein de la population juive ! Les juifs, toujours en train de s'interroger sur ce qui fonde leur identité, auraient eux-mêmes adhéré à l'existence d'une telle particularité en croyant y trouver un avantage substantiel. Quant aux auteurs anonymes de cette invention, ils auraient pu vouloir cerner, sinon pénétrer le secret des « mères juives » pour, en une interprétation défensive d'ordre paranoïaque[12], en détruire les précieux effets ou, à l'inverse, en une interprétation humaniste, se les approprier et en tirer parti.

12. Pas tant que cela peut-être si on se réfère à l'accusation de meurtre rituel et au succès, encore de nos jours, des *Protocoles des sages de Sion.*

Mais tout cela reste de l'ordre de la légende. Car si Spinoza, Marx, Freud, Einstein ou Mahler ont eu des « mères juives », il faudrait alors croire que les mères de Socrate, Lao-tseu, Pascal, Newton ou Darwin tout comme celles de Léonard de Vinci, Botticelli, Bach, Beethoven, Mozart et tant d'autres l'étaient également !

Les mères juives des textes hébraïques

Pour ne rien laisser dans l'ombre, j'ai fini par revenir au texte même de la Torah. Afin de trouver dans le récit qu'il déroule, à défaut d'indices patents, des liminaires qui auraient pu contribuer à construire la légende de la « mère juive ».

Ce qui m'a mis sur cette piste, c'est un échange que j'ai eu avec un rabbin et dont je garde un souvenir plus gêné qu'amusé. Je ne sais plus pourquoi, le saint homme avait entrepris, cet après-midi-là, de m'expliquer que le prophète Samuel était considéré par la tradition juive comme aussi important que Moïse et Aaron réunis. Il pensait, en bon pédagogue, que le caractère surprenant de cette affirmation était susceptible d'éveiller mon intérêt. Ne sachant pas l'étendue de mon insatiable curiosité, il a cru au succès de sa manœuvre. En bon maïeuticien, il a poursuivi son enseignement en me demandant si j'avais une éventuelle explication à donner de ce qui avait toutes les apparences d'un paradoxe.

Je lui ai répondu que j'avais l'explication.

Il a paru étonné que sa question ne m'ait pas désarçonné : un instant auparavant, je ne savais rien de ce qu'il m'apprenait, et voilà que je prétendais pouvoir non seulement en prendre acte, mais parvenir à l'expliquer.

Je crois que j'ai dû manquer d'élégance et surtout de générosité en ne le laissant pas me surprendre comme il l'escomptait. D'autant qu'il savait que je n'avais guère de culture torahique ou talmudique. Mais ce qu'il ignorait, c'est que j'ai tout de même fréquenté assez longtemps ce type de travail sur le texte pour avoir saisi quelques manières d'articuler les raisonnements.

Je lui ai donc répondu que ce qui avait toutes les allures d'un paradoxe n'en était pas un parce que Samuel était le *tiqoun* de Caïn.

J'avais utilisé une terminologie que je savais être la sienne et qui mérite d'être ici un tant soit peu explicitée. Le mot hébreu *tiqoun* signifie littéralement « réparation ». Ce n'est pas seulement un mot. C'est un concept, un vrai concept, lui. D'une importance considérable dans la vision juive du monde. Selon cette conception, l'humain, considéré comme imparfait par essence du fait de ses pulsions, serait censé vivre une expérience de traversée du temps au terme de laquelle, au fil des générations, grâce à l'observance de certains principes de vie (les 613 *mitsvoth*), il pourrait affleurer à un statut de perfection. Quand une erreur de parcours intervient chez un sujet ou dans son histoire, il se trouverait tôt ou tard un autre sujet dans sa descendance ou hors de cette descendance pour reprendre cette erreur et la réparer. On pourrait penser que ce concept représente un message d'espoir ou bien encore la suite de l'intervention divine dans le sort de l'homme. Toutefois, dans la mesure où sa mise en acte n'est déterminée en aucune façon et puisqu'elle dépend du choix intrinsèque du sujet lui-même, il résume à lui seul le résultat du débat que l'humain entreprend de résoudre entre la pression de ses pulsions et les conditions environnementales dans lesquelles elles seraient ou non mises en œuvre. On pourrait presque dire, pour sacrifier à un vocabulaire technique d'un autre ordre mais plus commun, que le *tiqoun* désignerait le résultat positif de la confrontation, banale en chacun, du principe de plaisir et du principe de réalité.

Cette notion, je l'ai découverte très tard dans mon parcours personnel. Or, depuis longtemps déjà, j'avais conféré dans mes écrits à tout enfant, dès sa conception, un statut de « réparateur » de l'histoire de ses parents, chacun d'eux espérant de lui qu'il œuvre à réparer l'histoire – nécessairement tordue comme toutes les histoires – qu'ils lui transmettent. Je jouais d'ailleurs sur les mots en relevant que ce « réparateur » était aussi un « séparateur », puisque chacun des partenaires le voulait à son service exclusif[13].

13. Voir *Une place pour le père*, *op. cit.*

Je ne savais pas alors que ce concept était si central dans la pensée juive que le tout-petit, en hébreu, se disait *tinoq*, mot fabriqué sur les consonnes t, n et q, lequel est une anagramme de *tiqoun*, lui-même fabriqué sur t, q et n[14]. Or, quand on sait que la structure de la pensée hébraïque est fondée sur le fait que les mots contiennent toujours leur sens propre en même temps que celui de leurs anagrammes, on ne peut pas verser au compte du hasard cette proximité : la notion de « réparation » ne se trouve-t-elle pas implicitement rattachée à la personne du « tout-petit » ? Quand j'ai appris cela, j'ai d'abord été stupéfait, puis je me suis dit que, si j'étais parvenu à formuler ainsi ces choses, c'était parce que je l'avais certainement toujours su.

Quand j'ai donné mon explication au rabbin avec lequel j'échangeais, à savoir que Samuel était le *tiqoun* de Caïn, il m'a répondu qu'elle figurait, consignée telle quelle, dans le traité *Sanhédrin*[15].

Je lui ai confessé n'avoir aucune fréquentation directe des traités talmudiques et ne pas plus connaître celui-là que les autres. C'était la stricte vérité, mais, je crois, là encore, avoir manqué d'élégance. À moins que

14. L'écriture de la langue hébraïque est, comme c'est la règle dans les autres langues sémitiques, consonantique ; elle comporte seulement des consonnes et pas de voyelles.

15. Titre d'un traité du Talmud de Babylone. Un autre rabbin avec qui j'évoquais cette discussion m'a dit, quant à lui, n'avoir rien rencontré de cet ordre dans sa lecture du traité *Sanhédrin*. Je ne sais qui croire. Je me contente ici de rapporter le contenu d'un échange.

je me sois défié d'une certaine orientation de l'enseignement qui m'était destiné et que j'aie voulu faire en sorte de marquer cette défiance.

Mais comment étais-je parvenu à mon élaboration ? Cela ne m'a été possible qu'en ayant en tête ce que m'a appris la fréquentation de toutes ces mères que ma carrière de pédiatre m'a donné l'occasion de rencontrer. Il se dégage, en effet, de leur attitude une sorte d'universel dans lequel chacun, au premier regard, pourrait voir un attachement viscéral à l'endroit de leurs enfants. Et il est tellement considérable qu'il fonde l'essentiel de leur identité. Qu'il fonde l'essentiel de l'identité de toute mère, quels que soient son âge, son histoire, ses origines, sa religion ou la couleur de sa peau.

Cet attachement, d'aucuns le nomment volontiers « cordon ». Un cordon dont on déclare, doctement parfois, que, pour certains, il ne serait « pas coupé ». En omettant soigneusement cependant de dire que sa coupure est, ô combien, toujours incomplète, problématique et véhémentement refusée avant tout par la mère parce que cela l'accule dans un rôle nécessairement... « coupable » !

Mais « coupable » en quoi ? « Coupable » de quoi ?

« Coupable » : « qui peut être coupée » – coupée de son enfant, bien évidemment. « Coupable » aussi en ce qu'elle ressent une « culpabilité » impossible à amender pour avoir mis ses enfants – et plus ses fils que ses filles – dans un monde soumis à l'œuvre du temps et donc à la mort.

C'est sur ce point très précis que j'ai construit mon raisonnement en évoquant, à propos de Samuel, la référence à Caïn. Mais en quoi l'un pouvait-il être considéré comme le *tiqoun* de l'autre ? Et en quoi cela pourrait-il concerner les mères, juives ou pas ?

Il suffit de revenir au texte pour constater, en une lecture moins iconoclaste qu'il n'y paraît, puisqu'elle est en concordance avec la permanente déconstruction que le Talmud opère lui-même[16], que ces deux personnages, à des milliers d'années de distance dans la datation selon la Torah, ont en partage des histoires étrangement similaires. On découvre en effet qu'il y a eu, pour l'un comme pour l'autre, exactement la même disposition maternelle. Et la chose est précisément inscrite dans la verbalisation du désir de chacune des deux mères.

Ève (HaVaH), mère de Caïn (QaYN)[17], le nomme ainsi parce que, s'explique-t-elle dans le texte, « je l'ai acquis » (QaNYTi) avec Dieu. Les mêmes lettres apparaissent dans le prénom et dans le verbe conjugué. « Je l'ai acquis (avec Dieu) et je le nomme "acquit". » Une telle paraphrase ne trahit pas l'esprit du texte.

---

16. Je saisis cette occasion pour remercier mon ami Marc-Alain Ouaknin et rendre hommage à son précieux enseignement.

17. Cette modalité d'écriture, couramment utilisée par les exégètes, est destinée ici à permettre de repérer aussi bien les jeux de permutation consonantique que les proximités radicales que ne peuvent pas rendre les traductions.

Hannah (HaNNaH), nomme son enfant Samuel (CheMouEL), son nom est EL, c'est-à-dire « son nom est Dieu ».

Dans l'un comme dans l'autre cas, il s'agirait en quelque sorte d'une conception conférée à Dieu et à lui seul. Conférée symboliquement bien entendu à Dieu au détriment néanmoins de la réalité du géniteur masculin, lequel semble dans l'un et l'autre cas en avoir été délibérément écarté, sinon exclu. Toutefois, les deux histoires diffèrent par une nuance qui va fabriquer la différence des destins et le *tiqoun*, la réparation, qui s'ensuit.

Le texte est on ne peut plus clair pour ce qui concerne Ève. Il y est dit qu'« Adam pénètre Ève, sa femme. Enceinte, elle enfante Caïn ». Pour Hannah, il est également fait mention nominale de son mari, un certain Elqana, mais il est surtout question de la stérilité dont elle souffre, d'autant plus que l'autre femme de ce même mari lui avait déjà donné deux fils. On serait, dans ce second cas, en présence d'une forme de gradation. La paternité symbolique divine de Caïn aurait été quasi mécaniquement entachée de l'acte de chair d'Adam, alors que la paternité symbolique divine de Samuel serait intervenue sur fond d'un acte de chair perpétré et assumé comme tel, mais longtemps mis en échec, voire annulé, par la stérilité.

Nous restons cependant dans un registre où il n'y a encore rien de surnaturel. Dans un registre dans lequel il n'y aurait que du commun, du trivial. Deux mères déclarent leur enfant, venu au monde, dévolu à Dieu alors qu'il a été conçu avec un homme. Pourquoi cette paternité symbolique divine a-t-elle été ainsi mise au premier plan au détriment de la paternité réelle ?

Je prétends que c'est la manière dont chacune de ces deux femmes a tenté de sortir de sa « culpabilité ». Conférant la paternité symbolique de leurs fils respectifs au fondateur et maître du temps, chacune d'elles aurait escompté obtenir de lui une « éternisation » de la vie de l'enfant.

Pour mieux comprendre la lecture que je propose ici, il importe de savoir que le Dieu-un que les Hébreux se sont donné, celui de la révélation, s'écrit YHVH. Cette écriture strictement imprononçable, bien qu'on se soit évertué à vouloir la prononcer dans les autres langues sous la forme : Yahvé, Yohvé, Jéhova, ou autres prononciations du même type, condense de fait en quatre lettres les trois modalités, entrelacées sans ordre, de l'inscription de l'être dans le temps : avoir été, être, avoir à être. Je précise néanmoins que, si on doit procéder à une traduction littérale, ces fameuses quatre lettres sont plus exactement la condensation sans aucun ordre de : il a été, il est, il sera. L'inconvénient de cette traduction vient de ce que la troisième personne du singulier, « il », pourrait laisser entendre, en français, l'existence d'une quelconque instance. Or il s'avère que les langues sémitiques – l'arabe par exemple, comme l'hébreu – rendent notre infinitif par cette troisième personne du singulier du présent, tout comme le latin des dictionnaires le rend par la première personne du singulier du présent, alors même que l'infinitif y existe. La traduction personnelle que je propose pour ma part (avoir été, être, avoir à être) demeure donc fidèle au sens original en lui conférant toutefois l'esprit de la langue française dans laquelle je la transpose.

Ce n'est pas tout. Cette écriture, ne parlant d'aucune façon à l'oreille, fonctionne à la manière d'un logo. Or la particularité du logo, c'est de ne « parler » qu'à l'œil – qu'on pense aux chevrons, au curieux losange ou au lion stylisé de nos marques de voitures. Cette manière de « parler » est de surcroît singulièrement efficace. La rétention et la mémorisation du message émis de la sorte sont en effet infiniment supérieures à celles de tous les autres moyens de communication. Les publicistes le savent qui n'hésitent pas à faire dépenser aux grandes entreprises qui les emploient de véritables fortunes destinées à trouver les logos les plus performants. YHVH aurait alors pour effet de promouvoir en chacun la conscience de l'inscription de son être dans le temps.

Si on poursuit la lecture du texte, il n'en devient que plus éclairant. Dans les versets qui précèdent la conception (Genèse, 3-16) de Caïn, on peut en effet relever un détail, l'exposé précis de ce qu'on a appelé, en raison d'une traduction approximative et non dénuée d'idéologie, la « malédiction divine » : « Je multiplierai ta peine et ta grossesse, dans la peine tu enfanteras des *fils*[18]. À ton homme ta passion : il te gouvernera. » Verset à rapprocher de l'étrange verset 2-24 qui rompt, lui, le fil narratif du paragraphe comme le ferait une note de bas de page et qui dit : « Sur quoi l'homme abandonne son père et sa mère : il colle à sa femme et ils sont une seule chair. »

Nous nous trouverions, là, métaphoriquement tout du moins, à la charnière même du passage de l'animalité à l'humanité.

Une femme est pénétrée par un homme, censé avoir le droit « divin » de la gouverner.

Elle met au monde un fils, destiné à s'éloigner un jour d'elle (ce dont elle ne pourra que souffrir, mais qu'elle pourrait somme toute accepter !) avant de devoir mourir. Et cette seule idée lui est insupportable au point qu'elle sait ne jamais pouvoir l'accepter.

Comme on ne lui a pas demandé son avis, elle réagit en prenant au piège l'auteur même de la Loi censée la contraindre.

Conférant audit auteur la paternité symbolique de l'enfant, elle expulse la paternité réelle du géniteur en

---

18. C'est moi qui traduis littéralement et qui souligne. Cette phrase a en effet donné lieu à la traduction « tu accoucheras dans la douleur » que chacun a en tête et que je considère pour ma part, compte tenu de la familiarité que m'a donnée la fréquentation des textes originaux, comme erronée et abusive. On peut d'ailleurs noter, à cet égard, que les mères ashkénazes, désinvestissant leurs fils au bénéfice de leurs filles, auraient trouvé dans leur environnement les facteurs leur permettant de se soumettre aux termes de l'injonction, alors que les mères séfarades auraient cédé, elles, aux habitudes des milieux dans lesquels elles vivaient.

espérant que cet auteur, maître incontesté du temps, aura à cœur de suspendre l'échéance temporelle pour l'enfant qu'elle déclare ainsi leur être commun.

Cette « grande première[19] » a connu un certain nombre d'avatars, mais elle n'a jamais disparu du comportement des mères.

Pour Hannah, il n'en va pas de même.

Elle hérite, elle, d'un processus d'humanisation qui a fait son œuvre depuis des millénaires.

Elle file le parfait amour, un amour digne de ce nom, avec Elqana et elle veut à tout prix lui donner un fils. Elle est tellement désespérée de la stérilité qui fait obstacle à son désir qu'il en arrive lui-même à lui déclarer pour la consoler (Samuel, 1-8) : « Moi-même, ne suis-je pas meilleur pour toi que dix fils ? »

Mais elle s'obstine – elle est, à cet égard, dans la même problématique que Rachel, la matriarche qui se désespérait de ne pas pouvoir donner de fils à Jacob. Elle ne cesse de vouloir, quoi qu'il lui en dise, donner un fils à son homme – elle aura d'ailleurs ensuite cinq autres enfants sans intercession ni dévolution divines. Selon ma lecture de son aventure, sa stérilité n'aurait été consécutive que de sa longue hésitation à mettre au monde un enfant destiné à mourir. Dès lors qu'elle

19. J'en ai démonté le mécanisme qui en fait un universel de toute éternité dans le second chapitre de mon ouvrage *Les Pères et les Mères*, *op. cit.*

découvre à son tour le procédé utilisé par Ève, sa stérilité est levée.

Ce processus fantasmatique n'est d'ailleurs pas propre aux mères de l'histoire juive. Outre le fait qu'on le retrouve sous les formes les plus diverses dans les histoires de beaucoup de mères d'aujourd'hui, on le retrouve dans maintes mythologies. Dans l'existence, par exemple, à peu près à la même époque que Hannah et dans une aire géographique voisine, des demi-dieux de la mythologie grecque. On sait que, si ces demi-dieux étaient mortels, ils n'en avaient pas moins accès, après leur mort, à un sort privilégié. La mère d'Achille parvient même à lui conférer l'immortalité en le trempant dans les eaux du Styx. Et la légende veut que, si elle n'avait pas dû le tenir par le talon, elle serait parvenue à ses fins.

La série ne s'arrête pas là. Une autre histoire, au moins aussi célèbre sinon bien plus que les précédentes, a connu une autre fortune : c'est celle de Marie et de son fils Jésus.

Avec encore, là aussi, une nuance et une nuance de taille.

Car, à rebours d'Ève et de Hannah, Marie, elle, n'est pas activiste. Elle ne connaît ni ne commet l'acte de chair. Elle est innocente, passive, objet seulement d'une élection. Sans qu'elle ait été conduite à lui demander quoi que ce soit, c'est Dieu qui l'aurait choisie. Et ce choix aurait un statut tellement exceptionnel, tellement impressionnant que de ses fantasmes, de la dévolution qu'elle aurait pu opérer, tout comme de son désir, il n'est jamais question. On pourrait dire d'elle qu'elle aura été d'une certaine façon une « mère porteuse », porteuse charnelle d'un être prédestiné à accomplir un projet cette fois divin. Elle sera parvenue, sans rien demander, à mettre en œuvre le fantasme développé par Ève et Hannah.

Comment ces trois histoires exemplaires fonctionnent-elles du côté de la mort puisqu'elles en sont hantées, tant du côté de la représentation que de celui de la crainte ?

Obstinément mis, dans le désir de sa mère, à l'écart de la mort et radicalement voulu, dans le même désir, à l'abri de son destin mortel, Caïn administre mécaniquement la mort sans avoir conscience de la donner. On connaît ses protestations et ses dénégations : « Suis-je le gardien de mon frère ? » se récrie-t-il. On sait d'ailleurs aussi les flots de commentaires entraînés par l'attitude divine à son endroit au moment des fameuses offrandes. Ce meurtre, augural, n'en inscrit pas moins le potentiel meurtrier dans l'humain et, plus particulièrement et de manière ostensible, dans les prérogatives de l'humain mâle.

Comme si, ayant été voulu soustrait à la mort, cet homme avait automatiquement acquis le pouvoir banal de la donner. La lecture chrétienne de cette potentialité consistera à la mettre au compte de la trace indéniable de l'acte de chair, lequel prendra statut de péché originel et de source de tout mal. Un peu comme si la participation d'Adam à la première conception n'avait pas permis à la paternité symbolique de Dieu de pleinement s'exercer.

Je ne crois pas que nous soyons, aujourd'hui, sortis des lignes de force de cette lecture. Il me semble au contraire que la manière dont se conjoignent acte de chair et violence mâle potentielle pose toute aventure de couple et toute aventure de parentalité comme des aventures passionnantes, à l'abri de l'ennui, et constituant autant de gageures à relever. Dans ce cadre, le potentiel mortifère du père a pour vertu essentielle de conférer à son enfant la conscience de l'écoulement du temps et ainsi de brider le fantasme maternel d'« éternisation » de l'enfant.

Samuel est devenu le prophète auquel a incombé la tâche d'élire les deux premiers rois d'Israël. Sa conception n'a pas été expurgée de l'acte de chair, mais elle aura tout de même été amendée au bénéfice d'un débat symbolique. Comme Rachel, Hannah tient à donner un enfant à Elqana. Et elle est prête à tout pour cela. Quand, tout comme Ève, elle découvre, sous la forme d'un vœu, une stratégie susceptible de mettre son enfant à l'abri de la mort, elle parvient à concevoir. Après quoi, elle enfante et elle met en œuvre son vœu. Elle nomme son enfant : Samuel, « son nom est Dieu ». Ainsi désigné, il n'en est pas moins, à tous égards et malgré cette dévolution à vertu protectrice, l'enfant de l'amour porté à son géniteur Elqana.

Samuel ne tuera pas. Il dénoncera même le rapport au meurtre dans le comportement du roi Saül, premier roi d'Israël qu'il avait lui-même élu, et il régentera étroitement le rapport de celui-ci à la mort. Son successeur Nathan suivra sa ligne de conduite avec David, dénonçant la manière dont ce dernier avait envoyé à la mort l'époux de Bethsabée qu'il convoitait, et ne lui permettra pas de construire le Temple. Est-ce grâce à ce débat constructif et surtout correctif autour du « donner la mort » que Samuel aura acquis, aux yeux de la tradition, l'importance de Moïse et d'Aaron réunis ? Je n'en sais rien, mais c'est en cela qu'il aura été pour moi, en tout cas dans l'échange que j'ai eu, le *tiqoun* de Caïn.

Il reste qu'on ne comprend pas très bien dans cette logique temporelle qu'une fois le *tiqoun* accompli on puisse retrouver le débat et rencontrer par la suite la figure de Jésus. Sauf à concevoir que le processus à l'œuvre dans ces narrations successives aurait été constant et n'aurait attendu que des circonstances favorables pour éclore en une nouvelle histoire exemplaire. J'imagine volontiers que de telles circonstances ont été fournies par la pénétration gréco-romaine de l'univers hébraïque. L'usage qui aura été fait de l'aventure de Marie et de Jésus – parce qu'il s'agit d'un usage, mis en œuvre essentiellement par Paul de Tarse – aura été une lecture judéo-grecque ou gréco-juive de ce que j'ai déjà appelé et que j'appelle encore, avec infiniment de tendresse et sans la moindre nuance péjorative, l'éternelle folie maternelle. Est-ce cette « folie maternelle » portée à son incandescence par la forclusion du géniteur qui aura valu à l'enfant son destin ? Jésus, qui, lui non plus, ne tuera pas, mourra sur la Croix, en disant (Marc, 15, 34) : « *Eli, Eli, lamma sabactani ?* » On traduit habituellement ces mots par : « Mon Dieu, mon Dieu, pourquoi m'as-tu abandonné ? », alors qu'une traduction plus fidèle au texte de cette seule phrase araméenne au cœur du texte grec de l'Évangile serait : « Mon Dieu, mon Dieu, pourquoi m'as-tu sacrifié ? » Ce propos, on pourrait l'entendre comme l'évocation, en un lointain écho, du non-sacrifice d'Isaac par Abraham, ce même Isaac qui a eu, tout vieux qu'ils étaient, un géniteur et une mère, si protectrice et si intervenante qu'elle a œuvré à le débarrasser de son rival Ismaël et qu'elle est morte à l'idée qu'il puisse lui arriver quelque chose dans le voyage que son père entreprit avec lui. Voilà posé le problème de la confro,ntation du pragmatisme hébraïque et de la mythologie grecque. À l'instar des demi-dieux grecs et tout comme Hercule né à nouveau, non seulement Jésus ressuscitera, signant l'échec enfin survenu de la mort, mais il gagnera un statut divin éternel, comme Hercule et Achille, pour ne citer qu'eux.

Encore que cela pourrait ne pas s'arrêter là. Car, dans le droit fil de la manière dont j'ai dit de Samuel qu'il était le *tiqoun* de Caïn, j'émettrais pour ma part l'hypothèse que Jésus pourrait avoir été le *tiqoun* d'Abel, du moins dans la manière dont saint Paul utilisera sa parole pour lui donner le destin dont on sait la fortune. Je m'en expliqué. Si on sait d'Abel qu'il a été tué par Caïn, on ne sait pas assez que le texte qui narre sa conception traduit le faible investissement, sinon le non-investissement, qu'Ève a opéré sur cette grossesse. Non-investissement dont on retrouve la trace dans le prénom de l'enfant lui-même : Abel peut être traduit par « pas grand-chose », « vanité », « brouillard », « brume », toutes notions dont on ne peut pas dire qu'elles soient très valorisantes. Un peu comme si Ève avait plus subi que voulu ou vécu cette conception. Abel est donc le faible, face au porte-flambeau-de-la-mère qu'est son frère. L'inégalité des sorts, tout comme l'injustice, fait sa première apparition dans le monde. Inégalité et injustice que tente de compenser l'instance divine quand elle agrée le sacrifice d'Abel au détriment de celui de Caïn, entraînant le scénario que l'on sait, comme si la machine inégalitaire qui avait démarré ne pouvait plus être stoppée. Quels effets de résonance de cette histoire trouve-t-on dans celle de Jésus ? L'élection de Marie n'exclut pas en effet une passivité qui n'est pas sans évoquer celle d'Ève portant Abel et qui annoncerait les mêmes conséquences. Le prénom donné (par qui ?) à l'enfant aurait-il été destiné à lui éviter un tel sort ? La question est pertinente. Le prénom hébraïque de Jésus, selon les versions, est en effet Ieochou'a ou Iechou', lesquels veulent dire, l'un et l'autre : « Dieu a sauvé ». Pourquoi et de quoi Dieu aurait-il dû sauver cet enfant ? Je propose qu'il aurait pu l'être du destin d'Abel d'être un « pas grand-chose » après une grossesse subie plus que vécue. Et ce d'autant que le nom hébreu de Jésus, qu'il soit Ieochou'a ou Iechou', quand il est traité selon le mode des commentateurs talmudiques, révèle qu'il contient les lettres du tétragramme (HYVH) associées à deux autres lettres, le *chin* et la gutturale *aïn* qui forme le mot *cha'*, lequel a trait à l'agrément du sacrifice[20]. La lecture du prénom de Jésus devenant alors : « Le tétragramme (Dieu) a agréé le sacrifice. » Le prénom, à lui seul, n'aurait alors pas été sans renvoyer à ce début de l'humanité. Cette nouvelle lecture permettrait par ailleurs de comprendre l'autre sens donné au mot *sabactani* qu'on pourrait traduire par « embrouillé », ce qui donnerait au propos christique en araméen le sens de : « Mon Dieu, mon Dieu, pourquoi m'as-tu embrouillé ? » Sacrifié, embrouillé finiraient-ils par laisser entendre la notion d'« abandonner » utilisée par les traducteurs, comme s'il s'agissait de l'abandon d'un projet porté par la prénomination elle-même ? L'hypothèse du *tiqoun* permettrait alors de comprendre un des facteurs du succès du christianisme promu essentiellement par saint Paul[21] : avec Jésus, c'en serait fini avec l'injustice et le sort réservé aux laissés-pour-compte de l'investissement maternel. Dieu le père, veillant à produire avec son fils un lien indissoluble, a assuré sa résurrection, l'a hissé à

20. Marc-Alain Ouaknin, communication personnelle.
21. Gérard Mordillat et Jean Prieur, *Jésus après Jésus, essai sur l'origine du christianisme*, Seuil, 2004.

ses côtés et a récompensé pareillement sa mère de s'être prêtée à cette conception.

Avec Jésus et le père-Dieu, on approcherait, autrement dit, le triomphe absolu du fantasme maternel universel revendiquant l'éternité et privilégiant, au détriment de l'échange sexuel, un amour symbolique qui, requérant ordre, vertu et immobilité, ne peut évidemment pas s'accommoder de la violence brouillonne de ces pères potentiels que sont les mâles, sauf à la régenter sévèrement. Ce sera le début du lent déclin de la fonction paternelle. Le baptême, faisant de tous les enfants des enfants de Dieu, privera peu ou prou le géniteur et le père social de cette fonction symbolique dont l'évolution de l'espèce l'avait fait potentiellement porteur.

Joseph cédera le pas, jusque dans l'iconographie, à sainte Anne, la mère de Marie. Le tour de force est accompli et toute paternité réelle ascendante quasi effacée, au milieu du XIXe siècle, avec le dogme de l'Immaculée Conception. Marie elle-même est décrétée conçue naturellement, mais préservée de la souillure du péché originel qui frappe la descendance d'Adam et Ève.

On pourrait, à côté de la lecture chrétienne de cette aventure, en proposer une autre qui poursuivrait le développement de la lecture de l'aventure de Caïn et de Samuel. Pour le premier, Adam n'a été qu'un géniteur réduit à un statut de simple porte-sperme ; pour le second, la dévolution symbolique de Hannah à Dieu l'a été au bénéfice de son homme, auquel elle voulait à tout prix donner un enfant. L'aventure de Jésus exclut quant à elle toute intervention paternelle tout en faisant de Marie elle-même une mère totalement absente. Son silence, dans son rapport à son fils et en particulier au devenir de ce dernier, n'a-t-il pas contribué à le livrer à la pulsion meurtrière des hommes qui l'entouraient ? On sait en effet l'importance de l'interposition maternelle et la protection de l'enfant qu'elle assure. On sait, dans un registre parallèle, combien cette interposition est souveraine pour protéger l'enfant de cette mort psychique que constitue la psychose paranoïaque et qui résulte de l'effet de la violence paternelle s'exerçant alors directement sur lui.

Manière de dire combien non seulement il est nécessaire à chaque enfant d'avoir deux parents, mais plus indispensable encore que chacun concède à l'autre sa plus juste place.

La « folie » des mères

Il est flagrant que, juives ou non, les mères sont atteintes d'une « folie » constitutive qui leur serait propre, qui aurait fondu sur elles depuis la première conception et qui continuerait de les envahir dès leur accession à la maternité. Elle tient au fait qu'elles s'évertuent, quoi qu'il puisse leur en coûter, à croire de toutes leurs forces et contre tout avis pouvoir faire obstacle à la mort de leurs enfants et de leurs fils en particulier ! Il reste à savoir pourquoi un tel mouvement semble destiné à viser plus ostensiblement les fils que les filles. Serait-ce en raison du fait que les histoires individuelles sont « androcentrées », comme l'Histoire en général ?

On pourrait le soutenir. Toutefois, quand on se penche sur les statistiques de morbidité, on constate qu'il y a 70 à 75 garçons malades pour 25 à 30 filles et que, dans l'évolution des maladies graves, le pronostic est toujours meilleur chez la fille que chez le garçon. De là à renverser les fameuses notions de « sexe fort » et de « sexe faible »... On pourrait évoquer tout aussi bien le commerce plus facile des mères avec le corps de leurs filles en comparaison de celui, toujours malaisé, qu'elles entretiennent avec celui de leurs garçons.

On approcherait ainsi quantité de facteurs en oubliant l'essentiel, à savoir le principe des *matriochkas*, des poupées russes, dont chacune en contient une autre, qui à son tour en contient une autre, etc. La continuité des corps, dans laquelle sont inscrites les filles, leur permet de remonter sans rupture à la toute première mère, leur conférant ainsi une forme d'éternité, rassurante et familière pour toute mère qui en a fait elle-même l'expérience. Un tel sort n'est pas celui du fils qui ne sortira jamais rien de lui et disparaîtra tout à fait avec sa mort physique.

Voilà qui nous renvoie au partage – ou au non-partage plutôt – de la... féminité, de l'« être femme » ! Cette féminité ne se repère pas seulement chez la femme ou chez la jeune fille, ou bien encore chez la fillette. Elle est là, présente et flagrante, dès le plus petit âge. Il suffit d'aller dans les squares ou dans les crèches et de regarder évoluer un groupe de tout petits enfants. L'un d'entre eux tombe ou se fait mal, et il pleure. Les garçons du groupe n'en ont cure quand ils ne vont pas en profiter pour lui faire une vacherie supplémentaire. Les filles ont en revanche des attitudes secourables et pleines de sollicitude. Elles courent au secours de la détresse et savent avoir, dès cet âge, des gestes proprement... maternants ! Qu'on mette le même groupe face à un monceau de jouets, on verra encore la différence. On n'observera pas, ou très rarement et pour un temps court, des garçons prendre des bijoux ou des poupées. Eux se précipiteront sur les voitures, les camions, les armes, etc. Ce n'est pas, comme on le dit trop souvent, un fait d'éducation, c'est lié à des dispositions inhérentes à la différence, inscrite dès le plus jeune âge et de manière la plus concrète qui soit, entre les sexes.

Une telle différence est en effet commandée par l'anatomie et la physiologie.

L'anatomie et la physiologie de l'être féminin lui confèrent une logique comportementale spécifique. Il serait comme en attente de la demande formulée à son endroit par un tiers éprouvant des besoins. Et il tirerait toujours, de la satisfaction des besoins de ce tiers, la conscience de sa propre puissance. Or la période de l'existence féminine dans laquelle une telle disposition atteint sa perfection, c'est la grossesse. L'être tiers est là en soi, condensé de besoins multiples que le corps satisfait à chaque instant. Et la satisfaction de ces besoins, approuvée de façon consensuelle par l'environnement, aboutit à ce véritable miracle que constitue le fait de donner... la vie ! On conçoit que cela puisse affleurer à l'ivresse. Et c'est tellement enivrant qu'on en viendrait à regretter que cela puisse subir les effets du temps et avoir un jour une fin !

On ne pourrait donc pas s'en accommoder. Les pulsions sont trop fortes. On ne pourrait pas faire le deuil d'un tel miracle. On ne pourrait que se dresser et se révolter contre la suspension d'un exploit aussi exemplaire. On pourrait d'autant moins l'accepter qu'on sait l'issue inéluctable d'une telle acceptation. Donner la vie, c'est en effet mettre au monde un être destiné à une fin de cette vie, un être destiné à mourir un jour.

Alors, on improvise. Et on se bat.

On engage le combat avec les moyens dont on dispose.

Toutes les mères ne sont pas Ève, Hannah ou Marie.

Même mues par des modèles aussi parfaits, elles n'ont pas les mêmes pouvoirs et elles n'accomplissent pas les mêmes exploits.

Elles se contentent de refuser le moindre partage de leur enfant en récusant, surtout comme elles le font aujourd'hui, toute intervention du père dans leur propre destin et encore moins dans celui de cet enfant autour duquel elles s'évertuent à déployer un utérus virtuel extensible à l'infini.

Ne serait-ce pas là qu'on pourrait rencontrer l'archétype de la « mère juive », avec son contingent d'exigences, de surprotection et de folie extrême ? Revenons pour avancer à d'autres endroits du récit de la Torah. Celui, par exemple, où on rencontre celles, Sarah, Rebecca, Léah et Rachel, que l'on appelle les « matriarches ». Si on opte pour une lecture froide du texte, qui se tiendrait encore une fois à l'écart de toute religiosité, on découvre que, tout de même et avec tout le respect qui leur est dû, elles ont été de sacrées manipulatrices ! Tiraillées par la problématique universelle dont j'ai fait état, elles sont intervenues singulièrement dans le cours qu'a pris l'Histoire. Il suffit pour en prendre la mesure de se remémorer les rapports de Saraï et d'Agar, puis un peu plus tard de Sarah et d'Agar. Quand elle n'est encore que Saraï, l'épouse d'Abram suggère à ce dernier d'engrosser Agar, leur servante, et d'en faire la première mère porteuse destinée à leur donner l'enfant qu'elle ne peut pas avoir (Genèse, 14-2, 16). Une fois qu'elle aura mis au monde Isaac, parce qu'elle sera devenue Sarah et que son époux d'Abram sera devenu Abraham, elle convaincra ce dernier de bannir son premier enfant, Ismaël, et sa mère Agar (Genèse, 21-10, 14). Rébecca, la femme d'Isaac, n'hésitera pas, à son tour, à user d'un grossier subterfuge pour tromper ce dernier, en fin de vie, aveugle et désireux de donner sa dernière bénédiction à son fils préféré Esaü. Elle parviendra ainsi à substituer à Esaü Jacob, son propre élu (Genèse, 27-11, 22). Il en ira de même à la génération suivante entre les deux sœurs Léah et Rachel, qui rivaliseront par servantes-mères porteuses interposées pour donner le plus d'enfants possible à leur époux commun Jacob (Genèse, 30-1, 13). Avec là aussi, pour la dernière, une histoire de stérilité qui ne sera pas sans rappeller celle de Hannah.

On ne voit commencer à poindre la puissance paternelle sur la mère et l'enfant qu'avec l'histoire de la naissance de Benjamin et de la mort de Rachel. Il est dit que cette dernière serait morte pour donner consistance à la parole de son époux Jacob. Ne sachant en aucune manière qu'elle était l'auteur du vol dont son beau-père Laban avait accusé un membre de sa troupe et voulant garantir la probité de chacun des membres de cette dernière, Jacob, au cours de leur dispute, en aurait appelé à la mort pour punir le forfait dont il croyait chacun innocent. Plus tard, ne suivant pas le conseil de Rachel mourante qui lui demandait de le nommer Benoni, le « fils de mon deuil », il le nomme Benjamin[22], le « fils de ma droite ». N'était-ce pas une façon de faire de lui le fils qui résumait son histoire ? L'hypothèse peut se défendre si on prend acte de ce que l'hébreu s'écrivant de droite à gauche, ce fils de la

22. Est-ce d'ailleurs un hasard, dans une histoire où tout pourrait s'articuler, que le premier roi d'Israël ait été choisi dans la tribu de Benjamin ?

droite serait issu de tout ce qui aura précédé l'histoire en train de s'écrire à sa naissance.

Je me suis laissé dire, à cet égard, qu'après le récit de la sortie d'Égypte on ne trouve plus le mot « mère » dans le reste du texte de la Torah. Sa disparition serait contemporaine de la mise en place de la loi destinée à fonder le lien social.

On ne trouve donc nulle part dans le texte biblique de description directe de ce que pourrait ou devrait être la mère juive institutionnalisée. On a, en revanche, une forme de description instituante du père juif. On trouve, en effet, dans Deutéronome, 27-4, 5, un verset évoquant « des pierres que n'aura pas touché le fer ». Les commentateurs talmudiques, décryptant le sens de ce verset, ont relevé que le mot « pierre » en hébreu se trouve être la contraction des deux mots qui écrivent « père » et « fils », et que le fer est le signifiant de la violence. Ils ont daté de ce propos l'injonction divine faite aux pères d'instaurer avec leurs fils une relation dénuée de toute violence. Au père juif aura ainsi été dévolue pour principale tâche, en conformité avec son nom – AB, fait des deux premières lettres, *aleph* et *beth*, de l'alphabet hébraïque –, de transmettre à ses enfants son savoir et en particulier la Torah.

Le père juif aura donc été ainsi « intronisé ». Charge lui ayant été confiée, par la transmission d'un texte tout au long duquel œuvre le logo HYVH et porteur du concept de *tiqoun*, de brider la « folie » de la mère de ses enfants. Et ce n'est pas une mince affaire. C'est peut-être cependant là que viendrait s'inscrire l'importance du *mikvé* et du *guet*. Ces deux détails auraient-ils été prévus pour aider autant les mères que les pères ? Pour les aider en ramenant la mère à sa condition de femme et en incitant l'homme à ne pas cesser de rappeler à cette femme combien elle l'est et doit le demeurer ? Mais quelle proportion de mères juives concernent-ils ?

S'il est vrai que l'intensité d'un amour maternel qui approche la « folie » fabrique, comme l'explique et le souligne Freud, un système de sécurité singulièrement adjuvant pour l'enfant, il n'en constitue pas moins une certaine gêne pour inscrire ce dernier dans le cours de la vie.

Freud confie en effet, après la mort de sa mère, que, par-delà le chagrin immense qu'il en a conçu, il s'est senti plus vivant que jamais. Et il s'en explique en disant que, du vivant de sa mère, il s'interdisait d'envisager sa propre mort en raison de la peine qu'il supposait que cette mort lui ferait, à elle. Sa mère une fois morte, il pouvait penser à sa propre mort et cela le faisait se sentir bien plus vivant qu'auparavant[23]. Je me souviens, pour ma part, d'une expression que nous utilisions, quand nous étions adolescents, et qui exprimait la même perception de ce à quoi nous étions soumis. Devant une

23. La si célèbre histoire de la « bobine » chez Freud ne va-t-elle pas aussi dans ce sens ? Il faut de la mort (de la mort de la mère, en l'absence du père) pour accéder au symbolique, à la vie.

épreuve qui semblait dépasser nos moyens, nous disions : « Si je fais ça, je meurs, et si je meurs, ma mère, elle me tue ! » N'avions-nous tous que des « mères juives » ? Tous ? Et pourquoi pas ?

On pourrait en quelque sorte dire de tout sujet qu'il serait ainsi pris entre deux entreprises de mort : celle, menaçante et ostensible, de son père, celle plus sourde, plus subtile et tout aussi menaçante d'une mère qui lui interdit de s'éloigner d'elle – qui lui intime donc de ne pas vivre – sous peine de le laisser mourir.

Sortir de la « folie » ?

Pister la « mère juive » dans les textes, c'est retrouver, comme dans l'incursion sociologique, toutes les mères de notre quotidien. Je l'ai dit. Je le redis. Le même travail aurait pu être accompli dans d'autres contextes, sur d'autres textes, d'autres mythologies. Il aurait certainement conduit aux mêmes résultats.

Nous savons que se perpétue autour de l'enfant, depuis l'aube des cultures, une guerre sourde entre ses parents. Notre époque a-t-elle sciemment décidé d'y mettre fin, au nom de la liberté, de l'idéal démocratique et du souci de préserver les droits des individus ? Peut-être... Elle le prétend, tout du moins, si on en croit l'intensité des débats qui tournent autour du sujet. Mais le résultat n'est pas, pour l'instant au moins, très brillant.

Il s'étale sous nos yeux : unions précaires, divorces, familles recomposées, enfants mal élevés, adolescents souffrants ; mais aussi retour à l'intégrisme et à une violence encore plus grande que celle qu'on a voulu réguler.

N'est-ce pas parce que la traversée de nos histoires a trop longtemps fait croire aux mères qu'elles étaient seules responsables du sort de l'enfant qu'elles n'auraient jamais dû laisser sortir d'elles ? Et que, voulant bien faire en refusant d'être « coupables », elles auraient été conduites à obérer leur vie et celle de tout leur environnement ?

Ne leur faudrait-il pas plutôt, à l'occasion de la mutation récente de leur condition, se convaincre qu'elles occupent une place constructive essentielle dans la vie quand elles acceptent justement de la penser comme inépuisable et la mort comme sa simple ponctuation ? Encore faudrait-il leur permettre d'accéder sans effroi au caractère composite de cette condition qui n'a jamais varié, mais dont l'assomption a toujours été bridée par leur environnement. Car cette condition – singulière en ce qu'elle les promène sans hiatus et sans rupture de leur féminité à leur « maternalité », et de cette dernière à la première, sans qu'aucune des deux ne soit condamnée à trahir l'autre – peut être éclairée aujourd'hui d'une autre façon. C'est ce d'ailleurs dont traitera Philippe Gutton.

Et c'est en conformité avec l'esprit de ce qu'il va développer en détail que je n'ai jamais cessé, pour ma part, de dire aux jeunes mères que je voyais à mon cabinet que chaque câlin qu'elles prodiguent à leur homme est une brique de bonne santé de plus dont elles dotent leur enfant. Le message me semble valable pour toutes les mères, juives ou pas, parce qu'elles ont toujours été et qu'elles sont situées, toutes sans exception, à la même enseigne.

Aldo Naouri

III

LE MATRIMOINE

Le rapprochement des deux mots « mère » et « juive » provoque un choc dans les dîners comme dans les apartés angoissés de la vie familiale. L'étincelle allume une foule de pensées. L'ambiance oscille entre rires et crispations, plaisanterie et défi ou dérision. Derrière ces sourires entendus, s'agirait-il d'exorciser quelque diable ? Le mot d'esprit, avec ses ambiguïtés, ses astuces linguistiques, ses doubles masques, Freud nous l'a appris, permet de lever ensemble un refoulement ; il libère l'angoisse. De quelle angoisse la figure de cette mère nous libère-t-elle alors ? Qu'est-ce qui, à propos de la « mère juive », se trouve ainsi « défoulé » par le « rire ensemble » ? C'est drôle, c'est tragique, mais encore ? Quelles images se révèlent-elles à demi au décours de ces plaisanteries ? Les figures maternelles qu'elles évoquent permettent rarement l'expression d'opinions sereines et partagées : les « mères juives » forment une énigme, affirmée – mais cantonnée, puisqu'elles seraient spécifiques à la culture juive. Qu'est-ce qui n'est pas dit, et qui serait peut-être indicible ?

« Se livrant à l'interprétation des histoires juives, Sigmund Freud leur ôte ce qu'elles ont de spécifiquement juives, pour leur donner un sens universel profond[1]. » Puisque universalité il y a, dans l'humour comme dans l'inquiétude, je ne m'appuierai pas sur une histoire biblique ou talmudique pour commencer cette réflexion sur l'effroi et le rire que provoque la « mère », fût-elle « juive »... J'irai plus volontiers voir du côté des mythes grecs et de ce qu'ils nous apprennent sur la femme, sur le rire qu'elle sait (ou peut) provoquer.

Déméter, déesse de son état, est plongée dans l'affliction : Hadès, dieu des enfers, a enlevé sa fille, a imposé à celle-ci la traversée du Styx, et l'a épousée. « Déméter erre sur la terre. » Mais, un jour, la mère inconsolable rencontre une autre femme, Baubo. Et celle-ci, devant ses yeux, retroussant ses vêtements, lui montrant sa nudité, parvient ainsi à la faire rire... Que se joue-t-il entre ces deux femmes, Baubo toute sexe (les statuettes découvertes dans les fouilles de Priène figurent Baubo sans tête ni poitrine, les traits de son visage peints en superposition sur ceux de son ventre de femme) et Déméter toute mère ? Je postule qu'à l'occasion de la rencontre, ce que Baubo qui se dénude rappelle à la déesse-mère – laquelle retrouve alors ce qui s'était effacé de sa conscience –, c'est une chose énigmatique que je nommerai « féminité ». « Un peu adoucie, poursuit le récit, [Déméter] dépose les tristesses de son âme, puis de sa

1. Sarah Kofman explique ce constat dans *Pourquoi rit-on ? Freud et le mot d'esprit*, Galilée, 1988.

main prend la coupe en riant, boit joyeuse toute la liqueur du Cycéon. » Peut-on en conclure que la source de sa mélancolie était la méconnaissance de sa féminité ? Et que le spectacle du ventre-visage féminin (sexe et parole) a levé sa méconnaissance ? Posons en tout cas ce constat : femme, Déméter ne peut l'être (le redevenir) que grâce à l'interprétation féminine qu'elle fait de ce qu'elle aperçoit. Et elle en rit...

Quel rapport avec les plaisanteries sur la « mère juive » ? Je crois qu'il y en a un : je suis convaincu que ce « presque rien » qui se dévoile et nous fait sourire, dans les évocations de Woody Allen, ou dans nos digressions sur la « mère juive », c'est la féminité de nos mères. Elle se démasquerait, se révélerait, pointerait dans leurs conduites ou leurs paroles. Pourquoi alors en rire ? Pourquoi les enfants en sourient-ils et ont-ils besoin de se défouler ? Parce qu'il est délicat, pour un fils ou une fille, de repérer le sexuel fascinant de sa mère... d'autant plus si ce fils ou cette fille en est l'objet, la cible ! L'exhibition de la féminité qui leur serait ainsi implicitement destinée ne peut pas ne pas les inquiéter. Ce que disent les plaisanteries sur la mère juive, c'est que les mères se montrent, féminines, à leurs fils ou à leurs filles – comme Baubo se dévoilait pour Déméter.

Si la féminité, dans sa manifestation maternelle, nous fait sourire, voire rire, si elle nous angoisse tous, nous qui sommes sans exception fils ou filles, au point qu'il nous faut nous « défouler » ensemble, prenons à bras-le-corps la question qu'elle nous pose : qu'est-elle donc, cette féminité ? Qu'est-ce qu'être femme, et pourquoi le tableau de cette féminité (celui de Baubo) provoque en nous un tel besoin de défoulement ? Je me propose, dans le développement qui va suivre, de pister l'énigme de Déméter et Baubo pour « démasquer » la féminité, sans bien entendu en lever tous les voiles...

Quatre figures

Je voudrais pour commencer repérer les lignes de forces universelles, et surtout les représentations, à partir desquelles la féminité de chaque femme se créerait. Il ne s'agit pas de passer en revue les morceaux d'un puzzle pour les rassembler : la réunion de trajectoires spécifiques ne constitue pas plus la féminité qu'un ensemble de détails n'organise une forme. Pour que la construction féminine ait lieu, il faut un style ; mais patientons, à ce style qui fait une femme, nous reviendrons.

Renonçons d'emblée à l'opposition classique entre la mère et la femme, chère aux sociologues, aux politiques, aux féministes du XXe siècle et même à trop de discours psychanalytiques. Dans tout acte ou pensée de femme, le désir inconscient d'être mère est là ; dans tout acte ou pensée de mère, la femme est implicitement là. La mère est femme, elle n'est pas presque femme ; le désir d'avoir un enfant est « un désir suprême où peuvent cumuler tous les autres », comme le dit Freud[2]. Parlons donc des masques qu'emprunte la féminité pour s'exprimer, et des biographies de ces masques. J'en propose quatre, qui tous mettent en résonance le corps et l'identité.

Avec la première figure, la petite fille affirme une première différenciation sexuée vers 2 ans. Elle se découvre alors féminine, par empreinte, par transmission de ses parents, et sa vie entière va ensuite s'appuyer sur cette découverte quant à ce qu'elle est – « distinction de genre », écrivait Robert Stoller[3].

La deuxième correspond au trajet que la fillette effectue quand elle tente d'échapper à la symbiose avec sa mère, se fait « ravir » par son père et élabore une nouvelle appréciation de sa féminité, non plus en termes d'« être », mais d'« avoir ».

La troisième apparaît lors de la puberté. Soumise à l'affirmation de la biologie, la jeune fille doit se reconstruire, se récréer, féminine toujours. L'adolescence est alors l'histoire du « commencement d'une femme dans la fin d'un enfant[4] ».

La quatrième se nomme maternalité : par une inversion subtile de l'histoire, l'engagement de la femme dans

2. Sigmund Freud, « Sur la sexualité infantile » (1931), *La Vie sexuelle*, PUF, 1967.
3. Robert Stoller, *Masculin ou féminin ?*, PUF, 1989.
4. *Le Robert* définissant l'adolescence emprunte à Victor Hugo cette illustration poétique.

une relation avec son enfant lui fait retrouver l'intimité qu'elle a eue enfant avec ses parents, en particulier sa mère.

De la fusion à la séparation

Du vaste programme que constitue l'histoire de la sexualité infantile, retenons deux aventures qui semblent se succéder dans le temps. La première que mène la fillette, comme tout nourrisson, est celle du lien archaïque, magique pourrait-on dire, entre mère et fille. Fusion, symbiose, « unité narcissique originaire », dira le psy usant des termes habituels qui symbolisent la relation entre la mère et son bébé. L'expérience première est de l'ordre du corps à corps. Et c'est à travers ce lien que passe la transmission érotique inconsciente de la mère à la fille, laquelle assigne déjà un genre à la toute jeune enfant. Mais déjà haine et amour sont archaïquement présents dans le lien[5]. La mère omnipotente inflige inévitablement des blessures narcissiques à sa progéniture simplement parce que celle-ci dépend d'elle, et, en retour, ces blessures l'exposent à l'hostilité ou à l'inverse

5. La littérature européenne nous offre de bons témoignages de la persistance prolongée de ce lien primaire avec Virginia Woolf, Marguerite Duras ou encore Colette : « Sido, écrivait cette dernière à sa fille... Tu t'es évadée... Tu es une fille, une bête femelle, ma pareille et ma rivale... ! »

à un cramponnement d'autant plus acharné que l'enjeu est identitaire.

Progressivement, la relation duelle se transforme en situation triangulaire. Un processus de « tiercéité » vient séparer le couple mère/fille[6]. La capacité qu'acquiert l'enfant de se représenter et de parler trouve son origine dans cette « séparation » : la petite fille commence à devenir sujet autonome, semblable à ses parents mais différente d'eux... L'histoire peut alors débuter.

« Je suis » s'articule à « je suis une fille ». Car le sujet devient aussi sexué. La façon dont les parents, la mère en particulier, marquent leur attachement à l'enfant donne à celui-ci la certitude d'être un garçon ou bien une fille. Cette empreinte presque animale passe par le corps ; elle vient de la caresse sur le bébé, qui le masculinise ou le féminise. À cela s'ajoute l'effet du langage, du prénom et du jeu des pronoms (« elle », « lui »), par lesquels se transmet le genre. Évidemment, cette « empreinte » se fonde sur un constat anatomique : si les parents la prénomment comme une fille, l'habillent et parlent d'« elle » ainsi, c'est parce qu'ils voient qu'« elle » l'est anatomiquement. Mais la distinction de genre repose plus sur la transmission parentale que sur le simple constat biologique.

6. C'est la « loi ou fonction du père » selon Jacques Lacan, ou encore la « capacité de rêverie de la mère » concernant son bébé selon Wilfred R. Bion.

Cette affirmation du genre, qui s'opère avant 2 ans et se recompose à la puberté, tout peut la masquer, mais rien ne peut l'effacer. Certains anthropologues, ethnologues ou sociologues tendent à nier la distinction nette entre masculin et féminin. Ils refusent l'idée que l'affirmation « je suis une fille » ou bien « je suis un garçon » jouerait un rôle fondamental dans notre vie. À tort, me semble-t-il. Si on cherche à transformer un garçon en fille ou inversement, cela pose bien sûr quelques problèmes d'ordre chirurgical, mais cela risque surtout d'en faire un malade mental sujet au délire. Si on veut changer le sexe d'un enfant de 3 ans, on ne modifie pas son genre. En revanche, si, avant l'âge de 2 ans, on enlève à une « fille » le pénis qu'elle aurait « par erreur génétique », elle devient une fille...

Comment la petite fille peut-elle conserver avec sa mère un lien suffisamment bon pour qu'il constitue une assise, une enveloppe, une base de continuité et de solidité sans rupture ? Alors qu'elle doit « renoncer à posséder exclusivement sa mère » et se détourner d'elle, elle doit rester avec elle... jusqu'à s'identifier à elle en son désir d'enfant[7]. Si la fillette y parvient, se tisse alors entre elle et sa mère une illusion de féminité transgénérationnelle qui peut apporter une profonde sérénité. On sait aussi la capacité élective de la femme à retrouver

7. Michèle Montrelay, *L'Ombre et le Nom*, Éditions de Minuit, 1977.

l'expérience première qu'elle a eue avec sa mère dans l'euphorie et le bien-être ou bien au contraire dans l'effroi, le *ravage*, selon l'expression de Jacques Lacan, la mère apparaissant alors comme sphinge, méduse, soleil noir de la mélancolie.

En avoir ou pas

Dans ce que je nomme le travail psychique de l'enfance, un deuxième moment intervient qui entre en opposition avec cette distinction de genre : c'est la phase au cours de laquelle l'enfant élabore ce que l'on appelle les « théories sexuelles phalliques infantiles ». Il est essentiel d'en résumer le principe et le contenu car ils alimentent inconsciemment la pensée raisonnante et les activités imaginaires et symboliques non seulement de l'enfant, mais aussi (et c'est là la grande découverte freudienne) de l'adulte.

Ces théories infantiles inconscientes portent sur le phallus (qu'il ne faut pas cantonner au pénis, au sens strictement biologique). Le phallus est symbole masculin, symbole du sexuel masculin. Et les références sexuelles infantiles tournent autour du fait de l'avoir ou non. Celui qui l'a a l'angoisse de le perdre ; celui qui ne l'a pas voudrait l'avoir. Toutefois, ces deux valeurs ne sont pas en opposition, mais peuvent coexister chez un même enfant, garçon ou fille. Le pénis est l'incarnation du symbole phallique ; « l'avoir » ou « en avoir » est l'indice d'un « bon » sexe. La théorie sexuelle infantile qui opère la différenciation des sexes chez l'enfant est d'essence masculine. Cette affirmation freudienne a été, on l'imagine aisément, violemment critiquée ; elle est toutefois toujours admise en psychanalyse. Ce qu'on a pu appeler le « monisme phallique[8] » installe le garçon entre affirmation du pénis et angoisse de castration, la fille entre envie, illusion d'avoir le pénis et état de castration. La construction de Freud est dominée par cette conception du féminin comme sexe auquel manque le morceau valorisé pardessus tout. Le vagin, organe sexuel intérieur, n'a pas sa place dans la théorie sexuelle infantile ; il ne définit pas le genre pour la petite fille qui n'a pas de pénis sans « avoir » pour autant de sexe féminin. La fillette va-t-elle alors devoir se constituer dans un état déprimé de regret ? Va-t-elle se définir par la négative ? Cela va-t-il au contraire susciter une agression contre le pénis ou encore la certitude qu'elle a l'équivalent ? Mille réactions sont possibles, mais toujours par rapport au symbole phallique. De sorte que le symbole de pouvoir par excellence, dans cette conception, est le phallus. Si, à ce niveau du développement mental, la mère semble dominante, on parlera ainsi en psychanalyse de « mère phallique », j'y reviendrai.

---

8. Selon l'expression de François Perrier, dans *La Chaussée d'Antin*, 10/18, 1978.

Il faudra donc que la petite fille trouve un équivalent ou ait suffisamment de masochisme pour prendre plaisir à se soumettre à celui qui « en a ». Ce manque, la fille peut le refouler grâce à des constats anatomiques : le clitoris certes, mais aussi telle ou telle partie du corps, voire le corps tout entier. Raisonnement freudien typique : l'homme a un pénis, la femme a un corps. Tout son corps semble lui servir à faire semblant d'en avoir un. D'autres équivalences se rencontrent : « Je n'ai pas de pénis, mais j'ai un bébé ! » La fillette peut s'affirmer comme faisant partie de ce sexe qui porte les enfants. Dans la logique phallique, il y a chez celui qui a un phallus et chez celle qui n'en a pas une recherche infinie d'équivalences.

Puisque ce jeu d'équivalences fonctionne, on ne peut donc pas définir par ce biais un genre masculin et un genre féminin. Dans cette théorie, il n'y a pas d'hommes et il n'y a pas de femmes ; il y a des gens qui *l'ont* et d'autres qui *ne l'ont pas*. Schématiquement, on pourrait dire qu'une femme qui estime que son clitoris est un phallus est... un homme ; un homme qui considère que son pénis n'a pas de valeur phallique est... une fille. Certains hommes, de peur qu'on le leur coupe, imaginent qu'ils n'en ont pas ou le cachent, tandis que la femme qui n'en a pas s'en imagine un.

Mais c'est encore plus complexe. Tous, hommes et femmes, ont ET n'ont pas le phallus. Les théories sexuelles infantiles autorisent nombre d'affirmations de genre, mais elles ne se laissent contenir dans aucun cliché qui permettrait de classifier les sexes. Les apparences sont multiples et chaque enfant admet et refuse à la fois ces facettes ; il fait coexister et associe dans son inconscient des qualificatifs « phalliques » et « castrés ». Sous ce registre, garçons et filles se classent en d'infinies variantes. Le garçon l'a-t-il un peu plus et la fille un peu moins ? Il y a des petites filles très garçonnes, qui par tout leur corps, leur clitoris, sont dans une position garçonne plus phallique que n'importe quel garçon. Chacun organise ainsi à l'intérieur de lui sa « bisexualité psychique infantile ».

Dès lors, garçons et filles devraient être identiques. Toutefois, cette « bisexualité » s'installe chez un enfant qui a déjà affirmé sa distinction de genre. De ce fait, la bisexualité n'a rien de comparable chez un garçon qui affirme « je suis un garçon » et chez sa sœur qui déclare « je suis une fille ». Ce choix est antérieur à l'émergence de la bisexualité psychique. Et l'élaboration de la « théorie phallique » à partir de l'expérience quotidienne de l'enfance entre en opposition avec elle. La petite fille qui a affirmé « je suis une fille » est engagée dans son enfance dans une logique qui consiste à dire : « Oui, je suis une fille, mais je veux un pénis ; sinon, je suis condamnée à me soumettre à celui qui en a un. » L'affirmation de genre doit passer les arcanes de la logique phallique. Et nombre de cures d'hommes et de femmes montrent que ce passage est l'essentiel de leur problème. L'affirmation d'existence est fondamentale, mais elle peut être constamment niée ou attaquée par le monisme phallique. L'histoire n'est cependant pas finie, car l'étape de l'adolescence annonce l'irruption de la génitalité. Nouvelle menace. Antiphallique, cette fois.

Devenir femme

« Il appartient à la psychanalyse non pas de définir ce qui est la femme (tâche irréalisable), mais de rechercher comment l'enfant à tendance bisexuelle devient une femme[9]. » L'adolescence correspond à la période au cours de laquelle la sexualité infantile commence à être confrontée à l'instinct génital ou pubertaire. « Que m'arrive-t-il ? » L'instinct génital, deuxième temps de la sexualité humaine, entraîne du fait de la biologie une formidable intrusion du sensuel dans les tendres corps et psyché de l'enfance : discontinuité radicale, impulsion au changement, « crise d'originalité juvénile », cassure révolutionnaire de l'histoire. Ce surgissement que rien ne permettait à l'enfant de prévoir bouleverse la donne du passé. Le corps d'enfant se génitalise ; jusqu'alors familier, le voilà étranger, lieu de tous les imaginaires angoissés et jouissifs.

La sexualité féminine passe alors par une nouvelle philosophie du corps. Voilà la jeune fille encore enfant

---

9. Sigmund Freud, *op. cit.*, p. 139-155.

attirée, hantée, aspirée par les changements dont elle est l'objet : pilosité, naissance des seins, modifications de ses apparences, premières règles. Des lieux sexuels privilégiés s'exposent à la main, au regard. Le corps semble devenir énigmatique. Elle fait des découvertes plus inattendues que le garçon, car celles-ci concernent la mystérieuse profondeur de son corps : le vagin, difficile à repérer dans l'enfance, devient une zone érotique privilégiée ; il peut longtemps encore dans l'adolescence être à la fois un lieu intérieur excité-excitable et un orifice méconnu. Cette métamorphose est d'autant plus révolutionnaire qu'elle est indicible. Le changement pubertaire provoque d'étranges sentiments pour lesquels l'adolescente apprend progressivement à trouver des représentations et surtout des mots – et à propos desquels elle doit aussi trouver des interlocuteurs.

La différenciation infantile des sexes selon leur valeur phallique (« j'*en* ai », « je n'*en* ai pas », « il *en* a et pas moi ») se trouve débordée par une nouvelle différenciation par la complémentarité des sexes. Je ne parle pas de l'expérience amoureuse au sein de laquelle la complémentarité reste souvent imparfaite, le manque fondamental de l'humain persistant, mais de la conviction inconsciente pour chaque adolescent qu'il existe au niveau des organes (objets partiels) un sexe interactif avec le sien (un attrait vers l'acte sexuel, le coït dans lequel « nous sommes confondus dans notre étreinte », selon le mot d'Yseult à Tristan). Si les jeux de l'enfance sont surtout explorateurs et autoérotiques, ceux de l'adolescence requièrent la présence d'un autre imaginaire ou réel, alimentant en partenaire les désirs, les valeurs, les attractions et répulsions. Le manque propre à l'humain devient ici un manque sexuel d'un autre. À partir des expériences sensuelles solitaires et avec autrui, explosives pour certaines, en douceur pour d'autres, l'adolescence s'engage.

Il devient nécessaire, voire urgent pour la jeune adolescente de relire le passé à la lumière de ce qui advient, de réviser son enfance. Quels compromis trouver entre l'enfant lourd de son histoire et le pubertaire ? On ne peut revenir en arrière ! Non, l'implantation de l'instinct génital ne va pas de soi chez ce sujet encore enfant, car là où il advient se trouve déjà depuis plusieurs années la sexualité infantile imprimée par la sexualité parentale : fameuse dialectique assurément, qui dans les bons cas fait crise et dans les mauvais bascule dans des conduites psychopathologiques.

Des relations contradictoires et passionnelles se nouent avec ses pairs et ses parents. La sexualité change de centre de gravité. Et c'est particulièrement sensible chez la jeune fille pour qui, c'est le médecin qui parle, le changement sera douloureux, angoissant. Elle se sent fragilisée ; elle a l'impression, juste d'ailleurs, que son passé d'enfant est compromis et son avenir plein de risques ; elle est sujette à la honte et à la crainte. Ne suivons pas Lou Andréas Salomé pour qui la femme est seulement narcissique ; ne suivons pas certains auteurs contemporains faisant de la femme un objet, « un appareil à jouir » ; ne faisons pas de la sexualité féminine une découverte qui pour elle devra attendre la pénétration d'un partenaire masculin. Constatons que le garçon, compte tenu de la valorisation symbolique du pénis, est mieux armé pour s'affirmer, pour s'identifier ; la fille dont le vagin a fait l'objet d'une pression d'effacement pendant son enfance est quant à elle davantage en difficulté d'identité. Elle se trouve plus hésitante à reconnaître ses organes génitaux dans toute leur profondeur. Comment en effet relier le pénis qu'elle ne peut avoir et la découverte génitale de son vagin ?

Chez les jeunes filles, sous emprise du père, du phallus, de ce qu'elles voudraient avoir et n'ont pas, l'arrivée de la génitalité à la puberté risque de rencontrer quelques difficultés. La théorie différentielle des sexes fondée sur les organes génitaux pubères entrant en opposition avec le monisme phallique infantile, la structure psychique devra être suffisamment souple pour accueillir la nouveauté pubertaire.

Progressivement, à mesure qu'elle se dégage des images et des réalités parentales, un fantasme se développe chez la jeune fille : un fantasme d'enfant, un désir de grossesse. L'organisation de ce désir me semble être un critère intéressant pour définir ce que c'est que d'être adulte. Elle amorce en tout cas une nouvelle figure.

Devenir mère

Le fait d'être mère implique mille conduites et pensées afférentes au fait d'« avoir un enfant ». Il me semble intéressant de distinguer, dans cette secrète procédure d'emprise, trois éléments. Tout d'abord un véritable besoin, animal oserais-je écrire, de procréer. Il ne s'agit pas exclusivement du besoin de fabriquer l'enfant, mais également d'en assurer le soin, d'aider à son développement et d'en assurer l'éducation. Cet « instinct » peut participer de ce que Freud regroupe sous le terme assez vague de « pulsions d'autoconservation ».

Un deuxième élément vient s'étayer sur le corps saisi par l'instinct : le désir d'enfant. Il comporte comme tout désir une certaine ambivalence. Elisabeth Badinter a montré que cet étayage n'allait pas de soi, qu'il incluait des variantes culturelles importantes[10]. Monique Bydlowski a, quant à elle, distingué plusieurs temps dans la maternalité[11] : désir d'être enceinte, désir d'enfant, désir à l'égard de l'enfant... La grossesse est un moment privilégié de regard intérieur, de transparence psychique de la femme. Pendant ces mois, les images du passé reviennent au présent. Les soins maternels sont ensuite

10. Elisabeth Badinter, *L'Amour en plus*, Flammarion, 1978.
11. Monique Bydlowski, *La Dette de vie. Itinéraire psychanalytique de la maternité*, PUF, 1997 ; voir aussi *Je rêve un enfant*, Odile Jacob, 2000.

l'expression des désirs de la mère révélant une singulière intuition de la demande de l'enfant. Dans ce que Michael Balint a décrit comme « amour maternel primaire », on repère le modèle secret de toutes les expériences amoureuses. Dans quelle mesure cette communion intersubjective, cette mutualité entre mère et bébé s'élargit-elle au père ? Il est classique de poser cette question autrement : comment la fonction paternelle inscrit-elle dans le dualisme mère/bébé un troisième terme ? Est-elle incluse dans le psychisme inconscient de la mère ? Requiert-elle un homme présent à côté du berceau ? J'approfondirai l'idée, mais formulons-la dès maintenant : ces expériences vécues avec l'enfant et le père sont les moments où se réinaugure la féminité. Dès les premiers jours de la vie, une triade se constitue… Dès la grossesse, un ménage à trois s'instaure qui va singulièrement se complexifier avec l'organisation œdipienne de la grande enfance : voilà les origines de « l'enfant merveilleux » ! Rappelons-le : être désiré est une créance.

Quant à la troisième mission, le désir de transmission, de filiation, de descendance, j'y reviendrai de façon approfondie plus loin.

La maternalité est organisée comme une expérience de quasi-métamorphose de la féminité. Avoir un nouveau-né peut apparaître comme un des moments d'auto-engendrement de la féminité psychique, véritable espace d'émancipation. La mère *est* femme en créant (avec le père) un enfant. De plus en plus, dans notre civilisation, la femme peut y trouver une grande liberté d'action. La dissociation entre la jouissance sexuelle et la transmission procréative, grâce au progrès de la contraception et des techniques de procréation médicalement assistée, va dans ce sens. Le fantasme « je procrée quand et si je le veux » est de plus en plus réalisable ; il reflète une emprise féminine plus ou moins consciente concernant l'homme *et* l'enfant à venir. La maternalité serait même une cause d'allégeance de l'homme à la femme : aucun homme ne peut se dire père s'il n'a été désigné comme tel par la mère, c'est là un enseignement sur lequel Françoise Dolto est revenue bien souvent. Dans quelle mesure l'enfant est-il sensible à cette secrète et dominante nomination ? « Que peut trouver ma mère à cet homme crispé, faible, maigre, constipé ? » se demandait Alexander Portnoy.

De même, un psychanalyste de Beyrouth écrit : « Malgré toutes les apparences machistes de la société libanaise, ce pays reste pourtant un authentique matriarcat. La femme libanaise règne sans partage sur l'avenir de sa progéniture dont elle surveille les intentions et réprime les dérives[12]. » Si l'on généralise cette position sociale de la mère, on comprend mieux pourquoi la femme consent à s'y replier et souhaite y faire retraite lorsque sa féminité lui est refusée par la communauté des hommes.

---

12. Jean-Luc Vannier, *En voiture Simone ! Du complexe de masculinité chez la femme libanaise* (à paraître).

Dans le huis clos familial, le bébé, l'enfant, l'adolescent jouent le rôle de complément narcissique de leurs parents, qui projettent sur eux leurs idéaux ; l'enfant est l'objet de leurs satisfactions ambivalentes et de leurs interdits. Tous ces jeux d'emprise ne suffisent toutefois pas pour que la féminité s'exprime dans la maternalité. Car il faut encore que la mère imagine son enfant autrement : pas seulement comme un objet partenaire, mais comme un sujet original, créateur de ses propres désirs, de son narcissisme, bientôt de ses interdits et de ses idéaux propres. Les parents doivent apprendre vite qu'ils ne savent pas tout et qu'ils ne sont pas tout. Déjà le fœtus, « l'enfant du dedans[13] », longtemps considéré comme pris dans le narcissisme maternel, manifeste des anticipations de son altérité. Dans le « sein » de la mère a lieu une différenciation, une autonomisation beaucoup plus importante que ne le pensaient les scientifiques il y a une trentaine d'années. Le devenir-sujet du bébé débuterait dans le corps maternel, dans le lieu même de sa « nidification psychique ». L'enfant sera toujours autre que celui que les parents imaginent fabriquer ; ils n'ont pas le savoir-pouvoir qu'ils croient avoir et qui justifie toute leur culpabilité.

Prenons acte que, pour exister, un enfant a besoin pendant un certain temps d'un appareil psychique exté-

13. Sylvain Missonnier, « La femme devenant mère », *La Parentalité. Un hommage international à Serge Lebovici*, PUF, 2003, p. 140-157.

rieur, celui de la mère et du père. Cette nécessité, évidente pendant l'expérience de la grossesse, ne disparaît pas rapidement, loin de là ; le bébé la requiert, et l'enfant s'en dégage sous l'effet des processus de latence, quand, vers 7 ou 8 ans, la rivalité œdipienne se passe alors que la métamorphose de la puberté n'a pas encore fait irruption. Pour qu'il soit aidé dans son développement et qu'il puisse en même temps échapper à cette aide et se débrouiller seul, les positions parentales doivent être en même temps (et non « aussi ») celles de la féminité et de la masculinité. La mère est « suffisamment bonne » (comme l'a dit Donald W. Winnicott) parce qu'elle est femme ; de même que le père « suffisamment bon » est homme.

Allons plus loin : la féminité se façonne dans la maternalité, au contact même de l'enfant en train de construire sa personnalité, et parce que cette construction se produit. « Être féminine », ce serait croire en la liberté des processus intervenant pour faire un sujet de celui qu'on nomme (longtemps et paradoxalement) « mon enfant » ; et s'en réjouir, dans le bonheur de l'activité de mère.

Voilà les quatre figures ou masques successifs de la féminité. C'est à travers elles, dont aucune n'est fondatrice, que la femme advient. Cette création fait émerger un « presque rien » qui est un « presque tout », un « incertain » qui est précisément ce qu'on nomme féminité. Qu'en faire ? Les lier pour devenir femme. Sans ce travail de liaison, c'est le morcellement : la femme devient « toute mère » ou encore « tout sexe ». La féminité se tient secrètement dans tous ces états ; sachons la rechercher. Ne disons pas comme cet adolescent délinquant emprisonné pour avoir battu sa mère, entre autres méfaits : « Je ne supporterai jamais que ma mère soit une femme. »

De la féminité

La féminité s'approche, mais elle ne se définit pas. Ne cherchons surtout pas à la poser en symétrique de la masculinité. « Je suis féminine » : voilà ce qu'une femme peut dire d'elle-même d'après ses conduites, ses fantasmes et ses rêves ; à la faveur des récits qu'elle se fait dans son for intérieur avec un autre, intime, qui s'y trouve ; et éventuellement en face d'un autre avec qui elle dialogue. Ancrée dans ce qui est ressenti, dans les représentations et les mots, la féminité n'est pas abstraite ; elle tient compte d'autrui, de sa parole, de son regard et de son corps. « Me trouves-tu féminine ? » La reconnaissance de la « féminité essentielle », comme l'écrit Monique Schneider[14], est toujours mutuelle, intersubjective ; elle dépend d'un travail psychique, d'un compromis identificatoire toujours en élaboration avec les parents, dans le couple, avec les enfants.

---

14. Monique Schneider, *Le Paradigme féminin*, Aubier, 2004.

Depuis Freud, on présente toujours plus ou moins la féminité comme une « irréductible énigme » cachée sous des masques psychologiques et sociologiques[15]. « Continent noir » ou *terra incognita,* elle serait à la fois source de fascination et d'effroi car elle échapperait toujours au signifiant et à l'image. Aucune incarnation ne pourrait exprimer la féminité, qui ne peut pourtant se dire qu'incarnée. Freud avait reconnu une mise en image de l'essence de la féminité en Mona Lisa et son énigme[16]. « La Joconde exhibe la figuration la plus parfaite des oppositions qui régissent la vie amoureuse de la femme, réserve et séduction, tendresse pleine d'abandon et sensualité d'une exigence sans égard, dévorant l'homme comme quelque chose d'étranger[17]. » La femme de chair est un masque, peut être un fantôme que je peux interroger pour y découvrir la féminité, mais je sais qu'il ne peut y avoir d'adéquation entre ses conduites et la féminité.

Le mot « énigme » renvoie à une chose qui est non seulement difficile à comprendre, mais aussi à deviner. Du reste, il est largement utilisé pour approcher la question du sujet aujourd'hui. Est-il toujours énigmatique, qu'il soit homme ou femme ? Et en quoi la féminité le

15. Deux textes résument la pensée freudienne concernant la féminité : « Sur la sexualité féminine » (1931), *La Vie sexuelle*, PUF, 1969, p. 139-155 et « La féminité » (1932-1933), *Nouvelles Conférences sur la psychanalyse*, Gallimard, 1936, p. 153-185.

16. Sigmund Freud, *Un souvenir d'enfance de Léonard de Vinci*, Gallimard, 1987.

17. *Ibid.*

serait-elle plus que la masculinité, si l'une et l'autre ne peuvent se penser qu'ensemble, en intersubjectivité ? Ce qui est « énigmatique » échappe à la rationalité (phallique). La force féminine qui relie les masques est irrationnelle ; même si elle associe des représentations entre elles, elle est irreprésentable et encore moins compréhensible. Il y a dans le devenir femme une dimension qui échappe à la logique phallique, une dimension a-phallique, qui transcende toute organisation de pensée ou institution.

Le questionnement sur la féminité ne doit pas se réduire pour autant à un assemblage. Ce que j'ai décrit plus haut, ce ne sont pas des briques encore éparses qui, réunies, constitueraient la féminité ; si l'un des masques que j'ai présentés devenait à lui tout seul visage, il cesserait de remplir sa mission ; pire, il deviendrait piège[18]. Gardons-nous aussi de dire que la féminité est un compromis entre le maternel et le féminin, ou encore que l'un serait le négatif de l'autre. La féminité est au contraire une force secrète de liaison de la mère à la femme que ni l'une ni l'autre ne peut figurer, qui n'exclut ni l'une ni l'autre. Tout se passe comme si devenir femme, être femme ouvrait l'accès à une jouissance du corps en tant que féminin *et/ou* maternel[19].

18. Selon l'expression de Jacqueline Godfrind, dans *Comment la féminité vient aux femmes*, PUF, 2001.
19. Michèle Montrelay, *op. cit.*

Ne confondons pas les voiles dont la féminité se revêt avec ce qu'elle serait (conditionnel toujours nécessaire) en vérité. Elle se donne en effet d'abord à partir de dénégations : « Je ne suis pas ce que vous représentez de moi », « Je ne suis pas ce que je montre. » Nier est une façon d'affirmer quelque chose que l'on préférerait cacher, refouler – tout en disant la chose grâce à une dénégation par laquelle « la pensée se libère des limitations du refoulement et s'enrichit de contenus dont elle ne peut se passer pour son fonctionnement[20] ». Et Freud d'ajouter : « La reconnaissance de l'inconscient de la part du moi s'exprime en une forme négative[21]. » La féminité en tant que qualificatif inconscient s'offre en se niant : « Je ne suis pas une mère », « Je ne suis pas une femme », affirmeraient la féminité ; toutes les figures de style ou les masques de femmes esquissent leur secret par cette coquetterie (« Ce n'est pas cela, mais... ») prudente destinée, comme on le verra, à déjouer la violence phallique.

Diviser pour réunir

Le « Je suis une femme » est indivisible comme le Je en lui-même. La féminité est une ; elle est, mieux encore, une formidable force de liaison entre les diverses images

20. Sigmund Freud, « La négation » (1925), *Résultats, idées, problèmes*, vol. II, PUF, 1985, p. 136.
21. *Ibid.*, p. 139.

et conduites. « Éros [qui] maintient tout en cohésion dans le monde[22] », dynamique de vie, doit composer avec la classique libido infantile, « d'essence masculine », avec le désir abrupt de faire l'amour et d'avoir un enfant.

Craignant l'union des formes de la féminité, le masculin phallique les fragmente ; il divise pour régner sous le registre de l'interdit de l'inceste et prend argument de « la peur de la féminité » dont nous verrons les corollaires bientôt. La masculinité transforme les variants en éléments séparés. Butant ainsi devant la position masculine, les éléments se clivent en la femme, elle ne peut plus les lier, elle en perd sa féminité – revoilà Déméter ! Des paroles d'homme hantent le dialogue intérieur de bien des femmes : « Tu ne peux être femme, mère et exercer une fonction sociale ! » Michel Leiris disait ainsi à Françoise Héritier qu'« il se refusait à avoir des enfants car il lui aurait semblé par la suite qu'en couchant avec leur mère il entrerait dans l'inceste[23] ». Et l'anthropologue de conclure que l'écrivain n'avait pas tort car il se trouvait, en sa situation maritale, dans une forme d'« inceste du deuxième type ». Cet inceste-là aussi se

22. Sigmund Freud, « Psychologie des masses et analyse du moi » (1921), *Essais de psychanalyse*, Payot, p. 123-217.

23. Françoise Héritier, *Les Deux Sœurs et leur mère. Anthropologie de l'inceste*, Odile Jacob, 1995. L'inceste du deuxième type (par exemple partager le même homme pour deux sœurs ou partager le même bol) se définit comme « relations au cours desquelles se trouvent "en collusion illicite" des humeurs identiques ; le cumul de cet identique [...] nuit à ce qui dans le langage de la parenté fonde le corps humain de façon irréductible : la différence des sexes ».

traduit par des règles et des conduites inconscientes au quotidien. Selon le monisme phallique (conviction secrète de l'homme et de la femme), tout rapprochement entre maternel et féminin mettrait en péril la féminité. Chacun son rôle ! Il faut que la distinction entre la mère et la femme soit suffisamment claire, pour que « la femme » puisse demeurer indivisible. Il faut distinguer pour lier.

Prenons l'exemple d'une incarnation de la féminité : le sein. Le sein érotique *et* le sein nourricier ont une semblable anatomie dont l'aspect agréable est loin d'être toujours partagé par la culture[24]. Zone de satisfaction narcissique et sexuelle dès la puberté, il est aussi le lieu par lequel s'effectue la séduction ordinaire de la mère, où se produit et se donne le lait. Quelle bivalence symbolique ! Élixir de vie, il est ailleurs poison[25] pour l'enfant ou pour la mère : « Fait pour nourrir l'enfant ou pour tuer la mère », disait Victor Hugo, grand connaisseur en matière d'érotisme. On connaît les interprétations de l'allaitement tour à tour calmant ou excitant à l'endroit du bébé, favorisant l'esthétique ou la dégradant du côté de la mère. On connaît également la fameuse

24. Hélène Parat-Torrieri, « L'impossible partage. La fougue du lait et les figures imaginaires de l'allaitement maternel dans le discours médical (XVIe-XIXe siècle), *Nouvelle Revue de psychanalyse*, 1992, 45, p. 23-48.

25. On sait aujourd'hui que le lait est un lieu électif de transmission, comme dans le cas du virus du sida. Cette information s'oppose à la culture de l'allaitement largement répandue en particulier dans les pays d'Afrique contribuant à l'expansion de la maladie.

dialectique entre le lait et le sperme : les relations sexuelles sont-elles admissibles pendant la durée de l'allaitement ? Que le partage semble mal tempéré entre le plaisir de l'allaitement et celui de Vénus ! Ainsi l'identique doit-il être évité et les différences accentuées. Voilà ce qui justifie, selon le monisme phallique, de séparer vie de famille et vie sexuelle, j'y viendrai bientôt.

Féminité/tiercéité

La féminité pour la femme est une véritable force de création avec les autres. « On ne naît pas femme, on le devient », estimait Simone de Beauvoir[26]. La féminité demeurait à ses yeux une promesse, une construction, un devenir, dont les racines n'étaient ni dans le social ou la culture ni dans le biologique ou l'anatomie... Et pas davantage dans l'inconscient, car elle reprochait aux psychanalystes de comprendre et de décrire le destin féminin en négatif de l'homme. Or ce destin est une force psychique fécondante, active de génération en génération sans que l'on puisse l'opposer à la masculinité dans un souci abstrait (et absurde) de symétrie. Si la féminité est une vérité de soi, elle est également un enjeu de lutte. Interrogeons-nous donc sur les stratégies secrètes à l'œuvre ici, celle d'une mère centrée sur son

26. Simone de Beauvoir, *Le Deuxième Sexe*, Gallimard, 1949.

enfant, celle d'une amoureuse, celle d'un objet que les médias aiment à offrir aux hommes, celle d'une cheftaine d'industrie, d'une militante ou d'une féministe.

Dans la relation entre la mère et son bébé de moins de 3 mois, où est la force de féminité ? Schématisons un peu.

Premier moment, que nous pouvons qualifier de dualité fusionnelle ou symbiotique : une mère est en train de changer les couches de son bébé, elle regarde ce qu'elle fait et parfois le reste du corps de l'enfant, en particulier ses yeux. Ce dernier mobilise son regard vers le haut et recherche confusément l'interaction vers les yeux de sa mère. Lorsque celle-ci est trop prise par son activité, l'échange se révèle impossible, le regard du bébé devient fixe.

Deuxième moment : le regard de la mère, dont les mains continuent à être occupées, se porte dans un champ latéral vers un point extérieur, vers le partenaire, le père, tandis que celui de l'enfant cherche à accrocher la trajectoire. Dans les bons cas, dirions-nous, ces deux regards convergent vers l'objet commun, que nous nommerons « tiers ». À ce stade, il n'est tel que parce que regardé et il n'est investi que s'il se laisse faire. Ce cotransfert (ou déplacement) est nécessaire, mais pas suffisant pour qu'un processus tiers, une « tiercéité » advienne.

Troisième moment : dans la mesure où ce tiers investi est permanent et actif, la relation entre mère et bébé devient de plus en plus triangulaire. Bien entendu, il se peut toujours que le tiers noue lui-même des relations duelles : sur le modèle père/bébé ou père/mère.

C'est ainsi que l'intérêt de la femme pour son homme transforme une relation à deux en relation à trois. Cette transformation est créatrice de relations nouvelles pour chacun d'entre eux. La féminité est ici l'art de lier génitalité et maternalité. On se rappellera cette séquence lorsqu'il sera question de la toute-puissance persistante de la relation mère/enfant chez les mères qualifiées de « juives ».

On le voit, la féminité est un processus tiers organisateur et différenciant[27]. Il intrique les figures que j'ai présentées plus haut, entre l'abscisse de la chair et l'ordonnée des mots, entre nature et culture : ces deux coordonnées définissent la capacité de représentation de soi en tant que femme[28]. Elle assure un va-et-vient entre les processus originaires, proches du sensoriel, et les processus secondaires, que le langage constitue. Enracinée dans l'érotisme, ce serait une force qui donne à penser, à imaginer, à agir, à parler. Mais ce qu'on ressent échappe aux représentations, aux mots[29], et ces derniers sont réducteurs. On peut entendre le chant de Mélusine

---

27. Thème repris par Jacqueline Schaeffer, *Le Refus du féminin*, PUF, 1997, sous la dénomination de travail du féminin.

28. Ce qu'André Green appelle les processus tertiaires. Je reprends ici dans le raisonnement son titre. André Green, *La Causalité psychique entre nature et culture*, Odile Jacob, 1995.

29. Effacement des éprouvés puis refoulement des représentations lorsqu'elles sont dites, voilà l'importance de la dénégation dans l'expression féminine, telle que je l'ai définie plus haut.

tandis qu'elle prend son bain dans l'intimité de sa chambre, mais nul ne doit la voir chanter.

Y a-t-il une « identité féminine » ?

Le concept d'« identité féminine » reflète-t-il cette problématique tertiaire ? L'identité a longtemps été considérée comme une entité fixe regroupant des ingrédients qu'on croyait pouvoir définir en termes biologiques, psychologiques et sociaux. Depuis les travaux d'Anne Oakley[30] et ce remarquable précurseur que fut le psychanalyste Robert J. Stoller[31], le travail identitaire est conçu comme un processus beaucoup plus souple, au sein duquel le « sexe » fait référence aux différences biologiques entre mâle et femelle, tandis que le « genre » renvoie à la culture, qui classe elle-même en masculin et féminin. Si le premier est dans une relative invariance, le second varie selon les idéologies. Il existerait même une différence des sexes entre femmes. Tout récemment, le sociologue Jean-Claude Kaufmann[32] a proposé d'aborder l'identité non à travers ses supports ou ses contenus, mais à partir des essais qu'accomplit l'individu pour exprimer le sens de son existence. L'identité deviendrait

30. Anne Oakley, *Sex, Gender and Society*, Harper Colophon Books, 1972.
31. Robert Jean Stoller, *Masculin ou féminin ?*, *op. cit.*
32. Jean-Claude Kaufmann, *L'Invention de soi*, Armand Colin, 2004.

« l'histoire de soi que chacun se raconte ». La panne identitaire viendrait du fait de ne plus croire en ce récit. Et de fait, dans une société où les repères s'effacent, où l'espace-temps se morcelle, où les individualismes s'affrontent, la tendance est forte de se figer dans un aspect unique de soi, sur une partie considérée comme un tout immobile, comme une « essence » secrète. Plaidons résolument pour le pluriel dans l'unicité : la féminité à géométrie variable. Et rappelons que le lien culturel entre les personnes comprend à la fois le semblable et le différent ; je ne peux dialoguer qu'avec celui dont je me distingue, mais qui peut m'entendre. Le semblable différent définit l'altérité et débouche donc sur une éthique.

Toutefois, le danger du pluriel échappant ou risquant d'échapper à l'universel a été vite repéré comme une faiblesse (en particulier selon le féminisme du XXe siècle) par les puissances vigilantes de la communauté phallique. Depuis longtemps et surtout depuis les travaux d'Erwin Goffman[33] et ceux d'Anne Oakley[34], nous savons que la sociologie est une science de la société mâle, ou plutôt la science mâle de la société : construite par des hommes dans une société à domination masculine, elle oublie les femmes ou, plutôt, elle les oubliait. Ainsi se conçoit le célèbre aphorisme de Jacques Lacan emprunté à Drieu La Rochelle, dogme

33. Erwin Goffman, *L'Arrangement des sexes*, La Dispute, 2002.
34. Anne Oakley, *op. cit.*

d'un conservatisme patriarcal pourtant suranné : « La femme n'existe pas[35]. » Élisabeth Roudinesco en a repris l'argument tout récemment[36] : « Elle n'est pas toute (dira Lacan), ni une nature, ni une catégorie, ni une totalité, ni une culture. Elle n'est jamais *pour l'homme*[37] au même moment, ni dans le même instant ce que l'on croit qu'elle pourrait être » ; en corollaire, « la famille ne [peut] être que l'expression sociale d'un désordre psychique parfaitement ordonné en apparence, mais sans cesse détruit de l'intérieur ».

La femme intersubjective

La féminité se « tricote », dirait Boris Cyrulnik, entre nature et culture, dans la relation aux autres, dans « le désir de l'autre », bref, l'intersubjectivité. Quand je dis les autres, ce sont à la fois ceux qui se trouvent devant la femme, au-dehors, dans l'actuel, dans l'événement, et ceux dont le discours est interne à sa vie psychique, qui sont dans son inconscient. C'est ainsi par un jeu d'essais et d'erreurs, à travers des fantasmes et des événements que la féminité s'organise, en évolution sans fin. Elle ne se laissera jamais objectiver par une classification ou selon un résultat normatif. La tiercéité

35. Jacques Lacan, *Le Séminaire*, livre XX, « Encore », 1972-1973.
36. Élisabeth Roudinesco, *La Famille en désordre*, Fayard, 2002.
37. Je souligne cette référence.

de la femme qui la fait sujet de ses pulsions, de ses fantasmes, de ses conduites est une trajectoire interne à elle-même, développée depuis l'enfance, à travers les scénarios qu'elle a eu l'occasion de jouer avec ses parents (et sans doute indirectement avec ses grands-parents). Les données infantiles se reconstruisent à la puberté, puis à travers les expériences de la vie. Cette procédure est à la fois interne et externe : la subjectivation est toujours une intersubjectivation.

Ne faisons pas pour autant de la spécificité féminine de la subjectivation quelque chose de réductible à une construction sociale, comme le voudraient bien souvent les sociologues. Le déploiement de sa création comprend certes un jeu social dans lequel de nombreux facteurs interviennent. Insistons en particulier sur le formidable poids du pouvoir-savoir phallique, enjeu de polémiques d'une rare violence alors même que s'affrontent les dogmes patriarcaux d'hier et l'évolution contemporaine du statut de la femme. Les découvertes biologiques dans le champ de la procréation accentuent la dissociation entre plaisir sexuel et reproduction ; la liberté des mœurs, même si la révolution sexuelle annoncée par Wilhelm Reich est restée sans lendemains enchanteurs, incite régulièrement aujourd'hui au puritanisme, y compris certains de nos collègues ; l'ouverture accrue du monde du travail modifie la donne des relations parents/enfants : les travaux de Maurice Godelier montrent avec une grande solidité que le sexuel capable d'enfanter de telles polysémies est bien un facteur potentiel de désordre social, voire de chaos[38]. La part « a-phallique » de la féminité, celle qui échappe au système phallique, se révèle inquiétante pour le monisme phallique ambiant, chez l'homme comme chez la femme. « L'être féminin que visait la loi (phallique) s'est toujours tenu à son écart », écrivait récemment encore Aldo Naouri[39].

Voilà mieux mises en évidence à la fois la fragilité et la force de la féminité. La suite de l'histoire va confirmer cette double qualité contradictoire.

Répudiation

Reconnaître la féminité est donc affaire de liens intersubjectifs. La relation entre sujets étaye la subjectivation de chacun ou s'oppose à elle. Chaque rencontre plonge ses racines dans le passé de chacun, répétant les similitudes et les différences. Que se passe-t-il alors lorsque la féminité d'un sujet n'est pas reconnue ?

Disons-le tout de go : le monisme phallique est ici clairement accusé pour sa méconnaissance de la féminité. La référence phallique est totalitaire quand elle prétend valoir dans toute relation humaine. Distinguons

38. Maurice Godelier et Jacques Hassoun, *Meurtre du père, sacrifice de la sexualité*, Arcanes, 1996.
39. Aldo Naouri, *Les Pères et les Mères*, *op. cit.*

pourtant deux lignes de méconnaissance, étroitement liées : culturelle et individuelle.

Première proposition : les causes de la répudiation de la féminité seraient culturelles[40]. On peut invoquer ici ce que Freud a décrit en 1923 sous le terme de surmoi collectif, élément culturel répressif imposant des renoncements individuels qui tendent à effacer l'altérité. Pas de répression sans idéologie, bien sûr. Il ne s'agit pas seulement d'interdire, mais d'inspirer, d'expliquer, de convaincre, de justifier, selon une logique justifiée par ses buts. Tel est l'objectif de la pensée « machiste ». Les forces répressives apparaissent comme un corollaire immédiat des sociétés patriarcales. Bref, les hommes persistent à accaparer le statut de dirigeants, et la philosophie de la vie de famille semble toujours un peu à la traîne, incapable qu'elle est d'endosser un fonctionnement démocratique : les signes de pouvoir phallique persistent, travestis à tort en « références » ou en « repères », selon une regrettable confusion entre l'autorité qui construit la subjectivation et le pouvoir qui brise[41] ; les incitations se multiplient aux divers intégrismes religieux et politiques (pensons aussi au puritanisme qui fait retour aujourd'hui, sous les traits de l'idéalisation de la bonhomie patriarcale, et au clergé traditionnel à la Bal-

40. Pour le psychanalyste, elles relèvent du groupe : groupe interne dont nous nous représentons les scénarios ; groupe externe dont nous sommes un élément.
41. Ce thème fondamental est simplement cité ici, je le reprends bientôt.

zac) ; la condition féminine évolue lentement, d'autant plus qu'un certain féminisme à l'américaine comporte des nuances fortement répressives à l'égard de la féminité. C'est clair : toutes les cultures sont porteuses d'une certaine répression de la féminité. La société juive en est un exemple parmi d'autres. Selon Jacques Le Rider[42], le « juif » représenterait l'incarnation d'une féminité viscérale logée au cœur de l'humain ; « antiféminisme et antisémitisme vont souvent de pair » ; Otto Weininger écrivait déjà que « le judaïsme semble imprégné de cette féminité qui représente le contraire de toutes les valeurs masculines ».

Plutôt que de reconnaître la sexualité comme facteur potentiel de désordre social[43], c'est bien souvent la féminité qui est accusée de causer du désordre dans la société et érigée en bouc émissaire. Tout œuvrerait alors à la répression de ce danger et précisément à maintenir la femme dans son statut d'objet. Ainsi l'impudeur féminine serait-elle source de chaos : voilons les jeunes filles et les mères… Peu importe si les « mauvaises femmes » se donnent à voir partout, ce qui compte, ce sont les autres. Le mouvement Ni putes ni soumises est par son titre même révolutionnaire, c'est-à-dire immoral ! La loi de l'homme est assurément celle du mari-père, dont

42. Jacques Le Rider, *Le Cas Otto Weininger. Racine de l'antiféminisme et de l'antisémitisme*, PUF, 1982 ; cité par M. Schneider, *op. cit.*
43. Comme nous le disions plus haut en citant M. Godelier et J. Hassoun.

l'objet « épouse-mère-enfant » est un attribut narcissique. Elle aurait la singulière mission de maintenir par droit culturel ancestral la division mère/femme, qui efface la féminité.

Exemplaire de mon raisonnement concernant la complicité phallique institutionnelle est le terme de « communauté de déni » avancé par Michel Fain[44]. La communauté dénierait la féminité. Nous utiliserons cette appellation en l'appliquant de façon générale à toute société ou bien à certains groupes (couple, lieu professionnel, sous-groupe culturel). L'auteur évoque ces groupes d'hommes en goguette qui ont laissé « bobonne » à la maison et qui parlent des femmes comme si elles étaient toutes semblables dans ce qu'elles peuvent apporter aux hommes et ne différaient que par leur apparence (d'objets). Entre eux, la femme est là, mais la féminité est effacée. Selon l'adage de Hegel, les femmes sont « l'éternelle ironie de la communauté ».

Michel Fain a intitulé son livre *Éros et Antéros*. Éros symboliserait la féminité. Il est menacé par son jumeau Antéros, représentant de la société. Tous deux sont fils de Vénus. Le principe est « le profond antagonisme présent en chaque être humain entre son aspiration au bonheur personnel et son aspiration à se fondre dans une collectivité ». La dialectique du narcissisme et du pul-

44. Michel Fain et Denise Braunschweig, *Éros et Antéros. Réflexions psychanalytiques sur la sexualité*, Payot, 1971.

sionnel qui conduit les travaux de l'auteur se déplace vers l'opposition entre les exigences du groupe et la quête d'« unité sexuelle dans la complémentarité de la différence des sexes[45] ». Antéros est le représentant du poids collectif de l'idéologie narcissique phallique[46]. Confondu avec « le principe de plaisir du groupe sous l'égide de la loi paternelle[47] », il serait le représentant des limitations imposées par la société à la sexualité de chacun ; à ce titre, il est symbole du manque caractéristique de l'humain. L'amour n'est pas seulement Éros, mais Éros toujours partiellement victorieux d'Antéros.

Cette idéologie est portée en première évidence par le groupe réel et imaginaire des « jeunes mâles », écrit Michel Fain. (On sait combien la théorie freudienne est marquée au sceau de l'homosexualité masculine inconsciente.) Nous savons que les jeunes femelles sont de chauds partisans phalliques. L'idéologie serait titulaire du narcissisme phallique paternel emprunté à une déesse mère toute-puissante, rétrospectivement nommée par eux phallique et profondément enfouie dans l'inconscient. Toute la force du groupe des hommes repose sur une puissance maternelle fondamentale. La loi des mâles se rédige en effaçant celle des mères, textes sur textes.

45. *Ibid.* Voir aussi Sandor Ferenczi, *Thalassa. Psychanalyse des origines de la vie sexuelle* (1923), Payot, 1976, p. 8.
46. Philippe Gutton, « Regent Street », *L'Idéologie au sein des idéalisations d'adolescence*, *PTHA*, 1/2, 1997, p. 161-176.
47. Sandor Ferenczi, *op. cit.*, p. 11.

Assurément, une sorcière veille au fond de tout fantasme, tel l'œil de Georges Bataille[48].

L'ombre phallique entraîne la méconnaissance de l'aptitude féminine originelle au plaisir[49]. La description d'un stade phallique sur la base de l'envie du pénis chez la petite fille et la compréhension de son anatomie à partir des images masculines sont autant d'exemples de ces dénis masculins de la réalité féminine. « Il est resté imprimé à la sexualité féminine [je dirais la féminité] une direction qui la subordonne non pas à la sexualité mâle, mais au narcissisme phallique, ce dernier étant dans son essence antiérotique[50]. » On comprend que, devant un tel déni groupal, la féminité ait avantage, par prudence, à s'exprimer par des dénégations.

Chez l'homme comme chez la femme, Antéros se porte bien aujourd'hui. L'adhésion de la femme à l'idéologie narcissico-phallique lui confère rétrospectivement le sigle (lui-même négation de la féminité) de mère phallique. Cette mère est ainsi amenée « à trahir sa fille au nom de la société[51] ». Lorsque son fils est source d'un investissement privilégié, il peut être le véritable écho officiellement admis des mères, peut-être même du « groupe des mères » ; dès lors, il est contesté par le père et les frères. Marie ne serait-elle pas la mère juive exem-

48. Georges Bataille, *Histoire de l'œil*, Gallimard, 1993.
49. Michel Fain et Denise Braunschweig, *op. cit.*, p. 74.
50. *Ibid.*, p. 79.
51. *Ibid.*, p. 83.

plaire, elle qui a écarté le charpentier Joseph pour suivre le messie ?

La constitution temporaire ou durable d'un couple peut dresser un lit où la féminité est électivement méconnue ou simplement attaquée. Je ne distinguerai pas la méconnaissance interne à la femme héritée de son système générationnel et la méconnaissance de son partenaire. Voilà une affaire de chaque instant relevant de la psychopathologie et de la sociologie de la vie quotidienne. Je parle ici des compromis relationnels secrets et évidents qui se constituent entre un homme et une femme, puisant leurs malentendus dans les forces répressives culturelles. Le pédopsychiatre que je suis a une vaste expérience des histoires de vie dominées par l'idéologie phallique, donc antiféminine. Ainsi, le refus de la féminité chez Mme P. est incité par sa mère, qui n'a jamais fait confiance à sa fille, par un père assez misérable et enfin par un mari impuissant et déprimé. Au décours d'une longue psychothérapie, la féminité cherche sa voix par l'investissement exceptionnel de son fils. Elle qui « a rejeté d'un bloc la sexualité des hommes » trouve l'occasion de la découvrir audacieusement avec les amis de son garçon, non sans éprouver un sentiment de faute incestueuse. Lorsque le fils devient grand, il est qualifié à la fois de lâcheur et de persécuteur (ce qui reflète la difficulté du jeune homme à se séparer de sa mère). La femme et la mère qu'elle est sombrent dans une profonde aliénation. Absent, il est perdu et elle est mélancolique ; s'il est présent, elle n'est que lui. Cette femme a trouvé un porte-parole à sa féminité en un fils qui n'a fait que la tromper.

Belle, intelligente et riche, Mme M. a une vie qu'on peut qualifier de réussie, où sa féminité s'avance dressée : elle assure avec brio un « métier d'homme », dans des lieux d'hommes ; elle est mère de trois fils avec amour et autorité ; ses amours lui apportent un bonheur parfait et une vie sexuelle bien remplie. Après quelques échecs maritaux, elle garde le célibat et s'éprend passionnément d'hommes mariés, avec qui elle construit des relations face auxquelles les épouses ne peuvent rivaliser. Clivages réussis que ne saurait faire comprendre la théorie de Donald W. Winnicott de la séparation du masculin et du féminin : elle est femme dans tous les secteurs de sa vie avec des défenses phalliques raffinées. L'âge venant, les enfants partis, le métier en sa réussite maximale, la vigilance des amants affaiblie, la voilà glissant vers la dépression et les maladies psychosomatiques. Sa féminité tend à s'échapper... Peut-on s'autoriser à dire *a posteriori* que sa vie était fausse, qu'elle vivait en faux-self ? Ne doit-on pas penser qu'une autre féminité doit à 50 ans être retrouvée ? Par une psychothérapie dans cette crise du milieu de la vie, elle engage cette quête identitaire ; elle se heurte à la négligence et à la répression de l'image qu'elle garde de sa mère ; elle s'appuie sur la retrouvaille de masculinité avec son père, maintenant veuf.

Répression

Comment nommer les conséquences de cette activité répressive à l'endroit de la féminité ? Quels concepts peuvent permettre d'éclairer cette injonction culturelle, qui méconnaît le for intérieur féminin ? Je crois qu'il faut situer les effets de cette emprise de façon plus ou moins profonde. René Kaës décrit deux niveaux dans le « pacte négatif » qui unit toute communauté phallique : un premier efface l'énigmatique féminin ; un second incite à la dénégation, dans laquelle nous avons vu la seule façon autorisée pour la féminité de s'exprimer[52].

Est-il possible d'être « femme » (sujet de ses désirs, pensées ou actions) lors de certains harcèlements, violences, abus physiques et moraux ? Tout se passe comme si la femme, alors, ne pouvait être que « conforme en renonçant à être soi », esclave, « normalisée ou banalisée ». Pour qu'un sujet se définisse, il lui faut être semblable *et* différent. Les paroles et la conduite d'une telle femme ne peuvent être que semblables, et toute altérité est effacée ; on se plaît alors (et alors seulement) à décrire la femme comme le négatif de l'homme. « Sois comme l'homme (le père, l'époux) veut que tu sois. Répudie ce que tu voudrais être. » A-t-on mesuré la désertification ainsi produite, le décapage de la vie ima-

52. J'ai situé ainsi la féminité un peu plus haut.

ginative, de l'intimité ? *Stupeur et Tremblement* d'Amélie Nothomb en évoque l'étendue : la narratrice se trouve immergée dans une société japonaise ; là il ne faut pas penser, ni avoir une initiative quelconque, être personnelle. Le terme de « passivation » que suggère André Green exprime un tel engagement impossible pour le sujet[53]. La prescription culturelle impose un véritable effacement (sans opposition possible) de la féminité. Elle devient ainsi illicite, voire absente.

Lorsque l'interdit de féminité est d'un niveau moins profond, les représentations féminines peuvent être refoulées par une instance interne à chaque femme, qui les « autocensure » ; le surmoi joue alors le rôle de porte-parole de la « phallicité ». Le symbole du voile en est l'exemple même : la pudeur devient un mode de vie. Le refoulement provoque des symptômes spécifiques de la femme : à l'adolescence, on pense aux anorexies, aux boulimies. Et si l'« hystérique », qualificatif moqueur ou méprisant donné aux femmes, était un compromis entre soumission et rébellion ? La peur de la féminité est la source de bien des maux masculins (impuissance sexuelle, angoisse de castration, mais aussi défi et mépris, autoritarisme tenant plus ou moins aux abus),

53. Dans sa corporéité, la sexualité est l'aiguillon le plus puissant d'une excitation à penser, à imaginer, éventuellement à dire. Elle est bien le roc biologique dont il est question dans le fameux texte de Freud concernant l'analysibilité (1938). Le déni de la féminité *a contrario* risque d'évacuer, de vider la pensée (mort psychique), de maintenir le sujet dans une passivation au-delà de l'analysabilité.

nous le savons depuis Freud. Elle est présente, également, chez la femme sous forme de frigidité, d'envie du pénis ; à l'inverse, sous forme d'identifications aux hommes et d'imitations des hommes.

La femme aliénée ?

Nos collègues confirment l'aliénation ordinaire de la femme. Selon les qualificatifs proposés par la communauté psychanalytique, la femme serait « incapable », « sans importance », « objet de surface sans profondeur », « ombre sans figure et sans nom », « reléguée dans quelques soumissions », « hantée par les ravages de sa mère ». Dans le langage, elle serait l'incarnation de la pure signifiance, de la sensorialité de la matière langagière, chose, dans sa plénitude et sa vacuité à la fois. Innommable, muette, elle permettrait de créer et de nommer l'origine, qui, comme la source, est « un pur jaillissement qui ne cesse de s'éloigner de soi-même dans l'abondance de ces eaux » (Heidegger). Plaque opaque où se situerait la femme, « si elle existait », ajoute Lacan[54]. Freud n'affirme-t-il pas dans *Malaise dans la civilisation* que « les femmes ne tardent pas à contrarier le courant civilisateur » ?

54. Ces qualificatifs épars donnés ici à titre d'exemple sont empruntés au chapitre sur « L'éternel féminin » et précisément à l'interrogation concernant l'existence de la femme dans le très remarquable livre *La Femme et la mélancolie* d'Anne Juranville (PUF, 1993).

Le constat de l'aliénation féminine, toujours présente en notre Occident, a infiltré la théorie psychanalytique d'une façon quasi généralisée. S'y trouvent trop confondus le fait et la valeur. Tout se passe comme si l'aliénation sociale de la femme était non seulement présente, mais obligée : la femme la subit consciemment et inconsciemment ; en outre, elle « doit » la subir. Sur ce point, le débat s'est ouvert dans les années qui suivent immédiatement la découverte psychanalytique, entre Freud et certaines de ses disciples femmes, en particulier Melanie Klein, Karen Horney, Hélène Deutsch. Loin d'être close aujourd'hui, la discussion rend polémique toute théorie de la féminité. Prenons l'exemple des travaux de Jacqueline Schaeffer[55]. Le constat est là : « S'il est extrêmement difficile, pour une femme, de créer, de se réaliser socialement, dans le régime totalitaire et totalisant qu'est *forcément* la famille, il n'est guère davantage facile d'y vivre une relation de jouissance. » La cause tient au fait que « la domination de l'homme, incontestable dans l'organisation de toutes les sociétés, renvoie, du point de vue psychanalytique, à la *nécessaire* fonction phallique paternelle, symbolique, laquelle instaure la loi, *qui permet au père de séparer l'enfant de sa mère* et de le faire entrer dans le monde social [...]. L'amant de jouis-

55. Les deux citations suivantes sont empruntées aux textes de cet auteur intitulés « Les parcours des antagonismes entre féminin et maternel » (Leticia Solis-Ponton éd., *La Parentalité*, PUF, 2002, p. 139-156). Une argumentation plus approfondie se trouve dans son livre, *Le Refus du féminin* (PUF, 1997). C'est moi qui souligne.

sance vient ainsi en position de tiers séparateur pour arracher la femme à sa relation archaïque à sa mère ». Qu'il soit père ou amant, l'homme est non pas objet et partenaire, mais « tiers nécessaire ». « Le père institué comme tiers séparateur et identifiant, celui-là même qui provoqua le refuge de la femme vers la maternalité se trouverait revêtu d'une mission de section sexuelle de la dyade pour le bénéfice de l'enfant [...] et de la mère qui dès lors se trouve arrachée à sa relation archaïque au bénéfice enfin entrevu d'être femme. »

Grâce à quel formidable masochisme érogène ou existentiel, nécessaire en toutes circonstances, peut-on ainsi confondre le pouvoir-savoir masculin (par définition aliénant) et la référence tierce, qui permet au sujet de se définir et de s'identifier ? Ne faudrait-il pas clairement distinguer la morale quotidienne, morale interne surmoïque et collective, et la valeur référentielle, l'éthique par laquelle se crée le sujet ? Cet « horrible mélange[56] » entre pouvoir (aliénation) et autorité (qui partage son étymologie avec « auteur »... d'une création, justement) perpétue le refus et la peur de la féminité, la nécessité pour la femme d'« ex-ister », d'être hors d'elle. « Dissoudre la hiérarchie des sexes », comme le dit Françoise Héritier[57] : tel devrait être la tâche psychanalytique sur le devenir de la femme, sans en rester aux prescriptions

56. Voir les vers célèbres de Racine où Athalie relate son cauchemar.
57. Françoise Héritier, *op. cit.*

diverses (« la fille, la jeune fille doivent... »), aux tactiques du pouvoir sur le corps et sur l'esprit qui ne rencontrent guère les stratégies de la subjectivation[58].

Stratégies de résistance

Quelles peuvent être les conséquences de ce déni de féminité ? Comment la femme gère-t-elle son aliénation à l'idéologie phallique ?

Vient tout d'abord la subordination au monisme phallique. Il s'agit des dérivés de l'envie du pénis par un jeu d'identifications masculines selon les canons offerts par la société (modèles aujourd'hui privilégiés de la lutte des sexes), ou bien d'une passivation acceptée, d'une soumission aux envies et aux désirs des hommes (la médiatique femme-objet). Ces deux voies peuvent converger : la soumission peut être une méthode pour engloutir celui qui se croit le chef, comme la tactique de la terre brûlée qui a vaincu Napoléon en Russie !

Dans les deux cas, la femme est dupée. Sa glorieuse ressource afin d'éviter la déception ou la désillusion serait de le savoir : elle serait dupée en connaissance de cause. C'est là un thème très intéressant défendu par Julia Kristeva[59]. Elle n'adhérerait jamais totalement à

58. Stanislas Prokhoris, *Le Sexe prescrit*, Aubier, 2002.
59. Julia Kristeva, *Sens et non-sens de la révolte*, Fayard, 1996.

l'illusion phallique, sans trop s'en formaliser, et les relations humaines seraient des stratégies plus ou moins fines d'emprise (ceux qui semblent gagner pouvant être en train de perdre). Citons un exemple cher aux sociologues : celui des stratégies de l'image, de l'apparence, la mascarade nécessitant de nombreux travaux d'apprêt (vêtements, parures, maquillage, mais également performances psychiques). Le XXe siècle aurait été selon Georges Hermer[60] celui des couturiers, poussant les humains à endosser « l'uniforme de la dernière nouveauté ». La relève de la société rigoriste serait la société mode : stars, mannequins, femmes affichées et autres figures de la « femme-objet ». Dans ce contexte, la mode « unisexe » aurait valeur de trêve dans la lutte des sexes chez les adolescents. À l'adolescence, le féminin pubertaire s'affirmerait, voire s'exhiberait (nombril visible, poitrine mise en avant, démarche lascive, tenues moulées) plus pour être reconnu, grâce aux regards et paroles des autres, que par provocation sexuelle[61].

Butant sur un impossible compromis érotico-phallique, la clinique est ici celle de la dépression : effondrement, refus de vivre, mélancolie. La vie psychique gravement vidée et « morose » peut se rabattre sur des

60. Georges Hermer, *Victimes de la mode ?*, La Découverte, 2004.
61. Peut-on éviter aujourd'hui de parler du voile islamique des jeunes filles, affaire qui relève clairement du monisme phallique ? Assurément, au plan individuel, hors de toute anthropologie politique, il est symptôme des contradictions de l'inconscient entre la soumission au narcissisme phallique et la pudeur de la féminité.

maladies psychosomatiques, sur l'addiction à des objets et produits divers, sur la fascination de la consommation.

Certains choix ont, comme nous l'avons dit, une valeur défensive à l'endroit du monisme phallique, sous forme que je qualifierais de fétichique, car elle permet l'expression masquée de la féminité. La vie mystique, la production artistique, la maternalité jouent alors le rôle de refuges où la création est possible. Les sculptures de Camille Claudel révèlent ainsi une féminité extraordinairement fine, même lorsqu'elles reflètent intensément le masochisme de la jeune femme. Rejetée par sa famille, par son amant et maître Rodin, et même par son frère chéri Paul, la voilà qui ne peut plus engendrer de formes ; elle s'effondre. Sa crise de folie a été d'abord celle de son identité féminine désarçonnée ; l'hôpital psychiatrique maintiendra l'aliénation. « La figure assise là à attendre sans rien dire et depuis si longtemps [...] sans révolte, docile [...] sur cette chaise devant le pavillon, immobile et les mains croisées dans le pli des jupes, ces robes grises ou brunes[62] » : la féminité géniale est alors évidée.

La stratégie maternelle faisant de l'enfant un « porte-parole » privé apparaît pour beaucoup de femmes comme la seule conduite de salut. Politiquement incorrecte, la demande de la mère se révèle depuis le XXe siècle en Occident bien intéressante : le matrimoine

62. Michèle Desbordes, *La Robe bleue*, Verdier, 2004.

s'y affirme. Disons-le encore, il serait réducteur de considérer avec une certaine rigidité que la maternalité est une forme d'accès à une « phallicité » revendiquée, une autorité qui prendrait sa place dans une « niche » oubliée par les hommes – la famille. Deux organisations sociales se couperaient l'une de l'autre ; les grandes unités sociales d'une part et d'autre part la famille, « censée constituer le domaine réservé aux femmes » : « après avoir assigné la femme à résidence domestique, la communauté phallique lui attribue le désir d'y enfermer son partenaire » et ses enfants[63]. Cette interprétation du privé et du social aurait tendance à être récupérée par le familialisme actuel.

Dans cette optique, toute mère serait phallique ; le bébé aurait une équivalence au pénis (Freud), c'est-à-dire une valeur fétichique pour sa mère. Je pense montrer au contraire, au long de ces lignes, que le raisonnement, sans être incorrect, est résolument réducteur et superficiel. Il nuit en tout cas à l'écoute du travail de la féminité opprimée qui a élu refuge, tel le maquisard, dans la maternalité.

63. Ce raisonnement de Monique Schneider (*op. cit.*) est bien intéressant, en réaction avec la phrase de Freud dans *Malaise dans la civilisation* (1905) (PUF, 1979), selon laquelle « la famille ne veut pas lâcher l'individu ».

Relégation maternelle

Face à cette relégation maternelle[64], quelles sont les stratégies de résistance et de révolte ? Comment la féminité réprimée trouve-t-elle à s'exprimer ? Quelles voies empruntent les expressions que la communauté mâle refuse ?

Toute femme contrainte par la phallocratie ambiante risque un essai vers la maternalité. Il ne s'agit pas d'y panser quelque blessure narcissique grâce à l'enfant ; il s'agit d'y trouver ou d'y retrouver une voie constructive. L'enfant ne guérit pas la mère, il lui donne l'occasion d'un partenariat singulier, qui lui permet de penser la vie autrement. On aurait tort de ne voir dans la maternalité qu'une forme d'activisme phallique.

Dans son livre sur la famille, Élisabeth Roudinesco trace les grandes lignes de ce qu'elle nomme l'irruption du féminin à la fin du XIXe siècle[65] : la domination sans contestation du principe masculin sur le principe féminin, présente de tout temps dans la quasi-totalité des sociétés humaines, admet des dérogations. Des contradictions s'ébauchent entre deux figures de la domination économique et psychique : le « paternalocentrisme » d'un côté, le « maternalocentrisme » de l'autre. « Tantôt

64. « Relégation : exil n'entraînant pas la perte des droits civils et politiques » (Larousse). J'ajouterai subjectaux.

65. Élisabeth Roudinesco, *op. cit.*

le règne du matriarcat est présenté comme source de chaos, d'anarchie, de désordre et s'oppose à celui du patriarcat synonyme de raison et de culture, tantôt il est décrit comme un paradis originel et naturel que le patriarcat aurait détruit pour instaurer son despotisme autoritaire[66]. » Favorisant les avancées régulières de l'émancipation féminine, le XXe siècle n'aura eu de cesse de valoriser les attaques contre le *pater familias,* héritier de la puissance divine. Auguste Comte ne disait-il pas déjà : « Les fils sont à tous égards et même physiquement beaucoup plus les fils de la mère que ceux du père[67] » ?

La maternalité refuge

La féminité sous emprise impose à la femme de se clôturer dans une maternalité qui devient le seul refuge « a-phallique », où il paraît possible de s'extirper de la communauté du déni, d'échapper à l'oppression machiste. Imaginer, puis faire un enfant serait une façon privilégiée de réagir à la répression afin de conserver son identité. Le désir d'enfants ne serait donc pas séparé de la féminité, comme Simone de Beauvoir l'écrivait : « La maternalité n'est pas une contrainte sous insatisfaction,

66. *Ibid.*, p. 50.
67. *Ibid.*, p. 43.

[c']est une forme ordinaire de la subjectivation féminine[68]. » Elle devient néanmoins une contrainte plus « extraordinaire » lorsque le désir d'enfants devient le refuge exclusif de ladite subjectivation (attaquée par les forces culturelles). L'impitoyable théorie phallique est obligée de laisser un espace protégé à celle qui, par nature, porte neuf mois l'enfant dans son corps. La culture, une fois n'est pas coutume, renforce ici la nature. Michelet avait pourtant montré que les sorcières étaient persécutées parce que les paradigmes de la féminité et de la maternalité se confondaient chez elles. Plus la féminité est refusée, plus la maternalité en revêt le seul masque possible. Cette pression n'est pas sans entraîner des troubles psychosomatiques dans le champ de la gynécologie, de la fertilité et de la pédiatrie.

Du point de vue mâle, cette échappée vis-à-vis du pouvoir phallique est considérée comme une transgression : voilà l'enfant substitué au pénis, le fils au père, Œdipe à Laïos. Dans la mesure (et dans cette mesure seulement) où la communauté de méconnaissance considère que l'homme est le représentant de l'affiliation, de la culture, la stratégie de ces mères s'engage résolument dans la transgression – elle fait échapper l'enfant, et sa mère, à la loi du père et au logos séparateur. La maternalité serait-elle un creuset pervers ? Cette idée retrouve un point de vue populaire bien connu : se reproduire est une menace

68. Simone de Beauvoir, *op. cit.*

contre la culture ; la transformation d'une femme en mère potentielle ou avérée est une métamorphose redoutée. La transgression est donc diagnostiquée par la communauté des hommes-pères – non seulement en tant que partenaires de vie, mais tels que la femme se les représente dans son inconscient, censeurs anonymes du surmoi ou figures renvoyant aux parents de la malheureuse reléguée.

Le contrôle masculin sur la femme veut se mettre en place. La théorie phallique, juge et partie qu'elle est, s'autorise de son savoir-pouvoir pour faire la morale. (Il est toujours regrettable de déduire un jugement de valeur d'une connaissance scientifique[69].) Heureusement le Père (remarquez le grand P) veille.

La femme-mère réputée perverse dans son lien avec son bébé est récupérée sous l'expression de « mère phallique ». L'homme cherche ainsi à échapper à une imago archaïque sur le modèle de la Gorgone ou du Minotaure. Voilà alors la mère devenue culturellement semblable à l'homme. En devenant phallique, elle perd la différenciation qu'elle recherche, tout en restant soumise à l'ironie. Ne cédons pas à la tentation de confondre le phallus, symbole du pouvoir-savoir culturel masculin, avec les références sur lesquelles s'étaye le sujet toujours en construction-reconstruction. La philosophie du phallus « fascine » tant qu'elle confère à ce symbole de l'emprise

69. Telle est la conclusion de Jacques Monod, *Le Hasard et la Nécessité*, Seuil, 1973.

une valeur tierce de pseudo-subjectivation : être phallique ferait référence au devenir de l'enfant (après avoir été l'objet d'appartenance de ses parents). Dès lors, ces phallus réduits aux acquêts que sont les enfants pourraient être retirés à leur mère, ils pourraient à tout moment être mis à distance du fait d'une loi du père judicieusement formulée.

La relégation maternelle n'est pas de tout repos pour la femme – dans le territoire où elle s'est réfugiée, elle est encore jugée par une morale culturellement masculine et menacée par un pouvoir masculin, à moins qu'elle ne trouve les moyens de défendre le domaine qu'elle a chèrement gagné. Mais, alors, ne risque-t-elle pas de ressembler à ces mères que leurs fils et filles eux-mêmes nomment « juives » ? Entre perversion et phallicité, qu'il est délicat pour la femme de définir un espace féminin ! Le couple mère/enfant n'aurait pas tort d'être « sous alarme » et de s'annoncer comme tel. Le problème est de savoir qui a branché l'alarme et qui pourrait l'éteindre.

Dans le lien familial de la relégation, le monisme phallique est toujours là, tel le prêtre au couvent ! « Ce fut un grand progrès de la civilisation, écrivait Freud, lorsque l'humanité se décida à adopter, à côté du témoignage des sens, celui de la conclusion logique, et à passer du matriarcat au patriarcat[70]. » La famille reste pour lui l'une des grandes collectivités humaines de la civilisa-

70. Sigmund Freud, *Malaise dans la civilisation*, *op. cit.*, p. 181.

tion, affirmant elle aussi « la primauté de la raison sur l'affect et la loi du père sur la nature[71] ». La relégation des femmes ne rendrait-elle pas un service nécessaire à la communauté phallique ? La condition féminine aurait-elle une valeur fétichique pour l'homme ?

La séparation du féminin et du maternel est en effet utile pour rassurer la masculinité – elle permet d'éviter la grande peur masculine du sexe de la femme. Les progrès scientifiques, en dissociant désir sexuel et reproduction, sont à ce titre particulièrement précieux. Maintenons, dira le père, le primat de l'alliance matrimoniale (culturelle) sur les accouplements naturels ! Répudions la femme stérile qui ne donne pas l'héritier ! Le fils que crée le biologique et le fils, fruit de la filiation, ne sont pas les mêmes. Ils peuvent même s'opposer au plan de l'inconscient[72]. « Ce n'est pas la généalogie génétique ou biologique, mais la généalogie de la parole qui fait que l'on nomme quelqu'un son fils[73]. » On se souviendra de cette modalité généalogique lorsque nous décrirons le statut privilégié du porte-parole de la féminité maternelle qu'est le fils désigné par la mère.

71. Élisabeth Roudinesco, *op. cit.*, p. 56.

72. Tout se passe dans les conduites humaines comme si « la double ambition (la procréation et l'affiliation) mégalomaniaque dans chacun de ses termes et dont pourtant seule la réalisation comblerait (l'homme) l'exposait par la rencontre de l'inceste et du crime à l'horreur de la castration ». Pierre Bourdier, « La paternité. Essai sur la procréation et l'affiliation », *Œdipe et psychanalyse d'aujourd'hui*, Privat, 1978, p. 80-110.

73. Jean Pohier, « La paternité de Dieu », *L'Inconscient*, 5, 1968, p. 3-58.

Le matrimoine

Mais revenons tout d'abord à l'intimité primordiale de la mère et de son enfant.

La femme engage un partenariat érotique clos avec son enfant ; le petit ange avec ses flèches est supposé apporter ce que demande la féminité maternelle. La thèse de la perpétuation tout au long de la vie de cette unité narcissique est classique. Plus forts que l'amour règnent la passion, le besoin ou la captation narcissique de l'autre. Qui, de la mère ou du bébé, est omnipotent ? « Qu'est-ce qu'il veut ce bébé chéri ? Le bonheur de sa maman ? [...] Quand il grandit, il fera autrement le bonheur de sa maman [...] à perpétuité. [...] Tu resteras toujours avec moi, tout collé à moi, mon bébé chéri », dit la mère de Portnoy. La violence des mères à l'égard de leurs enfants développe la violence narcissique et pulsionnelle. Voilà sans doute le secret de la conception freudienne très masculine de la femme comme « plus corporelle » que l'homme, comme moins intellectuelle, moins « raisonnable ». Penser cela pour un homme, c'est aussi se rassurer à propos du fameux amour primaire dont il a été l'objet. Les particularités liées à la féminité refusée ne sont pas en elles-mêmes originales et apparaissent comme une majoration plus ou moins grande des processus ordinaires : investissement du bébé, souffrance lorsque l'enfant se développe, tendance à nier la source paternelle de filiation.

Dans quelle mesure le refus de la féminité entraîne-t-il un appauvrissement dépressif de la position fantasmatique de la mère essentiellement « soignante » à l'endroit de son enfant[74] ? À titre d'exemple tardif, il nous a été raconté l'inquiétude de cette mère juive s'assurant auprès de son gendre que sa fille était bien toujours frigide... comme elle, sans doute. L'intervention du père, qui sépare la dyade initiale, met en rivalité la relation de la mère à son enfant. Comment s'en protéger ? À court ou long terme, comment la mère pourra-t-elle gérer l'investissement de son enfant à mesure que celui-ci grandit ? Quel doit être son cheminement ? Doit-elle se renouveler ou se déprimer ?

Le lien serré entre mère et enfant fait aussi l'objet d'un dégagement du corps à corps, d'un renoncement à la relation sensorielle ; le bénéfice en est la création d'une capacité de plus en plus autonome de représentations et de pensées, d'une possibilité de sublimation. Ainsi, dans ces moments d'éloignements réciproques, la mère et l'enfant peuvent imaginer leur relation de telle sorte que ne se perpétue pas une anxiété de séparation. Les expériences de proximité originaires qui peuvent se renouveler toute la vie créent ce que Donald W. Winnicott a

74. Dans les conditions qui ont amené André Green a décrire *la mère morte* (*La Mère morte. Narcissisme de vie, narcissisme de mort*, Éditions de Minuit, 1983).

appelé un *espace d'illusion,* dans lequel il voit « l'origine même de la culture ». La complicité se perpétue, même à distance, dans la transparence psychique aux transactions intimes.

Cependant, l'enfant n'est pas seulement là pour satisfaire le narcissique et le pulsionnel maternel, ou pour obéir de façon masochiste aux instances surmoïques et idéales de sa mère ; il doit construire de façon imaginaire les scénarios de leur relation. De partenaire, il devient l'acteur qui témoigne d'elle, son porte-parole. Ce qu'il fait, voire ce qu'il pense, reflète la féminité maternelle. « Gloire à cet enfant qui exhibe si bien ce que je suis : une femme ! » Et lui : « Je suis cet enfant roi, fierté de ma mère. » Que d'agressivité une telle position glorieuse masque-t-elle, favorisant le refoulement de celle de l'enfant ! La relation paraît « décollée », sans tendresse ostentatoire, sans agressivité directe non plus : chacun semble savoir ce que pense l'autre. Et chacun se refuse à concevoir qu'il pourrait en aller autrement. La femme est ainsi engagée dans une expérience exceptionnelle qui fait basculer sa vie hors de l'érotique traditionnelle, au profit d'une mission doctrinale susceptible de bouleverser la culture ambiante. À travers ses soins sensoriels et sensuels, sa tendresse et les images qu'elle propose, elle transmet à son enfant le message (parfois ignoré d'elle-même) de sa féminité.

Voilà la source du « matrimoine ». La doctrine sociale, affaire d'hommes, risque de se trouver interrogée par un enfant, un bébé, un messie même, libérateur désigné, attendu dans l'impatience et l'espoir. Cet enfant n'aura pas les idées de sa mère, mais il se dira plus ou moins clairement qu'elle est femme, et ce le plus longtemps possible, peut-être toujours. Il pourra et devra porter à la connaissance des autres le retrait doctrinal (a-phallique) dans lequel la femme a été et demeure maintenue. La mère, sans parole et à qui on accorde à peine le droit à l'idée, devient alors source de discours.

Mission/intrusion

Une telle mère est souvent dite « intrusive ». Ce terme présenté comme péjoratif ne vient-il pas de la communauté des enfants chargés d'une mission maternelle qui, devenus adolescents puis adultes, la ressentent agressivement ? Ce mode de fonctionnement convient bien à ce que, depuis Melanie Klein, on appelle une « identification projective ». Le processus est relativement complexe, il peut se situer à des niveaux fort différents de l'évolution de la relation mère/bébé. De la sorte, un modèle très étroit est l'ordinaire, au très jeune âge de l'enfant ; s'il persiste, il reflète une fixation et une passivation. Je ne crois pas que la mission matrimoniale soit archaïque. Elle est complexe : nous avons senti l'importance et la contradiction existant dans l'injonction : « Sois grand et porte ma parole. » Elle pourrait se condenser dans le mot si fréquemment entendu : « Sois mon grand. » Il faut que l'enfant devienne libre pour être un bon porte-parole ; il ne doit pas rester immature car, en ce cas, ses propos perdraient de leur valeur de transmission. Il ne doit pas s'identifier à la mère, mais au message, pour en être le meilleur porteur. Bref, si identification projective il y a, elle est fort élaborée, élective même.

Du fait du dégagement sublimatoire, il est possible à la mère (comme à l'enfant) d'interpréter ou plutôt de traduire les expériences d'amour fondamental (Balint)... et de ce fait de les *transmettre*. L'« intrusion » est donc particulière, puisqu'elle confie à l'enfant la mission d'être en quelque sorte le starter sans lequel l'usage du souvenir serait impossible et la transmission bloquée. « Grâce à toi, je me souviens de ce que nous avons vécu ensemble », dira ou pensera la mère ; elle y gagne un grand bénéfice subjectal, c'est l'évidence ; l'enfant, de son côté, voit rappelée l'expérience amoureuse dont il a été l'objet. (A-t-elle été « secure » ? On peut se le demander.) « Intrusion dévouée », disait ce cher Portnoy. « Ta présence physique m'est indispensable pour un souvenir qui me fait vivre comme femme », disait sa mère. Sans la présence physique de l'enfant, à tout âge, la féminité existentielle dont il est porte-parole risque de se perdre. Ce qu'il devient est donc fondamental pour elle ; la vie psychique de la mère, c'est-à-dire sa capacité d'imaginer, en dépend. Le « Je ne pense qu'à toi » qu'elle adresse à son enfant signifie : « Sans ta présence physique, je ne peux penser à rien, pas même à moi... ma tête est vide... je suis comme traumatisée. »

Tout être humain a besoin d'une base sensorielle et sensuelle, d'un tiers corporel pour fantasmer ou pour rêver la nuit. Tout se passe comme si une telle mère avait condensé sur son enfant toutes les sources somatiques de sa pensée. Et elle ne peut se dégager des positions duelles premières que si l'enfant se charge de cette mission. « Je te donne ton autonomie car je serai là dans ta parole, qui sera la preuve de ma féminité », « Sois fort, sois libre, fais-moi connaître », « Que les hommes sachent quelle femme indûment reléguée est une mère juive ! » Il y a forcément chez cette femme une idée de vengeance concernant l'homme qui l'a reléguée (pas nécessairement son mari ou son père en tant que tel). Cette formidable volonté de transmission est plus forte que le lien érotique même. L'enfant de transmission prime sur le biologique, comme le tabou sur l'inceste. « L'avenir appartient au bâtard », écrivait en réaction André Gide. Ce détournement énigmatique ne saurait plaire aux scientifiques. L'anxiété psychosomatique de la mère dite juive serait assise sur cette dialectique à risque qu'elle a inscrite dans sa filiation : la transmission scindée du biologique. Transmettre est ici le seul espoir : que la santé et la voix du messager soient bonnes ; qu'il ait par amour le désir de l'assumer ! Voilà qui fait mieux comprendre la fameuse phrase œdipienne du petit Portnoy à sa mère : « Quand je serai grand je t'épouserai », « Tu es toute la femme. » Nous verrons plus loin le chemin qu'un tel chargé de mission doit emprunter.

Il n'y a pas de mères phalliques

Voilà, je crois, la redoutable erreur que commettent les représentants du monisme phallique lorsqu'ils qualifient cette mère de « phallique ». Du Charybde de l'emprise paternelle, l'enfant serait tombé dans le Scylla de l'emprise maternelle ! Cette mère dénierait à son enfant ce qui lui a été dénié par la philosophie phallique, elle le priverait à son tour du droit d'être sujet à part entière. L'irrespect de l'autre dont elle souffre, elle le transmettrait.

De quoi accuse-t-on la « mère juive » ? D'accepter le principe de l'altérité, mais d'effacer la différence, l'inconnu, l'énigmatique, de l'autre, son fils. De méconnaître l'altérité de son enfant, alors même qu'elle est convaincue du contraire et qu'elle lui confie un message de la liberté. Cette « mère juive », si elle n'était que phallique, ferait comme tout le monde : elle corromprait le contenu de liberté de son message en maintenant son emprise, en voulant tenir de façon suffisamment sûre le messager. Dans l'Antiquité, il arrivait qu'on tue aussi le porteur d'une nouvelle difficile à entendre ; mais, à force de faire vivre le messager d'une telle nouvelle, on risque aussi de ne plus l'écouter. À stigmatiser la « mère juive », on risque de perdre son message convaincu d'altérité.

Cette mère est accusée d'hystérie par la communauté (mâle, bien entendu) des spécialistes. Accusation justifiée, quand on constate son art pour convertir l'énergie de ses représentations féminines en relation corporelle privilégiée avec son enfant. Malgré le refus de sa génitalité par les pouvoirs phalliques, elle trouve un détournement pulsionnel qui la satisfait. L'enfant partenaire est installé dans la contradiction de son symptôme : « Tu es tout pour moi ; n'exagère pas. » Le refoulé du fils devient en grande partie la féminité refoulée de la mère, et il se retrouverait chez tous les fils d'une même société. Les plaisanteries sur les « mères juives » marqueraient alors la levée partagée du refoulé entre les fils, et peut-être entre eux et leur mère. Lorsque le fils devient père, renvoie-t-il le refoulé d'où il vient ? Dans le groupe des mères, la grand-mère paternelle irait en chercher encore les traces, telle une sorcière, chez ses petits-enfants.

Cette accusation d'hystérie est mal ciblée, car on sait que l'enjeu n'est pas la névrose, mais la possibilité pour la femme d'être. La féminité est moins refoulée (hors des avatars du discours, lapsus, mots d'esprit), qu'indicible et niée. Le porte-parole filial va donc avoir affaire avec le moi idéal maternel à un niveau identitaire primordial.

De plus, cette accusation comporte, de la part du monisme phallique, une dérision défensive à l'endroit de cette extraordinaire héroïne. La « mère juive » ne se dresse pas, poitrine nue, sur les barricades de la révolution ; sa pratique est une présence constante, secrète et affirmée, souterraine et irruptive, selon le modèle des services secrets. Elle interroge, elle inquiète. Féministe ? Surtout pas ! Maternaliste avant tout. La mère serait la courroie de transmission de la question du sujet, et le message du matrimoine pourrait bien être celui de l'altérité humaine.

Le maternel comme symptôme

À partir de cette maternalité, un changement structural important se produit chez la femme. Une partie fondamentale de son fonctionnement psychique, celle précisément qui la qualifie comme sujet au féminin, ne vit plus dans son espace psychique personnel. Elle ne dit pas : « Je suis une femme », mais : « J'existe », « Je suis, à cause de mon enfant. » Ce qu'elle a transmis la constitue. On comprend qu'une telle mère puisse affirmer que son enfant passe avant tout le monde. Il ne s'agit pas de rivalité ; il s'agit tout simplement d'exister. Elle a perdu sa capacité d'être seule et a désormais besoin de l'appareil psychique de son enfant. Voilà le symptôme qui maintient cette femme à flot dans le réseau relationnel quotidien, qui fait sa profondeur et lui permet de réagir aux aléas. Symptôme profond, assurément, puisque nous savons qu'il lutte contre la relégation de sa féminité imposée par la culture.

Ce symptôme maternel, il faut le considérer comme un effet des particularités de groupe. Chacun de ses membres tisse une enveloppe déjà préformée qu'il ne peut percevoir que de l'intérieur. Le résumé mère phallique/père falot est trop elliptique, nous l'avons vu. La famille en tant que telle crée ses participants. Le père est à la fois présent en son milieu familial et effacé ; il peut aussi mener hors de la maison une vie affirmée. Dans le roman de Philipp Roth, le père de Portnoy, qui travaille pour une compagnie d'assurances, est évoqué « au plus haut de sa constipation », sauf le fameux jour où il ose inviter une collègue *goy* à la maison pour « un vrai repas juif ».

Une mère ordinaire résumait ainsi ses affects à son fils : « J'ai eu un père merveilleux ; mon mari est un garçon assez incapable, tu lui ressembles. » Le fils décida alors de ne jamais avoir d'enfants. Deux cas de figures. Le père aurait lui-même pu être un fils désigné par la grand-mère paternelle, et la mission dont il était chargé aurait pu être renforcée par celle de son fils chéri. Mais il aurait pu aussi ne pas être un fils désigné ou bien ne pas accepter la mission. Tout le groupe familial est impliqué, avec ses ancêtres (au moins les grands-parents) et sa culture. Mais le groupe ne se limite pas à la vie de famille, il est aussi dans l'inconscient de chacun de ses membres et enferme chacun dans ses pensées. La famille vivrait avec une meneuse porteuse de son idéologie, de son « idologie », dirait René Kaës. L'enfant désigné par la mère serait en fait délégué par le groupe, en un pacte de solidarité. Dans le cas que j'évoque, tout porte à croire que la mise en scène maternelle s'inspire de la génération supérieure : la mère de la mère, la grand-mère maternelle, surtout celle qui n'eut pas de fils ; également son père, grand homme que le mauvais sort a peut-être laissé sans postérité mâle et qui derechef a nourri quelques espoirs dangereux dans la capacité de transmission de sa fille. Que cherche cet accoucheur qui veut montrer à sa jeune fille de 13 ou 14 ans comment il travaille et qui l'emmène voir un accouchement ?

Le porte-parole

Le fils de la mère dite juive me rappelle la petite sirène d'Andersen, et son choix existentiel : trouver des jambes pour mener une vie érotique ou bien garder sa langue. À la fin, la petite sirène s'élève au ciel pour connaître un bonheur de sublimation et d'idéalisation de cette sublimation. Je ne suis pas sûr que tous les fils aient cette chance-là... La seule voie de guérison est-elle de devenir père et précisément d'une fille ? Si l'enfant saisi par la mère (avec un père beaucoup trop absent dans le réseau de l'hystérie dont la mère est la scénariste) est une reduplication du père de la mère dont elle pense par intuition avoir été aimée, sautant ainsi une génération, et si par ailleurs ce fils devient père d'un fils, peut-il espérer la reprise de sa mission ? Cela m'étonnerait. Il se range alors plutôt dans la communauté des hommes, il devient un homme comme les autres, niant la féminité.

Dans tout cela, l'enfant se trouve installé dans une « groupalité » qu'il n'a pas créée. Il est pris dans un réseau dont la mère est la scénariste. Le roman familial que chaque enfant construit dans sa tête, avec lequel il s'organise par rapport aux réalités et aux images parentales, à partir duquel il trouve les thèmes de ses fantasmes personnels, il n'en est pas l'auteur, seulement l'acteur. On pourrait même se demander si cet enfant est lui-même. N'est-il pas jeté dans un rôle qui n'est pas celui de sa vie, mais dont la thématique et les scènes sont inventées par une autre ? Doit-il toute sa vie courir le risque d'être ressaisi par sa mère parce qu'il ne joue pas le rôle qui lui a été attribué et d'être en même temps accusé de ne pas parvenir à être lui-même, de se falsifier ? Don Juan n'avait-il pas une mère de ce type ? Subtil connaisseur de la féminité, bénéficiant des meilleures intuitions concernant les « *mille e tre* » femmes séduites, a-t-il pris pour lui de telles qualités au lieu simplement de les transmettre ? N'est-il pas saisi par un terrible retour de la mère, à travers la figure masquée du Commandeur qui l'emmène aux enfers ?

Le témoin désigné

La mère doit prendre un soin particulier de son témoin désigné[75]. Freud écrivit à Ferenczi le 16 septembre 1930, au décours de la mort de sa mère, qu'il considérait « ne pas avoir le droit de mourir tant que sa mère était en vie ». Un fils élu dont la mère est morte est amatride (Albert Camus), néant, vide ; il serait par rapport à lui-même comme si un autre parlait de lui. Sa vision du monde pourrait devenir identique à celle que les autres peuvent avoir de ses propres conduites.

La mère trouve la justification d'un souci, voire d'une emprise, dans le champ psychosomatique de son fils. Le soin intense qu'elle prend de la santé physique et morale de son fils s'exprime dans cette fameuse injonction : « Mets ton chandail, j'ai froid ! » On y retrouve l'identification projective. Dans le domaine biologique, pour le manger, le boire, le dormir, le faire l'amour, cette mère « convient ». Mais une mère omnisciente, omnipotente, qui « fait tout ce qui est bon pour son enfant », a-t-elle autre chose à offrir ? Un jeune homme reçoit ses parents ; la mère fait semblant d'ignorer qu'elle a un cancer étendu dans l'abdomen, elle entre dans le petit appartement new-yorkais et, sans enlever son manteau, dépose

75. Nous avons vu plus haut que cet enfant pouvait être considéré également comme le témoin *délégué* par l'ensemble du groupe familial.

devant son fils des boîtes en plastique contenant divers produits salés congelés – et les recettes pour leur usage[76]. Premier mot : « As-tu de la place dans ton congélateur ? » Elle ouvre celui-ci et s'étonne qu'il soit vide : « Comment te nourris-tu ? » Dans « La circoncision » de Bernard Schlink, un jeune homme amoureux d'une jeune fille juive hantée par la Shoah décide de se faire circoncire[77]. L'intervention chirurgicale déconseillée par tous est difficile, douloureuse. Malgré une nuit active, la jeune aimée ne remarque pas le changement du pénis, et le roman se termine, dirais-je, en queue de poisson : la circoncision n'est pas destinée à la femme, mais à la mère. Enlever cette petite cupule « féminine », n'est-ce pas affirmer sans gêne, en toute masculinité, à chaque érection, le fameux message de féminité maternelle ?

Cette mère doit veiller à ce que le message bien reçu par l'enfant demeure intact, toujours présent. « Où j'ai été conçu et porté, il n'y a plus rien, le vide ! Pauvre mère, comment puis-je la planter là, avec cette précipitation ? [...] Est-ce qu'un jour tu quitteras maman ? Jamais, jamais, jamais », dit encore notre Portnoy. Lorsqu'il était enfant, elle s'habillait volontiers devant son petit garçon. « Plus de vingt-cinq ans ont passé, mais maman attache encore ses bas devant son petit garçon. » Aujourd'hui toutefois, il prend sur lui de

76. Philip Roth, *Professeur de désir*, Gallimard, 1979, p. 131.
77. Bernard Schlink, « La circoncision », *Amours en fuite*, Gallimard, 2000.

regarder de l'autre côté. « Je détourne les yeux non pas pour moi, mais par égard pour ce pauvre homme, mon père ! » Mais « pourquoi est-ce que tu regardes ailleurs ? demande ma mère amusée tout en redressant les coutures de ses bas, on croirait que je suis une fille de 20 ans, on dirait que je n'ai pas torché ton derrière et embrassé ton petit robinet pendant tant d'années... Regarde-le donc... il se conduit comme si sa mère était une reine de beauté de 60 ans ». Assurément incestueuse, la scène a une caractéristique intéressante de dérision de l'œdipe.

Le missionnaire ne doit pas oublier sa mission ; sa maturation virile doit lui permettre paradoxalement d'affirmer le message sans contamination. Ainsi, une mère bien juive se vante d'avoir écarté de la vie de son fils une copine avec qui il vivait, mais « qui ne lui allait pas bien », et d'avoir « choisi » son épouse. On se rappelle la malheureuse histoire de Heshi, adolescent fort laid, cousin de Portnoy et de son amoureuse *goy*, Alice, avec laquelle il osait vouloir se marier. Elle se termina sans drame : l'adolescent fut frappé au sol par son père, et sa mère dut se préoccuper de sa santé ; le père raconta à la blonde maigrichonne que son amoureux « était atteint d'une incurable maladie du sang, maladie dont le pauvre garçon lui-même ignorait tout ». Elle partit.

Quant à contrôler ceux qui recevront le message, la mère ne le peut guère, ce qui entraîne une certaine aigreur. Elle n'hésite toutefois pas à se faire aider par un groupe de femmes fonctionnant comme elle, mais elle n'en a pas toujours sous la main. La mission de l'enfant se trouve aussi singulièrement compliquée par les résistances du père, menacé par le message matrimonial. De l'espace psychique mère/enfant, lieu d'épanouissement de la féminité, le père doit donc être tenu à l'écart. C'est dans un contexte d'isolement que le fils recevra sa mission.

Ce qu'on appelle aujourd'hui les « nouveaux pères » pourrait être des pères très engagés comme porte-parole de la féminité rayonnante de leur propre mère. Mais la soumission éventuelle du fils au père sera fort mal vue de la mère. Quoique pris à témoin constamment et sans espoir par la mère, le père n'a donc pas la parole concernant la parentalité ; il se tient bouche cousue, cet homme éventuellement bavard en toute autre circonstance, avec les hommes et les femmes. La parole du père manque alors, et il y aurait beaucoup à dire sur les effets de ce manquement, concernant les capacités de séparation et de symbolisation du lien du premier âge.

Messager ou messagère ?

« Découvre donc, épouse et mère / Ce sein que nous nous disputons. / La nature y mit deux boutons, / L'un est au fils, l'autre est au Père[78]. » Tout porte à croire qu'il

78. M. Manuel, « Les étrennes » (1787), cité par Hélène Parat-Torrieri, « Épouse et mère », *Nouvelle Revue de psychanalyse*, 1992, 45, p. 23.

est préférable que l'enfant désigné soit un fils. « Seul le rapport au fils apporte à la mère une satisfaction illimitée, c'est d'ailleurs la plus parfaite, la plus facilement libre d'ambivalence de toutes les relations humaines[79]. » Il n'est pas sûr que cette idylle de la mère, lourde de sa généalogie (du côté mère et père), soit aussi celle du fils ; bien des auteurs insistent à juste titre sur la formidable agressivité mal contenue dans la dyade. « Du jour de ma naissance, la haine de ma mère est tombée sur moi, je me hais[80]. » Chez les Mossi, « une mère qui laisse tomber une goutte de lait de son sein sur le sexe de son bébé détruit irrémédiablement sa virilité à venir[81] ».

Cette vocation claire que la « mère juive » s'assigne et attribue à son fils est assurément clandestine et menacée à la hauteur du risque même que comporte le message : « Ce que l'homme n'entend pas dans une société ou un groupe donné, mon fils l'entendra et le dira. » N'engage-t-elle pas l'enfant dans un formidable parricide symbolique ? « Je t'informe, père, que je sais que ma mère est une femme. » Mieux : « Je dis aux hommes que nos mères sont des femmes. » Seul un héros peut tenir un tel langage, qui comporte en son sein l'étrange injonction paradoxale : « Fils, que ta virilité dise la femme que je suis. » On pense à ce vieux mythe

79. Sigmund Freud, *Nouvelles Conférences d'introduction à la psychanalyse* (1932), Gallimard, 1984.
80. Conrad Stein, *Les Érinyes d'une mère*, Calligrammes, 1987.
81. Françoise Héritier, *op. cit.*, p. 248.

moyenâgeux qu'évoque Hélène Parat-Torrieri[82], où il s'agit de « faire avec son sperme ce que la mère a fait avec son lait ». La mission filiale est implicitement de proposer une société de mères visant à substituer un matrimoine au patrimoine. Ainsi peut-on comprendre le fameux aveu de Freud dans l'analyse de H. D. en 1933 : « Il faut que je vous le dise... je n'aime pas être la mère dans un transfert. Cela me surprend et me choque toujours un peu, je me sens tellement masculin. »

Par contraste, la trajectoire messagère d'une fille semble peu opportune. Aux origines de ce parcours, une étroite identification à sa mère la perturbe ; à son terme, comment peut-elle entrer dans la communauté des hommes, y être écoutée ? L'espoir d'un porte-parole, quand fille il y a, est alors reporté à la troisième génération... lorsque cette messagère procréera un fils. Aristote le savait déjà : « Quand la puissance générique mâle domine, l'enfant est un fils ; dans le cas contraire, c'est la femelle. » Plus la société est masculinocentrique, plus la mère doit faire appel à un fils. L'histoire de Marguerite Duras « sauvée par l'écriture » fournit un exemple frappant des difficultés majeures qu'une fille rencontre lorsqu'elle parle de la féminité maternelle[83].

82. Hélène Parat-Torrieri, « Épouse et mère, l'impossible partage », *Nouvelle Revue de psychanalyse*, 1992, 45, 23-48.

83. La mère d'une collègue juive lui déclare à son anniversaire : « Après 40 ans, tu ne me ressembles plus... tu n'es rien. »

Je me demande si Marie Donnadieu n'avait pas enfoui sa féminité sensuelle dans la solitude indochinoise et le couple qu'elle faisait avec son fils aîné ; son mari, « objet inanimé » par son indifférence, ses absences répétées, ses présences solitaires, sa mort précoce, allait contribuer à cet effacement dans les tâches quotidiennes. Sa fille Marguerite s'obstina toute sa vie à écrire sur ce vide, cette soumission au temps. Elle s'est nourrie de ce secret de famille que la féminité maternelle peut être retrouvée par la voie du père, l'être toujours parti et s'originant dans un petit village du nom de Duras. Par ses livres, par sa vie, « prostituée aux choses et aux événements », elle chercha l'étayage paternel afin d'échapper à la soumission au rythme des temps de l'Indochine maternelle par ses écrits[84].

Destin de fils

Le célèbre Portnoy, « ce fils, cet enfant, ce bébé[85] », raconte sa fascination par la féminité maternelle qui fait intrusion, tout le temps et dans tous les domaines de sa vie, hormis son activité autoérotique avec « son zob, le grand libérateur ». Il baigne dans la menace que la mère puisse « l'enfermer en dehors de la maison », « le jeter

84. Alain Vircondelet, *Marguerite à Duras*, Éditions n° 1, 1998.
85. Philip Roth, *Portnoy et son complexe*, *op. cit.*, p. 365.

dans son autodestruction et son impuissance ». Il propose comme morale de son histoire un vœu : « Libérer ma pine. » Il aurait pu ajouter ma plume. Nous connaissons, comme psychanalyste, en particulier avec les adolescents, ce discours qui vise à expliquer de façon directe ses complexes par les positions parentales – en établissant des relations de causes à effets. Déduire la mère du discours de ses enfants serait une erreur méthodologique grossière. Écoutons plutôt le témoignage, puisque ce fils doit témoigner. Le messager est un sujet autre que le message qu'il porte.

Mais quel est l'impact de ce support missionnaire qu'il assume, véritable intromission, incorporation ? Que va faire ce fils du brûlot de la féminité maternelle ? Quels effets être ainsi perpétuellement garanti par sa mère aura-t-il pour lui, au quotidien ? En sera-t-il renforcé ou fragilisé ? Quels pactes de solidarité se nouent-ils entre ce missionnaire et sa mère interne ? Une inscription sur le temple d'Isis, la mère nature, donne le frisson : « Je suis tout ce qui est, a été et sera, et aucun mortel n'a enlevé mon voile. » Celui qui lit est incité à s'élever, au-dessus des sens, vers cette sublimation grandiose de la figure maternelle. Message à porter, et plus encore loi pour vivre.

Dès lors, le fils est confronté à deux options contradictoires, mais qu'il peut associer lors des crises existentielles de sa vie. Il peut garder le message et s'appuyer sur la loi qu'il contient pour sa personnification, au risque d'être constamment confronté à l'obscure puissance paternelle, entraînant mélancolie et/ou paranoïa. Il peut au contraire le refuser au risque de se perdre. L'affrontement suppose alors des appuis phalliques chaleureux, masculins et féminins, mais aussi compris ancestraux. Nous le savons, les grands-parents guettent les aléas de la transmission.

Dans tous les cas de figure, cet élu est un héros. Non pas sous l'angle d'une fatalité criminelle qui lui ferait usurper indûment une place, mais à travers l'idée d'un destin exceptionnel, lié à un choix maternel : l'élection d'un fils appelé à remplir une fonction vis-à-vis de laquelle le père manifeste une certaine « défection ». Le sacrifice à quoi s'oblige le fils, du fait de la dette du père, lui vaut en même temps le privilège terrible et secret d'être haussé à la fonction paternelle parce qu'il est l'enfant élu de la mère. Il n'est pas l'enfant pervers du fantasme œdipien réalisé. (Le père du « héros » n'est déficient que sur le plan du désir absolu, non sur le plan sexuel.) Il est l'enfant « préféré » de la mère[86].

Toutefois, comme tout héros, il risque de demeurer en deçà de sa mission. Comment pourrait-il ne pas l'être, d'ailleurs ? Il peut déchoir par rapport à son idéal et se trouver médiocre, dévalué, marginal dans une analité dérisoire et destructrice ; ailleurs, s'identifiant au message, voilà qu'il se trouve quelque chose de féminin ; ou

86. Anne Juranville, *La Femme et la mélancolie*, *op. cit.*, p. 254.

encore, appendice jamais satisfait de la mère, fétiche de celle-ci, disions-nous. Il peut démissionner, partir ; « l'enfant prodigue » du Nouveau Testament est accueilli par le père, qui efface le rôle maternel. La position de la mère est bien entendu tragique, lorsque l'élu la trahit ; on se souvient comment, dans l'horrible *Vipère au poing* et *Le Cri de la chouette* d'Hervé Bazin[87], Folcoche, déçue par son préféré, se rabat sur son autre fils Jean et ses deux familles successives, semant méfiance et discorde.

Le statut de messager est lourd : tout se passe comme si le pacte de solidarité était en lui une lacune, un kyste toujours présent, immuable[88]. Une partie de lui-même, clivée du reste, demeure inchangée par le temps et par l'espace, véritable forclusion secrète du reste de son personnage en hommage à la femme merveilleuse dont il est tenu de témoigner (et que son père n'a pas honorée d'unc façon « suffisamment bonne »). Quoi qu'il dise, quoi qu'il fasse et même quoi qu'il pense, il tient un rôle qu'il connaît bien mais n'a pas appris. Sa vie se joue sur les planches, au gré d'un scénario dont il n'a pas rédigé le texte, qu'il doit répéter régulièrement. Enfant, il y était ; adulte, il ne peut que continuer ce jeu.

Ce fils se trouve inclus dans la dramatisation hystérique de la mère. Malgré un intellectualisme parfois for-

87. Hervé Bazin, *Vipère au point*, Grasset, 1969 ; *Le Cri de la chouette*, Grasset, 1972.
88. On pense à l'enclavement tel que le décrivent Nicolas Abraham et Maria Torok, *L'Écorce et le Noyau*, Aubier-Flammarion, 1987.

cené et qui se voudrait antidote à l'hystérie maternelle, il ne parvient qu'à des justifications, des plaisanteries, des obsessions. Lorsque la mère parle, elle l'envahit ; quand elle ne parle pas, elle laisse parler une mère interne bien plus redoutable. L'hystérie de la mère – moyennant les réserves évoquées plus haut – est bien ancrée dans ce partenaire privilégié. Il a beau imaginer que son destin n'est qu'un exemple de l'universel ou le reflet de quelque surmoi culturel (juif par exemple), l'affaire ne le lâche pas. Une part de lui est fausse. Encore n'ose-t-il pas le dire, car une telle proposition refléterait une condamnation secrète du discours maternel : faux-semblant, faux-self.

Puisque ce faux est lui-même, n'est-il pas alors dans le paradoxe, puisqu'il sait bien que ce discours sur la féminité doit être parole d'homme ? Bisexualité psychique, ambivalence, assurément ces termes ne conviennent pas... Nous ne sommes pas ici dans le registre du refoulement névrotique, nous sommes dans celui du clivage : d'une part, un sujet mène sa vie ; et, d'autre part, cette lacune lui colle à la peau. Ne confondons pas, chez cet homme, les éléments féminins communs à tous les autres hommes, avec cette enclave bien défendue et arrimée par le destin : « Tu ne peux oublier ta mère. » Étrange fils, donc, qui mène une double vie, tient un double discours à la fois si étranger et si familier. À décrire ainsi cet homme, on pense au cloisonnement qui dirige les conduites perverses ou fétichiques. Mais ces appellations seraient psychopathologiques si elles n'étaient culturelles. Or, si la plupart des fils sont comme cela, ils sont dans l'ordinaire ! On aurait tendance à l'oublier dans le feu de cette description : quel fils ne reçoit pas une mission semblable ? Le mode de transmission dit « juif » serait le paradigme du matrimoine.

La présence réelle, physique de cette femme, comporte bien des avantages, toute contraignante qu'elle est : elle permet l'opposition caractérielle, la violence du propos, la tentative de dégagement. La représentation de cette mère absente offre aussi ses avantages, puisqu'il est même possible d'en plaisanter. Autrement redoutable est l'absence physique et imagoïque de cette femme, qui n'est alors présente que comme un processus d'idéal, un ensemble de principes, de vérités abstraites, de représentations supposées, de règles à suivre : un matrimoine, un ensemble qui ne correspond pas à l'éthique du sujet et qui s'impose par le haut-parleur de l'enclave. Il est bien difficile de lutter contre cette infiltration justifiant des services eux-mêmes secrets.

Ce fils ne sera pas conforme à tous les autres fils. Depuis un siècle s'est déclenché un soupçon, une méfiance à l'endroit de l'imagination. Or cette mère camperait en son fils pour que, grâce à elle, il puisse garder sa confiance en l'imaginaire… en la poésie à condition qu'elle soit là. La « mère juive », si forte aujourd'hui, reflet de nos familles contemporaines, pourrait être un garant de l'imaginaire dans un monde d'hommes quotidiennement occupé par le savoir-pouvoir phallique !

Reste, et Portnoy nous le montre, que la mission n'est jamais accomplie. Jamais il ne s'autorisera « à baiser simplement quelques blondes à gros seins », et, si jamais il y parvient, il reçoit un message de ses parents : « Viens me voir[89] »... Bien entendu, pour informer que la fameuse mission continue à être remplie. La solution que Philip Roth semble utiliser avec le plus grand bonheur est l'écriture. Je suis responsable mais non coupable de dire que « les parents sont les producteurs de la culpabilité et les plus ingénieux de notre époque[90] ». L'ordre maternel est entendu : « Ne hurle pas dans le désert, tu es le grand homme de la maison, malgré ton petit machin. » Acteur involontaire, séduit par le rôle dont il ne peut qu'ignorer le sens, il est le héros d'une mission qui à la fois le dépasse et l'efface.

Philippe Gutton

89. Philip Roth, *Portnoy et son complexe*, *op. cit.*, p. 55.
90. *Ibid.*

POUR ALLER PLUS LOIN

GILLES AGACHE, *J'aurai tant voulu qu'il soit docteur*, Calmann-Lévy, 2000.
PIERRE ANGEL, CORINNE ANTOINE, NATHALIE DURIEZ, SYLVIE ANGEL, « Les thérapies familiales systémiques », in *Guérir les souffrances familiales* (sous la dir. de Pierre Angel et Philippe Mazet), PUF, 2004.
GREGORY BATESON, *Ecology of Mind*, Ballantines Books, 1972 ; trad. fr. *Vers une écologie de l'esprit*, tomes 1 et 2, Seuil, 1977-1980.
HERVÉ BAZIN, *Vipère au poing*, Grasset, 1991.
SAUL BELLOW, *Les Aventures d'Augie March*, Flammarion, 1953.
ALBERT COHEN, *Le Livre de ma mère*, Gallimard, 1954.
FRANÇOISE COUCHARD, *Emprise et Violence maternelles*, Dunod, 1991.
RENÉE DAVID, *Les Femmes juives*, Perrin, 1988.
CAROLINE ELIACHEFF (en collaboration avec Nathalie Heinich), *Mères-filles, une relation à trois*, Albin Michel, 2002.
SIGMUND FREUD, *Le Mot d'esprit et sa relation à l'inconscient*, Gallimard, 1988.
DAN GREENBURG, *Comment devenir une mère juive en dix leçons*, Seghers, 1971.
BRUNO HALIOUA, *Mères juives des hommes célèbres*, Éditions Bibliophane, 2002.
ÉRICA JONG, *Le Complexe d'Icare*, Robert Laffont, 1976.
RACHEL JOSEFOWITZ SIEGEL, *Jewish Women in Therapy : Seen but not Heard*, Ellen Cole Haworth Press, 1991.
RACHEL JOSEFOWITZ SIEGEL, *Jewish Mothers Tell Their Stories*, Ellen Cole Haworth Press, 2000.
ROMAIN GARY, *La Promesse de l'aube*, Gallimard, 1960.
GROUCHO MARX, *Les Mémoires de Groucho Marx*, Éditions l'Atalante, 1959.

DAVID MAGHNAGI, *Freud and Judaism*, Karnac Book, 1993.
ALDO NAOURI, *Les Filles et leurs Mères*, Odile Jacob, 1998.
ALDO NAOURI, *Une place pour le père*, Seuil, 1985, « Points-Seuil-Essais », 1992.
ALDO NAOURI, *Les Pères et les Mères*, Odile Jacob, 2004.
MARC-ALAIN OUAKNIN, DORY ROTNEMER, *Tout l'humour juif*, Éditions Assouline, 2001.
MARC-ALAIN OUAKNIN, DORY ROTNEMER, *La Bible de l'humour juif*, Ramsay, 1995.
GAIL PARENT, *Sheila Levine est morte et vit à New York*, Robert Laffont, 1973.
CHAÏM POTOK, *L'Élu*, 10/18, 1987.
CHAÏM POTOK, *La Promesse*, Buchet-Chastel, 1978.
RIV-ELLEN PRELL, *Fighting to become American*, Beacon Press, 1999.
PHILIP ROTH, *Portnoy et son complexe*, Gallimard, 1970.
PHILIP ROTH, *Goodbye Colombus*, Gallimard, 1962.
Edward SHORTER, *Le Corps des femmes*, Seuil, 1984.
JUDITH STORA-SANDOR, *L'Humour juif dans la littérature : de Job à Woody Allen*, PUF, 1984.
DAVID WALDEN, *Twentieth-Century American Jewish Fiction Writers*, Gale Research Co., 1984.

REMERCIEMENTS

Nous tenons à exprimer notre sincère gratitude à notre éditeur, Odile Jacob. Elle a accueilli d'emblée notre projet avec un vif intérêt et elle a manifesté à notre endroit une confiance qui ne s'est jamais démentie. C'est grâce à elle que nous avons pu mener à bien notre réflexion et produire un travail que nous espérons digne de son soutien.

Nous souhaitons aussi exprimer nos plus vifs remerciements à Jean-Luc Fidel, pour l'attention qu'il a portée à nos textes et pour les précieux conseils qu'il nous a dispensés, tant sur le fond que sur l'agencement et la forme de nos propos respectifs.

A. N., S. A., P. G.

Ce projet me tenait à cœur depuis fort longtemps ; il est le fruit d'expériences multiples, et bien souvent d'histoires relatées par mes patients. Qu'ils en soient remerciés.

Je voudrais plus particulièrement remercier Marika Moisseiff, psychiatre et ethnologue, qui a envoyé un certain nombre de mails à travers les États-Unis pour récolter une bibliographie concernant les mères juives.

Je voudrais remercier spécialement tous les contacts que j'ai obtenus grâce à Marika, en particulier son petit-cousin, Dror Mishani, et également Faye Ginsburg, directrice du Center for Media, Culture and History, à la New York University, ainsi que Bambi Schieffelin, qui m'a sélectionné onze thèses traitant des mères juives (NYU) et des bibliographies.

Un grand merci également à Simon Kesterton qui m'a aidée à traduire de nombreux articles américains et à éviter ainsi des contresens.

Gisèle Harrus a eu la gentillesse de relire mes écrits et de me suggérer des modifications tout à fait intéressantes. Sa précision et sa connaissance du sujet ont largement contribué à cette partie d'ouvrage.

Mais c'est grâce au travail de Bastien Miraucourt, à sa rigueur et à sa plume que j'ai réussi à enchaîner l'historique de ce concept. Il a su développer et étayer des propos un peu arides et les rendre plus pertinents. Il m'a permis de clarifier des idées tout en retrouvant des ouvrages de références.

Bien entendu, je dois remercier Aldo Naouri et Philippe Gutton pour les moments fort agréables passés ensemble. Nos discussions passionnantes et passionnées m'ont aidée à comprendre les subtilités des concepts évoqués.

Mais c'est avant tout ma famille d'origine, mon mari et mes enfants qui ont acquis ce savoir des mères juives que je dois remercier.

S. A.

TABLE

Préface,
par Aldo Naouri 7
Généalogie d'un archétype,
par Sylvie Angel 15
Toutes les mères, des « mères juives » ?
par Aldo Naouri........................ 85
Le matrimoine,
par Philippe Gutton........................ 145
Pour aller plus loin 229
Remerciements 233

DES MÊMES AUTEURS

Aldo Naouri

Chez Odile Jacob :

De l'inceste, avec Françoise Héritier et Boris Cyrulnik, 2001

Le Couple et l'Enfant, 1995

Les Filles et leurs Mères, 1998

Questions d'enfants, avec Brigitte Thévenot, 1999

Réponses de pédiatre, 2000

Les Pères et les Mères, 2004

Aux Éditions du Seuil :

L'Enfant porté, 1982

Une place pour le père, 1985

Parier sur l'enfant, 1988

L'Enfant bien portant, 1993

Sylvie Angel

La Poudre et la Fumée. Les toxicomanes : prévenir et soigner, avec Pierre Angel et Marc Horwitz, Éditions Acropole, Paris, 1987

Entre dépendances et libertés, les toxicomanies, avec Pierre Angel, Écho, 1987

Familles et toxicomanies. Une approche systémique, avec Pierre Angel, Éditions universitaires, 1989

Bilan de 10 années de fonctionnement, Centre Monceau, 1991

Décrochez ! Tabac, alcool, médicaments, drogues, TF1 Editions/Éditions n° 1, 1992

Des frères et des sœurs, Robert Laffont, 1996

Comment bien choisir son psy, avec Pierre Angel, Robert Laffont, 1999

Mieux vivre, mode d'emploi (sous la dir.), Larousse, 2002

Ce que je ne peux pas vous dire, avec Marie-Thérèse Cuny, Oh ! Éditions/ France Inter, 2003

Ah, quelle famille ! Robert Laffont, 2003

Les Toxicomanes et leurs familles, avec Pierre Angel, Armand Colin, 2003

Bien choisir le mode de garde de votre enfant, Marabout, 2003
Décrochez !, Marabout, 2004

Philippe Gutton
Comment renouer le dialogue avec vos ados ?, Fleurus, 2005
Comment comprendre ce que votre ado ne vous dit pas ?, Fleurus, 2004
La Naissance pubertaire, Dunod, 2004
Le Fait accompli dans la psychothérapie de l'adolescent, avec François Marty et Philippe Grive, Presses universitaire de Rouen, 2003
Toulouse-AZF, La Dispute, 2003
Violence et adolescence, In Press, 2002
Psychothérapie et adolescence, PUF, 2000
Adolescents, PUF, 1996
Projet d'adulte, Bayard, 1995
Le Pubertaire, PUF, 1991
Le Jeu chez l'enfant, Écho, 1988
Le Bébé du psychanalyste, Bayard, 1983

Cet ouvrage a été transcodé et mis en pages
chez Nord Compo (Villeneuve-d'Ascq)
et achevé d'imprimer sur Roto-Page
par l'Imprimerie Floch à Mayenne
en mars 2005.

N° d'impression : 62691.
N° d'édition : 7381-1580-X.
Dépôt légal : mars 2005.

Imprimé en France

STACEY JAY

Roméo FOREVER

Traduit de l'anglais
par Amélie Sarn

MILAN

Pour Carol,
avec toute ma tendresse

Mon unique amour a jailli de mon unique haine,
je l'ai connu trop tard et vu trop tôt sans le connaître
vraiment, prodigieux amour auquel je viens de naître
qui m'impose d'aimer un ennemi détesté.

Shakespeare – *Roméo et Juliette*
(traduction Émile Montégut)

UN

Vérone, Italie, 1304

Roméo

Nous atteignons le sommet de la colline alors que le soleil se couche sur Vérone. Une lumière dorée, tachée de rouge, se répand à l'horizon et allonge nos ombres.

Le sang de Juliette s'est répandu, lui aussi, jusqu'à la tombe où est enterré mon terrible secret.

Juliette est morte et mes mains sont encore couvertes de son sang.

Je les cache sous ma cape mais ça ne change rien. Mes paumes poisseuses parviennent à peine à tenir le poignard que le frère Laurence m'a glissé de force dans les mains. C'est tout ce qui me reste de celle que j'aimais et que j'ai détruite. Mon cœur se recroqueville dans ma poitrine mais je ne pleure pas. Je n'ai pas le droit de verser une seule larme sur elle. La tristesse et la douleur sont mon dû. Je ne mérite que de souffrir pour l'éternité.

Je marche derrière le moine sur la colline battue par le vent, là où les pauvres et les sans-dieux enterrent leurs morts. Je le suis même si je sais à présent que cet homme, à qui j'avais confié la vie de mon amour, est un menteur et un monstre.

Peut-être même pire que ça : Lucifer lui-même.

– Enlève les pierres, grogne le moine en se laissant tomber dans l'herbe humide. Tu trouveras un corps qui satisfera tes besoins.

Il me désigne la tombe d'un paysan marquée par un simple empilement de pierres destiné à empêcher les animaux sauvages de venir creuser.

– Pour un débutant, c'est plus facile quand le corps est encore frais, ajoute-t-il.

Je jette le poignard à ses pieds et commence à ôter les pierres, en fixant mes mains rougies du sang de Juliette. Il a séché et craquelle maintenant sur mes doigts. Le vent gifle la colline et emporte ces petites croûtes brunes.

Comment ai-je pu agir de la sorte ? Comment ai-je pu être aussi stupide ?

Le moine avait juré que ma trahison serait une bénédiction pour Juliette. Il m'avait promis qu'elle danserait avec les anges, que les portes des cieux s'ouvriraient devant elle. Elle saurait alors que mon sacrifice l'avait délivrée et guidée jusqu'à cette terre de printemps éternel. Elle pleurerait, certes, mais ne m'aimerait que plus encore d'avoir permis son ascension.

Ma décision était noble. Juliette et moi étions sans le sou, sans amis. La mort nous tendait les bras. Sur la route de Mantoue ou plus tard, dans les ruelles mal famées de la ville. Tous deux issus de familles nobles, nous étions incapables de gagner le moindre argent. Je n'ai même jamais préparé mon propre bain ! Je n'ai aucun talent manuel, je n'appartiens à aucune corporation et nous ne possédions rien, pas même une chèvre ou un lopin de terre. Nous serions morts à coup sûr, de faim ou assassinés dans notre sommeil. Le moine m'a convaincu que le plus beau présent que je pouvais offrir à Juliette était de mettre un terme à ses souffrances avant qu'elles aient commencé et lui permettre d'être enterrée dans son caveau familial.

Je n'aurais pas dû le croire.

Je n'avais pourtant pas éprouvé le moindre doute avant qu'elle expire dans mes bras. Pas de joie dans son regard, seulement l'amertume d'avoir été trahie et l'étincelle de la haine.

Juliette est morte en me haïssant et Dieu seul sait où elle est à présent. Depuis ma plus tendre enfance, on me répète que le suicide est un péché, que ceux qui s'ôtent la vie sont damnés. J'aurais dû écouter les enseignements de l'Église au lieu de faire confiance à un moine fou qui parle ouvertement de magie noire et de fin des temps.

Comment ai-je pu prendre un tel risque avec l'âme de ma bien-aimée ? Comment ai-je pu lui faire croire que j'étais mort et l'inciter à se plonger un poignard dans le cœur afin de me rejoindre dans l'au-delà ?

Une part de moi prie pour que Juliette soit pardonnée, pour qu'il soit pris en compte le fait qu'elle a été leurrée. Une autre part de moi, plus importante, sait qu'il ne sert à rien de prier. Je ne crois plus au sacré. J'appartiens à présent aux Mercenaires de l'Apocalypse, les magiciens qui ont juré de plonger le monde dans le chaos.

J'ai réalisé le sacrifice ultime en prenant la vie de celle que j'aimais par-dessus tout. Il me reste à prononcer le vœu qui me liera à eux pour toujours.

– Dépêche-toi, me presse le moine, les gardes feront une ronde à la nuit tombée. Nous devrons être loin d'ici, à ce moment-là.

Je soulève une autre pierre. Je suis prêt à devenir une abomination de la nature. Je suis prêt à payer pour mes actes. C'est ce que Juliette voudrait : que je combatte la noirceur que le frère

Laurence a éveillée en moi afin de redonner un peu d'honneur à ma vie perdue.

Il serait plus exact de parler de ma mort. Car je vais bientôt mourir. Je vais prononcer le serment, accomplir les rites magiques et transférer mon âme dans un autre corps. C'est ainsi que procèdent les mercenaires : ils s'emparent de cadavres. Le moine a pris soin de ne m'en informer qu'après la mort de Juliette, alors que je ne pouvais plus revenir en arrière.

Une, deux, trois, quatre... le monticule de pierres grandit à côté de moi. L'odeur qui se dégage à présent est ignoble. La puanteur douceâtre de la décomposition mêlée au parfum âcre des huiles dont le corps a été baigné avant d'être recouvert de pierres me retourne l'estomac avant même que je soulève la pierre plate qui recouvre le visage du mort.

J'étouffe un cri.

Les chairs sont noires, gonflées et grouillantes d'insectes. Un coléoptère sort de ce qui reste de son nez. Je tombe à la renverse. Je me redresse et vacille, la bouche emplie de bile.

Le moine ricane.

– Allons, Roméo, ce n'est pas si terrible. Dès que tu auras prononcé tes vœux, tu auras le pouvoir de rendre à ce corps son apparence originelle.

Il se penche sur l'homme et hoche la tête.

– Je t'assure que ce garçon était plutôt beau quand il était en vie.

Je ne parviens pas à m'approcher.

– Vous le connaissiez ? je demande.

– On peut dire ça, acquiesce le moine. C'est moi qui l'ai tué.

Il énonce le fait d'un ton léger comme si nous discutions de notre dîner.

J'ouvre la bouche sans parvenir à émettre un son. Je suis hébété. Pourtant, il ne m'a rien caché de sa véritable nature. Car il a pris plaisir à la souffrance de Juliette, il riait en m'entraînant loin de son corps agonisant. La vue du sang lui était plus délectable encore que le meilleur des vins. Je n'aurais pas été surpris de le voir s'agenouiller et le laper à même le sol.

– Je lui ai tranché la gorge il y a cinq jours, précise-t-il. Je voulais être sûr de te procurer un hôte convenable.

Cinq jours !

– Mais comment saviez-vous que…

Que je trahirais la plus belle histoire que j'aie jamais vécue, que je risquerais son âme éternelle pour une poignée de promesses.

– Je l'ai su au moment où tu es venu te confier à moi en proie à ta nouvelle passion, m'assène-t-il en me fixant.

Je me vois à travers son regard : une proie facile, un garçon égoïste, idiot et dévoré par le désir de la chair.

Il sourit encore comme pour me confirmer que j'ai cette fois tout compris.

– Ça fera l'affaire, reprend-il en désignant la tombe de fortune. Tu enlèveras les dernières pierres quand tu auras pris possession du corps.

Il se lève et me donne une claque dans le dos comme si nous étions deux amis. Je me crispe.

– Une fois mercenaire, me dit-il, tu seras plus puissant que les simples humains. Tu auras le pouvoir de faire revenir à la vie les cadavres que tu habiteras et tu pourras également réparer les dommages éventuels que leurs corps subiront.

Je m'éclaircis la gorge, essayant de rester calme. Le moine se penche et ramasse le poignard.

– Serai-je immortel ?

Il remonte la manche de sa robe de bure et découvre les veines sombres de son bras.

– Tu seras immortel, oui, tant que tu serviras les devoirs de la cause.

– Quels devoirs ?

Il m'a déjà expliqué que les Mercenaires infligeaient douleur et souffrance aux hommes vils, afin de préparer la fin du monde tel que nous le connaissons aujourd'hui.

Ce monde qui me semblait cruel et vain. Mais Juliette n'était pas vile.

Et s'il m'avait menti également sur mon rôle à venir ? Si je devais au contraire m'en prendre à des innocents ?

Alors, j'aurais sacrifié mon âme pour rien.

– Tu auras une place particulière dans nos rangs, reprend le moine en appuyant la lame effilée sur la peau fine de son avant-bras, faisant couler un fluide plus brun que rouge.

Mon cerveau me hurle de prendre mes jambes à mon cou et de me jeter aux pieds du prince pour implorer sa pitié. Même s'il me condamne à mort, je sens que rien ne pourrait être pire que ce qui m'attend.

– Comment ça, particulière ?

– Sois patient. Prononce le serment, accomplis le rituel et tout deviendra clair.

Le poignard qu'il vient de me tendre tombe de mes doigts glacés.

– Non.

– Non ?

– Non.

Ma voix qui n'était qu'un murmure s'est raffermie mais je n'ose pas lever les yeux vers lui.

– Dois-je te rappeler que ta femme est morte ? siffle-t-il. Tu as trahi et assassiné une jeune fille innocente dont le seul défaut était de t'aimer de toute son âme. Tu as répandu son sang dans le seul but de nous rejoindre, et maintenant tu hésites ? Alors qu'elle est morte et que rien ne pourra la ramener à la vie ?

– Je l'ai fait pour elle...

Un sanglot me serre la gorge.

– J'ai été banni de Vérone et sa réputation aurait été perdue... Je... je voulais la sauver.

– Et c'est exactement ce que tu as fait, opine le moine.

Sa voix est douce. Je retrouve le confident attentionné qui m'a écouté et aidé ces trois dernières semaines. Je lève les yeux vers lui. Son visage honnête et droit n'est qu'à quelques centimètres du mien.

– Mais elle ne restera en sécurité que si tu tiens ta promesse, reprend-il. Si tu recules maintenant... je crains que notre magie soit impuissante à lui ouvrir les portes du paradis. Son âme sera perdue à jamais et elle ne saura rien du sacrifice que tu as consenti pour son bonheur.

Il ment. Il ne peut plus rien pour Juliette à présent. Ni contre elle d'ailleurs. J'en suis certain au plus profond de moi. J'aimerais le lui cracher au visage mais mes lèvres refusent de bouger. Malgré moi, mon regard reste plongé dans le sien, je suis comme hypnotisé par le réconfort qu'il m'offre. Une partie de moi a envie de le croire, mais je dois lutter.

Je ferme les yeux et je revois les mains de Juliette crispées sur le poignard, se l'enfonçant lentement dans la poitrine ; une seconde plus tard, je me redressais, lui prouvant que je n'étais pas mort, que je l'avais trompée. Elle a alors essayé d'arracher la lame de son cœur mais elle n'avait plus la force. Si elle avait pu, elle aurait retourné le poignard contre moi.

– Mais Juliette… elle…

– Oui, mon fils ? s'enquiert le moine de sa voix doucereuse.

Je murmure :

– Elle me haïssait. Je l'ai lu dans ses yeux. Aucune lumière ne l'éclairait et aucun ange ne l'attendait pour l'emmener au paradis.

– Je comprends, sourit tristement frère Laurence. Tu doutes.

Je pousse un soupir de soulagement. Il me comprend. Il va me rassurer.

– Thomas avait des doutes. Job également. Les grands hommes ont de tout temps été tourmentés par le doute.

Le poignard est revenu dans ma main. Je ne me rappelle pas que frère Laurence l'ait ramassé mais il a dû le faire sans que je m'en aperçoive. Je me rends compte que son poids me réchauffe, me donne un but.

– Tu ne dois pas avoir peur, continue le moine. Prononce ton serment et honore ta promesse à Juliette. N'oublie pas que ça fera de moi ton frère pour l'éternité.

– J'avais un frère.

Ma voix est lointaine, comme si j'avais déjà quitté mon corps.

– Il est mort quand nous n'étions encore que des enfants. Mon père n'a plus jamais été le même après ça.

Frère Laurence remonte doucement, presque tendrement, la manche de ma tunique.

– Ton père a été cruel avec toi, dit-il.

– Il me tuera si je me présente de nouveau devant lui. Il me tient pour responsable de la mort de ma mère, il y a deux jours. Il affirme que mon bannissement l'a privée de sa volonté de vivre. Mais c'est lui qui en est responsable. Il a éteint sa lumière intérieure, il y a déjà des années.

– Chut.

Frère Laurence pose une main apaisante sur mon épaule.

– Bientôt, tu n'éprouveras plus ni chagrin ni regret.

J'acquiesce. Ma main droite approche le couteau de mon bras.

– Bientôt, tu ne ressentiras plus rien, souffle frère Laurence d'une voix chaude.

Ne rien ressentir. Cela me semble merveilleux. Plus de douleur, plus de honte. Disparue, cette souffrance ancrée dans mon âme, là où Juliette avait sa place.

Je l'ai *tuée*.

Jamais je ne me le pardonnerai.

La brume créée par la magie du moine se dissipe et je redeviens soudain moi-même. Mes doigts se crispent sur le manche du poignard. Ce mercenaire se trompe sur mon compte. Je vais devenir l'un des leurs, j'apprendrai leurs secrets et je trouverai un moyen de les utiliser contre eux et d'agir pour le bien.

Pour elle.

Juliette. Son nom résonne en moi alors que la lame entre dans mes chairs. Je prononce le serment mais c'est sa voix qui me donne du courage alors que mon âme quitte mon corps.

Un lieu sombre et silencieux m'enveloppe. J'en explore les contours et découvre que je possède de nouveau des bras, des jambes, un cœur. Un corps.

Mais je ne sens rien.

Ni le chaud, ni le froid, ni les pierres sur ma poitrine, ni le vent qui souffle sur la colline. J'inspire profondément mais l'odeur qui m'écœurait un peu plus tôt a disparu. Du moins, je ne la perçois plus.

J'ouvre les yeux. Au-dessus de moi, dans le ciel de Vérone, le bleu et le rouge se mêlent en un violet flamboyant. Mais même les couleurs ne sont pas aussi vives qu'elles le devraient.

Le visage de frère Laurence apparaît dans mon champ de vision, cerné d'un halo sombre. Mes nouveaux yeux distinguent sa véritable nature. J'éprouve une peur qui ne ressemble en rien à celle que j'ai connue. En même temps plus profonde et moins envahissante. Comme un hurlement confiné dans une boîte minuscule.

– Je ne ressens… je ne ressens rien…

– Bien sûr que non, confirme le moine avec un haussement d'épaules.

Je me libère de la tombe et me redresse.

– Ne te l'avais-je pas promis ? reprend-il.

Mon nouveau cœur se serre. Je crois. Ses paroles prennent sens. Mes doigts se crispent sur ma poitrine. Je suis emprisonné dans le corps d'un homme mort.

L'ampleur de ma folie s'abat sur moi.

Mais je ne ressens toujours rien.

Rien. Rien. *Rien.*

Pendant des années et des années, rien. Seuls les fantômes de la peur et de la douleur ; quelques restes insipides de l'amour un jour éprouvé.

Cinquante ans avaient passé quand ma mission me fut enfin révélée. J'ai été renvoyé sur Terre et j'ai retrouvé l'âme de Juliette. Je devais la combattre et l'empêcher d'aider les âmes sœurs à se trouver. Après un demi-siècle de vide, j'ai savouré l'idée de l'affronter. J'avais envie de la blesser, de lui faire mal. C'est la raison pour laquelle je n'ai eu aucune difficulté à convaincre ma proie de trancher la gorge de sa fiancée en échange de l'éternité auprès des Mercenaires.

La douleur de Juliette me permettait de faire revivre, un peu, le jeune homme que j'avais été. Avant de développer cette passion pour le sang et la cruauté.

Sept cents années, émaillées de dizaines d'affrontements avec Juliette, sont passées en un éclair. Pourtant, sa peine continuait de me toucher. Même quand, entre deux missions, elle quittait la Terre et retournait dans les brumes de l'oubli, il m'arrivait de sentir sa présence, d'entendre sa voix. C'était mon seul plaisir. Elle était mon petit oiseau encagé et j'étais un monstre dément et irrécupérable. Pourtant, j'ai désiré m'en sortir et j'ai concocté un plan.

Je n'étais plus amoureux d'elle, j'avais besoin d'elle. J'ai volé un sortilège aux Mercenaires qui nous aurait permis de retrouver nos corps d'antan et d'échapper au service des Immortels qui nous avaient trompés. Car il n'existe ni paradis ni enfer ; pas même une force œuvrant pour l'équilibre du bien et du mal. Les Mercenaires de l'Apocalypse et les Ambassadeurs de la Lumière le savent et ils se sont transformés en dieux. Juliette et moi aurions pu faire de même.

Si elle n'était pas tombée amoureuse de ce garçon du vingt et unième siècle.

Si le frère Laurence n'avait pas découvert mes projets et exigé que j'envoie Juliette dans les ténèbres.

J'ai dû tuer mon amour une deuxième fois, afin de la protéger d'un sort pire que la mort.

Frère Laurence m'a puni en m'apprenant qu'il existe bien pire que le rien que j'avais connu ces sept cents dernières années.

Le souvenir.

DEUX

Solvang, Californie, de nos jours

Roméo

Accroupi dans un coin de la gare abandonnée, je regarde les lueurs du matin éclairer les nids accrochés au plafond. Je serre ma couverture contre moi. Je l'ai volée à un des clochards qui avaient investi le lieu. Ils étaient cinq. À en juger par la noirceur de son aura, l'un d'entre eux devait être un mercenaire. Ils ont fui quand je suis entré en rampant. Mes mains squelettiques crissant sur le sol couvert de fientes d'oiseaux, ma chair pourrissante pendant sur mes os.

Même le mercenaire a détalé. Il savait ce que j'étais et a eu peur que la malédiction ne soit contagieuse.

Car je suis maudit pour l'éternité.

J'ai beaucoup souffert ces dernières semaines, depuis la deuxième mort de Juliette. Mes sens sont revenus et je sais maintenant qu'en plus de ressembler à un monstre, je dégage une odeur pestilentielle. La douleur du monde entier cogne dans ma poitrine et résonne dans mon cerveau à chacun de mes pas. Je suis une chose de l'ombre, un être misérable obligé de se cacher de l'humanité en se réfugiant dans des recoins. Je dois lutter contre la bise qui siffle entre mes os.

La seule chose qui me retient de m'ôter ce qui reste de ma pauvre vie, qui m'empêche de poser ma tête sur les rails afin que la bête de métal m'écrase, ce sont les mots de mon supérieur.

Que penserais-tu de vivre un million d'années sous la forme d'un fantôme que personne ne verrait ni n'entendrait ?

Les plus grands menteurs disent toujours la vérité, quand ils le peuvent. Tout ce qu'il m'avait prédit s'est avéré. J'ai été rejeté par les Mercenaires et j'ai retrouvé mon ancien corps, un corps ravagé par les atrocités que j'ai commises.

Et si le reste était également vrai ? Et si mon âme ne mourait pas avec mon corps ? Même ce que je suis aujourd'hui est préférable à ça. Quelque chose est toujours préférable au néant. À la torture d'une voix sans personne pour l'entendre, à une existence sans confirmation. Le hurlement de ceux qui fuient en me voyant est tout de même quelque chose.

Mes sanglots rauques brisent le silence. J'ai plus pleuré ces dernières semaines que durant toute ma vie et mon après-vie. C'est ce qu'il y a de pire avec ce corps : la façon dont les émotions et la douleur s'écoulent par mes yeux, secouent mon cœur comme un loup s'acharnant sur une pièce de viande fraîche. Mon âme est crue, récemment née dans le sang. Les fantômes qui me hantaient lorsque j'étais un mercenaire me déchirent les entrailles, m'assaillent, me font souffrir. Remords, regrets, haine, peur, amour…

Je n'ai jamais cessé de l'aimer. Je ne l'ai compris qu'après son départ, qu'après avoir retrouvé mon corps, qu'après m'être traîné là où elle est morte, prenant ses mains sans vie dans les miennes, plongeant mon regard dans ses yeux vides. Juliette, ma Juliette. Son âme est partie pour toujours. L'univers n'est plus le même, il y manque une étincelle. J'ai essayé de la sauver. Du moins, je le crois. Et j'espère avoir réussi. J'espère qu'elle est en paix dans les brumes... ou ailleurs.

Je souhaite que ce garçon qu'elle aimait soit avec elle. Je n'ai pas pleuré pour lui mais j'ai ressenti de la tristesse pour ce qu'il avait perdu. Pour la première fois depuis des centaines d'années, j'ai regretté de ne pas les avoir épargnés.

Mais je n'avais pas le choix. Le seigneur noir est plus puissant que je ne le serai jamais et leur amour ne lui aurait pas résisté. Je devais les mettre hors de son atteinte, m'offrir en pâture à leur place.

Un jour peut-être, je le regretterai. Quand ces semaines d'agonie seront devenues des années, des siècles, que je ne serai plus que poussière et que même le luxe des larmes me sera refusé.

Peut-être, peut-être, peut-être...

Il vaut mieux que je pleure tant que j'ai des yeux.

Mes sanglots brisent le silence. Les oiseaux quittent leur nid. Ils s'élancent dans les airs et le claquement de leurs ailes est si fort que je me recroqueville sous ma couverture. Ils sont des centaines, si nombreux que le sol est couvert de leurs déjections dont se régalent les mouches.

Aucun humain ne pourrait vivre dans ce trou. Il est parfait pour moi.

– Te voilà. Je t'ai cherché partout.

La voix vient de la porte, une mélodie de notes qui pique ce qui reste de ma peau. C'est une femme rousse, au teint si pâle que le bleu de ses veines ressort sur ses tempes et sous ses yeux bruns.

– Tu dégages une sacrée odeur.

Elle me sourit avec détermination. Elle est venue pour se moquer. Je pensais les Ambassadeurs au-dessus de ce genre de plaisirs mesquins. Son aura est si dorée qu'il ne peut s'agir que de l'ancienne nourrice de Juliette, sous une autre apparence. La clarté qui l'environne ternit les rayons du soleil qui traversent les fenêtres cassées. Je ferme à demi les paupières et je dois détourner les yeux quand elle s'accroupit près de moi.

– Alors Roméo, tu profites bien de ta retraite ?

Je laisse échapper un sifflement. Mais au lieu de fuir, elle rit doucement. Je suis un monstre pitoyable.

– Aussi bien que ça ?

Elle hoche la tête.

– Voilà qui ne me surprend pas. C'est pour ça que je suis venue. J'ai une proposition à te faire. Un moyen de te sortir de là.

De me sortir de là. Mon âme tressaille. Je n'avais pas osé imaginer qu'une telle possibilité existait. Il n'y a pas d'issue. Je suis sur le dernier tronçon de route. C'est comme ça.

Mais si…

– Les Mercenaires nous volent nos convertis depuis des siècles, reprend la femme en écartant les pans de ma couverture pour dégager mon visage. Certains des miens ne sont pas d'accord mais je ne vois pas pourquoi nous ne ferions pas de même. Une totale inversion d'allégeance confère un grand pouvoir. Nous en avons besoin, car beaucoup des nôtres ont été perdus.

Pas perdus, assassinés. Massacrés par les Mercenaires qui se battent sans honneur et tuent pour le plaisir, et qui ne s'arrêteront pas avant d'avoir mis le feu au monde entier.

– Aimerais-tu y réfléchir ? me demande la femme. À devenir l'un des nôtres ?

Je sais peu de chose sur les Ambassadeurs mais je connais les Mercenaires. Et je sais qu'ils gagneront. Les Ambassadeurs sont faibles car leurs actions sont limitées au bien. Devenir un des leurs serait une forme de suicide.

Je souris et je secoue la tête comme un chiot. Oui, j'accepte cette nouvelle allégeance. Oui, j'accepte de servir les Ambassadeurs. Oui, je suis prêt à échanger ma misérable vie pour de longues périodes dans les brumes et de longues journées dans des corps qui ne seront pas les miens. Et je serai libre. De mourir comme elle. C'est plus que ce que j'aurais pu espérer si j'avais laissé l'espoir prendre racine en moi.

– Parfait.

Elle soulève mon menton du bout du doigt comme si je n'étais plus une vile créature mais un être précieux qu'elle vient de sauver des eaux avant que le courant l'entraîne.

– Mais tu dois d'abord me convaincre, Roméo. Tu dois me prouver ton engagement à notre cause. Si tu y parviens, tu pourras prononcer tes vœux et devenir un faiseur de paix, un de nos plus importants serviteurs. Si tu échoues, la magie que je vais te prêter se dessèchera et tu retrouveras ce corps sans aucun espoir.

J'acquiesce de nouveau, me frottant contre sa paume, étalant mon odeur de mort sur sa main. Je réussirai, je serai fidèle, je servirai les Ambassadeurs comme personne ne les a servis jusqu'à aujourd'hui. Car personne n'a connu l'horreur d'être ce que je suis devenu.

– Bien. Voici ce que tu dois faire.

Elle se penche vers moi et murmure à mon oreille une histoire impossible à croire. Elle termine par la promesse de revenir me voir quand j'aurai sauvé une vie, et peut-être le monde.

Moi. Roméo. Je vais sauver le monde. Ou du moins, une version du monde.

Une toux me gratte la gorge et il me faut un moment pour comprendre que je ris. Je ris de plus belle, juste pour voir si elle va s'écarter de moi en réalisant quel pauvre être cassé je suis.

Mais elle se contente de me tapoter le bras et d'approcher son visage du mien.

– Tu feras ce que je te demande ? Tu te battras pour moi ? Tu aimeras pour moi ?

Je souris.

– Quand ma mission sera terminée, cette fille se sentira comme un soleil étincelant, comme la lune, comme les étoiles dans le ciel. Quand elle prononcera mon nom, elle sera submergée d'amour. Aimer et être aimée l'émerveilleront.

– Arielle aura besoin de tout ton charme, sourit la femme.

Arielle ? Mais elle est morte. J'ai tué le corps qui avait accueilli Juliette d'une balle dans la tête.

La femme se redresse, elle lit la peur sur mon visage.

– Je sais ce que tu as fait. C'est pourquoi tu es le seul à pouvoir le défaire. Nos choix créent plusieurs réalités. Je peux te renvoyer dans le passé et te donner la possibilité d'offrir une nouvelle place dans le monde à Arielle.

La couverture glisse de mes épaules.

– Je suis prêt. Envoyez-moi maintenant.

– Patience, me calme-t-elle en appuyant ses paumes l'une contre l'autre.

Une lumière éblouissante m'oblige à fermer les yeux.

– Je dois te renvoyer dans le corps que tu habitais quand tu l'as tuée, au moment précis où le destin de Dylan Stroud se sépare en deux directions opposées.

– Très bien. Ça me facilitera la tâche.

Dylan est un beau jeune homme, il représente tout ce que les jeunes filles aiment avant de comprendre qu'il est dangereux de jouer avec le feu. Mais Arielle est jeune. Elle sera attirée par lui, séduite par les flammes. Penser à ses longs cheveux blonds et à ses yeux bleus me réjouit.

Cette mission n'aura rien d'une corvée finalement.

– Rappelle-toi, elle doit croire en ton amour, me prévient la femme en écartant les mains, agrandissant le nœud de pouvoir qu'elle a créé tandis que l'atmosphère frémit d'énergie et de magie. Peu importe ce que tu ressens, tu dois faire en sorte qu'elle t'aime. Tu dois repousser l'ombre qui s'est emparée d'elle et la remettre sur le droit chemin.

J'agite ma main squelettique.

– C'est comme si c'était fait !

Le sourire de la femme est à présent celui d'un prédateur.

– Alors va, Roméo. Fais au mieux, car tu n'auras qu'une seule chance.

Elle laisse retomber ses bras le long de son corps et la boule de lumière vole vers moi, me frappant au visage. Le monde explose en une multitude d'étincelles. Je suis en feu, au milieu d'une fosse de braises, je n'ai plus d'oxygène et plus personne n'aura pitié de moi. Je brûle pendant ce qui me semble des heures, aveuglé par la douleur, les nerfs à vif.

Et tout à coup, tout est fini. Je suis un autre, dans un nouveau corps. Je roule sur une route sombre, par une douce soirée printanière.

J'inhale profondément et gonfle mes poumons. Le vent entre par la fenêtre ouverte, chargé des parfums de la nuit : herbe fraîchement coupée, romarin sauvage sur la colline et engrais animal. C'est… merveilleux. Je prends une autre inspiration et je la garde en moi jusqu'à en avoir mal, puis je la relâche avec un soupir de satisfaction. À côté de moi, sur le siège passager, quelqu'un émet un grognement.

Je ne suis pas seul. Je tourne la tête et croise le regard bleu d'Arielle Dragland. Elle est recroquevillée dans son siège et me dévisage avec une haine pure. Ses longs doigts fins s'agrippent au col de son chemisier. Les souvenirs de Dylan me parviennent.

Étrange sensation, après tant d'années passées dans les corps vides des morts.

Quand j'étais mercenaire, j'ai habité des centaines de corps, mais ils étaient tous les mêmes pour moi ; des prisons qui me coupaient de la vraie vie. Aujourd'hui, avec la capacité de ressentir des sensations et des émotions, je retrouve une humanité que j'avais oubliée. La dernière fois que j'ai occupé ce corps, mon seul but était de le mener à la mort, mais cette version de Dylan est toujours en vie et le sera toujours, ma mission terminée. En attendant, son âme erre dans les brumes de l'oubli. C'est là que j'irai moi-même après avoir servi les Ambassadeurs de Lumière.

Si Nourrice et les autres ambassadeurs sont satisfaits de mon travail.

Je ferai tout pour ça. Je ne veux pas retourner à l'état de cadavre ambulant.

Je me concentre et fouille dans la mémoire de Dylan.

Il méprise Arielle pour sa faiblesse. Elle est à ses yeux la victime idéale, une cible facile. Mais il trouve que son chemisier lui va bien, que finalement, elle est assez jolie et que gagner son pari de coucher avec la cinglée du lycée pourrait être plus agréable que prévu. Il a failli réussir. L'enjeu est quand même de cinq cents dollars. Si Arielle n'était pas malencontreusement tombée sur le texto envoyé par Jason…

Elle est devenue enragée. Assez pour effrayer ce jeune voyou de Dylan Stroud qui s'est demandé si elle n'était pas complètement folle.

Je lui jette un regard en coin. La folie est une notion toute relative. De mon point de vue, Arielle est saine d'esprit. Mais elle est très en colère.

Et plus vive qu'on ne pourrait le croire.

J'ai à peine le temps de bloquer son poignet avant qu'elle s'empare du volant et le tire vers elle de toutes ses forces. Je lâche un juron, comprenant mieux à présent les avertissements de l'ambassadrice alors que la voiture zigzague vers le ravin où Dylan est mort la première fois que je me suis emparé de son corps.

J'ai été renvoyé dans le temps pour séduire une jeune fille qui déteste le garçon que je suis. Et pour de bonnes raisons.

Si on survit à l'accident, j'ai perdu d'avance. Elle ne m'aimera jamais.

Non, Dylan, elle ne t'aimera jamais. Tu es toujours un monstre même si tu as maintenant un beau visage et des mains douces.

Des mains douces mais puissantes. Je m'accroche au volant, repoussant violemment Arielle pour reprendre le contrôle du véhicule et ralentir notre embardée. Nous heurtons la barrière métallique et rebondissons sur la route. L'arrière de la voiture glisse sur la voie centrale avant de s'immobiliser enfin. La route est déserte.

Pendant un instant, seules nos respirations haletantes brisent le silence. Nous l'avons échappé belle et n'avons plus la force de parler.

Arielle se reprend la première.

– Je te déteste, siffle-t-elle. Je vais te détruire, Dylan Stroud. Tu verras.

Elle ouvre la portière et sort de la voiture. Elle remonte en courant la route vers Los Olivos, ses cheveux plus argentés que jamais dans la lueur de la lune.

Je l'observe dans le rétroviseur, souriant malgré moi. Elle est magnifique. Sa colère et sa haine sont magnifiques. Le mercenaire que j'étais ne peut s'empêcher de l'admirer. Dommage que les Ambassadeurs soient obligés d'éteindre cette flamme et d'adoucir ce caractère grâce à l'amour.

– L'amour !

Je crie ce mot, je le chante et j'allume la radio avant de faire demi-tour pour rattraper cette fille qui n'imagine pas qu'elle va bientôt tomber amoureuse de moi.

TROIS

Arielle

Je le déteste, je le hais, je le hais, je le hais !

Mes pas résonnent sur le bitume, les mots hurlent dans ma tête. Je hais Dylan Stroud. Je n'arrive pas à croire que je l'ai laissé s'approcher de moi. Quelle idiote ! Rien ne changera jamais. Je ne changerai jamais. Je serai toujours la « cinglée » aux cicatrices. Même quand j'aurai enfin réussi à quitter cette ville. Cette soirée le prouve s'il en était besoin. Je suis stupide. Folle. Irrécupérable.

Pour toujours.

Comment aurais-je pu croire, sinon, que je tombais amoureuse de Dylan ?

J'aurais dû deviner qu'il se moquait de moi. Demain, tout le lycée saura que j'ai failli coucher avec lui. D'ailleurs, il racontera probablement qu'on l'a fait. Ça ne m'étonnerait pas. Ils auront une raison supplémentaire d'avoir pitié de moi : la fille qui a perdu sa virginité sur un pari. Si ça se trouve, Dylan ajoutera que j'ai accepté l'argent. Hannah, Natalie et toutes les autres, qui me considèrent déjà comme un cauchemar ambulant, penseront qu'en plus d'être la fille la plus pathétique de la planète, je suis aussi une salope.

Stupide. Stupide. Stupide !

J'inspire et manque de m'étouffer. J'aurais voulu que la voiture tombe dans le ravin. Je préférerais qu'on soit morts tous les deux. Mes larmes me brûlent les yeux et la gorge. Je n'en peux plus de courir. Je voudrais m'allonger sur le bitume et attendre qu'une voiture me roule dessus. Mais je ne peux pas parce que le seul véhicule sur la route est le sien et je refuse de lui donner cette satisfaction.

S'il veut me faire mal, il devra utiliser ses poings.

Derrière moi, les phares se sont rapprochés. Leur lumière me donne l'impression d'être nue. J'ai envie de me rouler en boule sur le bas-côté mais je me retiens. Je continue de courir droit devant moi. Même quand Dylan ralentit à côté de moi et que la vitre du côté passager s'abaisse, je continue de courir. Je ne veux pas qu'il voie que je pleure à cause de lui. Encore.

– Remonte dans la voiture !

Étouffe-toi avec ta langue !

– Arielle, s'il te plaît. Je veux juste discuter. C'était un… malentendu.

Je trébuche mais je me rattrape. Ce n'est pas du tout ce à quoi je m'attendais. J'imaginais de la colère et de la menace. Je m'attendais même à ce qu'il me jette quelque chose par la fenêtre. Mais peu importe. Violence ou fausses excuses, ça ne change rien. Dylan sait que j'étais amoureuse de lui et que j'ai cru tous ses mensonges. Je suis même tombée dans le panneau quand il a fait semblant d'être nerveux pendant qu'on s'embrassait. Comment ai-je pu penser qu'il partageait les sentiments que j'éprouvais pour lui ?

Stupide. Idiote.

Mais c'est terminé. Je ne me ferai plus avoir.

– Fiche-moi la paix.

– Arielle, s'il te plaît, écoute-moi. Je...

– Lâche-moi !

J'accélère. Mes yeux se posent sur la forêt que longe la route. Je pourrais m'enfoncer entre les arbres, là où il serait incapable de me suivre.

– Non, Arielle ! S'il te plaît !

S'il te plaît. Il a utilisé sa voix de charmeur. Il parlait exactement de la même manière au téléphone quand il m'a appelée pour me donner rendez-vous. Il essaie de me piéger. Je le hais presque autant que je me hais moi-même. Parce que je n'ai pas pu m'empêcher de frémir en l'entendant. Quand il parle, c'est presque aussi agréable que quand il chante.

C'est sa voix qui m'a attirée au départ. Sa façon de chanter « *Bring it on home to me* » de Sam Cooke donnait l'impression qu'il était le genre de garçon capable de tout abandonner par amour. À chaque répétition de la chorale du lycée, je ne pouvais m'empêcher d'arrêter de peindre les décors et de fermer les yeux.

Jusqu'au jour où en les rouvrant, j'ai découvert qu'il avait le regard fixé sur moi.

Nous nous sommes regardés jusqu'à la fin de la chanson. Mon cœur battait si vite que j'ai failli m'évanouir. C'était la confirmation que j'attendais. Il ressentait la même chose que moi. J'en étais certaine. C'est exactement comme ça que je m'imaginais tomber amoureuse un jour.

Et puis, j'ai lu ce texto qui ne m'était pas destiné. Envoyé par Jason. Et après, Dylan a osé me proposer cinquante dollars pour coucher avec lui à l'arrière de sa voiture. Quel romantisme !

Je voulais le punir, me venger. Mais comment le faire souffrir ? J'ai passé ma vie entière à retenir ma colère, à la cacher. À présent, je veux la laisser s'exprimer. Je suis prête à le réduire en pièces à mains nues. Je crois que je serais capable de sauter dans sa voiture et de le faire. Réellement.

Mais non. Si je ne me contrôle pas, ça fera comme à chaque fois. Ma peau glacée, mes bras et mes jambes rigides, mes entrailles liquéfiées et… les voix. Toutes ces voix qui hurlent dans ma tête. Elles crient si fort que je ne comprends pas ce qu'elles disent. En revanche, leur désespoir abyssal me pénètre et m'envahit avant de me plonger dans les ténèbres. Quand je reprends conscience, j'ai uriné dans mon pantalon et des bleus recouvrent mon corps.

Ce ne sont pas des crises d'épilepsie. Ce n'est pas non plus la manifestation d'une psychopathologie identifiée. Les médecins ne comprennent pas et même le psy que je voyais quand j'étais plus jeune a fini par cesser d'y faire allusion. Personne n'aime reconnaître qu'il ne comprend pas.

Personne n'aime les cinglées, les « bizarres ».

C'est pour ça que j'ai appris à me contrôler. Je ne veux plus jamais qu'on me voie dans cet état. Une fois a suffi. J'avais à peine dix ans, c'était la récréation. Tous ceux qui ont assisté à la scène se la rappellent encore et continuent de me lancer des regards en coin quand ils me croisent dans les couloirs du lycée. L'histoire est racontée à voix basse à tous les nouveaux, ce qui pérennise mon statut de « bizarroïde ».

Gemma est la seule à m'avoir donné une chance mais elle n'est plus là. Ma meilleure amie a fait une fugue. À moins qu'elle n'ait été assassinée. Les affiches que ses parents ont collées en ville donnent à penser que c'est une possibilité. Moi, je suis presque sûre qu'elle est partie avec un de ses petits copains sans avoir pris la peine de me prévenir.

Elle a dû finir par se rendre compte à quel point je suis anormale. Notre amitié était de toute façon inexplicable. Gemma est riche et belle, rebelle et drôle, avec toujours trois garçons dans son sillage, alors que moi je suis… la pauvre fille aux cicatrices, trop timide pour participer en classe et qui n'avait jamais embrassé un garçon avant ce soir. Gemma était ma seule amie mais elle ne m'accordait pas beaucoup d'importance. Personne ne m'a jamais accordé beaucoup d'importance. Même ma mère serait probablement soulagée si elle n'avait plus à s'inquiéter pour moi.

Si les réflexes de Dylan avaient été moins vifs, je serais sans doute morte à présent. Je peux refaire une tentative de me supprimer, mais il me faudrait retrouver le courage. C'était facile de saisir le volant tout à l'heure. Je ne suis pas sûre d'être capable de la même détermination. Je déteste Dylan pour ça aussi.

– S'il te plaît, remonte dans la voiture, insiste-t-il. Tu ne vas pas courir jusque chez toi ?

– Pourquoi pas ?

– Je suis vraiment, vraiment désolé.

Il a l'air tellement sincère.

– Je ne te crois pas.

– Je te le jure. Arrête de courir et monte.

Je ne réponds pas, je continue de courir. Je passe presque tout mon temps assise à dessiner ou à peindre, pourtant je ne suis pas essoufflée. J'ai l'impression que je pourrais courir éternellement.

– S'il te plaît, reprend Dylan. Laisse-moi au moins te rendre ton sac.

Je ralentis. Mon sac. Mes clés sont dedans. Ma mère est de service à l'hôpital jusqu'à onze heures. Si je ne récupère pas mon trousseau, je vais être obligée de l'attendre dehors. Et de lui raconter ce qui s'est passé. Elle sera déçue parce qu'une fois de plus j'ai échoué à me comporter comme une adolescente normale. Elle me fera un sermon censé m'encourager à avoir un peu plus les pieds sur terre, à prendre de l'assurance, à faire des efforts… jusqu'à ce que j'aie envie de hurler. Je suis prête à tout pour éviter ça.

Je m'arrête. Dylan se range sur le bas-côté et, tout à coup, la fatigue me submerge. Je renifle et essuie les larmes sur mes joues. Je me prépare à saisir mon sac et à me remettre à courir. Je ne veux pas le laisser s'approcher de moi, je ne veux pas l'écouter. Je ne veux plus tomber dans ses pièges.

Je tends la main par la fenêtre passager. Dylan se penche et me pose dans la paume mon téléphone portable. Je le fixe une seconde avant de réaliser que ce n'est pas ce que je suis venue chercher.

– Mon sac, s'il te plaît.

Ma voix ne tremble pas.

– Attends et prépare-toi à filmer, répond Dylan, les yeux brillants.

– Quoi ? Donne-moi mon…

– Attends ! répète-t-il. Je te promets que tu ne veux pas rater ça !

Il m'adresse un clin d'œil en souriant.

Avant que je décide d'une réaction appropriée, il sort et claque la portière derrière lui. Il vient se placer devant la voiture, dans la lumière des phares. J'entrevois le col de son T-shirt sous sa chemise bleue. Sa peau est si blanche qu'elle semble rayonner. Il est presque aussi pâle que moi mais ses yeux et ses cheveux sombres créent un contraste, alors que mes cheveux clairs et mes yeux d'un bleu délavé me rendent insignifiante et quasi invisible. À sa place, je serais encore plus laide que d'habitude.

Mais Dylan est vraiment beau. Malgré la haine que je lui voue, je suis obligée de le reconnaître.

– J'y vais ! lance-t-il, les poings sur les hanches.

Je croise les bras sur ma poitrine.

– Tu as dit que tu voulais me détruire, reprend-il, et je vais exaucer ton vœu. Si tu ne filmes pas ça, tu t'en voudras toute ta vie !

Je soupire et appuie sur le bouton enregistrement de mon téléphone. Je ne sais pas ce qu'il mijote mais de toute façon, il ne me rendra ni mon sac ni mes clés avant que je cède à son caprice.

Je me concentre sur l'écran de mon portable. C'est plus facile que de le regarder en vrai.

– Tu es prête ? demande-t-il.

J'acquiesce. Je n'ouvre pas la bouche. Hors de question de lui fournir la moindre occasion de se moquer encore plus de moi.

– Salut, je suis Dylan Stroud, commence-t-il. Ce soir je suis sorti avec Arielle pour la première fois. Malheureusement, ça risque aussi d'être la dernière parce que… je me suis comporté comme un sale con.

Il émet un rire qui n'a rien de joyeux.

– J'ai fait un pari stupide avec un autre connard et j'ai gâché une histoire que je ne voulais pas gâcher.

Sur mon écran, Dylan s'immobilise. Sa pomme d'Adam monte et descend. L'honnêteté étincelle dans ses yeux.

Je savais qu'il était doué pour la chanson mais j'ignorais qu'il avait aussi un talent de comédien. Il est fort. Je pourrais facilement me laisser avoir et croire qu'il est réellement affecté. Mais je ne suis pas dupe et sa petite représentation est écœurante.

Je m'apprête à arrêter l'enregistrement mais il reprend la parole et j'hésite.

– Arielle, je sais que ce que j'ai fait est impardonnable mais…

Il prend une profonde inspiration.

– Ça fait des semaines que je n'arrête pas de penser à toi. À ton parfum de fleurs et de peinture, à ta façon de pencher la tête sur le côté quand tu dessines, à ta façon de fermer les yeux quand tu écoutes une chanson que tu aimes.

Je serre les lèvres. Ce n'est pas parce qu'il a remarqué ces minuscules détails qu'il est sincère. Ce petit numéro fait partie de son plan pour me ramener dans sa voiture, coucher avec moi et récolter l'enjeu de son pari.

– Quand tu entres en classe, cachée derrière tes cheveux, je n'ai envie que d'une chose : que tu lèves les yeux et que tu me regardes. Une fois, j'étais assis à côté de toi et j'ai failli glisser ta mèche derrière ton oreille, mais...

Il fronce les sourcils et lève le menton.

– ... je suis un lâche. C'est pour ça que j'ai laissé Jason et Tanner me convaincre de faire ce pari. Mais je te jure que je ne voulais pas. Et ce soir, quand nous nous sommes embrassés, je... j'aurais voulu que ça ne s'arrête jamais.

Sa voix est rauque comme s'il se rappelait la douceur et la force de notre étreinte. Je rougis et j'ai de plus en plus de mal à me concentrer sur l'écran de mon téléphone. Ma main tremble. La tentation de croiser ce regard si intense est presque insurmontable.

– Et si j'ai ressenti ça, continue-t-il, c'est parce que j'étais avec toi. Je t'aime beaucoup, Arielle. Vraiment. Et je suis prêt à tout pour avoir une chance de ressortir avec toi.

Waouh ! Il mérite un Oscar !

Pas seulement parce qu'il prononce les mots qu'il faut, au bon moment et d'une manière parfaite, mais aussi pour avoir réussi à cacher son intelligence et sa sensibilité durant toutes ces années. Je n'ai jamais pensé qu'il était idiot – il a d'assez bonnes notes pour un garçon qui ne travaille pas –, mais je ne l'aurais pas cru capable d'un tel discours. Il devrait songer à faire carrière au cinéma s'il ne perce pas dans la musique. Ou dans la politique. C'est la profession idéale des menteurs.

Je ne le crois toujours pas mais si je l'écoute plus longtemps, je risque de me faire avoir et de prouver une nouvelle fois que je suis la fille la plus bête du monde.

– Tu as fini ?

Ses épaules s'affaissent.

– Je ne sais pas... Est-ce que... est-ce que tu me donnes une deuxième chance ?

– Non.

J'ai répondu d'une voix douce mais c'est comme si je lui avais planté une flèche dans le cœur. Il recule d'un pas et devient encore plus pâle. Son visage est empreint de douleur et de tristesse. De désespoir. On dirait qu'il vient d'apprendre qu'il ne chantera plus jamais.

Après le bac, Dylan a prévu de devenir une star du rock. Il joue dans des bars et des petites salles à Santa Barbara avec Jason Kim, le week-end. Ils ont l'intention de partir à Los Angeles pour se faire repérer par un producteur. D'après Gemma qui les a déjà vus en concert, Jason est un mauvais guitariste mais même elle a été obligée de reconnaître que Dylan est un excellent chanteur.

– S'il te plaît... Dis-moi comment je peux te faire changer d'avis...

Il tend les mains vers moi. Je réfléchis.

S'il a une voix extraordinaire, il est intraitable sur son répertoire. Je l'ai entendu se disputer avec le prof de la chorale du lycée parce qu'il refusait d'interpréter la chanson d'une vieille comédie musicale. « Hors de question qu'on me voie chanter une de ces merdes de Broadway. »

– Arielle, je...

– Je voudrais que tu chantes.

Il hausse les sourcils.

– Que je chante ?

– La chanson de West Side Story que Logan a choisie pour la fête du printemps.

Il se redresse et sourit. Mais un éclat dur brille dans ses yeux. Peut-être à cause de la lumière des phares.

– Tu veux que je chante « Maria » ?

– Oui. Pour moi.

Il ouvre la bouche et prend une inspiration mais je l'interromps avant qu'il commence.

– Tout nu.

– Quoi ?

Je rougis mais peu importe, il ne peut pas me voir. S'il accepte, je pourrai décider de montrer cette vidéo au lycée. Il a affirmé être prêt à me donner de quoi le détruire, on va voir si c'est vrai.

Oui, je veux que tu chantes pour moi sans tes vêtements.

Je suis surprise de la netteté de ma voix. Je n'avais jamais prononcé le mot « nu » à voix haute avant aujourd'hui. Encore moins devant un garçon. Mais je ne fléchis pas. J'ajoute même :

– Et je veux que tu danses en même temps.

– Que je chante et que je danse pour toi à poil, ici ? Au bord de la route ?

– Oui. Et plus tu seras ridicule, plus tu auras de chances que je croie tes mensonges.

Il va me traiter de folle et enfin reconnaître que son seul but était de gagner son pari mais que le prix est trop élevé. Que je ne vaux pas tout ça.

Ses doigts commencent à défaire ses boutons et il se met à chanter.

– *Arielle, I just met a girl named Arielle.*

Je dois être écarlate. Je ferme les yeux. Il a remplacé le nom de Maria par le mien. Quand je rouvre les paupières, il a ôté sa chemise et passe son T-shirt par-dessus sa tête. Je découvre son torse. Dylan est encore plus beau sans vêtements.

Je n'ai plus de voix. Son T-shirt tombe à ses pieds. Ses hanches ondulent et il pose la main sur la boucle de sa ceinture. Il n'a plus que son caleçon à présent et la chanson n'a plus rien de romantique ni de sexy. Il se ridiculise à dessein en virevoltant comme une ballerine. Quand ses doigts tirent sur l'élastique du sous-vêtement, je crie :

– Arrête !

J'éteins mon téléphone.

– Ça suffit ! Ça va !

Il me regarde, étonné :

– J'en ai pas fait assez ?

Je m'éclaircis la gorge.

– Si, largement assez.

– Je ne suis pas encore tout nu.

– Ça suffira !

Il m'offre un large sourire qui me fait fondre. Je me mords l'intérieur de la lèvre pour ne pas sourire à mon tour. Il a accepté de se ridiculiser mais je n'arrive toujours pas à lui faire confiance.

– Rhabille-toi.

Pour la première fois depuis que j'ai essayé de faire plonger la voiture dans le ravin, le doute m'envahit. Il rit.

– Résistes-tu encore à mon charme après cette danse ?

– Ta danse était…

J'envoie la vidéo à ma boîte mail, ce qui m'évite de le regarder.

– Irrésistible ? Sensuelle ? Incroyablement sexy ? propose-t-il.

– Disons qu'elle m'a plutôt donné la nausée.

Je voulais le rembarrer mais on dirait que j'essaie de flirter. Je ne crois pas avoir jamais flirté avec quelqu'un, même pas avec lui. Les rares fois où nous avons discuté, j'étais bien trop nerveuse pour articuler autre chose que « oui » et « non ».

Il ramasse son jean et se reboutonne sans me quitter des yeux. Je baisse la tête.

– Je ne pense pas que la danse soit en cause, lance-t-il. Tu dois plutôt avoir faim. Allons manger un morceau.

– Tu veux manger ?

– Non, je veux t'emmener manger, précise-t-il.

Il enfile son T-shirt et se passe la main dans les cheveux. Sa coiffure désordonnée lui donne encore plus de charme. À moins que ce ne soit son expression. Il a l'air sincèrement heureux à l'idée de passer du temps avec moi.

– Tu dois avaler quelque chose, affirme-t-il. Tu ne peux pas te nourrir que de la magie extraordinaire de ma voix et de ma danse.

Je ris. Je n'ai pas pu m'en empêcher.

– Enfin, murmure-t-il.

Je glisse mon téléphone dans ma poche. J'ai des munitions ; si je diffuse cette vidéo, la réputation de Dylan est fichue. Ce n'est pas le genre de garçon qui aime être la risée des autres.

Peut-être que si on fait une trêve, il gardera pour lui ce qui a failli arriver entre nous ce soir. Ça vaut le coup d'essayer.

– D'accord, allons manger.

Il a laissé sa chemise ouverte. Il prend mon sac, qu'il avait posé sur le bas-côté de la route, et s'approche de moi. Je lève le menton, refusant de lui montrer que sa proximité me trouble.

– Merci.

Il se penche en avant jusqu'à ce que son front touche presque le mien.

– Tu ne le regretteras pas. Je te le promets.

Je récupère mon sac en essayant d'ignorer le frisson qui me parcourt. Il peut être aussi gentil qu'il veut, il est hors de question que je le laisse me toucher.

– Tu veux aller où ? me demande-t-il.

Des phares apparaissent dans la nuit. Il regarde par-dessus son épaule. Nous ne devrions pas rester là. Beaucoup d'élèves du lycée vont à la fête de la plage ce soir et je n'ai pas envie de croiser quelqu'un qui serait au courant du pari stupide de Dylan.

– Où tu veux. La crêperie de Solvang est ouverte jusqu'à onze heures.

Il secoue la tête.

– Non, on va faire mieux qu'une crêperie. Voilà fort longtemps que je n'ai pas mangé un steak.

« Fort longtemps » ? Depuis quand Dylan utilise-t-il ce genre d'expression ? Il fait un nouveau pas vers moi. Je résiste à mon envie de reculer. Je hoche la tête.

– D'accord, mais seulement si tu payes. Je n'ai pas les moyens pour un steak.

– Évidemment que je t'invite. Je t'ai dit que je voulais me montrer galant.

Avec un geste tendre, il glisse ma mèche derrière mon oreille. Je frémis. Habituellement, je me serais empressée de remettre mes cheveux en place pour cacher les cicatrices sur mon cou et ma mâchoire.

– Tu es vraiment jolie.

– Tu es le plus gros menteur de tous les temps.

– Absolument pas.

Nos regards se croisent et je sais qu'il est sur le point de m'embrasser. Pendant une seconde, j'ai envie de le laisser faire mais heureusement, des phares sur la route me ramènent à la raison. La voiture s'arrête à côté de celle de Dylan. Une vieille dame aux cheveux teints en noir se penche à sa fenêtre.

– Ça va, les enfants ?

– Oui, oui, merci. On vérifiait les pneus mais tout va bien. Merci de vous être arrêtée, madame.

La femme sourit, apparemment flattée par les bonnes manières de mon cavalier.

– Passez une bonne soirée ! nous lance-t-elle.

– Vous aussi, madame.

Dylan lui adresse un signe de la main qui me fait penser à une publicité des années cinquante. C'est un signe innocent et joyeux. Bizarre. Je répète d'une voix dubitative :

– Merci madame !

– Parfaitement, riposte gentiment Dylan. Je pense que je dois un peu de respect à tout le monde après la manière dont je me suis comporté ce soir.

J'arriverais presque à le croire mais ça lui ressemble tellement peu. Je n'ai jamais pensé qu'il était du genre à se préoccuper des autres. Je l'imaginais bien trop égocentrique pour ça. Ça m'était égal. C'était flatteur qu'un garçon aussi beau et talentueux m'accorde un peu d'intérêt.

Mais maintenant...

Eh bien, c'est agréable de découvrir qu'il arrive à faire semblant de s'intéresser aux autres.

– Heureusement qu'elle n'est pas passée pendant que je dansais, commente-t-il. J'aurais été encore plus ridicule.

Appuyé contre la voiture, il semble parfaitement à l'aise. Comme toujours. Moi, j'ai l'impression de ne pas être à ma place dans ma propre peau. Comme toujours. Je hausse les épaules et j'affirme :

– Tu n'aurais pas pu être plus ridicule que tu ne l'étais.

– C'était le but, non ? rit-il.

– C'est vrai…

J'hésite avant d'ajouter :

– Merci.

– De rien. Tu avais besoin de munitions…

– Euh… oui, c'est vrai. Merci.

J'espère seulement que tu ne me manipules pas, que tu regrettes vraiment ce pari et que tu ne me prépares pas un coup encore pire, ai-je songé, l'estomac vrillé à l'idée de ce que pourrait être cet « encore pire ».

Je le dévisage, à la recherche d'un signe révélateur.

– Je veux seulement t'emmener dîner, Arielle. C'est tout. Qu'est-ce que tu as à perdre ?

Rien. Je n'ai rien à perdre. Il y a vingt minutes, je voulais mourir. Pourquoi m'inquiéterais-je de ce qui va se passer dans l'heure qui vient ? À partir de maintenant, ce n'est que du bonus.

Dylan n'est que du bonus.

Il m'ouvre la portière et je monte dans la voiture. De toute façon, si j'ai réussi à lui prendre le volant des mains pour nous envoyer à la mort tout à l'heure, rien ne m'empêche de recommencer.

QUATRE

Roméo

De la viande. De la viande succulente. Rouge, saignante, accompagnée de beurre fondu et de fines herbes. C'est encore meilleur que dans mon souvenir. Les saveurs explosent sur mon palais avant de se répandre dans ma bouche. C'est délicieux.

Délicieux. Je suis au paradis et je goûte au festin de Dieu. J'émets un grognement de satisfaction et j'enfourne une bouchée de pommes de terre à la crème.

Arielle rit.

– C'est si bon que ça ?

– Mieux que ça ! Je vis une expérience mystique !

– Dieu serait donc un filet mignon !

– Non, ce filet mignon est Dieu !

Je pique un morceau et je lui tends ma fourchette.

– Goûte !

Elle hésite avant d'ouvrir la bouche pour prendre la viande entre ses petites dents blanches. Je la regarde mâcher et avaler. Ses joues rosissent. Elle est vraiment jolie et bien moins sage que je ne l'aurais cru.

Je n'avais pas prévu de danser presque nu ce soir. Elle n'a pas eu le cran de me laisser aller au bout mais elle s'est tout de même révélée plus coquine que ne me l'avait laissé supposer son amie Gemma quand j'habitais le corps de Dylan la première fois. Peut-être Arielle est-elle un peu différente dans cette réalité. Si j'en crois la mémoire de Dylan, certaines choses ont changé : Gemma a disparu, il n'a pas plu depuis des semaines et au lieu de jouer dans *West Side Story* pour le spectacle de printemps, je chante un solo dans la chorale.

Je suis soulagé. Je n'avais pas vraiment envie de me retrouver dans ce théâtre où j'ai poignardé Juliette. C'est l'âme de mon ancienne bien-aimée qui souffrait mais ce sont les yeux d'Arielle qui m'imploraient. Même si nous venons de nous rencontrer, cette jeune fille et moi avons déjà vécu une tragédie. Pourtant, ce n'est pas douloureux d'être en sa compagnie.

Arielle n'est pas Juliette et elle est en vie. Quand je la regarde, je me permets d'espérer. Il y a quelques heures, je n'étais qu'un déchet, damné pour l'éternité, et me voilà dans la peau d'un beau jeune homme, en train de dîner avec une belle jeune fille. Une preuve supplémentaire que le destin est une maîtresse changeante et capricieuse. Juste au cas où la roue se remettrait brusquement à tourner, je vole quelques pâtes dans l'assiette d'Arielle.

– Tu aimes le steak ?

Je parle la bouche pleine de gnocchis. C'est l'extase. Avant de le perdre, je n'avais jamais réalisé à quel point le goût est un don du ciel.

– Oui, répond-elle. Il est très bon.

– Bon ? Il est orgasmique !

– Oui, marmonne-t-elle en ramenant ses cheveux sur son visage.

À la lueur des bougies, sa chevelure est plus dorée qu'argentée. Je résiste à l'envie de passer mes doigts entre ses mèches en reprenant une tranche de pain. Je ne dois pas aller trop vite.

Personne n'apprécie ce qui est donné avec trop de facilité. J'ai suffisamment joué les amoureux transis pour ce soir.

Je dois dire que j'ai été excellent. J'ai utilisé les quelques souvenirs de Dylan et je les ai transformés en purs joyaux. Si la nourrice de Juliette m'avait vu, elle m'aurait aussitôt fait prononcer mon serment. Ce serait du gâchis que les forces du bien ne puissent bénéficier de mon talent.

Les forces du bien. La notion me révulse toujours un peu. Heureusement que je suis meilleur au jeu de la séduction qu'à celui du garçon sage.

– Désirez-vous autre chose ? s'enquiert le serveur.

Le restaurant était presque vide quand nous sommes entrés. Maintenant, nous sommes les seuls clients encore assis et l'homme à la queue-de-cheval a manifestement envie de fermer.

– Tu veux autre chose, mon cœur ?

Arielle hausse un sourcil, mais je sens qu'au fond, elle apprécie cette marque de tendresse.

– Non, merci, répond elle. J'ai déjà trop mangé.

Je me tourne vers le serveur avec un grand sourire.

– Mademoiselle a trop mangé et moi aussi ! Vous pouvez nous emballer les restes de notre repas et nous apporter l'addition.

J'attends qu'il ait disparu avec l'assiette d'Arielle pour me lever et prendre une bouteille de vin rouge déjà ouverte sur le bar. Un peu de vin est presque indispensable au commencement d'une idylle et j'ai hâte de voir si c'est aussi bon que dans mes souvenirs. J'ai juste le temps de cacher la bouteille sous la nappe avant que le serveur revienne. Heureusement, Arielle ne me dénonce pas.

Je sors mon portefeuille et pose quelques billets sur la soucoupe en lançant :

– Le dîner était délicieux, vous pouvez garder la monnaie.

Puis je passe le bras autour des épaules d'Arielle.

– On y va ?

– Non, me chuchote-t-elle alors que le serveur repart. Qu'est-ce que tu fabriques ?

– Je nous prends juste quelque chose à boire et j'évite à un client de se faire servir du vin aigre demain soir. Il sera perdu s'il reste ouvert toute la nuit.

– C'est du vol.

– C'est une *appropriation*.

– On n'a même pas l'âge légal pour boire de l'alcool.

– C'est pour ça que je suis obligé de me l'approprier au lieu de l'acheter. C'est la faute de ces lois imbéciles sur la protection des mineurs. C'est contre elles que tu devrais être fâchée, Arielle. Je suis innocent.

Elle secoue la tête.

– Innocent, vraiment ?

– Tu dirais comment alors ? Non, attends…

Je lève la main.

– … ne réponds pas avant d'avoir bu un verre et de me trouver à nouveau craquant.

Elle émet un rire un peu nerveux.

– Sérieusement…

Elle se penche pour regarder la porte derrière laquelle le serveur a disparu.

– … si tu te fais prendre, ils appelleront la police.

– Ça fait partie du jeu !

Je glisse la bouteille sous mon T-shirt.

– Tu passes devant et je me cache derrière toi. Au cas où l'hôtesse est toujours dans l'entrée.

– Tu es fou.

– Et toi folle. On fait une super-équipe.

Arielle lève les yeux au ciel mais elle se place devant moi. Nous traversons la salle, saluons l'hôtesse qui nous souhaite une bonne soirée et sortons sans problème. Près de la voiture, Arielle me donne un petit coup de coude dans les côtes et se retourne vers moi. Une étonnante lueur fait briller ses yeux.

– Quoi ?

– On l'a fait, sourit-elle.

– Oui.

– C'était... amusant.

Son air espiègle me fait rire.

– Oui, c'était marrant.

Elle regarde par-dessus son épaule avant de murmurer :

– Je n'avais jamais rien volé de ma vie.

– Techniquement, ça n'a pas changé. Mais tu devrais essayer. Ça te donne une bonne dose d'adrénaline sans être obligé d'avoir recours à la drogue !

– Tu es un très mauvais exemple, me gronde-t-elle gentiment.

– Je pourrais devenir sage... si j'étais sûr que c'est ce que tu veux.

Son sourire disparaît.

– Qu'est-ce que je suis censée comprendre ?

Je me reprends aussitôt. La blague est allée un peu trop loin pour ma princesse aux cheveux argentés.

– C'était juste une plaisanterie.

– Ce n'est pas drôle.

– Désolé.

Je prends une mine penaude avant de répéter :

– Vraiment désolé.

– D'accord, acquiesce-t-elle sans réellement se détendre.

Je m'intime intérieurement de faire plus attention et je change de sujet :

– Quelle nuit agréable !

Hormis un air de piano qui nous parvient faiblement par la porte ouverte d'un hôtel, le silence est parfait. Je prends une longue inspiration. Un parfum de fleurs et de fumée de bois flotte dans l'air. D'autres odeurs aussi, que je ne parviens pas à identifier.

– J'adore le printemps, énonce Arielle, toujours un peu circonspecte.

– J'adore la vie !

Je lui prends la main mais elle se dérobe. Elle s'arrête soudain et me regarde :

– D'accord, je suis désolée. Vraiment.

– De quoi ?

– Tu sais bien.

– C'est moi qui devrais m'excuser.

Je débouche la bouteille et renifle le goulot. Mmh. Pas mal. C'est du porto. Plus fort que du vin et tout aussi délicieux. J'en salive d'avance mais je me demande si boire une gorgée, là tout de suite, ne risque pas de donner une mauvaise image de moi à Arielle.

– J'aurais pu nous tuer, reprend-elle. Je...

Elle s'interrompt pour m'adresser un regard désapprobateur. Je rebouche la bouteille et j'essaie d'avoir l'air intéressé par ses tendances mi-meurtrières mi-suicidaires.

– Tout s'est bien terminé.

Je parle à voix basse. Histoire de montrer que je suis conscient du sérieux du sujet. J'ajoute :

– Et tu ne le feras plus jamais.

Elle secoue la tête.

– Non, non, je ne le ferai plus jamais.

Je résiste à mon envie d'éclater de rire.

– Tu pourrais au moins faire l'effort d'être convaincante !

– Je te jure ! s'insurge-t-elle. Je n'arrive pas à croire que j'ai pu faire un truc pareil. Mais j'étais tellement en colère. Je voulais vraiment que…

Je la prends par la taille. Elle tressaille mais se laisse faire. Je murmure à son oreille :

– Je peux comprendre que tu aies eu envie de me tuer.

Son parfum est merveilleux. Addictif. Mon bras se resserre autour d'elle. Sa respiration s'accélère. Nos lèvres se touchent presque.

– Ne te mets plus jamais en danger. Ni pour moi, ni pour personne d'autre. Tu mérites une vie longue et heureuse.

– Tu le penses ?

– J'en suis sûr. Tu es quelqu'un de bien.

La nourrice de Juliette serait fière de moi si elle m'entendait pousser Arielle vers ce qu'elle a de meilleur.

– Hmm.

Elle hoche la tête, sceptique.

– Tout à l'heure, tu m'as dit que j'étais folle, ajoute-t-elle.

La main à plat sur ma poitrine, elle me repousse doucement mais je ne la libère pas.

– Tu peux parfaitement être une fille bien et folle en même temps. Tous les gens bien sont fous. Je suis fou et je me trouve très bien.

– J'avais remarqué.

Elle plisse le nez d'une façon adorable. Les courbes de sa taille sont exquises. Je respire son haleine en me disant que ça fait des siècles que je n'ai pas goûté une femme.

– Tu penses être assez folle pour me laisser t'embrasser une deuxième fois ?

D'un gracieux mouvement de hanche, elle se dégage de mon étreinte.

– Pas ce soir.

Bon. On ne peut pas m'en vouloir d'avoir tenté ma chance. Je souris.

– Demain soir alors ?

Elle ne répond pas, se contentant de croiser les bras sur sa poitrine et de me fixer de ses yeux bleu acier. Elle n'est encore qu'une toute jeune fille, tout en bras et en jambes, avec des courbes qui n'ont pas encore fini de prendre leur place, un visage rond et des joues lisses. Mais son regard est… vieux. Aussi vieux que celui de Juliette, mais pas encore autant que le mien. J'ai vu des choses que personne ne devrait voir. Si Arielle le savait, elle ne resterait pas une minute de plus en ma compagnie. Si mon corps n'a pas plus de dix-huit ans, mon âme pourrait être celle de son arrière-arrière-arrière-grand-père.

Peut-être ne fuirait-elle pas. Peut-être comprendrait-elle que ces siècles de prison ont été un cauchemar dont je viens juste de m'éveiller. J'ai trahi Juliette alors que j'avais à peine seize ans et malgré tout ce que j'ai vécu, une part de moi est restée innocente et pure. Arielle pourrait l'entendre, je crois. Cette jeune fille aux yeux hantés semble en savoir long sur les cauchemars.

– Non, demain soir non plus, dit-elle.

– Pourquoi ?

– Je ne te fais pas confiance.

Et tu as bien raison.

Je soupire.

– C'est compréhensible. Lamentable, mais compréhensible.

– Lamentable ? s'étonne-t-elle.

– Oui, je veux dire : dommage, regrettable. Lamentable dans le sens de « qui donne lieu à des lamentations, des gémissements et des grincements de dents ».

J'essaie d'alléger l'atmosphère.

– Je sais ce que signifie lamentable, riposte-t-elle. Je me demandais juste où tu avais caché ce vocabulaire avant ce soir.

– Dans mon caleçon ! Si tu m'avais laissé l'enlever, tu t'en serais rendu compte par toi-même.

Son rire fuse dans la nuit et fait étinceler les étoiles. Sa joie soudaine me prend par surprise et je crois qu'elle-même ne s'y attendait pas. Puis elle se tait brusquement.

La nuit semble encore plus silencieuse.

– Bon alors, dit-elle en désignant la bouteille. Tu vas boire ton vin ou pas ?

– Seulement si tu m'accompagnes.

– D'accord.

Elle m'étonne de nouveau. Après son sermon dans le restaurant, je m'attendais à plus de résistance de sa part. Je sors mes clés de ma poche.

– Je conduis et tu bois ?

– Non, refuse-t-elle. On ne devrait pas boire dans la voiture. Je connais un endroit où il n'y a jamais personne la nuit.

Elle s'empresse d'ajouter :

– Il y a quand même des maisons, on devra chuchoter pour ne pas réveiller le voisinage.

– C'est parfait ! Comme ça, si tu essaies d'abuser de moi, je pourrai appeler au secours !

– Ah ah. Très drôle.

Elle grimace mais je sais qu'elle me trouve amusant.

– Tu sais que je suis encore plus comique après un verre ou deux ?

Elle penche la tête sur le côté et m'observe avant de lâcher :

– On va voir ça.

Elle traverse la rue et je la suis. Nous passons devant les magasins d'antiquités aux vitrines éclairées avant d'arriver dans une zone résidentielle. Le lotissement est composé de maisons victoriennes soigneusement restaurées, de pavillons aux jardins jonchés de jouets d'enfants et de bungalows aux parterres décorés de sculptures. Après quelques minutes de marche, Arielle tourne à gauche. La route monte légèrement. En haut, nous nous arrêtons devant une aire de jeux entourée d'une fine chaîne et éclairée d'un seul lampadaire. Arielle ouvre la petite barrière.

– C'est là qu'on venait avec Gemma, me dit-elle.

– C'est cool.

Le gravier du chemin crisse sous nos pieds. J'ouvre la bouteille qui exhale son arôme doux et puissant. Arielle monte les quelques marches qui mènent en haut du petit toboggan et s'assoit sous l'abri au toit en forme de fusée. Je m'installe à côté d'elle et lui passe la bouteille. Elle boit une petite gorgée.

– Oh !

Le bout de sa langue rattrape une goutte au coin de sa lèvre.

– C'est bon ! s'exclame-t-elle.

– Ce n'est quand même pas la première fois que tu bois du vin ? Le père de Gemma est producteur, non ?

Je reprends la bouteille et la rebouche.

– Oui, mais j'ai toujours été trop nerveuse pour boire chez les Sloop.

– Pourquoi ?

– Le père de Gemma est plutôt… intimidant. En revanche, ça nous est arrivé de prendre un verre de Chardonnay chez moi quand ma mère travaille tard. Sauf que c'était loin d'être aussi bon que ça.

Sa voix recèle une certaine tristesse dont il n'est pas difficile de deviner la cause. Je remets le masque de l'inquiétude et essaie pour la deuxième fois de la soirée de faire preuve d'empathie.

– Tu es inquiète pour Gemma.

– Oui.

Arielle prend la bouteille mais ne la porte pas à ses lèvres.

– Parfois, soupire-t-elle, je me dis qu'elle va bien, qu'elle a tout simplement fugué, mais d'autres fois, j'ai peur qu'il lui soit arrivé quelque chose.

– Elle va bien.

J'entoure ses minces épaules de mon bras en regrettant de ne pas pouvoir lui révéler ce que les Ambassadeurs m'ont appris : Gemma est avec Mike, son amoureux, et elle va très bien. Je me contente d'un :

– Je parie qu'elle a fui avec un fringant jeune homme et s'apprête à l'épouser et à avoir de nombreux enfants.

– Oui, tu as sans doute raison.

Arielle prend une longue goulée et repose la bouteille entre nous deux.

– Tu es comme ça avec tes amis ? me demande-t-elle.

– Comme quoi ?

Elle hausse les épaules.

– Je ne sais pas. Est-ce que tu utilises ce vocabulaire un peu… démodé ?

– Démodé, hein ? Eh bien, j'ai lu pas mal de poésie ces derniers temps.

Elle écarquille les yeux.

– De la poésie ?

Son ton est plus que sceptique.

– Et quel genre de poésie ?

– Celle de William Cullen Bryant, de sir Walter Raleigh, par exemple.

Ce sont les premiers qui me sont venus à l'esprit. J'ajoute presque aussitôt :

– Shakespeare aussi. Le sonnet 138 est mon préféré : *Aussi je mens avec elle, et elle ment avec moi, et nous nous leurrons sur nos défauts par des mensonges.*

Je suis surpris de me rappeler les mots exacts. Je précise :

– J'apprécie tous les poèmes qu'il a écrits pour sa Dame sombre.

Arielle me dévisage, ébahie.

– J'aime tous ses sonnets, dit-elle. Ses pièces sont magnifiques mais j'adore ses sonnets.

– Moi aussi.

– J'ai... du mal à le croire.

– Tu n'es pas obligée.

Je me serre un peu contre elle. Je devrais probablement essayer de ressembler un peu plus à Dylan mais ce garçon n'est qu'un imbécile doublé d'une brute. Même si Arielle est attirée par sa beauté, pour gagner son cœur, il va me falloir être un peu plus qu'une jolie image. Je vais devoir me montrer spirituel et charmant, ce que Dylan n'est pas.

D'ailleurs, l'ambassadrice ne m'a pas spécifié de me comporter comme Dylan Stroud. Elle m'a seulement donné comme mission de faire découvrir l'amour à Arielle et je ne suis pas du genre à refuser ce genre de défi.

– Mon goût pour la poésie te pose-t-il un problème ? je demande.

En réalité, je sais très bien que je viens de marquer des points.

– Non, non. Pas du tout.

Elle essaie en vain de dissimuler son enthousiasme en reprenant une gorgée de porto.

– Que diraient tes copains s'ils savaient ? me taquine-t-elle en me tendant la bouteille.

– Mes copains sont des crétins.

La bouteille est bien légère. Arielle a beaucoup bu. J'aurais dû la prévenir que le porto est bien plus fort que le vin. Mais peu importe, ça peut jouer en ma faveur. J'aurais moins de mal à lui faire baisser sa garde si elle est un peu soûle. Je lève la tête vers le ciel.

– Je pensais ce que je disais tout à l'heure, tu sais. Ça m'étonnerait que Gemma passe ses nuits toute seule.

– Tu as sûrement raison.

J'émets un petit rire.

– Nous savons tous les deux qu'elle n'a jamais eu de mal à trouver de la compagnie !

Arielle se raidit :

– Ça veut dire quoi, ça ?

– Rien.

Je n'ai pas intérêt à raconter l'expérience personnelle de Dylan avec Gemma. Apparemment, leur relation de *sex-friend* était la même dans cette réalité que dans la précédente. Mais Arielle n'a aucune idée que sa meilleure amie a couché plusieurs fois avec Dylan, l'automne dernier. C'est mieux comme ça.

– Non, ça ne veut pas rien dire ! s'insurge Arielle.

Je tente de l'apaiser.

– C'est juste qu'elle avait une réputation... tu le sais.

Je la serre contre moi, mais elle me repousse.

– Si Gemma avait été un garçon, tout le monde aurait trouvé cette réputation très cool, affirme-t-elle.

– Je n'ai pas porté de jugement...

Je ne comprends pas ce qui la met soudain si en colère. Je souris pour tenter de désamorcer.

– Je me fiche que Gemma couche avec une chèvre ! C'est toi qui m'importes.

– Pourquoi ? Parce que je suis ta prochaine cible ?

Arielle se lève et s'accroche à la rampe pour ne pas tomber. Par Dionysos, elle ne peut quand même pas déjà être aussi soûle ! Mais c'est vrai qu'elle n'est pas épaisse et qu'elle n'a pas l'habitude. Je lui prends la main.

– On en a déjà discuté, Arielle. Je te jure qu'il n'y a plus de pari.

Je me lève à mon tour mais elle agite les bras pour m'empêcher de la tenir.

– Comment tu pouvais être sûr que j'étais vierge ?

En réalité, c'est Gemma qui l'a raconté à Dylan. Ils se moquaient de la bizarrerie d'Arielle et ont même parié sur l'âge qu'elle aurait le jour de son premier baiser, sans parler du reste. C'est d'ailleurs ce qui a éveillé l'intérêt de Dylan. Il s'est alors mis à la considérer comme un défi.

Mais évidemment, hors de question de le lui révéler.

– Tout le monde sait que tu n'es jamais sortie avec personne et je sais aussi que…

– Tu ne sais rien ! m'interrompt-elle violemment. Tu ne connais rien de moi. Je pourrais avoir une autre vie, je pourrais avoir des secrets !

– C'est vrai.

Je suis amusé malgré moi. Elle est déjà adorable quand elle est en colère mais elle est incroyablement belle quand elle est soûle et sur le chemin de la guerre.

– Alors comme ça, tu as des secrets… je suis prêt à les entendre.

Elle agite son index sous mon nez.

– Ne te moque pas de moi !

– Je ne me moque pas ! Je te jure ! Je suis fasciné ! Vraiment !

Je m'approche, mais elle fait un pas en arrière et manque de tomber sur le toboggan. Je la rattrape de justesse. Nous nous retrouvons collés l'un à l'autre et c'est comme si une étincelle jaillissait entre nous. Je ressens une authentique attirance pour elle et je sais qu'elle éprouve la même. Ses lèvres s'écartent légèrement, ma tête tourne et je me demande si je ne suis pas plus ivre que je ne le pensais.

Je ne devrais pourtant pas être surpris de ce désir qui m'étreint. J'ai toujours été sensible aux jolies filles de mon vivant. Je pourrais, je devrais, profiter de la faiblesse passagère d'Arielle. Le vin était bon mais sentir sa peau contre la mienne et me perdre en elle serait encore bien meilleur. Je n'aurais pas besoin d'insister beaucoup pour satisfaire cette concupiscence qui me dévore quand son corps ondule contre le mien. J'approche mes lèvres de son oreille.

– Tu n'es pas la seule à avoir des secrets... Nous pourrions les partager, toi et moi... Je te montre les miens, tu me montres les tiens...

Je la sens se crisper et je comprends trop tard que j'aurais dû éviter la dernière allusion.

– Tu es ignoble !

Elle essaie de s'écarter de moi mais vacille de nouveau.

– Tu croyais vraiment qu'après avoir bu, je t'aurais cédé sans réticence !

– Non !

Enfin, ce n'était pas prémédité.

– Si !

Elle se débat mais je la tiens fermement.

– Arielle ! Je ne suis pas obligé de soûler des filles pour les convaincre de coucher avec moi ! Et jamais je...

– Ah oui ?

Elle a cessé de lutter mais je sens la tension courir sous sa peau.

– Ça veut dire que tu as déjà couché avec un tas de filles, je suppose !

– Eh bien... quelques-unes.

J'essaie d'être prudent mais ça n'est pas suffisant.

– Alors va retrouver une de tes conquêtes et laisse-moi tranquille !

Elle me repousse de toutes ses forces ; je bascule contre la rampe avant de dégringoler dans l'escalier. Mes bras moulinent en vain sans parvenir à ralentir ma chute. Je tombe lourdement.

Je me redresse en jurant. Mon cœur tambourine contre ma poitrine. Comment ai-je pu me laisser prendre au dépourvu ? Quand j'étais mercenaire, je possédais une force surhumaine ainsi que la capacité à guérir très vite. Je sais que les serviteurs des Ambassadeurs ne sont pas aussi puissants mais Juliette était forte. Pourtant, même elle n'aurait jamais pu me mettre à terre aussi facilement.

Une amertume m'emplit la bouche. La nourrice de Juliette m'a trompé. Elle ne m'a pas envoyé ici avec les pouvoirs des Ambassadeurs. Comment vais-je me défendre ? Si je rencontre des mercenaires, ils me repéreront à mon aura dorée. Ils comprendront ce que je suis devenu et tenteront par tous les moyens de me détruire. Je serai incapable de me défendre contre ces guerriers immortels avec un pauvre corps de mortel.

– Merde !

Je donne un coup de pied dans l'escalier métallique, me rappelant trop tard que je ne suis pas seul.

– Je savais que tu mentais, souffle Arielle, d'une voix tremblante.

Ses yeux sont brillants de larmes.

– Je le savais !

– Non, tu ne comprends pas, je…

– Je comprends très bien, crie-t-elle. Et je te déteste.

– S'il te plaît…

Je lève les deux mains comme un homme qui se rend.

– Écoute-moi !

– Non, tais-toi ! Je ne veux plus rien entendre qui sorte de ta bouche et je n'irai plus jamais…

Elle s'interrompt, le regard fixé derrière moi, les yeux écarquillés comme un lapin dans les phares d'une voiture. Elle reste un moment immobile avant de se recroqueviller sur elle-même, telle une feuille de papier qu'on vient d'enflammer.

Avant que j'aie pu lui demander ce qui se passait, elle descend à toute vitesse du toboggan.

– Ne me suis pas ! m'ordonne-t-elle en courant comme si elle était poursuivie par le diable lui-même.

Je fais volte-face et scrute l'obscurité, essayant d'apercevoir ce qui l'a effrayée mais je ne vois rien.

– Arielle, attends !

– Ne me suis pas, répète-t-elle en atteignant la route.

Quelques maisons plus loin, un chien aboie et la lampe d'un porche s'allume. Je me lance à la poursuite d'Arielle. Elle est soûle et elle a des hallucinations, elle pourrait avoir un accident. Je ne peux pas prendre ce risque. J'ai besoin d'elle en vie. En vie et amoureuse de moi.

Une voiture garée sur le bas-côté allume ses phares. Je lève les bras pour me protéger de la lumière qui m'éblouit. Je n'ai pas entendu de bruit de moteur pendant qu'on était sur l'aire de jeux avec Arielle, ce qui signifie que ce véhicule était là avant notre arrivée. La portière s'ouvre et je me prépare à une altercation avec un citoyen témoin de la course éperdue d'Arielle.

Je prends une mine affligée. Je vais devoir raconter que ma petite amie vient juste d'apprendre qu'elle est enceinte et que nous nous sommes disputés parce qu'elle nous trouve trop jeunes pour élever un enfant et qu'elle veut le faire adopter. Je le regarderai dans les yeux en demandant : peut-on vraiment être trop jeunes pour aimer un enfant ?

Le mensonge est prêt à franchir mes lèvres quand je reconnais la silhouette svelte qui fait le tour de la voiture. Je crispe la mâchoire.

– Qu'est-ce que vous faites là ?

– C'est moi qui devrais te poser cette question, rétorque l'ambassadrice.

Je serre les poings, prêt à me battre s'il le faut. Tout en sachant que je n'ai aucune chance. Cette femme dispose d'une telle puissance qu'il lui suffirait de me lancer une boule de lumière pour me rendre à mon corps en putréfaction en moins d'une seconde. Mais il est hors de question que je me laisse faire sans résister.

– Dans la voiture, siffle-t-elle.

J'hésite. Une voix dans ma tête me hurle de prendre mes jambes à mon cou.

– Dans la voiture, Roméo, avant que je passe de déçue à très en colère !

– Mais Arielle est...

– Arielle n'est plus à ta portée ! Et si tu veux que ça change, obéis.

Elle tourne les talons et monte dans le véhicule. Après un dernier coup d'œil vers la route, je lui emboîte le pas. Si je veux une place parmi les Ambassadeurs, je n'ai pas le choix.

J'ai retrouvé le goût, le toucher, l'odorat, mais je reste un esclave.

CINQ

Arielle

Je fuis encore. Cette fois, ce n'est pas la rage qui me dévore mais la peur. Mon cauchemar me poursuit.

Les étoiles tournoient au-dessus de moi, la nuit recèle les pires dangers. Je me précipite dans une ruelle puis une autre. Je débouche dans un champ, je titube dans le fossé et me relève dans une vigne. Mais comment puis-je espérer distancer ma propre folie ?

C'est impossible car le monstre est en moi, il est le produit de mon cerveau malade. Peu importe ce que je crois avoir vu sur l'aire de jeux.

Des ondes dans l'air… des serres invisibles déchirant la nuit…

Ce ne sont que des hallucinations. Un mirage. Personne ne me poursuit. Je ne pensais pas être suffisamment en colère pour provoquer une crise mais je me suis trompée.

C'est la nuit des erreurs, la nuit où tout ce qui devrait bien se passer tourne horriblement mal. Je trébuche et m'étale par terre. Le froid me saisit et me pénètre les os. Mes reins se cambrent et mes muscles se tendent, la douleur me broie la colonne vertébrale, des lames de rasoir me déchiquettent le crâne, ouvrant le passage aux hurlements.

Non ! Pas moi ! Non !

Je gémis en silence pendant que mon cerveau tourne et retourne des questions de plus en plus folles. Et s'il ne s'agissait pas d'hallucinations ? Si le vin m'avait permis de percevoir la réalité ? Peut-être les histoires de possession sont-elles vraies ? Peut-être les voix que j'entends dans ma tête appartiennent-elles à quelqu'un… à un esprit maléfique, à un fantôme ou un démon… ?

Les voix résonnent dans ma tête, noient mes pensées ; le désespoir rebondit sur les parois de mon esprit et se déverse en cascade dans mon corps. Je déborde et m'enfonce dans l'inconscience, entraînant avec moi le chagrin et la douleur.

Roméo

La voiture gravit la petite route montagneuse qui borde une forêt de chênes. Les vignes sont derrière nous à présent. L'ambassadrice et moi n'avons toujours pas échangé un mot quand nous dépassons un champ en jachère et nous enfonçons plus profondément dans la campagne déserte. L'endroit est parfait pour abandonner un cadavre.

Je suis bien placé pour savoir ce genre de choses.

J'ai l'impression que nous roulons depuis des heures mais en réalité, ça ne doit pas faire plus d'un quart d'heure ou d'une demi-heure. Pas évident de garder la notion du temps. La vision de mon corps putréfié me hante, le souvenir de l'odeur de la décomposition m'emplit les narines. C'est un enfer. Aucune créature vivante ne devrait être confrontée à son propre pourrissement.

Pas même un être aussi pervers que moi.

Je décide de rompre ce silence que je ne supporte plus :

– Je ne comprends pas. J'avais l'impression de ne pas trop mal me débrouiller.

– En enivrant Arielle ?

La voix de l'ambassadrice est glaciale et tranchante.

– Je n'avais pas l'intention de la soûler. Je pensais qu'un peu de vin l'aiderait à se détendre.

– Les états de conscience altérée ne lui sont pas recommandés. Tu l'as projetée dans un océan de souffrance et tu as perdu tout ce que tu avais gagné.

– Ses problèmes sont si graves que ça ?

La réponse ne vient pas. J'attends un moment avant d'énoncer ma pensée suivante.

– Si elle est aussi fragile, j'aurais dû être prévenu. Ce n'est pas ma faute si…

L'ambassadrice écrase le frein. Mon corps est propulsé en avant mais elle tend la main pour empêcher mon crâne de s'écraser contre le pare-brise. Elle m'empoigne par le col de ma chemise et m'attire contre elle. Elle sent bon – la vanille – mais elle ne m'en terrifie pas moins. Son odeur ne serait agréable que si j'oubliais qu'elle possède une force et des pouvoirs surnaturels. Elle me soulève de mon siège d'une simple torsion du poignet.

– Écoute-moi et écoute-moi attentivement, murmure-t-elle. Si tu échoues à guider Arielle sur le chemin de l'amour et de la paix, tu en seras seul responsable. Ça voudra dire que tu as tout raté et que tu m'as ridiculisée. Dans ce cas, je serai très, très fâchée !

– Ce n'est pas ce que je voulais…

– Je te rendrai à ton âme-spectre immédiatement ! me coupe-t-elle. Ne crois pas que je me laisserai amadouer.

Son souffle tiède me caresse la joue et je dois me retenir pour ne pas frissonner.

– Tu as empoisonné l'esprit de Juliette, continue-t-elle. Par ta faute, j'ai perdu une ambassadrice prête à accéder au niveau supérieur. J'ai perdu une jeune fille importante à mes yeux. Malgré mon serment de ne jamais faire souffrir, je n'hésiterai pas à te broyer, Roméo. Et j'y prendrai plaisir.

Je baisse les yeux. Je n'ai pas empoisonné l'esprit de Juliette. C'était la première fois de toute ma pauvre vie que je disais la vérité et je ne le regrette pas. Juliette est plus libre dans la mort qu'elle ne l'aurait jamais été au service de cette femme.

Pourtant, je ne commets pas l'erreur de la contredire. J'ai bien plus peur de la souffrance qu'envie de vérité. Si la promesse du paradis est convaincante, la menace de l'enfer l'est plus encore.

– Je comprends. Je vais réussir. Je ne vous ridiculiserai pas.

Je pèse mes mots avec prudence. J'hésite avant de poursuivre mais je suis conscient de ne pas avoir vraiment le choix. Si je suis attaqué et que je ne peux pas me défendre, je mourrai avant la fin de ma mission.

– Pour réussir, j'aurai besoin de la force des Ambassadeurs.

– Tu n'as pas besoin de force particulière, seulement d'un charme surnaturel, m'assure-t-elle.

Elle me lâche sans prévenir et je retombe au fond de mon siège.

– Et ton succès avec Juliette me laisse à penser que tu en possèdes plus que nécessaire, achève-t-elle.

Ce n'est pas mon charme qui a séduit Juliette, mais la vérité. L'ambassadrice ne semble pas vouloir l'entendre. Je baisse la tête pour lui laisser croire qu'elle a gagné la bataille mais j'ajoute :

– Mon charme ne me protégera pas si des mercenaires s'en prennent à moi.

– Il n'y en a pas beaucoup par ici, répond-elle en redémarrant la voiture. Et il n'y en a pas un seul au lycée où tu passeras la majorité de ton temps.

– Pas beaucoup, c'est encore trop ! S'ils découvrent ce que je suis devenu, ils me tueront.

La voiture a obliqué vers un chemin à peine carrossable.

Où m'emmène-t-elle ? Et pourquoi ?

– Ils ne sauront pas qui tu es, m'assure-t-elle. Ni ce que tu as été. Je ne t'ai accordé que très peu de mon pouvoir. Pas suffisamment pour changer la couleur de ton aura. Tu es en sécurité.

Elle gare le véhicule sur le bas-côté et se retourne vers moi :

– À moins, bien sûr, que tes choix soient tous aussi mauvais que ceux de ce soir !

– Comment aurais-je pu deviner que le vin lui ferait cet effet ?

Mon ton respectueux ne l'empêche pas de crisper la mâchoire. On dirait que je suis incapable de plaire à une personne du sexe féminin ce soir. Elle sort et le claquement de la portière couvre mon soupir. Je la rejoins dehors sur un chemin bordé d'arbres, avide de l'assurer de ma soumission.

– Je sais comment m'y prendre. Je regagnerai sa confiance. Ça se passait très bien avant qu'elle boive.

L'ambassadrice me dévisage.

– Très bien ?

Je hoche la tête.

– Oui, très bien.

Elle m'adresse un sourire légèrement condescendant.

– Tu es toujours aussi sûr de toi, à ce que je vois.

Je hausse les épaules.

– Je n'ai pas de raison de ne pas l'être.

Arielle m'a laissé la prendre dans mes bras, j'ai senti les battements de son cœur s'accélérer. Elle était sur le point de me céder. Avant la fin du mois, elle sera mienne.

– Elle est prête à tomber amoureuse, j'en suis certain. Vous n'avez pas à vous inquiéter.

– Parfait, acquiesce Nourrice. Trois jours te suffiront donc ?

– Trois jours !

Je me suis arrêté mais elle continue de marcher et je dois allonger le pas pour la rattraper. Est-ce qu'elle est folle ? Trois jours !

– C'est un peu rapide, non ?

– Peut-être, m'accorde-t-elle sans daigner me regarder. Pourtant, il n'en a pas fallu plus à Benjamin Luna pour séduire Juliette.

Je ricane :

– Arielle n'est pas Juliette.

– Peu importe. Je ne peux pas t'accorder plus de temps. Tu as jusqu'à vendredi minuit.

– Mais pourquoi ?

– Dans cette réalité, les âmes sœurs que Juliette et toi deviez protéger se sont engagées l'une à l'autre. Les Mercenaires et les Ambassadeurs envoyés pour se battre sont partis.

Sans cesser de parler, elle soulève une branche qui nous barre le chemin.

– Arielle reste néanmoins un maillon essentiel pour nos deux camps, mais les Mercenaires ignorent à quel point. Sinon, ils l'auraient déjà protégée de notre influence.

– Ce qui n'est pas le cas.

– Pas encore. Ils ne voient pas l'écoulement du temps aussi bien que nous et c'est notre meilleure arme contre eux. En revanche, ils découvriront l'importance d'Arielle dès que son cœur s'ouvrira. En la perdant à tout jamais, ils réaliseront qu'elle est vitale à notre cause.

– Vous m'en aviez parlé à la gare. Mais je ne comprends pas comment une seule fille peut faire une quelconque différence dans une guerre commencée depuis des millénaires.

– Et qui se poursuivra durant plusieurs autres, opine Nourrice, si tu parviens à diriger Arielle vers la lumière.

– Sinon, les Mercenaires vaincront ?

Mon pouls s'accélère. Je suis un traître. Si les Mercenaires l'emportent, ils me le feront payer très cher. Je n'imagine pas de sort pire que celui d'être emprisonné dans mon propre cadavre en décomposition mais les Mercenaires auront probablement quelques idées. Si j'échoue cette fois, j'expérimenterai une torture qui transformera mon état précédent en un doux rêve.

– Non, répond Nourrice. Si les Mercenaires parviennent à éradiquer toute lumière du monde, ils mettront fin à leur propre existence. Sans équilibre, seul le chaos régnera.

Je la crois. Le sortilège responsable de l'existence des Ambassadeurs et des Mercenaires repose sur l'existence de l'obscurité et de la lumière. Je n'ai jamais compris ce qui fait croire aux Mercenaires qu'ils sont assez puissants pour ignorer ce fait essentiel et fondateur. Mais mon inquiétude reste entière.

– Et s'ils parviennent à prendre le contrôle ?

– Ça ne durera qu'un temps, soupire l'ambassadrice, avant de s'engager dans un chemin plus large.

Nous avançons maintenant sans être gênés par les arbres, et bientôt, nous débouchons dans une clairière. À cent mètres environ, en haut de la colline, une cabane se dresse.

– Si les Mercenaires gagnent Arielle à leur cause, ils auront momentanément la maîtrise de toutes les réalités, poursuit Nourrice. Cela a déjà failli arriver, mais heureusement, la dernière fois, Arielle a été tuée avant que les Mercenaires ne la forcent à accomplir leurs atrocités.

J'essaie d'imaginer Arielle accomplissant des horreurs mais je n'y parviens pas. Ses sentiments sont confus et elle est habitée par la colère mais ce n'est qu'une jeune fille comme tant d'autres. J'ai passé peu de temps avec elle, mais elle a ri, elle s'est montrée espiègle et tendre aussi. Comment une personne qui a jugé suffisant de faire payer la cruauté de Dylan avec une simple sérénade pourrait-elle être malfaisante ?

– Crois-moi, si nous laissons s'exprimer sa part d'ombre, elle fera ressembler le pire des dictateurs à un petit garçon inoffensif, ajoute l'ancienne nourrice de Juliette comme si elle avait lu dans mes pensées.

Bon. Arielle est donc une jeune fille surprenante à tous points de vue. Une remarque me traverse l'esprit.

– Ça veut dire que je vous ai rendu service, la dernière fois. En lui mettant une balle dans le crâne.

– C'est vrai, il valait mieux qu'elle meure plutôt que de vivre comme un monstre, reconnaît l'ambassadrice à mon grand étonnement.

Les Ambassadeurs dédient leur existence à la préservation de la vie, pourtant cette femme vient d'admettre un meurtre comme un mal nécessaire. Voilà qui me convainc de l'importance d'Arielle plus que tout ce qu'elle m'a dit jusqu'à maintenant.

– Vous êtes sûre qu'il suffira qu'elle tombe amoureuse de moi ? S'il existe, comme vous l'avez dit, des dizaines et des dizaines d'autres réalités, peut-être que...

– Pas pour Arielle. Sa naissance a été difficile. Elle est morte dans toutes les versions de l'univers, sauf deux. Si on résout le problème Arielle Dragland ici et maintenant, on le résout une fois pour toutes.

Le problème Arielle Dragland. *Une fois pour toutes.*

– Il suffirait tout simplement de la...

– Je prie pour que nous n'en arrivions pas à cette extrémité, m'interrompt vivement l'ambassadrice. Nous voulons qu'elle vive et se batte pour la paix.

Je m'immobilise pendant qu'elle fait le tour de la cabane. Maintenant que nous sommes plus près, je sens une étrange énergie se dégager de ce lieu. Mon estomac se soulève.

Elle se tourne vers moi.

– Viens.

– Je… il y a…

– Tu ne dois pas avoir peur, insiste-t-elle. Pas encore.

Elle me fait signe de la rejoindre. J'obéis mais à chacun de mes pas, je dois vaincre une irrésistible envie de fuir comme Arielle a fui l'aire de jeux. Je ne sais pas ce qu'elle a vu là-bas mais je sais ce que je ressens. La magie des Mercenaires, le mal à l'état pur. Pourtant, je me trompe forcément : l'ambassadrice a besoin de moi. Elle n'a aucune raison de me livrer aux Mercenaires.

– Que se passera-t-il après ? je demande en refoulant la peur qui court sous ma peau. Quand l'âme de Dylan reviendra ?

– Je m'en occuperai le temps venu.

– Il est cruel et il se fiche d'Arielle. Il réduira à néant tous ses progrès.

J'entrevois une opportunité. Ces quelques heures m'ont donné envie de plus encore.

– Il vaudrait peut-être mieux que je reste à ses côtés. En tant que… protecteur.

Nourrice sourit, amusée par mon manque de subtilité. J'aimerais lui rendre ce sourire mais l'énergie négative est de plus en plus forte. Derrière la cabane, les branches des arbres sont nues et des ceps de vigne noueux s'accrochent à un pan de falaise. Je refuse de m'approcher plus près. La magicienne me prend la main. Je voudrais résister mais je me laisse entraîner.

– Si tu fais bien ton travail, m'assène l'ambassadrice, les Mercenaires n'auront aucune chance de gagner l'âme d'Arielle et ils seront obligés d'abandonner la partie. Je pourrai alors faire prêter serment à Arielle et tu retourneras dans les brumes jusqu'à ce que je te rappelle pour une nouvelle mission.

– Mais…

– Les Ambassadeurs sont les cibles des Mercenaires, tu le sais mieux que personne, Roméo. Dès que tu auras prononcé le serment, ton aura te marquera comme l'un des nôtres et tu deviendras vulnérable. Mais si tu échoues, tu retourneras dans ton corps pourrissant.

Sa logique est implacable.

– Les Mercenaires voudront se venger, continue-t-elle en s'engageant dans une fissure de la falaise que je n'avais pas encore remarquée.

Nous pénétrons dans une caverne. C'est de là que proviennent les ondes néfastes.

– Tous les Ambassadeurs encore présents sur Terre à l'arrivée des Mercenaires seront en danger, insiste l'ancienne nourrice de Juliette.

– Et Arielle ?

– Quoi, Arielle ?

– Les Mercenaires préféreront la tuer plutôt que de la laisser devenir une force du bien. En la gagnant à la cause de la lumière, je la voue à une mort certaine.

L'ambassadrice pose la main sur mon épaule.

– Cela t'importe-t-il vraiment ?

Je ne sais pas. Mon envie de serrer le cou de cette femme pour ne pas se préoccuper de l'avenir d'Arielle me laisse à penser que oui, cela m'importe un peu. Mon appétit de meurtre s'est évanoui et je me demande maintenant s'il m'appartenait vraiment. N'était-il pas seulement le fruit de la magie des Mercenaires ?

Après réflexion, je finis par répondre :

– Je l'ai déjà tuée une fois, je ne voudrais pas être l'artisan de sa mort une deuxième fois.

Nourrice hoche la tête.

– Je suis agréablement surprise.

– Me rendre agréable est la raison de mon existence.

– Garde ton boniment pour Arielle. Je suis immunisée contre ton charme, ricane l'ambassadrice.

Je hausse les épaules :

– Je veux juste être sûr qu'elle...

– Je prendrai soin d'elle.

– Mais...

– J'apprécie ton intérêt, tranche l'ambassadrice, mais tu dois te concentrer sur ta mission : gagner le cœur et l'âme d'Arielle, quel que soit le prix à payer.

– Quel que soit le prix à payer, je répète, sentant une angoisse sourdre en moi.

– Oui, mens, vole, triche s'il le faut. Tue même si cela s'avère nécessaire. C'est pour ça que tu es là, Roméo. Tu as une latitude d'action que n'aurait pas un véritable ambassadeur.

Je serre les dents, luttant contre la nausée. J'ai déjà ôté des vies, et s'il le faut, je recommencerai.

– Qui devrai-je tuer ?

– Tous ceux qui se mettront en travers de ton chemin.

L'image d'Arielle, une balle entre les deux yeux, surgit devant moi. C'était dans une autre réalité. Je ferai tout pour que celle-ci ne se termine pas de la même manière. Je tente :

– Ce ne sera peut-être pas nécessaire.

– Sans doute pas, m'accorde la magicienne. Mais tu dois comprendre jusqu'où je suis prête à aller pour protéger l'avenir.

Je jette un coup d'œil par-dessus son épaule vers l'entrée de la caverne. Les ondes maléfiques sont de plus en plus oppressantes. Cette grotte est la gueule d'un monstre. Je fronce les sourcils.

– Pourquoi m'avez-vous amené ici ?

– Pour te montrer quelque chose.

– Quoi que ce soit, je ne veux pas le voir.

– Je ne te demande pas ton avis, énonce l'ambassadrice d'une voix calme. Je me fiche également de ce que tu ressens. Tu n'es rien à mes yeux. Rien d'autre qu'un moyen pour parvenir à mes fins. Si tu te révèles inutile, je t'abandonnerai sans pitié aux mains de tes tortionnaires.

Je me force à un sourire sardonique, espérant qu'il reste assez de mercenaire en moi pour l'impressionner.

– Je vous imaginais plus avenants, vous autres, défenseurs du bien.

– Je te donne une chance de salut, c'est déjà pas mal, grince-t-elle. Mais je vais faire mieux : te donner la motivation nécessaire.

Elle m'agrippe le bras et me tire comme un enfant qui ne veut pas aller à l'école.

Elle veut me faire du mal. J'en suis sûr à présent. Quel idiot j'ai été de croire que les Ambassadeurs seraient différents des Mercenaires. Pendant près de mille ans, j'ai été asservi par la peur et la douleur. Mon nouveau maître n'est pas différent des anciens. Les combattants de la Lumière défendent seulement une cause plus juste.

Prisonnier de mon âme-spectre, j'ai découvert que le toucher, l'odorat et le goût pouvaient constituer une terrible punition. La puanteur que je dégageais était suffisante pour rendre un homme fou.

La puanteur…

Un remugle écœurant m'étouffe soudain. J'essaie en vain de dégager mon bras de la poigne de fer de l'ambassadrice et, inexorablement, je m'approche de la bête tapie dans l'obscurité.

Il lui sera si facile de me rendre à mon ancienne condition si je ne joue pas selon ses règles.

Intermezzo 1

Vérone, Italie, 1304

Juliette

La vie après la mort est un cauchemar. L'enfer est de savoir que vous ne vous réveillerez jamais de ce cauchemar.

La pierre sur laquelle je suis couchée me blesse le dos. Je me suis arraché les ongles à force de gratter le couvercle de mon cercueil. Je respire l'atmosphère viciée, saturée de la puanteur du corps déliquescent de Tybalt à quelques mètres de moi. Je ne peux même pas vomir.

Je suis de retour dans ma tombe, enterrée vivante, prisonnière dans l'obscurité. Une nouvelle fois.

Je me répète que ce n'est qu'un rêve mais je ne parviens pas à ouvrir les yeux. Impossible de trouver la force de repousser le marbre de mon tombeau.

Le poison que m'a administré frère Laurence pour simuler ma mort se répand dans mes veines et envahit mon cerveau, comme un asticot se nourrissant de ma folie. Je sens à peine les battements de mon cœur. Ma peau est collante de sueur malgré le froid qui règne. Mon âme a abandonné mon corps et erre, perdue et terrifiée par cette réalité dont je ne pourrai peut-être jamais m'échapper.

Nourrice est-elle responsable de cela ? M'a-t-elle condamnée à ce sort pour me punir ? Vais-je rester ici jusqu'à la fin des temps ?

Des images de cadavres aux dents pourries me hantent. Ils ont tous le visage de Roméo, chacun plus gangrené que le précédent et plus avide de dévorer mon cœur. Ils jaillissent des ténèbres, les yeux incandescents, tels des démons prêts à me jeter dans les flammes.

Leurs doigts se referment sur moi comme des serres et m'entraînent toujours plus bas. De la terre, de la boue me remplit la bouche et les narines, m'empêchant de respirer. M'empêchant d'espérer. Mon cœur ralentit, mon esprit se brouille et je sombre dans un sommeil plus profond que la mort.

Durant quelques instants, je suis réellement morte. Enfin en paix, hors d'atteinte de Roméo, des Mercenaires, de Nourrice qui m'a trahie et de l'insupportable douleur causée par la mort de Ben.

Ben. Le souvenir de son visage martelé par les poings de Roméo menace de me briser le cœur en mille morceaux. Ben, mon beau et triste amour, que j'ai tant espéré rendre heureux. Mais le bonheur n'existe pas.

Et soudain, je reviens à la vie et le cauchemar recommence, plus terrible encore. Roméo retrouve sa jeunesse et sa beauté. Je le vois, environné de lumière, je l'entends prononcer le serment qui le vouera au service des Ambassadeurs. Il retrouve la paix pendant que je suis là, seule dans une tombe. Condamnée pour mon refus alors que Roméo, l'être le plus pervers que j'aie connu, est récompensé.

Sera récompensé, car rien de tout cela ne s'est encore produit. Mais je sais au fond de moi que ça arrivera. Il ne s'agit pas d'un rêve mais d'une vision. J'ai envie de hurler jusqu'à ce que des flots de sang se déversent de ma bouche.

La vie n'a jamais été juste, comment ai-je pu imaginer que la vie après la mort serait différente ? Pourtant j'y ai cru, car je suis pathétiquement stupide.

J'essaie de fermer les yeux puis de les ouvrir afin de forcer mon cauchemar à disparaître. Mais en vain. Je ne peux rien, je ne suis rien. Tellement plus faible que quand je servais les Ambassadeurs, plus faible même que quand j'attendais dans les brumes de l'oubli.

Une fissure se forme au milieu de mon être ; les cauchemars y pénètrent et m'imprègnent. Roméo revient en compagnie des pires horreurs de l'humanité : des monstres labourant la terre de leurs griffes ensanglantées, traînant dans leurs gueules des corps en putréfaction. Je cours, pieds nus, poursuivie par ces morts-vivants et emplie de pure terreur.

Des murmures à mon oreille. Ils viennent du ciel, m'effleurent comme des plumes. Je reconnais la voix de Nourrice qui tente de m'apaiser, mais c'est trop tard. Elle me promet de venir me chercher, me répète que la vie est un cercle sans fin, que mon sort est lié à celui de Roméo et que je peux encore trouver le salut. Mais ses mots tapent dans mon crâne et leur rythme irrégulier ne fait qu'obscurcir un peu plus mon esprit.

Je continue de courir jusqu'à ce que mon cauchemar s'épuise. Alors, je tombe. J'entame une chute sans fin et sans espoir.

Pourtant je sens mon corps. Mon corps à moi. Pas celui d'Arielle Dragland, le mien. J'ai soif et froid. Je suis faible mais je suis moi-même. Et je suis… en vie.

Mes paupières se décollent et si je ne découvre que le noir, j'ai enfin échappé au cauchemar. Ce qui m'environne est réel. Je suis enterrée vivante. Comment est-ce possible ? Comment ? Suis-je revenue en arrière dans le temps ? De combien d'années ? Depuis combien de temps suis-je ici ? Et plus important : combien de temps vais-je rester là avant que Roméo et le moine viennent me chercher comme la première fois ?

Je l'ignore mais je ne supporte plus d'attendre.

Je dois sortir.

Je passe ma langue sèche sur mes lèvres parcheminées. Je prends une goulée d'air afin de crier et tout à coup, je l'entends, une voix qui m'appelle. Le caveau des Capulet est profond, suffisamment pour que plusieurs générations gisent les unes au-dessus des autres, pourtant, je reconnais cette voix.

– Juliette ? Tu es là ?

Il parle gentiment mais je ne suis pas dupe.

C'est frère Laurence, ou plus exactement le mercenaire qui a pris possession de son corps. Il vient me chercher et je n'ai pas la force de me défendre. Je ne suis plus ambassadrice et même si c'était le cas, il est si élevé dans la hiérarchie que je n'aurais aucune chance contre lui.

Il va me tuer.

Je frissonne et me mords la lèvre. Une nausée me retourne l'estomac.

Non, il ne me tuera pas. Il fera bien pire. Roméo le savait et il a eu assez pitié de moi pour m'épargner la torture qui m'attendait. Mais il a échoué à m'accorder cette grâce. Le moine va se repaître de ma souffrance et je ne lui échapperai pas.

Impuissante et sans défense.

La colère m'aveugle et me brûle la poitrine. Je me force à fermer les paupières dans l'espoir de retrouver mon cauchemar qui est encore préférable à ce qui m'attend.

SIX

Arielle

Je ne sais pas quelle heure il est quand je m'éveille face contre terre, mais sans doute très tard.

Maman va me tuer.

J'ordonne à mes bras et mes jambes de me soulever mais je parviens tout juste à glisser et trébucher. J'ai les nerfs à vif et la tête qui tourne. Je suis totalement désorientée. C'est toujours comme ça après une crise, mais cette fois, c'est encore pire. Je me sens aussi vide qu'une coquille, comme une citrouille d'Halloween sans même une bougie pour m'éclairer.

Peut-être que je suis allée trop loin. Trop près de la folie. Les parties abîmées de mon corps ont pu corrompre ce qui était coûte que coûte resté sain en moi.

Les joues humides, je reste allongée, immobile, tentant de reconnecter mon corps et mon esprit. L'odeur rassurante de la terre et de l'herbe m'emplit les narines. Peu à peu, je me sens mieux. Un peu mieux. Je ne suis pas complètement perdue si je parviens encore à m'inquiéter de la colère de ma mère et de la manière dont ça s'est terminé avec Dylan.

Je ne me rappelle pas ce que je lui ai dit mais je me suis évidemment ridiculisée. Il méritait sans doute ce que je lui ai balancé mais j'aurais préféré garder le contrôle. J'ai été ivre si vite. Une minute ça allait, celle d'après, tout tournait autour de moi. J'avais l'impression que Dylan me parlait dans une langue inconnue. Quelle idiote. J'aurais dû être plus prudente. Une seule gorgée suffit habituellement à me faire perdre les pédales. Une demi-bouteille était une mauvaise idée. Je ne supporte manifestement pas l'alcool.

Tu ne supportes pas la vie.

Je ferme les yeux, trop fatiguée pour résister à cet accès de pessimisme. D'ailleurs, cette petite voix dans ma tête a raison : ma vie m'échappe. Je ne parviens même pas à obliger mes membres à m'obéir. Le visage dans la boue, j'ai les jambes glacées et je pense avoir fait pipi dans mon pantalon. Si au moins je pouvais me redresser.

Mais je dois y arriver. Je suis seule et personne ne m'aidera.

Par bonheur, Dylan ne m'a pas vue dans cet état. Pourtant, une part de moi est déçue. Pourquoi n'a-t-il pas essayé de me rattraper ? Il faisait tellement d'efforts pour me faire croire que je comptais à ses yeux… du moins tant qu'il n'aurait pas remporté son pari. Il aurait dû s'assurer que je rentrais chez moi saine et sauve. Il savait que j'étais ivre. D'après les rumeurs du lycée, Dylan a suffisamment d'expérience dans ce domaine pour reconnaître quelqu'un qui a trop bu.

Peut-être a-t-il essayé ? Il m'a couru après, m'a appelée. Après, je ne me rappelle rien. Je ne sais même pas où je suis. Dans une vigne apparemment, mais des dizaines de vignes entourent la ville. J'espère ne pas m'être trop éloignée de la route d'El Camino. Je dois absolument rentrer avant que ma mère appelle la police. Elle travaillait tard hier, ce qui joue en ma faveur. Elle n'a pas dû rentrer avant onze heures et demie et n'a donc pas dû paniquer avant minuit.

Je n'avais pas d'heure précise pour rentrer. C'était la première fois que je sortais avec un garçon et quand Gemma et moi passions la soirée ensemble, c'était le plus souvent chez moi. Mais je connais ma mère et je sais qu'elle ne sera pas d'accord pour que je rentre après minuit alors que je dois aller au lycée le lendemain. J'ai d'ailleurs été étonnée qu'elle accepte que je sorte avec Dylan un mardi soir, mais elle m'aurait probablement permis de sécher les cours, de prendre de la drogue des violeurs et de passer la nuit avec lui dans ma chambre si je le lui avais demandé. Elle était tellement contente que je ressemble enfin à une ado de mon âge.

C'en était pathétique.

Ma mère pense que c'est sa faute si je n'ai pas de petit ami. Quand j'avais six ans, elle m'a renversé une casserole d'huile brûlante sur la tête. Elle imagine que mes cicatrices sont la cause de « mon tragique manque de confiance en moi ». Je lui ai répété mille fois que je lui avais pardonné. J'ai essayé de lui faire comprendre que ce qui révulse les garçons chez moi n'a rien à voir avec ma peau brûlée. Mais elle ne me croit pas et pense que je vais rester seule toute ma vie à cause d'elle.

Le nouveau Dylan aurait pu changer ça.

Au lycée, il se moquait de moi mais, ces derniers temps, il ne semblait plus me trouver repoussante.

Ni avant, ni après.

Avant que j'essaie de le tuer et après qu'il a accepté de se ridiculiser devant une caméra. Lequel des deux est le véritable Dylan ? Celui qui voulait se taper la « cinglée » pour gagner un pari, ou celui qui m'a murmuré que j'étais quelqu'un de bien et que je méritais une vie heureuse ? Celui qui m'a fait un strip-tease en chantant ou celui qui a insinué que ma meilleure amie était une salope ?

Je n'en ai aucune idée mais j'ai l'intention de le découvrir et pour ça, il faut que je rentre à la maison.

Une nouvelle fois, j'essaie de me lever et enfin, lentement, j'y arrive. Je tremble des pieds à la tête et j'ai envie de vomir mais je reste debout. J'inspire doucement l'air froid de la nuit puis je traverse la vigne. Il ne me faut pas longtemps avant de repérer le toit des tours de l'aire de jeux.

Je ne suis pas loin de chez moi. J'y serai en dix minutes si mes jambes tiennent le coup.

Je coupe par le terrain de foot qui longe l'aire de jeux. Dans le clair de lune, les tours et les ponts qui les rejoignent ont un aspect magique. C'est là que j'aurais dû amener Dylan au lieu du parc avec la fusée. Mais de mauvais souvenirs hantent cet endroit, des images de fantômes qui ricanent en me montrant du doigt.

Un jour, Maman m'y a amenée quand j'étais petite. C'était seulement un mois ou deux après l'accident. Ma peau était d'un rose criard et mes cheveux calcinés avaient dû être coupés. Je n'avais aucun moyen de me dissimuler quand les autres enfants ont commencé à me dévisager. Une petite fille s'est soudain mise à crier que j'étais un troll avant de partir en courant se réfugier sous le pont.

Elle voulait probablement jouer et n'avait sans doute pas l'intention d'être cruelle mais ma mère a pété les plombs. Elle s'en est prise à la petite, dont la mère est arrivée en trombe pour tomber sur ma mère à bras raccourcis. Maman m'a ramenée à la maison et nous ne sommes plus jamais retournées sur une aire de jeux en plein jour. On y allait après le dîner, quand il n'y avait plus personne. Elle affirmait qu'elle voulait me protéger mais je savais que c'était elle qui ne supportait pas de se montrer avec un monstre tel que moi. J'avais déjà des crises à cette époque et je voyais un psy deux fois par semaine. Ma mère n'était pas capable de gérer plus d'interactions négatives dans sa vie. C'était plus facile de se cacher que d'affronter le grand méchant monde.

Je ne lui parlerai pas du pari. Je ne veux pas de sa pitié et je ne veux pas qu'elle essaie de me protéger de Dylan comme elle a soi-disant voulu me protéger quand j'étais petite. Dylan n'est peut-être pas le petit ami rêvé mais je le trouve... intéressant. Il est probable que je recommencerai à le détester et que je finirai par l'éviter comme la peste, mais je veux prendre cette décision par moi-même.

Cette idée me donne l'impression d'être plus forte, de reprendre un peu le contrôle. Je parcours les cinquante derniers mètres qui me séparent de chez moi en courant. La voiture de Maman est garée devant la porte. J'arrive peut-être à temps ; aucun véhicule de police n'est en vue. C'est bon signe.

Je gravis les marches du perron deux par deux. La lumière de la cuisine est allumée. Je ne suis pas étonnée que ma mère attende mon retour mais je pensais la trouver devant la télé. Je me recoiffe un peu avec les doigts et passe la main sur mon T-shirt pour le débarrasser du plus gros de la terre. Je ne peux rien faire pour la tache d'urine sur mon jean. Ni pour l'odeur.

Même si je ne fais quasiment plus de crises et que quand ça se produit, je m'arrange pour être dans ma chambre, ma mère sait pertinemment dans quel cas je faisais pipi dans ma culotte quand j'étais petite. Elle a dû venir me chercher un jour à l'école et elle me tenait la main quand ça m'arrivait chez le psychiatre. Elle va comprendre au premier coup d'œil et me renvoyer chez le psy avant que j'aie eu le temps de dire : « Attends au moins que je t'explique. »

Ma gorge se serre. Je redescends les marches. Je pourrais essayer de passer par la fenêtre, prendre une douche et me changer avant...

– Arielle ? C'est toi ?

La voix de Maman est inquiète mais pas paniquée. Il ne doit pas être si tard. De toute façon, ça n'a plus d'importance maintenant. Bon sang. Comment n'ai-je pas pensé plus tôt à mon apparence ? J'aurais dû faire demi-tour dès que j'ai vu la lumière.

– Arielle ?

Maman apparaît à la porte. Elle a l'air plus frêle et plus terne que jamais dans sa robe de chambre à petites fleurs grises.

– Pourquoi ne rentres-tu pas, ma chérie ?

– Je... je ne voulais pas te réveiller.

– Je t'ai attendue pour que tu me racontes ta soirée, sourit Maman. Allez, rentre, il fait froid.

Je n'ai plus le choix.

À peine me suis-je approchée de ma mère qu'elle plisse le nez et baisse les yeux sur mon entrejambe. Je ferme les yeux. Si seulement je pouvais me transformer en une minuscule balle et rouler jusqu'à ma chambre. Une petite balle sans oreilles pour ne pas entendre les paroles de ma mère.

– Oh, Arielle... Que s'est-il passé ? gémit-elle en refermant derrière moi. Où est Dylan ? Et où est ton sac ?

– Je...

Que dire, vérité ou mensonge ? Quelque chose entre les deux ? À moins que j'ose lui dire pour une fois de se mêler de ses affaires, que c'est ma vie et que je peux en supporter le pathétique toute seule.

– Quoi ? insiste Maman. Parle, Arielle !

– J'ai perdu mon sac.

Je baisse les yeux, attendant le sermon sur le coût d'un nouveau portable, « On n'a pas les moyens, Arielle, tu sais que nous devons faire attention ».

– Dylan et moi, on est allés boire sur l'aire de jeux de Los Olivos, c'est pour ça que je suis rentrée à pied. Dylan était trop soûl pour conduire. Ça m'est arrivé sur la route. Je m'étais retenue trop longtemps et...

– Mon Dieu ! soupire ma mère.

Mais elle n'est pas en colère. Je lève prudemment les yeux.

– Pourquoi ne m'as-tu pas appelée ? Je serais venue te chercher.

– Je pensais que tu serais fâchée. Et puis, il aurait fallu que je t'appelle en PCV d'une cabine.

– Tu n'aurais pas dû hésiter, ma chérie. Évidemment, je ne suis pas très contente que tu aies perdu ton sac et tu devras te racheter toi-même un téléphone mais…

Elle hausse les épaules avant de poursuivre :

– Je sais que les jeunes de ton âge boivent. Tu as dix-huit ans et tu es assez grande pour prendre un verre de vin de temps en temps. Je préférerais néanmoins que tu le fasses à la maison et sans excès, ça t'éviterait ce genre d'accident.

Waouh. Je ne m'attendais pas à une telle réaction. Je ne sais pas quoi répondre. Je savais qu'elle était prête à tout pour que j'aie une vie normale mais je ne pensais pas qu'elle se montrerait aussi compréhensive. Je bredouille :

– Je… je ne savais pas.

– Eh bien, tu le sais maintenant, dit-elle d'une voix douce. Alors comment s'est passée ta soirée hormis la fin un peu moyenne ?

– Bien.

– Bien ? Alors pourquoi Dylan ne t'a-t-il pas raccompagnée ?

– Il devait… rentrer chez lui.

Je fixe les moulins peints sur le placard et résiste à mon envie de lui raconter tout ce qui s'est réellement passé. Mais même si elle s'est montrée très cool jusque-là, ça ne me semble pas une bonne idée.

– J'ai vraiment besoin de me changer et de prendre une douche, Maman. Je me sens très sale. Et stupide.

Elle acquiesce et recule d'un pas mais alors que je passe, elle pose la main sur mon épaule. Elle me tapote maladroitement mais gentiment.

– Tu n'as pas de raison de te sentir stupide, ma chérie. Mais ne te soûle plus et évite de rentrer seule la nuit. Tu aurais pu… je ne sais pas… être attaquée et je ne me le serais jamais pardonné. Je suis tellement inquiète depuis… tu sais…

Elle parle de la disparition de Gemma. Nous n'en avons presque pas discuté et je n'ai pas très envie de commencer maintenant. Mais j'apprécie qu'elle se fasse du souci pour moi.

Même si ça ne m'est pas d'une grande aide.

– Je serai plus prudente, promis.

Je poursuis sans l'avoir vraiment décidé :

– Tu sais, s'il m'arrivait quelque chose, ce ne serait pas ta faute. J'ai dix-huit ans et je suis assez grande pour prendre soin de moi.

– Je sais mais… je t'aime. Tu es la personne la plus importante de ma vie. Tu le sais, n'est-ce pas ?

– Oui.

J'acquiesce même si jusqu'à cet instant précis, je n'en étais pas complètement sûre. Soudain, l'évidence de cette vérité m'aveugle et je me demande comment j'avais réussi à l'ignorer.

C'est comme les carreaux roses de la salle de bains. Je n'avais jamais remarqué les fleurs peintes dessus avant que Gemma ne juge qu'ils étaient ringards. J'ai grandi dans cette maison et je les avais eus si souvent sous les yeux que je ne les remarquais pas. Maintenant, je ne vois plus que ça. Parce qu'une fois qu'on a découvert quelque chose, ça devient omniprésent. Quand je regarde ces carreaux à fleurs, je me demande souvent combien de choses évidentes j'ai pu ainsi rater.

Je n'avais jamais pensé que Maman en faisait partie.

– Je suis désolée de ne pas te l'avoir dit plus souvent, ajoute-t-elle.

Malgré ma gorge serrée, j'arrive à articuler :

– Tu me le dis souvent.

– Tu crois ? J'ai toujours peur de ne pas avoir été la mère dont tu avais besoin.

Une étrange sensation de déjà-vu m'étreint. Je sais pourtant qu'elle n'a jamais prononcé ces mots auparavant. L'impression est forte et troublante. Je la rassure d'une voix tremblante :

– Tu as été une très bonne mère. Je vais bien.

– C'est vrai ?

Les yeux de Maman sont un peu plus clairs que les miens mais hormis cette différence, on se ressemble comme deux sœurs avec nos longs cheveux presque blancs, notre squelette frêle et ce même tic de nous mordre la lèvre quand nous doutons. Elle n'était pas beaucoup plus vieille que moi aujourd'hui quand je suis née. Mon père lui a demandé de se faire avorter puis il a disparu. Je n'avais pas réalisé avant aujourd'hui combien elle a dû avoir peur. Comment ai-je pu songer à détruire ce qu'elle chérit tant ? Comment ai-je pu penser que mon suicide la soulagerait ?

Je devrais peut-être retourner chez le psy finalement. Je suis peut-être encore plus folle que je ne le crois.

Je prends une brève inspiration.

– Tu as été une maman extraordinaire. Je t'aime.

Je passe mes bras autour de ses épaules et elle m'enlace la taille. Nous restons dans les bras l'une de l'autre pendant un long moment. Je me rends compte que le haut de son crâne m'arrive au menton. Je suis plus grande qu'elle. Encore un détail qui me crevait les yeux.

Elle s'éloigne de moi en souriant :

– Ça fait du bien de parler.

– Oui.

Je me sens un peu bizarre mais pas d'une façon négative.

– Bon, va te laver et laisse tes vêtements dans le couloir. Je vais faire une machine si tu veux.

– Non, ça va aller.

Maman ne lave plus mon linge depuis que j'ai douze ans et je suis trop grande pour qu'elle s'occupe de mon pantalon plein d'urine. Et puis, elle est probablement épuisée.

– C'est dégoûtant, je...

– Je suis infirmière, ma chérie, m'interrompt-elle. Je fais bien pire pendant mon service. Et puis, j'ai du linge sale moi aussi. Je vais tout mettre ensemble.

– Bon, d'accord.

Je sors de la cuisine mais elle me retient en claquant des doigts comme si elle avait oublié une chose importante.

– Je voulais te dire : Wendy m'emmène au travail demain, alors si tu veux, tu peux dormir un peu plus tard et prendre la voiture.

C'est Gemma qui m'emmenait au lycée. Depuis dix jours, je suis obligée d'y aller à pied. Je dois me lever plus tôt, mais je suis prête à tout pour éviter le bus. Je suis la seule lycéenne à le prendre et les collégiens me fixent comme si j'étais un babouin au zoo.

Je ne pensais pas que ma mère avait remarqué l'heure à laquelle je partais. Là encore, je m'étais trompée.

– Merci.

J'espère qu'elle comprend que je ne dis pas ça seulement pour la voiture.

– De rien.

Elle sourit.

– Essaie seulement de ne pas me réveiller. J'ai un service double demain et j'espère dormir au moins jusqu'à neuf heures.

J'acquiesce et je passe à la salle de bains. J'ouvre le robinet de la douche avant de me débarrasser de mes vêtements répugnants. J'attends que la vapeur envahisse la petite pièce. Ça prend toujours du temps. Je patiente en observant les carreaux à fleurs roses.

Quarante minutes plus tard, après une longue douche bouillante, je m'enveloppe dans une serviette et je me glisse dans ma chambre, sur la pointe des pieds. Le lave-linge tourne et la chambre de Maman est plongée dans l'obscurité. Elle doit s'être endormie. Je ne vais pas tarder à en faire autant. Il est près d'une heure du matin et dans six heures mon réveil sonne.

Après toutes les émotions de la soirée, je pensais m'assoupir la tête à peine posée sur l'oreiller mais ce n'est pas le cas. Je suis comme une pile électrique. Je me lève et me dirige vers la toile apprêtée sur mon chevalet. Elle est sèche. Je vais pouvoir m'attaquer dès demain à la fée que j'ai travaillée en croquis sur mon carnet. À moins que je ne dessine quelque chose de différent. J'ai peint beaucoup de créatures mythiques mais j'ai envie de me mettre aux portraits. Pourquoi pas un autoportrait ? Je n'ai encore jamais trouvé le courage pour ce genre d'exercice. Je n'ai jamais eu la force de me regarder suffisamment longtemps dans un miroir. Mais peut-être que maintenant j'en suis capable. J'ai peut-être aussi raté quelque chose sur moi-même.

Raté quelque chose.

Cette idée me tracasse étrangement. Comme si mon cerveau essayait de me rappeler un événement important. S'agit-il de quelque chose que j'ai vu ? Que j'ai entendu ? Aucune idée. Mais c'est là, juste aux frontières de ma mémoire.

Je lève les yeux vers les peintures accrochées au mur. Les plus beaux tableaux que j'ai réalisés depuis que j'ai douze ans sont là. Les contempler me remplit toujours d'espoir. Je recule d'un pas et je laisse mon regard errer de l'arbre sur la montagne à ce garçon sur la colline en passant par la licorne agonisant près de l'eau. En général, cet exercice me calme et m'aide à éclaircir mes pensées.

Mais ce soir, ça ne marche pas.

Quand j'arrive à la licorne, je ressens au contraire un étourdissement qui ressemble au déjà-vu éprouvé tout à l'heure dans la cuisine mais en cent fois plus violent. Il y a un problème. La main tendue, je m'approche de la peinture. J'y ai passé des heures, je la connais par cœur.

Rien n'a changé mais je *sais* que quelqu'un est venu dans ma chambre et a regardé cette toile. Pas Maman, un étranger. Une personne que je ne connais pas est venue fourrer son nez dans mon univers le plus intime.

Je fais volte-face pour examiner le reste de ma chambre. Tout est à sa place. Mes devoirs empilés sur mon bureau, le placard de ma chambre entrebâillé, ma couette avec ses horribles froufrous. J'ouvre ma commode, vérifie les tiroirs, jette même un coup d'œil sous le lit. Décidément, rien n'a bougé mais le sentiment que ma chambre a été visitée est de plus en plus fort.

Je sais que je suis bizarre mais je n'arrive pas à me débarrasser de cette impression.

Malgré tout, après un dernier coup d'œil, je me force à me coucher et à éteindre la lumière. Mais ça ne passe pas. Je pourrais jurer que quelqu'un d'autre a posé sa tête sur mon oreiller, dormi dans mon lit et rêvé.

Les voix... est-ce que ça a quelque chose à voir avec les voix ? Et si elles n'étaient pas ce que je crois depuis toujours ?

Voilà, j'y suis. C'est l'idée autour de laquelle je tourne depuis tout à l'heure. Je me sens aussitôt plus calme. Je rallume la lumière pour prendre le calepin que je garde toujours sur mon chevet. Je m'en sers pour prendre des notes et faire des croquis des rêves que je ne veux pas oublier. Après un dessin du lycée en ruine sous un ciel étoilé, je tombe sur une page blanche. J'écris à toute vitesse.

Fantômes. Démons. Possession. Ondes dans l'air, griffes déchirant le monde afin que les gens entendent les voix hurler.

Je referme mon carnet et me recroqueville sous mes draps. Je ne comprends jamais les voix. Elles me submergent avant que je parvienne à donner le moindre sens à leurs cris. Mais peut-être que si je me concentre plus… Si ce sont des fantômes, ils désirent probablement me transmettre un message. Dans les histoires, les esprits veulent toujours que les vivants intercèdent en leur faveur ou leur rende justice afin que leur âme soit enfin en paix.

Des êtres qui hurlent ainsi ne trouveront jamais la paix.

Je suis soudain épuisée. Malgré moi, mes yeux se ferment. Même l'impression persistante que quelqu'un a dormi dans mon lit n'arrive pas à me maintenir éveillée. Je m'endors et rêve du garçon de ma peinture. Celui qui est seul sur la colline. Derrière lui, le ciel saigne comme si la nuit assassinait le jour.

Le vent lui plaque les cheveux sur les yeux. Mais ce n'est pas pour ça qu'il pleure. Il est triste. C'est le garçon le plus triste que j'aie jamais rencontré. Aussi triste que moi les jours où, face au miroir, je me demande si j'aurai la force de vivre une journée de plus.

Il est beau. Il ressemble à un ange tombé du ciel. Quand il lève les yeux vers moi, le souffle me manque. Sa tristesse et sa beauté m'étreignent la poitrine.

Je te pardonne. *Voilà ce que j'ai envie de lui dire, mais je ne sais pas pourquoi. De toute façon, avant que j'ouvre la bouche, un personnage vêtu d'un long manteau à la capuche relevée apparaît et la terre se fissure entre nous.*

Le sol s'ouvre en deux comme le bec d'un oisillon affamé et l'homme au manteau pousse le garçon, qui tombe dans le ravin. Je crie sans produire aucun son. Il n'y a que le bruit du vent et des amas de terre qui roulent pour ensevelir le garçon. Je tombe à genoux sur l'herbe mais c'est trop tard. Un poignard s'enfonce dans mon cœur.

– Je te pardonne, me lance l'homme en écho à ma propre pensée.

Je lève la tête vers lui et découvre ses yeux d'un bleu délavé. Son regard n'en est pas moins terrifiant. Ce n'est pas la première fois qu'il tue. Ni la deuxième. Ni même la centième.

– Viens avec moi.

Il me tend la main mais je recule. Sa paume est trop propre. Elle devrait être couverte de terre et de sang. Elle devrait être salie par les actes qu'il a commis.

Je m'enfonce plus loin dans le rêve et j'en prends le contrôle. La peau se détache des doigts de l'homme, découvrant ses muscles et ses os comme dans le livre d'anatomie que j'utilise pour dessiner. Du sang coule sur l'herbe.

Mais l'homme ne semble pas souffrir.

– Tu ne souffriras pas non plus, me souffle-t-il, la paix sera avec toi si tu te places sous ma garde.

Il tend de nouveau le bras vers moi mais cette fois, sa main est celle d'un géant. Ses doigts s'allongent et me rejoignent comme un pont cauchemardesque. Le sang me coule sur le visage, pénètre entre mes lèvres. Je ne peux retenir un hurlement. Je ne suis ni effrayée ni horrifiée, non, le sang est si délicieux que j'en demande encore. Je veux le sentir couler dans ma gorge.

J'ai envie de rire et de danser pour célébrer la joie d'avoir enfin trouvé la noirceur de l'obscurité.

Je me réveille brutalement, le souffle court. Je retiens à peine un cri. Je frissonne et tente de respirer doucement pour calmer les battements de mon cœur.

La lumière du matin traverse ma fenêtre et inonde ma chambre.

Ce n'était qu'un cauchemar. Il n'y a ni sang, ni moine maléfique, ni colline, ni garçon.

Je me frotte les yeux et je tourne la tête vers le tableau. J'ai envie de le recommencer mais avec un cadrage plus serré. Je donnerai au garçon une expression différente. La joie, l'espoir ou… l'amour.

Cette idée me fait rougir et je détourne les yeux comme si le garçon pouvait me voir et lire dans mes pensées. Je suis ridicule mais un sourire s'épanouit sur mes lèvres.

Jusqu'à ce que je regarde vers ma fenêtre.

Et découvre le visage de Dylan.

Le cri que j'ai retenu un peu plus tôt s'échappe de ma bouche grande ouverte.

SEPT

Roméo

Bon sang !

Je lève le bras pour montrer à Arielle que j'ai son sac. Si elle continue de crier, elle va alerter sa mère. J'aurais dû me cacher à la seconde où elle a ouvert les yeux, mais je n'ai pas pu résister à l'envie de la regarder se réveiller. Elle était étrangement fascinante, encore embrumée de sommeil, les cheveux en bataille, un sourire aux lèvres. Ce sourire qui la fait paraître si jeune et innocente.

Debout derrière la vitre, les chaussures pleines de boue, j'ai été pris du désir que son sourire ne s'efface jamais. Qu'elle ne connaisse jamais la douleur d'être empoisonnée par ses propres erreurs.

C'était un désir sincère. La terreur qui, toute la nuit, m'a obligé à revivre les moments passés dans la caverne, n'y était pour rien.

Je n'ai que trois jours pour qu'Arielle tombe amoureuse de moi. Dans trois jours, au lieu de lui arracher un cri, ma présence devra faire éclore un sourire sur ses lèvres. C'est peut-être impossible mais je dois essayer. Je dois plus qu'essayer. Sinon, je serai perdu et le monde avec moi.

Je me fous du monde !

Mais cette pensée ne sonne pas aussi juste qu'avant. Je ne veux pas que les Mercenaires l'emportent, ça j'en suis sûr.

– Je suis venu te rapporter ton sac. Je veux juste parler.

Je parle à voix basse en espérant qu'Arielle m'entende quand même. La vitre est épaisse mais je ne veux pas prendre le risque de réveiller sa mère. Si ce n'est pas déjà fait. J'articule en silence :

– Je suis désolé.

Elle plaque la main sur sa bouche et jette un rapide coup d'œil vers la porte de sa chambre avant de repousser les couvertures. Elle porte un petit haut à bretelles qui découvre la cicatrice sur son bras, et un pantalon de pyjama à rayures. Un croissant de chair blanche apparaît au-dessus de son pyjama et laisse deviner la courbe de son ventre. Ce petit morceau de peau m'hypnotise. Je ne peux m'empêcher d'imaginer mes doigts caressant ce corps encore chaud de sommeil, ma paume remontant lentement sur ses longs bras – l'un parfaitement lisse, l'autre magnifiquement marqué.

Arielle est vraiment très belle. Malgré les cicatrices. Ou peut-être grâce à elles, car elles nous rappellent combien la vie est précieuse et fragile. Aucun être humain ne devrait la considérer comme acquise une fois pour toutes.

Tout ce que je veux, moi, c'est la toucher. Je le veux si fort que j'en ai mal.

– Qu'est-ce que tu fais là ? demande-t-elle en ouvrant la fenêtre.

Mon désir me fait bredouiller.

– Je...

J'ai envie de te caresser, de me blottir dans ton lit avec toi et de voir si tu peux m'apprendre un rêve qui ne me réveillera pas en proie à la terreur.

– Je...

Je secoue la tête, espérant réussir à articuler au moins un mot ou deux.

– Je… je…

Elle me prend son sac des mains et le pose à côté d'elle.

– Ma mère va devenir folle si elle te voit à ma fenêtre ! murmure-t-elle en jetant un nouveau regard vers la porte. Et puis comment tu es entré ? La barrière était fermée à clé.

Inspiration, expiration, concentration.

– Je l'ai escaladée.

Je fixe un point au-dessus de son épaule et me débarrasse des restes de ce ridicule accès de faiblesse. Je ne me rappelle pas m'être jamais senti démuni. Même le jour où mon père a mis le feu à la chambre que mon frère et moi partagions.

Mon frère venait de mourir et les médecins avaient recommandé à mon père de faire bouillir tous les draps et tous les objets qu'il avait pu toucher. Au lieu de ça, il a tout brûlé : les meubles, les vêtements, les animaux en bois que mon frère avait sculptés. Même les couvertures que ma mère avait brodées. Nous dormions avec depuis notre naissance. Ma couverture m'a presque autant manqué que mon frère : j'allais toujours me coucher avec une telle douleur dans la poitrine que je me demandais si je me réveillerais le lendemain matin.

Mais même cette sensation n'était pas aussi forte que mon désir de prendre Arielle dans mes bras, de poser mon visage sur son ventre et de la supplier de me consoler.

Pathétique. Faible. Je suis en train de perdre le peu de santé mentale qui me restait.

Je dois me reprendre. Je ne dois pas laisser cette soudaine soif de contact m'éloigner de mon but. J'aurai d'autres occasions quand j'aurai gagné ma place parmi les Ambassadeurs. Je sais que Juliette prenait garde de ne pas utiliser ses corps d'emprunt à des fins égoïstes mais je ne suis pas obligé de fonctionner de la même manière. Une fois en sécurité, j'aurai des dizaines de filles aussi jolies qu'Arielle – plus jolies même.

Pourtant, cette pensée ne suffit pas à me réconforter.

Je me passe la langue sur les lèvres, espérant qu'Arielle ne ressente pas ma tension.

– Il fallait que je te voie.

– Pourquoi ?

– J'étais inquiet. Je voulais m'assurer que tu étais bien rentrée chez toi.

– Il faut croire que oui, lâche-t-elle en fixant l'herbe mouillée à mes pieds. Tout va bien.

Non, tout ne va pas bien. Tu tiens le sort du monde entre tes mains et la personne envoyée pour t'aider est dévorée par ses propres peurs.

Maudite soit la nourrice de Juliette. Je ne me portais pas si mal avant qu'elle me force à entrer dans cette fichue caverne. Son but était de me motiver mais elle a seulement réussi à me faire perdre tout courage.

Je plonge néanmoins mon regard dans celui d'Arielle.

– Non, tout ne va pas bien, tu es fâchée contre moi.

– Non.

Son ton n'est pas très convaincant.

– En tout cas, tu l'étais quand tu es partie hier soir.

– Je... je ne me rappelle pas ce qui s'est passé, avoue-t-elle d'une voix radoucie. Je sais que nous nous sommes disputés et je crois que je devrais toujours être en colère contre toi, mais... c'est confus.

Je hoche la tête et souris. Elle a tout oublié. Merci pour cette faveur !

– Je suis désolé, c'est vrai que tu devrais être en colère. Tout est ma faute, je roucoule, essayant de réitérer l'opération charme qui marchait si bien avant que j'aie la mauvaise idée d'introduire de l'alcool dans l'équation. C'est du porto que nous buvions et c'est beaucoup plus fort que du vin normal. J'aurais dû te prévenir.

– Oh !

Elle se triture une mèche de cheveux.

– Je ne savais pas, murmure-t-elle.

– Je suis vraiment désolé. Tu veux bien me pardonner ?

Elle esquisse un sourire.

– Tu ne m'as pas forcée à boire.

– Mais je ne t'ai pas suivie jusque chez toi pour m'assurer que tu rentrais saine et sauve.

Je m'appuie au rebord de la fenêtre et me penche légèrement en avant. Exactement comme la nuit où j'ai parlé avec Juliette sur son balcon.

C'est peut-être ça qui me déstabilise. Cette soirée avec Juliette était ma dernière dans la peau d'un jeune homme amoureux et encore relativement innocent. Le lendemain, le moine commençait à instiller dans mon cerveau le poison de ses paroles. Aujourd'hui encore, les effets persistent, me forçant à mentir et à tromper, à faire semblant d'être amoureux d'une jeune fille qui mérite beaucoup mieux que moi.

Mieux que moi.

– Ça va ? me demande Arielle.

Elle effleure le dos de ma main du bout des doigts. Un frisson de douleur et de plaisir me parcourt. Le plaisir d'être touché, la douleur de savoir que je suis indigne de sa compassion.

– Ça va.

Non, ça ne va pas. Mais il remonte à loin, le temps où j'allais bien.

– Tu dois être gelé, reprend-elle en jetant un nouveau regard par-dessus son épaule. Entre.

– Merci.

Je me hisse et saute à côté d'elle. Assez près pour sentir la chaleur de son corps et respirer l'odeur de lavande dans ses cheveux. Je chuchote à son oreille :

– Je suis vraiment désolé. Je n'arrivais pas à dormir tellement je m'inquiétais pour toi.

– Ça va, souffle-t-elle en s'approchant de moi.

La simple idée qu'elle va de nouveau m'effleurer accélère les battements de mon cœur.

– Moi aussi, je suis désolée, ajoute-t-elle.

– De quoi ?

Je repousse ses cheveux derrière son épaule et en profite pour lui caresser le cou du bout des doigts. Je soutiens son regard, attendant la permission d'aller plus loin. Elle cille, ses lèvres s'écartent légèrement et se rapprochent des miennes. Pendant un instant, je crois qu'elle va m'embrasser mais au lieu de ça, elle éclate de rire et secoue ses cheveux pour les faire retomber des deux côtés de son visage.

– D'avoir été si bizarre ! lâche-t-elle.

Elle recule d'un pas et croise les bras sur sa poitrine, comme si elle se sentait soudain mal à l'aise dans son petit haut à fines bretelles.

– Oublions tout ça, propose-t-elle. D'accord ?

– C'est déjà oublié.

Je laisse retomber mon bras et me force à sourire.

– On va prendre un petit déjeuner ? Je meurs d'envie de pancakes au sucre recouverts de sirop d'érable.

Et surtout, quand on ne sera plus dans sa chambre, j'aurai moins de mal à me concentrer.

– Hmm, ça a l'air très diététique, ironise-t-elle.

– On est jeunes ! On peut se le permettre !

Elle hoche la tête.

– J'ai faim moi aussi, reconnaît-elle. On va où ?

– Où tu veux.

– N'importe où sauf au Moulin.

Elle triture de nouveau sa mèche de cheveux.

– Je n'ai aucune envie de croiser quelqu'un qui serait au courant de… tu sais…

Au courant du pari. Évidemment. J'acquiesce.

– On n'a qu'à aller ailleurs. Et avant la fin de la journée, je te promets de faire comprendre aux autres que ce pari était débile et que je suis un parfait crétin. J'insisterai sur le côté crétin.

Cette fois, son sourire fait pétiller ses yeux.

– Ça me va.

– Alors, allons-y !

– Il faut quand même que je m'habille d'abord. Tu veux m'attendre dehors ou…

– Non.

Je ne veux plus m'éloigner d'elle, même un instant. Du moins tant que je ne suis pas certain d'être revenu dans ses bonnes grâces.

– Je me retourne et je ne regarde pas.

Elle me lance un regard soupçonneux.

– Tu me donnes ta parole ?

– Tu veux que je te donne ma parole ?

– Oui.

Son regard me dit non. J'insiste :

– Tu me fais suffisamment confiance pour croire à ma parole ?

Elle penche la tête d'un côté et m'examine des pieds à la tête.

– De toute façon, si tu ne la tiens pas, moi je t'ai déjà vu sans tes vêtements, alors…

Elle hausse les épaules, dans un mouvement qui traduit une sensualité qu'elle avait pris soin de ne pas laisser s'exprimer après avoir appris que son rendez-vous avec Dylan était un piège.

– Je n'étais pas complètement nu, je la corrige. Mais de toute façon, je tiendrai parole, même si tu me supplies de regarder.

Elle plisse le nez.

– Je vais essayer de me contrôler.

– Tu es bien sarcastique, je trouve !

– C'est vrai, opine-t-elle.

– J'aime bien.

– Ça ne m'étonne pas de toi.

Son ton un peu aguicheur me donne envie de me jeter sur elle et de la chatouiller. Ça fait des siècles que je n'ai pas chatouillé une fille et c'est une excellente excuse pour mettre les mains là où on n'aurait pas le droit en temps normal.

– Dylan ?

Je m'occuperai d'abord de ses côtes, puis quand elle se plierait en deux, mes doigts feraient le tour de sa taille pour trouver l'endroit précis où…

– Dylan ?

Elle me regarde, les mains sur les hanches.

– Oui ?

Je cligne des yeux et repousse mon innocent fantasme.

– Tu te retournes ?

À son air, je soupçonne qu'elle a deviné mes pensées. Elle arbore un sourire timide mais empreint d'une prise de conscience toute neuve de son pouvoir. Je n'avais pas prévu de l'amener à ce stade dès ce matin, mais je suis ravi. Arielle a besoin de se sentir forte et tout est bon pour qu'elle apprécie ma présence à ses côtés.

– Je me tourne, je me tourne.

Je lui offre mon dos et essaie de ne pas l'imaginer en train de se déshabiller en me concentrant sur les peintures au mur.

Les couleurs sont vives, les traits fermes, le travail techniquement excellent. Les sujets sont légèrement morbides mais néanmoins charmants.

– C'est beau !

– Merci.

J'entends à sa voix que mon compliment lui fait plaisir tout autant qu'il la rend nerveuse.

– Certains sont très vieux, précise-t-elle. Je les ai faits quand j'avais douze ans. Ils sont ratés mais je les garde pour me rappeler mes progrès.

– Je les aime tous, moi.

Je savais qu'elle peignait. Lors de ma dernière mission, j'étais venu attendre Juliette dans cette chambre. Mes yeux de mercenaire ne devaient pas très bien fonctionner car je n'avais pas remarqué ce tableau en bas à droite. Je m'approche du paysage dont la familiarité me frappe comme un direct à l'estomac. On dirait… ma colline, celle où Roméo l'humain est mort pour laisser la place au monstre que je suis devenu.

Et ce garçon…

J'examine de plus près les délicats coups de pinceau qui forment ses cheveux et sa cape. Le visage est trop petit pour être reconnaissable mais ça pourrait être le mien. Celui avec lequel je suis né. Celui qui appartient au corps que les Mercenaires retiennent prisonnier dans la caverne et dont les os et les chairs se décomposent trop vite. Mon spectre.

Mon corps est possédé par le besoin de retrouver l'âme qui l'a quitté, de s'unir de nouveau avec mon esprit. Il est une part de moi-même. Des forces trop puissantes pour l'entendement humain le contraignent à rééquilibrer l'équation cosmique que j'ai brisée en devenant mercenaire. Il est à l'image de mon âme : aussi pourri, aussi noir.

C'est ainsi que je me vois, c'est ainsi que je suis.

Mais aujourd'hui, je voudrais...

– C'est qui là, dans ce tableau ?

Je fais volte-face pour découvrir Arielle en train de boutonner son jean. Nos regards se croisent et, durant l'espace d'une seconde, nous sommes parfaitement sur la même longueur d'onde. Je me retourne.

– Excuse-moi.

– Ce n'est pas grave, se hâte-t-elle de me rassurer. Je... enfin...

Elle s'éclaircit la gorge.

– Je ne sais pas... un garçon que j'ai imaginé.

Un garçon qu'elle a imaginé. Un garçon vêtu d'une cape noire, seul sur une colline, les épaules affaissées par le poids de la honte et du chagrin. C'est probablement une coïncidence... quoi d'autre ? Pourtant, j'ai du mal à en détacher les yeux. Même quand un coup est frappé à la porte et qu'Arielle me souffle :

– Vite ! Vite ! Va sous le lit !

– Dis-lui que tu es malade et demande-lui d'appeler le lycée, je chuchote avant d'obéir. On ira au musée de Santa Barbara.

– Quoi ?

– Fais semblant d'être malade et je t'emmène faire un tour. J'ai envie de voir de belles choses avec toi.

Elle secoue la tête mais ma proposition la tente.

– Je ne peux pas, je...

– Arielle, appelle sa mère du couloir. Tu es réveillée ? Il est huit heures moins dix.

– Une seconde, Maman !... Va sous le lit ! me répète-t-elle avant de se diriger vers la porte.

Cette fois, j'obtempère et je roule sur le tapis poussiéreux juste au moment où la porte grince. Arielle accueille sa mère d'une voix ensommeillée.

– Je croyais que tu voulais dormir plus tard, ce matin, Maman.

– Quelque chose m'a réveillée et je me suis rendu compte que je me sentais reposée.

Elle s'interrompt soudain et s'exclame :

– Ton sac ! Je croyais que tu l'avais perdu.

– Hum... non... je l'ai trouvé là en rentrant. J'avais probablement oublié de le prendre.

– C'est une bonne nouvelle, soupire sa mère. Je ne vais pas être obligée d'appeler ton opérateur pendant ma pause. Une chose de moins à faire.

– Oui, acquiesce Arielle en toussant.

– Tu ne te sens pas bien ? s'inquiète sa mère. Tu es pâle. Fatiguée après ta soirée ?

– Oui, un peu et... j'ai aussi un peu mal au ventre.

Sous le lit, je souris. Plus je passe de temps avec Arielle, plus je l'apprécie. Elle est pleine de surprises. Pas toujours des plus agréables, il faut le reconnaître, mais je préfère toujours l'imprévu à la routine.

– Tu as probablement la gueule de bois, commente sa mère.

– Je ne crois pas. J'ai mal au cœur. Comme si j'avais la grippe.

– C'est exactement ce que ça fait, la gueule de bois, Arielle. Et c'est pour ça que tu peux prendre un verre de vin, mais pas quatre.

Son ton n'est ni amusé ni particulièrement compréhensif.

– Je ne t'autoriserai plus à sortir en semaine si ça se reproduit.

– Je sais, Maman. Je suis désolée.

Arielle semble si pleine de remords que je jurerais qu'elle va abandonner notre projet. Mais elle se met à tousser et à renifler.

– Mais... je ne me sens vraiment pas bien. Je pourrais rester à la maison aujourd'hui ? Juste cette fois ?

Sa mère pousse un soupir qui laisse entendre qu'elle a déjà accepté.

– D'accord. Après tout, tu n'as pas manqué un seul jour de l'année.

– Merci beauc…

– Mais ne me refais jamais ce coup-là !

– Promis, Maman. Tu es la meilleure.

– Mais oui, bien sûr…

Elle essaie de se retenir de rire.

– Allez, va te remettre en pyjama. J'appelle le lycée pour les informer de ton absence.

– D'accord.

– Je vais aussi passer un coup de fil à Wendy pour la prévenir que ce n'est pas la peine qu'elle passe me prendre.

Ses pieds qui se dirigent vers la porte s'arrêtent.

– Tu as besoin de quelque chose avant que je parte ?

– Non, répond Arielle. Je vais me rendormir, je crois. Si j'ai faim, je me réchaufferai de la soupe un peu plus tard.

– D'accord. Je vais m'arrêter faire quelques courses sur le chemin de l'hôpital. Si tu penses à quelque chose, appelle-moi. N'oublie pas que je ne rentrerai probablement pas avant onze heures.

– Pas de souci. Merci Maman. Je… merci, vraiment. Pour maintenant et hier soir.

– De rien, ma chérie. Laisse-moi un message dans la journée pour me dire comment tu vas. Je t'aime.

– Je t'aime aussi.

Ma respiration est presque douloureuse. *Je t'aime*. J'ai peur du jour où Arielle prononcera ces mots pour moi. J'ai besoin qu'elle m'aime mais mentir me paraît étrangement difficile. D'autant plus que j'ignore comment se terminera cette mission. La nourrice de Juliette m'a promis qu'elle prendrait soin d'Arielle, mais je ne sais pas dans quelle mesure je peux lui faire confiance.

Elle n'a pas hésité à se réjouir du meurtre d'Arielle dans une autre réalité.

Le visage d'Arielle m'apparaît soudain, à l'envers. Je m'empresse de détendre mes traits.

– Je me sens horriblement mal, murmure-t-elle. Je déteste mentir.

– C'est pour la bonne cause !

Elle se laisse glisser par terre et me rejoint dans ma cachette. J'imagine comme ce serait différent si nous étions sur le lit au lieu d'être en dessous, comme un jeu enfantin pourrait tourner à une activité beaucoup plus adulte. Je m'éclaircis la gorge.

– Et puis, en visitant le musée, on en apprendra deux fois plus qu'au lycée.

– C'est vrai, approuve-t-elle. Et je meurs d'envie d'y aller. Ça fait au moins un an que je n'y ai pas mis les pieds.

– Ce sera ma première fois.

– T'inquiète, j'irai doucement, lâche-t-elle en rougissant.

Ce qui rend sa blague incroyablement adorable. Je la taquine :

– Dis donc, tu n'aurais pas un peu les idées mal placées ?

Elle rougit encore un peu plus.

– J'essaie juste de me mettre à ton diapason…

J'éclate de rire.

– Évidemment ! Mais dans ce cas, n'y va pas doucement ! J'aime quand c'est un peu torride ! Si tu pouvais seulement éviter de faire des paris sur ma vertu. Il n'y a que les nazes qui font ce genre de choses.

– Tu n'es pas un naze.

– Je suis seulement stupide, alors.

– Non, tu n'es pas stupide non plus.

Elle me dévisage avec une intensité qui me fait me réjouir d'être dans l'ombre.

– C'est d'ailleurs ça que je ne comprends pas, ajoute-t-elle.

– Quoi ?

– Pourquoi tu as fait ce pari.

Je hausse les épaules.

– Peut-être que je suis stupide, en fait.

– Ou alors tu es différent.

Je suis parfaitement immobile mais je ne peux empêcher mes doigts de se crisper. Comment pourrait-elle savoir ? Aurait-elle inconsciemment deviné la vérité ? Elle reprend :

– Je veux dire que tu es quelqu'un au lycée avec tes amis et que tu deviens une autre personne avec moi. Par exemple, tu m'as pratiquement ignorée l'autre jour à la répétition, et même ta démarche est différente.

Elle n'a pas tout deviné mais elle n'est pas loin. J'acquiesce.

– Tu as raison.

– Alors lequel est le vrai Dylan ?

Aucun. Le vrai Dylan n'est plus ici. Tu es en compagnie d'un voleur de corps et de cœur et j'en suis désolé. Plus que je ne pensais pouvoir l'être.

– Je ne sais pas. En tout cas, je préfère la personne que je suis avec toi.

Nos regards se croisent mais je n'arrive pas à forcer mes lèvres à prendre une mine énamourée. J'ai décidément du mal à feindre, ce matin.

– Merci de m'avoir pardonné, je lui murmure.

– Merci à toi de m'avoir pardonné.

Une étrange sensation m'envahit. La culpabilité ? Oui, c'est sans doute ça. Je devrais lui prendre la main et tirer le meilleur parti de cet instant. Elle attend probablement un geste romantique de ma part. Mais j'en suis incapable. Je parviens tout juste à articuler :

– On y va quand ?

– Pas avant une demi-heure, une heure. On doit attendre que ma mère parte au travail.

À plat ventre, elle pose la joue sur ses bras croisés. Je l'imite et m'efforce de la regarder me regarder, de lui chuchoter que nous allons bien nous amuser, de faire semblant que la chaleur qui nous unit n'est pas le fruit de la tromperie.

HUIT

Arielle

Je n'arrive pas à y croire.

Les quatorze dernières heures ont été comme un rêve qui deviendrait de plus en plus étrange. D'abord, il y a eu cette histoire de pari, puis ma réaction suicidaire dans la voiture, ensuite Dylan qui se comporte comme s'il m'appréciait réellement et maintenant, on sèche tous les deux les cours pour aller au musée.

Je n'arrive pas à y croire.

Je n'arrive pas à croire non plus que je me suis déshabillée dans la même pièce que lui. Je n'arrive pas à croire que je flirte avec lui, comme si j'avais fait ça toute ma vie. Je n'arrive pas à croire que j'ai menti à ma mère pour ne pas aller au lycée, ni que j'ai appelé l'administration en me faisant passer pour la petite amie du père de Dylan, pour lui éviter des heures de colle. Je n'arrive pas à croire que Dylan et moi avons partagé un grand café et trois beignets poisseux de sucre, ni que nous avons écouté ses morceaux de musique préférés sur le chemin de Santa Barbara. Pas plus qu'il a réussi à me faire sourire en quelques heures plus que je n'avais souri en trois mois. Voire trois ans.

Sans ma crise d'hier soir et le cauchemar de ce matin, j'aurais l'impression d'être dans un rêve.

Mais tout est réel.

Je suis aux côtés de Dylan, en train d'admirer un magnifique dessin d'Egon Schiele, représentant un homme sans pieds et aux joues creuses. Dylan est si près de moi que je sens la faible odeur de lessive que dégage son T-shirt gris. Si près que son haleine caresse ma joue quand il parle.

– J'adore, souffle-t-il.

Dans sa voix, j'entends qu'il ressent la même émotion que moi à chaque fois que je contemple l'œuvre d'un grand maître. Qui aurait pu croire ça ?

Moi. J'ai senti cette fibre chez lui lors de la dernière répétition. Il m'a soudain semblé évident que, comme moi, la musique et la littérature le prenaient aux tripes, modifiaient l'agencement de ses molécules et lui semblaient plus réelles que la vraie vie. Peut-être que sa façon d'agir au lycée n'est qu'un moyen de cacher sa vraie nature par peur que les autres ne la comprennent pas. La plupart des gens ne voient pas le monde de la même manière que nous.

Nous. Pourrions-nous être ce nous ?

Peut-être.

Je ne lui fais néanmoins pas entièrement confiance. Il est trop changeant d'un moment à l'autre. Parfois, il me regarde comme s'il ne me connaissait pas. Nous passons un très bon moment mais une petite voix dans ma tête me recommande de rester sur mes gardes. Ce n'est pas si facile. Être face à une œuvre d'art a toujours été pour moi une expérience particulière. Avec Dylan, ça devient… excitant.

Je sens mes joues s'enflammer. Je n'avais jamais pensé ce mot. Pourtant, depuis que Dylan est entré dans ma chambre ce matin, je me sens excitée. Tous mes sens conspirent contre moi. La lumière du soleil qui entre par les grandes fenêtres, l'odeur de savon de Dylan mêlée aux senteurs particulières des peintures et au parfum de café, auxquelles s'ajoute l'émotion brute due aux œuvres elles-mêmes ne m'aident pas.

C'est incroyablement sensuel.

J'ai envie de me retourner, de l'enlacer et de me coller à lui, comme la nuit dernière. J'ai envie de sentir encore ses lèvres sur les miennes. Je sais que ce sera encore mieux que la première fois. Plus sincère. Ce sera peut-être l'instant le plus sincère de toute ma vie.

– À quoi tu penses ? me demande-t-il.

– J'adore ce tableau.

Je le regarde. Ses lèvres sont à quelques centimètres des miennes. Je ne sais plus si je dois retenir ma respiration ou au contraire expirer profondément. Me retenir ou m'abandonner.

– Tu ne le trouves pas laid ? Dérangeant ?

Ses yeux fixent mes lèvres. Je sais qu'il a envie de m'embrasser lui aussi et je commence à m'inquiéter pour mon cœur, qui semble vouloir s'échapper de ma cage thoracique comme un petit oiseau.

Je secoue la tête.

– Non, je le trouve magnifique.

– Toi, tu es magnifique.

Je baisse la tête, laissant mes cheveux retomber sur le côté et cacher mes joues. Pendant quelques instants, j'avais oublié mes cicatrices. C'est bien la première fois que ça m'arrive. Elles sont la raison pour laquelle je porte un T-shirt à manches longues, alors que je sais qu'il va faire chaud. Je n'ai jamais les bras nus et je m'arrange toujours pour que mes cheveux cachent la plus grande partie de mon cou et de mon visage. Normalement, je ne baisse pas la garde. Ses doigts se posent sur ma gorge et mon frisson ne laisse aucun doute sur l'effet qu'il me fait. Je me sens soudain honteuse. Peut-être devrais-je fuir avant que Dylan s'esclaffe et me révèle qu'il ne fait que se moquer de moi.

Mais…

Il ne rit pas, ne se moque pas.

– Tu n'as aucune raison de te cacher.

Je murmure :

– Les gens me regardent.

– Et s'ils te regardaient pour une autre raison ?

Ses doigts s'enroulent autour de ma gorge et mon corps vibre comme s'il me touchait partout en même temps.

– Je ne crois pas que ce soit le cas.

Ses lèvres se rapprochent dangereusement des miennes.

– Eh bien, moi oui, chuchote-t-il. Peut-être que tu n'es pas aussi intelligente qu'on pourrait le penser.

C'est alors qu'il m'embrasse, ou plutôt que nos bouches s'effleurent. C'est si rapide que je n'ai pas le temps de lui rendre son baiser. Mais peu importe. Mon âme est sur le point d'exploser en mille morceaux.

– Viens, je veux en voir d'autres.

Il me prend par la main. Je me laisse faire.

– Allons jeter un coup d'œil à l'expo temporaire.

Je le retiens.

– Elle n'ouvre que la semaine prochaine.

J'ai été en même temps déçue et soulagée en lisant les dates sur l'affiche. Les peintures d'Egon Schiele sont plutôt… érotiques.

Dylan me tire le bras.

– On s'en fiche.

– On va s'attirer des problèmes. Il y a peut-être une alarme.

– Peut-être.

Il me regarde, les yeux brillants.

– On ne le saura que si on ouvre la porte, ajoute-t-il malicieusement.

Il y a un grondement dans ma poitrine, un grondement tumultueux et sauvage, très semblable à celui d'hier soir, quand il a volé la bouteille de vin. Les défis sont grisants mais ils peuvent aussi se révéler dangereux.

– La dernière fois qu'on a enfreint les règles, j'ai fini soûle et complètement à côté de la plaque.

– Non, la dernière fois qu'on a enfreint les règles, on a fait une belle balade en voiture et on s'est gavé de beignets, me corrige-t-il. On était d'accord pour oublier hier, et en ce qui me concerne, je n'ai aucun souvenir de ce qui s'est passé.

Il pose la main sur la poignée de la porte et, en moi, le grondement se fait rugissement. Je jette un regard alentour. Pas de caméra de sécurité au plafond. Je souhaite presque que le garde nous repère et nous empêche d'aller plus loin. Mais il n'est nulle part en vue et quand le battant s'ouvre en grinçant – sans qu'aucune alarme se déclenche –, je me laisse entraîner par Dylan.

La porte se referme derrière nous. Le silence qui règne nous donne la sensation d'être absolument seuls au monde. Cet endroit est à nous. C'est bon.

– Tu vois, tu n'avais aucune raison de t'inquiéter, me lance Dylan.

Sans me lâcher la main, il m'emmène devant les peintures qui ressemblent à des travaux du mentor de Schiele, Gustav Klimt : une femme aux cheveux roux et au regard perçant, des paysages changeants et lumineux. J'essaie de faire comme si c'était naturel pour moi de tenir la main d'un garçon.

– Ils sont… très beaux, commente Dylan.

Je ris de la déception que je perçois dans sa voix. L'exposition est présentée chronologiquement et je sais que les œuvres les plus sombres de Schiele se trouvent plus loin. Je suis toujours nerveuse mais maintenant que nous sommes entrés, j'ai envie d'en profiter. J'essaie de rassurer Dylan.

– Je pense que tu préféreras ses œuvres plus tardives.

– Qu'est-ce qui te fait penser ça ?

– Une idée.

Nous nous arrêtons devant une série de portraits de femmes. La première tient ses jupes dans ses poings serrés, exhibant sa cuisse. Une autre a les jambes écartées et le menton posé sur un genou, à la fois provocante et innocente. Le dernier tableau représente deux femmes, l'une est nue, l'autre vêtue d'une robe rouge. Elles s'embrassent, manifestement amantes, mais la scène n'a rien de sexuel. Elle est triste. On perçoit la douleur de la femme à la robe rouge. Sa vie a été dure et maintenant son cœur est menacé. C'est peut-être la dernière fois qu'elle tient la personne qu'elle aime dans ses bras. Je tremble légèrement.

– Tu avais raison, me souffle Dylan en serrant ma main dans la sienne. Elles me font penser à toi.

– À moi ? Pourquoi ?

– Je ne sais pas.

Il se rapproche de moi.

– De quoi as-tu peur ? Pourquoi tes yeux sont-ils si tristes, petite fille ?

Mes lèvres s'entrouvrent. Je vais mentir. Mais je ne peux pas. Il s'est donné la peine de vraiment me regarder et je crois que personne ne l'avait jamais fait.

– Je crois que j'ai vu plus de choses que je n'aurais dû.

Ou entendu plus que je n'aurais dû. J'essaie de ne pas penser aux voix qui hurlent dans ma tête. Je ne veux pas être bizarre, pas aujourd'hui. Je veux être une fille comme les autres, qui se promène main dans la main avec son petit ami.

– Tu ne parles pas de l'accident, quand tu étais petite…

Ce n'est pas une question et dans ses yeux, pas de pitié, seulement de l'attention. Tant mieux. C'est déjà assez difficile à gérer.

Je détourne le regard.

– Non, mais je suppose que c'est lié. Tout a commencé à ce moment-là quand j'étais à l'hôpital.

– Tout ?

– Je me suis mise à entendre des voix. Les médecins ont pensé que je faisais une réaction à la morphine, mais quand ils ont arrêté le traitement, les voix ont continué.

Je croise les bras sur ma poitrine et contemple la fille à la tête sur le genou. Elle ne doit pas avoir plus de quinze ans mais on devine qu'elle a assisté à plus que sa part de mauvaises choses. Elle sait ce que je ressens et me donne le courage d'ajouter :

– Je les entends toujours aujourd'hui, mais seulement quand je suis très en colère.

– Que disent-elles ?

– Je ne les comprends pas.

Je voudrais me taire mais c'est comme si c'était devenu impossible maintenant que j'ai commencé à parler.

– Elles crient. Des sons inhumains.

Je lève furtivement les yeux vers lui. Certainement, il va s'éloigner de la « cinglée », mais non, il est toujours là. Près de moi. Trop près. Je sens son odeur. Je pourrais m'habituer à sa présence. Il pourrait même devenir important. C'est si facile de me confier à lui. Je pourrais même avoir besoin de lui et… l'aimer. Mais il finirait par découvrir à quel point je suis brisée et le perdre serait alors horriblement douloureux.

Insupportable.

Je préfère encore qu'il sache tout dès maintenant. Qu'il se mette en tête que je suis la cinglée et qu'il laisse tomber.

– J'appelle ça mes crises.

Ma voix tressaille mais je la force à se raffermir.

– J'en ai eu une hier soir. J'ai cru voir quelque chose sur l'aire de jeux, un fantôme ou… je ne sais quoi. J'ai aussitôt été frigorifiée. C'est le premier signe. Ensuite, j'ai entendu les voix. C'est pour ça que je suis partie en courant. Dans les vignes, je me suis évanouie et quand je me suis réveillée…

Je ferme les paupières. Une nausée me creuse les joues mais je dois aller au bout. Quand j'aurai terminé, j'irai jusqu'à l'arrêt de bus et je rentrerai chez moi.

– Quand je me suis réveillée, j'avais uriné dans mon pantalon.

Je crache les derniers mots.

– Comme en CM2, tu te souviens sûrement. Personne n'a oublié le jour où je suis devenue la « cinglée » !

Il reste silencieux. Ne prononce pas un mot. Pendant si longtemps que son silence devient comme un poids qui menace de m'écraser. Je rouvre les paupières, me prépare à l'entendre ricaner. Mais rien ne vient. Il me contemple avec une expression indéchiffrable. Incrédulité ? Peur ? Ennui ?

J'ai eu plusieurs impressions de « déjà vu » aujourd'hui. Si géniale qu'ait été la matinée, elle a aussi été étrange. Comme si j'avais déjà vécu ces scènes, comme si, au fond de moi, je savais que notre histoire allait mal se terminer. C'est ce qui m'a poussée à tout lui raconter. Notre relation ne mènera à rien de bon ; autant qu'elle se termine maintenant.

J'attends que Dylan s'exprime mais il reste aussi immobile et muet qu'un mannequin d'exposition. Je finis par rompre le silence :

– Alors, ça y est maintenant, tu as compris que je suis vraiment folle !

Il tressaille, se passe la langue sur les lèvres et – c'est la dernière chose à laquelle je m'attendais – me prend la main.

– Je ne pense pas que tu sois folle, murmure-t-il. Je…

– Quoi ?

– Des voix hurlantes.

Il a dit ça comme il aurait dit « chaise » ou « voiture ». Comme si c'était la chose la plus naturelle du monde.

Je m'accroche à sa main. Ce qui est sur le point de naître entre nous me coupe le souffle. Me comprendrait-il ? Non, c'est impossible. À moins que… nos regards se croisent. C'est la première fois que je me retrouve face à quelqu'un qui ressent la même tristesse et je ne sais pas si j'ai envie d'éclater de rire ou de m'effondrer en sanglots.

– Il faut que je t'avoue quelque chose… reprend-il. Mais je…

Il se mord la lèvre. Je prends son autre main et regrette de ne pas avoir le courage de poser ma tête sur sa poitrine.

– Je t'écoute.

Il secoue la tête.

– Non. Tu vas penser que…

Le grincement de la porte l'interrompt et une voix gronde :

– Qu'est-ce que vous fichez ici ? Cette exposition n'est pas encore ouverte !

L'homme a les cheveux bruns striés de gris et porte un costume marron. Ce n'est pas le gardien mais il fait sans doute partie des employés du musée. Il est très en colère. Je m'écarte de Dylan et lui lâche les mains, comme si ça pouvait atténuer notre responsabilité. Dylan se place devant moi.

– Désolé, on ne savait pas, dit-il.

– Vous n'avez pas vu la pancarte sur la porte ? s'agace l'homme en avançant. Et pourquoi vous n'êtes pas à l'école ?

– On est à la fac ?

La peur a donné à mon mensonge le ton d'une question.

L'homme laisse échapper un ricanement.

– Vous avez l'air d'avoir douze ans !

– On est en première année, affirme Dylan, plus convaincant que moi. En histoire de l'art. C'est pour ça qu'on voulait voir l'expo.

– Alors vous êtes des élèves du professeur King ?

– Oui, acquiesce Dylan. Il adore Schiele.

L'homme secoue la tête et nous toise comme si on avait trois ans.

– Il n'y a pas de professeur King, et moi, je vais appeler vos parents.

Je me pétrifie et Dylan jure à voix basse. Les battements de mon cœur résonnent dans mes oreilles. Maman va me tuer. Pour de vrai. Elle a été sympa ce matin mais elle ne va pas apprécier du tout que j'aie fait semblant d'être malade pour aller me balader à Santa Barbara.

Je suis déjà morte. Ma mère n'a plus qu'à venir récupérer mon corps.

L'homme nous fait signe.

– Suivez-moi jusqu'au bureau. On va téléphoner à vos parents et…

– Cours !

Dylan me prend la main et me tire dans la direction opposée. Je trébuche mais il me soutient. Puis je n'hésite plus et nous filons vers la sortie de secours. Alors que l'homme nous crie d'arrêter, nous contournons des vitrines et une statue – j'ignorais que Schiele sculptait. Ses pas claquent sur le sol et, pendant une seconde, je me demande ce qui va nous arriver si l'homme nous rattrape. Juste à cet instant, Dylan pose la main sur la poignée.

Une alarme vagit, mais peu importe. De toute façon, ça ne peut pas être pire. Nous sommes dans un escalier. Il doit bien déboucher quelque part.

Dylan empoigne la rambarde et se balance par-dessus pour atterrir sur le palier inférieur. Je l'imite. L'adrénaline me monte au cerveau et une sensation de puissance m'envahit. Pour une fois, j'ai une chance de m'échapper. C'est grisant et j'aimerais que ça ne s'arrête jamais.

Je rejoins Dylan et je le dépasse au deuxième étage. Nous rions comme des fous alors que nous atteignons un hall lumineux et nous précipitons vers la double porte de verre.

L'homme au costume hurle derrière nous mais il est loin et nous sommes presque…

– Sauvés !

Je crie de joie en sortant du bâtiment. Dylan apparaît derrière moi et me prend dans ses bras, il me fait virevolter en m'embrassant sur la joue. Quand il me repose, j'ai toujours l'impression de voler.

Il m'entraîne vers la rue State.

– Viens, avant qu'il nous envoie quelqu'un en meilleure forme que lui.

Je m'accroche à sa main, son baiser me brûle la peau.

Pour la première fois de ma vie, je ne cours pas seule.

NEUF

Roméo

– Et un Coca, s'il vous plaît.

L'homme de la buvette de la plage me passe la cannette et les tacos. Je lui tends mes derniers billets, heureux de dépenser l'argent de Dylan à quelques plaisirs matériels et spirituels.

De l'art, de la nourriture, une jolie fille. Que demander de plus ?

Arielle est allongée sur la plage. Elle lève les yeux vers moi et me sourit. J'en suis… ébloui. Elle est lumineuse. Les derniers rayons se reflètent dans sa chevelure blonde, qui en devient dorée. Notre promenade sur la jetée a rosi ses joues et ses lèvres. Notre baiser aussi, alors que nous avions les pieds dans l'eau. Sa bouche avait goût de soleil.

Je la courtise et elle est sensible à mon charme.

Un jour à peine s'est écoulé et j'ai déjà presque réussi ma mission. Je le sens à sa manière de me tenir la main, de me regarder à la dérobée. Je lui tends la boîte de tacos et nos doigts s'effleurent. Son sourire l'embellit encore. L'amour qu'elle ressent pour moi est presque palpable.

– Merci.

Elle se pousse pour me faire de la place sur le sac de couchage que nous avons trouvé dans le coffre de Dylan.

– De rien.

Je m'installe près d'elle, assez près pour que nos genoux se touchent. Ce simple contact accélère ma circulation. Entre ce matin et cet après-midi, je suis passé du séducteur au séduit. J'ignore si c'est parce que ses lèvres sont les premières que je goûte depuis plus de sept cents ans, ou parce que ses baisers sont particulièrement sensuels, mais Arielle, soi-disant inexpérimentée, m'a vite rendu accro à sa bouche. Compulsif même.

Je lui vole un nouveau baiser, avant de prendre un taco. Une étincelle électrique me parcourt des pieds à la tête. J'essaie de me persuader que sa façon de m'affecter n'est que le fruit de mon imagination.

Je lui passe le Coca avec un clin d'œil.

– Je n'avais pas assez d'argent pour deux boissons. J'espère que tu n'as pas peur d'attraper mes microbes.

– Je pense que c'est un peu tard pour m'inquiéter.

Je fronce les sourcils. Juliette avait prononcé une phrase similaire, quand elle habitait le corps d'Arielle. Ensuite, elle m'avait embrassée comme si nous étions seuls au monde. Même si elle ne l'avait fait que pour protéger le garçon qu'elle aimait vraiment, la douleur d'être incapable d'éprouver la moindre sensation avait été plus vive que jamais. J'aurais vendu mon âme pour la sentir contre moi. Mais je n'avais déjà plus d'âme à vendre.

– Dylan ? Ça va ?

Les doigts d'Arielle sont froids malgré la chaleur.

– Super bien !

J'essaie d'accorder mon expression à cette affirmation, mais les yeux plissés à cause de la lumière, elle me dévisage.

– Non.

– Non ?

– Non.

Elle déplie mon taco et le replie de façon à ce que seulement une extrémité soit ouverte avant de me le reposer dans la main. Je suis pris d'une soudaine envie de pleurer, que je combats par un éclat de rire. Mais il sonne creux, vide et triste.

Arielle se concentre sur l'emballage de son sandwich avant de lancer :

– Qu'est-ce que tu allais me dire dans le musée tout à l'heure ?

J'avale une bouchée et savoure le goût du citron et du poisson fumé. Je n'ai pas envie de penser à ces choses qui crient et crient encore dans l'espoir que quelqu'un les entende.

Les Mercenaires supposent que c'est impossible mais Arielle… elle a perçu des appels. À moins que ces voix ne soient que le produit de sa folie. Mais si ces âmes perdues avaient trouvé une oreille ? D'après le moine, je ne suis pas le premier mercenaire à avoir été banni. Les autres doivent être depuis longtemps devenus poussière et frère Laurence m'a assuré que ces âmes n'ont aucun moyen d'interagir sur le monde réel. Mais s'il s'était trompé ?

– Tu… tu vas me le dire ? reprend Arielle.

– Peut-être.

Je prends une autre bouchée.

– Si tu joues avec moi.

– À quoi ?

Pour la première fois depuis des heures, je note une certaine méfiance dans sa voix.

– Le jeu de la vérité. On parle chacun son tour et on s'avoue des choses qu'on n'a jamais racontées à personne.

J'invente les règles au fur et à mesure. Partager un secret rapproche les gens. J'ajoute :

– Le premier qui ne trouve plus rien à dire a perdu.

– Et qu'est-ce que je gagne ?

Je souris.

– Tu es bien sûre de toi. Moi aussi, j'ai des secrets, tu sais.

– D'accord, opine Arielle. Alors, commence. Moi, je t'ai déjà fait une révélation au musée.

– Tu n'avais jamais parlé des… cris à personne ?

Elle secoue la tête.

– Sauf si tu comptes ma mère. Ou mon psy.

– Les mères et les psys ne comptent jamais, j'affirme en léchant un peu de sauce qui coule sur mon pouce.

Je me demande quel secret de Dylan je peux étaler au grand jour. J'en choisis un au hasard mais quand j'ouvre la bouche, les mots que je prononce me surprennent moi-même :

– J'avais un frère.

D'où est-ce que ça sort ? Jusqu'à ce matin, je n'avais pas pensé à Nicolo depuis des siècles. Si on avait demandé au mercenaire que j'étais s'il avait eu un frère, il n'en aurait pas été certain. Et il n'en aurait pas eu grand-chose à faire. Pourtant penser à ce jeune garçon mort m'empêche soudain d'avaler.

– Ah bon ? s'étonne Arielle. Je ne savais pas.

Je prends un moment pour vérifier que mon histoire n'entre pas en conflit avec ce qu'Arielle sait de Dylan. Non. Il est arrivé à Solvang en CP et jusqu'au lycée, Arielle et lui n'ont pas échangé plus de quelques mots. Je peux sans souci évoquer Nicolo même si je n'ai aucune idée de la raison qui me pousse à le faire.

J'ai probablement besoin d'en parler à quelqu'un. Avant qu'il soit trop tard. Je n'ai jamais parlé de mon frère à personne. Pas même à Juliette. Quand nous nous sommes rencontrés, Nicolo était mort depuis dix ans et j'avais appris à faire comme si jamais cette part essentielle de moi ne m'avait été enlevée.

Je fixe la mer écumeuse. Je ne suis pas certain d'être capable de soutenir le regard d'Arielle.

– Nous étions jumeaux. Il avait cinq ans quand il est mort.

– Je suis désolée.

Sa main fraîche se pose sur la mienne.

– Qu'est-ce qui lui est arrivé ?

– Une fièvre l'a emporté.

Je ferme les yeux et il est là, devant moi. Les derniers jours, son visage était devenu écarlate et ses yeux vitreux. Il parlait de monstres qu'il était le seul à voir.

– Ça a été très brutal. Il est décédé en deux jours.

– Comment s'appelait-il ? souffle Arielle.

– Nicolo.

C'est affreusement bon de prononcer son nom à voix haute. Comment ai-je pu l'oublier, comment ai-je pu trahir sa mémoire pendant si longtemps ?

– Parle-moi de lui, chuchote Arielle d'une voix douce.

– Il était merveilleux. C'était le préféré de mon père. On était petits mais c'était déjà évident qu'il serait meilleur que moi en tout. Il était intelligent et généreux. Même quand personne ne le regardait.

Je me mords l'intérieur de la lèvre pour ne pas perdre le contrôle. Je n'en ai pas le droit.

– Il suffisait que je lui demande son dessert pour qu'il me le donne et il me laissait toujours monter notre poney en premier. Pourtant cet animal me détestait. Je tirais trop fort sur sa crinière. Il ne me tolérait que par amour pour Nicolo.

J'hésite avant d'ajouter sur un ton qui se veut léger :

– Mon père et ce cheval avaient beaucoup en commun.

– Et après, entre ton père et toi ?

– Il m'a haï. D'être encore en vie alors que Nicolo était mort.

Je prends une profonde inspiration et expire lentement. J'aimerais pouvoir lui en raconter plus, lui décrire la froideur de Père envers Mère après la mort de mon frère. Comme s'il lui en voulait à elle aussi. Ma mère a fini par devenir l'ombre d'elle-même et elle est morte le jour de mon bannissement. Mon père a décrété que ça aussi, c'était ma faute.

Mais je ne peux pas. Ces aspects de ma vie ne correspondent à rien dans l'histoire de Dylan. Et de toute façon, certaines vérités sont trop douloureuses pour être énoncées.

Nous restons silencieux un moment, à regarder les vagues et les oiseaux blancs qui planent dans le vent. Elle finit par murmurer :

– Je suis désolée.

– Tu ne penses pas que je suis fou de penser que mon père aurait préféré que je meure à la place de mon frère ?

– Tu l'es peut-être, soupire-t-elle.

Elle n'a pas touché à son deuxième taco. Mon jeu m'a également coupé l'appétit et je repose mon sandwich entamé dans la boîte.

– Je... j'ai sous-estimé l'amour que ma mère me porte, reprend Arielle. Et j'aimerais pouvoir te dire que toi aussi... que tu... mais j'ai entendu des rumeurs sur ton père...

Le père de Dylan est un ivrogne aux poings lestes, mais je pourrais le mettre KO facilement. Dylan a quelques bons souvenirs avec lui : des balades sur la plage, des bières partagées devant un match de foot, son seizième anniversaire et la voiture en cadeau. Mon père à moi n'était qu'une brute.

Pour m'apprendre à me battre, il a manqué de m'embrocher avec son épée. S'il ne m'a pas tué, c'est parce que j'ai vite appris à mentir ou à dire ce qu'il voulait entendre. Ça ne l'empêchait pas de m'envoyer dans ma chambre en interdisant à ma mère et aux serviteurs de m'apporter à manger. Mais c'était un moindre mal. Ce que mon père m'a enseigné, c'est que l'enfer peut se trouver sur Terre et que le démon peut avoir l'apparence d'un homme barbu se repaissant de ma souffrance.

J'aimais Juliette mais je mentirais si je ne reconnaissais pas que la raison pour laquelle je suis tombé si vite et si éperdument amoureux d'elle, c'est qu'elle était la fille de l'ennemi juré de mon père. Je savais que si j'épousais une Capulet, mon père deviendrait fou de rage. Juliette et moi échangions nos fantasmes dans lesquels son insensible mère et mon irascible père tombaient raides morts en apprenant notre mariage. La vie aurait été plus belle sans eux. Si j'étais devenu le nouveau seigneur du domaine Montaigu, je suis certain que ma mère aurait guéri. Si je n'avais pas tué le cousin de Juliette, nos rêves seraient peut-être devenus réalité.

Mais je l'ai trahie en agissant aussi monstrueusement que mon géniteur.

– Je suis désolée pour ce que j'ai dit sur ton père. Tu es fâché ?

La voix claire d'Arielle a interrompu mes pensées. Je hausse les épaules.

– Bien sûr que non. Les rumeurs courent vite dans les petites villes.

– Oui.

Elle se penche vers moi pour m'embrasser sur la joue et me murmurer :

– Si tu as besoin de t'éloigner, tu peux venir chez moi. Quand tu veux.

Des larmes perlent au coin de mes yeux et je suis incapable de les retenir. Ce n'est qu'un peu d'attention mais ça représente tellement plus pour moi. Avec ces mots, Arielle me réchauffe. J'avais raison et l'ambassadrice avait tort : Arielle est quelqu'un de bien et rien ne pourrait la rendre mauvaise.

Je la regarde, empli d'une émotion inconnue. Gratitude ? Respect ? Connexion ? Je ne trouve pas les mots pour lui décrire ce que j'éprouve pour elle. C'est une émotion sincère. Si étrange que ça puisse paraître.

– Tu pleures ? s'exclame-t-elle. Je suis désolée, je ne voulais pas...

– Non, ne sois pas désolée.

Je prends son visage entre mes mains et l'attire à moi. Je l'embrasse pour essayer de lui faire comprendre ce que je ressens autrement qu'avec des phrases. Sa bouche a d'abord le goût de la sauce des tacos, puis je retrouve son goût à elle, sucré et piquant en même temps. Elle enroule ses bras autour de mon cou et nous nous oublions dans ce baiser. Nos âmes se frôlent, je le jurerais. J'oublie le corps de Dylan, je deviens les vagues qui roulent sur le sable, le soleil dans ses cheveux, le vent qui caresse sa peau. Je suis tout et rien. Je n'existe que parce que son cœur et le mien ne font plus qu'un.

Ma poitrine est sur le point d'exploser. Arielle glisse sur mes genoux et j'ai la sensation que je pourrais mourir de sentir ses doigts dans mes cheveux, la pression de son corps, ses lèvres sur ma gorge.

– Mon Dieu, comme je t'aime.

Voilà ce que je murmure.

Et je réatterris dans le corps de Dylan avec une soudaineté qui me coupe le souffle. Je ne sais pas ce qui est le plus choquant : que j'invoque un Dieu, moi qui n'y crois pas, ou que ce mensonge ressemble tant à une vérité.

Du moins, sur le moment. À présent que je regarde son visage blême et méfiant, je suis parfaitement conscient de ma duplicité. Oui, j'éprouve quelque chose pour Arielle. Mais ce n'est pas de l'amour. Je suis incapable d'amour. Je ne suis qu'une créature égoïste et amère, prête à tout pour sauver sa peau. Mon attirance pour elle ne peut être que le fruit de la peur mêlée au désir. Et Arielle est trop intelligente pour ne pas l'avoir deviné.

Elle descend de mes genoux et s'essuie la bouche du revers de la main. Elle secoue la tête pour faire retomber ses cheveux et baisse le menton.

Je me maudis à mi-voix. J'aurais dû me montrer plus patient. J'aurais dû me contrôler et ne pas essayer d'accélérer la progression de notre fausse romance. En laissant le plaisir me submerger, j'ai peut-être tout gâché. Je me fais penser à un puceau qui perd pied au premier baiser.

– Je suis désolé.

C'est nul mais il fallait que je dise quelque chose.

– Pourquoi tu fais ça ? me demande-t-elle.

Pendant un instant, j'ai l'impression qu'elle va pleurer, mais quand elle reprend la parole, sa voix est dure et cassante.

– Pourquoi tu es venu chez moi ce matin ? Pourquoi on est ici maintenant ? Qu'est-ce que tu veux ?

– Je veux être avec toi.

– Pourquoi ? Pourquoi maintenant ?

Une nouvelle fois, son regard si clair me laisse sans voix. Elle est tellement... elle-même. Elle ne ressemble en rien à l'Arielle dont Juliette habitait le corps. Je réalise combien une âme crée la différence. J'aurais pourtant dû le savoir. Quelle que soit son apparence, je reconnais Juliette au premier coup d'œil. Je n'ai pas besoin de l'aura dorée qui flotte autour de sa tête pour distinguer au milieu d'une foule celle que j'aimais. Je commence à me demander si ça ne serait pas pareil avec Arielle.

Je me rends compte que je la crains un peu et pas seulement parce que, sans le savoir, elle tient mon avenir entre ses mains. Quelque chose en elle me fait penser que je ne suis peut-être pas aussi malin que j'ai toujours voulu le croire.

– Pourquoi ? répète-t-elle.

– Parce que je t'apprécie.

C'est vrai. Je l'apprécie beaucoup. J'aime sa façon de déposer un baiser léger sur ma joue et d'être capable, quelques instants plus tard, de plonger ses yeux au fond des miens comme si elle pouvait voir le fond de mon âme. J'aime sa façon de me faire croire qu'elle est une petite chose fragile, qu'elle a besoin de protection, pour ensuite éclater d'un rire enivrant et puissant.

– Ce n'est pas ce que tu viens de dire, murmure-t-elle.

– Je sais.

Je cherche une serviette en papier. Je gagne du temps. J'aimerais trouver un joli mensonge mais seule la vérité me vient aux lèvres :

– J'aime trop t'embrasser. Les mots m'ont échappé.

– Donc, tu n'es pas amoureux de moi ?

– Je... je ne sais pas. Je n'ai jamais ressenti pour quelqu'un d'autre ce que je ressens pour toi.

Le bon vieux truc de l'amoureux confus va-t-il fonctionner et me permettre de regagner sa confiance ? Elle m'étudie avec une intensité qui me donne envie de m'enfoncer à dix pieds sous terre.

– Et toi ?

– Quoi, moi ? s'écrie-t-elle.

Raté ! J'essaie de rire sans y parvenir et tente de dissimuler ma gêne par un haussement d'épaules.

– Rien. Laisse tomber. Tu viendrais avec moi à la fête de vendredi prochain ?

Elle cligne deux fois des yeux avant de lâcher :

– Tu veux aller danser ?

Je la corrige.

– Je veux aller danser avec toi. Ça pourrait être sympa.

Elle fixe soudain ses mains.

– Mais je croyais que... je t'ai entendu discuter avec Jason pendant la répétition. J'ai cru comprendre que vous partiez juste après ton solo. Vous avez un concert prévu, non ?

– Je peux l'annuler.

J'espère un signe encourageant mais rien ne vient. Je prends mon courage à deux mains.

– Je serai même ravi de l'annuler si tu acceptes de me supporter à tes côtés toute une soirée.

– Tu me prépares pas un coup à la Carrie, hein ?

– Quoi ? Qui c'est, Carrie ?

Je fouille la mémoire de Dylan sans trouver le moindre indice sur une fille du nom de Carrie. Mais il a fait beaucoup de rencontres et ne se rappelle pas toujours les prénoms. Je secoue la tête et avoue mon ignorance.

– C'est... une amie à toi ?

Arielle fronce les sourcils.

– Tu ne connais pas *Carrie* ?

Et, comme ça, ses lèvres dessinent un sourire. J'en suis si heureux que je me fiche pas mal qu'elle soit manifestement en train de se moquer de moi.

– Non.

– *Carrie*, répète-t-elle. Le livre de Stephen King qui parle de cette fille bizarre qui est invitée au bal de fin d'année par un garçon mignon. Sauf que c'est un piège et qu'elle se prend un seau de sang sur la tête et finit par tuer tout le monde avec ses pouvoirs surnaturels.

– Jamais lu.

– C'est vrai ?

– Ça fait un bout de temps que je n'ai rien lu.

Genre deux cents ans. Avant que ma capacité d'empathie ne se réduise au point que je ne comprenais plus les choix des personnages, que je me fichais qu'ils vivent ou qu'ils meurent. Pour moi, le bonheur se résumait à l'instant où un nouveau converti enfonçait une lame dans la gorge de son âme sœur, ce moment éblouissant où je n'étais plus la créature la plus répugnante de la pièce.

Je repousse ces sombres souvenirs et m'empresse d'ajouter :

– Mais ça a l'air bien.

Je ne peux changer mon passé et le ressasser n'est qu'une perte de temps.

– Oui, c'est bien, acquiesce Arielle. Triste, mais bien. Il y a eu un film aussi. Je l'ai chez moi. Avec ma mère, on se le regarde tous les ans pour Halloween. Je peux te le prêter si ça t'intéresse.

– Allons le regarder maintenant. On a encore un peu de temps avant le retour de ta mère.

Je ramasse la boîte de tacos et y dépose nos papiers gras. Je me lève mais Arielle ne bouge pas. Elle me dévisage, les sourcils froncés.

– Qu'est-ce qu'il y a ?

– Tu n'as pas répondu à ma question, dit-elle.

– Tu n'as pas répondu à la mienne et je l'ai posée le premier.

Elle se passe la langue sur les lèvres et réfléchit un instant. Je réalise que l'idée qu'elle puisse refuser mon invitation me contrarie. Je ne lui ai demandé de m'accompagner à la danse que pour changer de sujet mais je ne peux nier que j'aimerais beaucoup passer une soirée à la tenir dans mes bras. Ce serait une excellente manière d'occuper les dernières heures que j'ai à passer dans ce corps.

– D'accord, lâche-t-elle.

– Tu veux bien ?

– Oui, j'irai au bal de fin d'année avec toi, mais si tu as l'intention de te moquer de moi, je te jure…

– Je ne me moquerai pas de toi !

Je m'agenouille devant elle et la regarde droit dans les yeux. Je veux être sûr qu'elle me croit sincère.

– Tu n'es pas bizarre. Tu es belle et intelligente. J'aime passer du temps avec toi. Enfin, quand tu n'es pas en colère contre moi...

Elle lève les yeux au ciel.

– Mais tu...

Je ne la laisse pas m'interrompre.

– Et je ne suis pas le type le plus populaire du lycée. Je ne suis qu'une espèce de crétin toujours habillé en noir et qui roule dans une poubelle.

– Personne ne te considère comme un crétin.

– Non, les gens me considèrent comme un voyou qui se fait battre par son père et qui chante dans un groupe du nom de Biscuit démoniaque. Quand je pense que c'était mon idée et que je la trouvais cool !

Elle rit. Je continue :

– Je suis plus bizarre que tu ne le seras jamais et je ne comprends pas pourquoi les gens me parlent.

– Parce que tu es sûr de toi et que tu es aussi un excellent chanteur... sans oublier que tu es le garçon le plus canon du lycée.

Je m'assois. Je n'ai aucune envie de résister à ce besoin soudain d'être contre elle.

– Tu me trouves canon ?

– C'est sûr, murmure-t-elle. Et tu embrasses comme un dieu.

– Tu te débrouilles pas mal non plus.

– Merci !

Nous sommes face à face et je meurs d'envie de poser mes lèvres sur les siennes. Mais je ne bouge pas. La seule chose meilleure que d'embrasser Arielle est le moment juste avant.

– Je ne suis pas assez expérimentée, chuchote-t-elle.

Elle ferme les yeux et je résiste avec peine à l'envie de lui embrasser les cils. J'aimerais embrasser chaque parcelle de sa peau, mémoriser ainsi chaque ligne et chaque courbe de son corps.

– Hier soir, c'était mon premier baiser, ajoute-t-elle.

– On continue le jeu de la vérité ?

Elle acquiesce. Je passe ma main dans ses cheveux, m'émerveillant de leur douceur.

– Alors c'est de nouveau mon tour d'avouer un secret ?

Elle lève la tête, invitation silencieuse à l'embrasser. Je me penche vers elle mais m'arrête alors que nos lèvres s'effleurent. C'est le meilleur moment pour un mensonge.

– Ça m'est égal si je n'embrasse plus jamais personne d'autre de toute ma vie.

Je repousse le sentiment de culpabilité. Je sais que je lui fais plaisir. Mais ce qui suit n'est que la pure vérité.

– Tu es… une révélation.

Alors que nous nous embrassons enfin, je goûte la vérité et la beauté, ces choses que je croyais définitivement hors de ma portée. Avec Arielle, je suis… meilleur. Je ne suis toujours pas quelqu'un de bien, non, mais je ne suis plus l'incarnation du mal. Je l'enlace et, pour la première fois, je me demande réellement si… avec un peu de temps… et de la chance… je ne pourrais pas devenir digne de son amour.

INTERMEZZO 2

Vérone, Italie, 1304

Juliette

Les cauchemars déchirent ma santé mentale de leurs griffes démoniaques, pourtant je continue de lutter pour rester endormie. Cela ne m'empêche pas de sentir l'odeur minérale et douce du salut. De l'eau, de l'eau.

Je me réveille dans un sursaut qui propage une douleur sourde dans mes muscles.

Dans mon cercueil, le monde est toujours noir d'encre et mes os grincent quand j'essaie de me déplacer légèrement vers la droite. Je ne laisse pas la peur ou la douleur me distraire. Je tends la main et parviens à toucher le mince filet d'eau qui coule à travers le marbre. Je colle ma bouche à la pierre. Je me sens si faible que mon âme ne tient à mon corps que par un fil ténu mais l'eau exalte mes sens.

Je passe ma langue sur cette humidité qui a le goût de l'espoir. J'aspire avidement jusqu'à ce que le silence de ma tombe soit brisé par un rire.

Frère Laurence ? Aurait-il empoisonné l'eau ?

Je plaque ma main sur ma bouche pour retenir un cri. Je me recroqueville, m'écorchant au passage.

– Juliette ?

Sa voix salit mon prénom. Sa cruauté traverse la pierre et recouvre mon corps d'une sensation huileuse.

– Parle-moi, Juliette. Dis-moi que tu vas bien.

Je ferme les yeux et prie pour me rendormir. Mais c'est peine perdue. L'eau a réveillé dans mon esprit des envies qui ne seront pas faciles à réduire au silence.

– J'ai pensé que tu devais avoir soif. J'ai essayé de bouger la stèle mais elle est trop lourde pour le vieil homme que je suis, reprend-il. Nous devons attendre Roméo.

Roméo. Quand j'ai vécu cette journée la première fois, le moine ne m'a tirée de la tombe que pour que je découvre le corps apparemment sans vie de mon bien-aimé. Le messager s'était perdu et Roméo n'avait jamais reçu ma lettre qui lui expliquait mon plan. Croyant que j'étais morte, il avait avalé le poison. C'est ce que m'a raconté le moine. Je n'ai rien oublié de la peine, de la rage et de la souffrance éprouvées à cet instant. L'univers m'a semblé vide et il ne m'a pas été difficile de prendre la décision de m'enfoncer le poignard de mon amoureux dans le cœur. Aucune hésitation n'a ralenti ma main. Le supplice était une bénédiction. La mort était le seul choix qui s'imposait à moi.

Est-ce toujours leur plan ? Roméo va-t-il feindre d'être mort pour me pousser au suicide ? Pourquoi le moine est-il ici dans ce cas ? Pourquoi prétend-il manquer de force pour pousser la dalle ? C'est un mercenaire, il pourrait soulever la sépulture d'une seule main.

– Juliette, je t'en prie… Je sais que tu es réveillée, je t'ai entendue pleurer.

Je me mords la lèvre. Je ne m'étais même pas rendu compte que je sanglotais.

– J'ai peur pour toi, poursuit frère Laurence. Je crains que ton esprit n'ait été endommagé. Nous avons pris un risque terrible.

Je touche mon visage et en retire un lambeau de chair morte. Cela m'aide à me concentrer. Leur plan a dû changer. Mais cette fois, je suis prête. Je ne me laisserai pas faire. Je ne veux pas mourir. Je veux apporter au monde tout le bien que je pourrai. C'est ce que Ben voudrait. Ben ne mentirait jamais, ne tromperait personne. Ben, qui m'a aimée si fort mais pendant si peu de temps. Ben, que je garderai pour toujours dans mon cœur.

Je visualise son visage. C'est pour lui que je murmure :

– Je suis réveillée.

Ma voix est rauque et faible mais le moine m'a entendue.

– Juliette ?

Qui d'autre veux-tu que ce soit, monstre ? Combien d'autres jeunes filles as-tu enterrées vivantes ? Je serre les poings, mes ongles s'enfoncent dans ma chair.

Il ne faut pas qu'il se doute que je sais qui il est. Je dois le laisser croire que je suis une innocente jeune fille qui a toute confiance en son confesseur. Son ignorance de mon expérience peut tourner à mon avantage. C'est ma seule arme, mon seul espoir.

– Oui, mon père, j'ai peur.

– Rassure-toi, mon enfant, je suis là. Je vais rester à tes côtés jusqu'à ce qu'on te sorte de là.

Je sens une certaine circonspection dans son ton. Il se doute que quelque chose cloche.

Je ne suis plus ambassadrice mais il me reste encore quelques pouvoirs. Je serre plus fort mes genoux contre ma poitrine et je m'imagine comme une noix aux secrets protégés par une coque. Je laisse échapper un gémissement.

– S'il vous plaît...

Je vide mon esprit, me concentrant sur la frayeur ressentie la première fois que je me suis réveillée prisonnière de la tombe.

– Sortez-moi de là, s'il vous plaît.

– Je ne peux pas, je ne suis pas assez fort. Mais Roméo va m'aider. Il ne tardera plus maintenant. À moins que…

– À moins que quoi ?

Je laisse cette fois éclater mes sanglots. Mais je dresse l'oreille.

– Est-ce que tu lui as parlé, Juliette, après ta confession ?

– Non.

Ma voix ne tremble pas car je dis la vérité. Après avoir quitté le moine, je suis allée dans ma chambre, j'ai passé la robe bleue que je portais pour mon mariage avec Roméo, j'ai prié une dernière fois et j'ai avalé le poison.

Le moine émet un grognement. De déception ou d'incrédulité ?

– C'est vrai, je le jure. Que s'est-il passé ? Roméo va bien ?

La Juliette d'avant, même enterrée vivante, se serait inquiétée de son amoureux.

Frère Laurence me répond après un bref silence.

– Je l'ignore. Nous devions nous retrouver à l'aube sur la route de Vérone, mais il n'était pas au rendez-vous.

– Quoi ?

C'est impossible. Il ment forcément.

– J'ai attendu plusieurs heures, renchérit le moine, mais il n'est pas venu. J'ai demandé à la taverne et sur la place où se retrouvent ses amis mais personne ne savait rien. J'ai envoyé un autre messager à sa cachette, le priant de venir au plus vite au caveau des Capulet mais… je crains qu'il ne lui soit arrivé malheur.

– Oh non, non !

J'enfouis mon visage dans mes mains. Je n'ai pas besoin de beaucoup me forcer pour faire de nouveau couler mes larmes.

Je suis épuisée, à bout de forces, et j'ai de nombreuses raisons de pleurer. En revanche, je me fiche totalement d'apprendre que Roméo a fait faux bond au moine.

Ce sera mieux pour tout le monde s'il est revenu à la raison et a fui les Mercenaires. Enfin, pour tout le monde sauf moi. Mais je trouverai un autre moyen de sortir de là. Il le faut. Si Roméo a disparu, frère Laurence me laissera mourir ici. Ne serait-ce que par pure cruauté.

– Je suis désolé, mon enfant, mais peut-être reste-t-il un espoir…

– Non, tout est perdu.

Mon ton est amer. J'ai à peine eu le temps de concocter ce plan mais je n'ai pas d'autre alternative.

– Roméo m'a abandonnée. Il regrette de m'avoir épousée. Il me l'a dit le matin où… où…

Je m'interromps, secouée de sanglots. Je joue la comédie de la femme trahie, trompée, violée. Je me lamente, comme si Roméo avait jeté mon cœur aux chiens.

– Chut, chut, mon enfant, tente de me rassurer frère Laurence. Tu te trompes. Roméo t'aime sincèrement, de toute son âme.

– Non, il n'est pas prêt pour le mariage, il me l'a avoué. J'ai pensé qu'il changerait d'avis en apprenant ma mort mais…

– Est-ce vrai, Juliette ?

– Oui.

Je gémis.

– Et je voudrais l'anéantir de mes mains.

Je recommence à pleurer mais plus calmement cette fois. Le moine va-t-il mordre à l'hameçon ? S'il pense que je peux servir ses sombres desseins, il me libérera. Ensuite je trouverai un endroit où me mettre en sécurité. Les Mercenaires prennent soin d'agir sans témoin, ils préfèrent mener leurs petites affaires et torturer en privé.

– Le seul fait de le penser est un péché, lâche-t-il.

– Ça m'est égal.

Malgré ma fatigue, je m'exprime avec passion.

– Juliette, calme-toi. Tu vas te faire du mal.

– Non, c'est à lui que je ferai du mal. Trouvez quelqu'un pour soulever la pierre, je me lancerai à sa poursuite et…

– Silence !

Le ton du moine n'est plus que haine et rage.

– Je sais que tu mens !

Un froid intense envahit mes chairs.

– Je suis sûr que tu sais où il est, siffle frère Laurence, et si tu veux vivre, tu dois vider ton sac !

Je voudrais me fondre dans la pierre de mon tombeau. Je ne sais rien. Mes seules informations sont des cauchemars dont les images s'évanouissent quand j'essaie de les comprendre.

Mais je peux m'en servir.

– J'ai appris où se trouve Roméo grâce à une vision. Il vous a trahi. Nourrice a fait de lui un ambassadeur.

DIX

Arielle

À demi éveillée, à demi endormie, je flotte dans cet entre-deux où l'on est suffisamment lucide pour savoir qu'on rêve, mais assez inconscient pour que les images semblent réelles. Je suis de nouveau sur la colline avec le beau jeune homme. Nous sommes seuls, cette fois, allongés côte à côte, les mains unies. Le soleil nous chauffe le visage et le vent est doux. Je suis heureuse. J'aimerais rester là pour toujours, dans ce petit coin de paradis.

Ou d'enfer.

L'homme en robe de bure et aux doigts sanglants surgit dans ma mémoire. La peur s'insinue en moi. Je devrais prévenir le garçon qu'il est en danger mais je n'arrive pas à parler. Je suis hypnotisée par le spectacle de son pied sur mon mollet nu. Personne ne m'avait jamais touchée d'une manière en même temps si naturelle et si sensuelle.

Je me demande si c'est ce que l'on ressent quand on a un amant et je frissonne.

Je me répète que ce n'est qu'un pied et un mollet, mais mon corps ne veut rien entendre. Une chaleur se répand en moi, alors que le garçon me caresse le dos de la main avec son pouce. Je retiens ma respiration, espérant qu'il va s'approcher et m'embrasser, qu'il va peser sur moi de tout son poids et que nos membres vont se nouer jusqu'à ce que j'oublie ma peur. Je lui murmure :

– J'aime être avec toi. Je veux rester là pour toujours.

– Je t'aime, dit-il.

Quand il lève le visage, je ne suis pas surprise de reconnaître Dylan. Mon esprit les mélange. Leurs mains sont semblables et leurs voix ont la même fêlure.

– C'est vrai, insiste-t-il, même si je ne le sais pas encore.

Je souris.

– Tu n'es qu'un rêve.

– Tu crois ? s'étonne-t-il. Et si c'était toi le rêve ?

Je hausse les épaules.

– Ça m'est égal, tant que nous ne nous réveillons pas.

– Je suis d'accord.

J'ai plus envie que jamais de sentir sa peau contre la mienne. Je me laisse rouler sur lui, mes cheveux caressent son visage, mes lèvres se posent sur les siennes. Sa paume effleure mon dos, s'attarde sur ma taille, étreint ma hanche. J'aimerais trouver le courage de le guider, d'ôter ma robe et de le laisser ensuite décider…

– Arielle ? Tu es réveillée ?

Une voix distante résonne derrière les montagnes.

Le rêve se dissout, l'herbe et le soleil s'effacent. Je m'attends à être triste de me séparer du garçon mais je suis trop confortablement installée pour éprouver un sentiment négatif. J'ouvre les yeux. Dylan est en train de m'embrasser.

Du moins mes lèvres sont sur les siennes.

Il est allongé sur le canapé et je suis presque sur lui. Nos jambes sont entrelacées, il a une main au bas de mon dos et j'en ai une sous son T-shirt. Sa peau est chaude. La pièce est plongée dans l'obscurité et le générique défile sur l'écran. Nous nous sommes endormis.

– Tu...

Je l'interromps.

– Oui, je suis réveillée.

– Mais tu ne l'étais pas il y a une seconde ?

Je retire ma main de sous son T-shirt, le visage en feu.

– Non.

Il sourit.

– Tu m'embrassais dans ton sommeil.

– On dirait bien.

Je me demande comment reprendre mes jambes et m'écarter de lui sans être brusque. Je manque d'expérience dans ce domaine ; c'est la première fois que je me réveille dans les bras d'un beau garçon.

– Je le savais, me rassure-t-il. Tu ne répondais pas quand je t'appelais. Et puis tu m'as...

– Quoi ?

– Rien. Rien d'important.

J'insiste :

– Dis-le-moi, sinon je vais être encore plus gênée.

– Il n'y a pas de quoi.

Il me serre contre lui pour m'empêcher de m'éloigner. Il me faut un moment pour me détendre, mais c'est tellement agréable que je n'ai pas envie de lutter. De plus, malgré ma maladresse, je ressens une certaine complicité entre nous.

Je soupire :

– Allez, s'il te plaît, dis-moi.

– Tu m'as mordu, souffle-t-il. Pas fort. Juste là, dans le cou.

– Oh non !

Une marque de dents est imprimée sur sa peau. L'humiliation me coupe le souffle. À moins que ce ne soit sa façon de me regarder avec cet éclat dans l'œil qui me fait penser que je ne suis pas la seule à trouver qu'on est vraiment bien ensemble.

Je parviens à articuler :
– Je suis désolée.
– Pas moi ! Tu recommences quand tu veux.
– Tu aimes te faire mordre ?
– J'aime tout ce que tu me fais.
Je me mords la lèvre.
– Je dormais ! Je n'ai pas fait exprès. C'est la première fois que je mords quelqu'un.
– Donc tu ne penses pas avoir des tendances sadiques ?
J'éclate de rire. Ses mains, qui erraient autour de ma taille, s'aventurent sous mon T-shirt. J'approche ma bouche de son oreille :
– On pourrait te croire déçu.
– Hmm, je t'ai prévenue que j'aimais un peu de sauvagerie !
– Pardon ? s'exclame une voix choquée.
Dylan et moi nous retournons brusquement. Maman.
– Arielle ! Qu'est-ce qui se passe ici ?
J'essaie de prendre un air innocent tout en récupérant mes jambes. D'où elle est, elle ne peut pas voir derrière le canapé.
– Coucou Maman, tu rentres tôt.
Mes mots sont empreints de culpabilité. Maman a les bras croisés et ses doigts tapotent la manche de sa blouse blanche.
Dylan se redresse et remet son T-shirt dans son pantalon. Il se passe rapidement la main dans les cheveux et ça suffit à lui redonner une mine présentable. Si seulement je pouvais en dire autant. Je suis toute décoiffée et mes lèvres sont gonflées. Maman n'a pas souvent des rendez-vous amoureux mais je suis sûre qu'elle n'est pas dupe. Comment lui expliquer ce qu'elle a entendu ? Je prends une longue inspiration mais avant que j'ouvre la bouche, Dylan se lève, contourne le divan et tend la main vers elle.

– Bonsoir madame, je suis Dylan. C'est avec moi qu'Arielle est sortie hier soir. Désolé de ne pas être venu vous saluer plus tôt.

Maman lui serre la main sans sourire.

– Je sais qui tu es, Dylan, lâche-t-elle. Tu es celui qui a soûlé ma fille et l'a laissée rentrer toute seule.

– Oui... je... j'ai été nul.

Il courbe la tête.

– Je me suis inquiété quand j'ai vu qu'Arielle n'était pas en cours. C'est pour ça que je suis passé. Je voulais m'assurer qu'elle allait bien et lui dire à quel point j'étais désolé.

– Tu t'es manifestement montré convaincant !

Elle m'adresse un regard appuyé. Je n'ai pas encore trouvé le courage de bouger.

– Elle m'a obligé à ramper sur le sol de votre cuisine, reprend Dylan. Mais ça valait la peine. Et puis, votre carrelage est encore plus propre maintenant.

Il sourit mais Maman ne baisse pas la garde. Je me décide.

– Tout est ma faute. Je me sentais seule et j'ai demandé à Dylan de rester pour regarder un film avec moi. On a mis *Carrie* et je me suis endormie.

– Tu m'avais pourtant l'air bien réveillée, ironise Maman.

Je ne trouve rien à répondre. Je suis beaucoup trop mal à l'aise. Je fixe mes orteils en regrettant de ne pas avoir mes chaussures aux pieds. Je me sentirais peut-être moins vulnérable. Il me faudrait peut-être aussi un sweat et une armure.

– On vient juste de se réveiller. On n'a rien fait de mal, assure Dylan.

– Ma notion de ce qui est bien et mal semble différer de la tienne, Dylan, persifle ma mère. J'aimerais que tu partes maintenant.

– Très bien.

Je sens qu'il est blessé et j'ai soudain envie d'étrangler ma mère. Pourquoi fait-elle ça ? Devant le premier garçon qui ose franchir le seuil de la maison de la cinglée ?

– Est-ce que je peux passer prendre Arielle demain matin ? tente Dylan avant de sortir.

– Je la déposerai moi-même, déclare ma mère. Si elle se sent assez bien pour y aller, bien sûr, ajoute-t-elle en me jetant un regard noir.

– Bon... d'accord.

Dylan est dans le couloir, prêt à ouvrir la porte d'entrée, mais il se retourne une dernière fois :

– Je sais que vous êtes en colère. Vous nous avez probablement entendus plaisanter et ce n'est pas le genre de plaisanterie qu'une mère aime entendre, mais je tiens à Arielle. Sincèrement.

– Je n'en doute pas.

Le ton condescendant de ma mère me fait serrer les poings. Si elle continue de traiter Dylan comme un petit garçon, je vais mourir sur place. Ou me mettre en colère et faire une crise. Je ne le supporterai pas. Pas deux soirs d'affilée. Pas après la magnifique journée que je viens de passer. Dylan ne me considère pas comme un monstre. Je lui ai parlé des voix qui hurlent dans ma tête et il n'est pas parti en courant. Il m'a embrassée comme si j'étais la fille la plus normale du monde. Et peut-être que je peux vraiment être normale. Avec lui.

Mais pour ça, il faut que ma mère ne gâche pas tout.

Dylan ne se laisse pas impressionner.

– Je suis désolé que nous soyons partis du mauvais pied, madame Dragland, insiste-t-il, mais j'espère avoir l'occasion de vous prouver que je suis quelqu'un de bien et que je ne ferai jamais rien pour blesser Arielle.

Maman fronce les sourcils mais reste silencieuse. J'ignore si c'est bon ou mauvais signe. Elle a habituellement la repartie assez vive. Peut-être qu'elle pèse les mots de Dylan. Peut-être aussi qu'elle se demande combien de temps il lui faut pour aller chercher le 22 long rifle de mon grand-père dans le placard. Dylan a la dégaine d'un *bad boy*. Mais c'est aussi ce qui m'attire en lui.

Ce que j'aime chez lui.

Est-ce que je l'aime ?

Non. Il y a moins de vingt-quatre heures, je découvrais qu'il avait parié de coucher avec moi. Je ne peux pas déjà lui accorder toute ma confiance. Quand il parle, il est toujours dans une espèce de retenue. Je ne pense pas qu'il mente mais plutôt qu'il cache quelque chose. Pourtant, il s'est beaucoup livré aujourd'hui mais même l'histoire de son frère n'a pas réussi à briser cette fine cloison entre lui et la vérité.

Pourtant, quand il me regarde, je ne lis que la sincérité dans ses yeux. Il veut être avec moi. Et il le veut suffisamment pour rester et parler à ma mère alors qu'il lui suffirait de s'éclipser.

– Ce n'est pas une promesse anodine, répond finalement Maman. Surtout pour un garçon de dix-sept ans.

– Dix-huit ans, la corrige Dylan. Je suis né en décembre.

– Peu importe, riposte Maman sans sourire. Je suis sûre que tu vois très bien ce que je veux dire. Parfois, on fait du mal aux gens sans le vouloir. Surtout quand on est jeune.

– Je sais. Mais je ne parlais pas à la légère.

Maman le contemple un moment avant de hocher la tête.

– Très bien, soupire-t-elle, mais je vais imposer quelques règles.

Elle se tourne vers moi.

– Interdiction de recevoir quelqu'un à la maison quand tu es censée être malade.

J'acquiesce.

– Oui, Maman, désolée.

– Et à partir de maintenant, tu dois être rentrée à la maison à minuit le week-end et à onze heures les jours de semaine. Et ne me dis pas que je suis injuste parce que j'ai demandé à mes collègues et ce sont les horaires qu'elles donnent à leurs enfants.

J'acquiesce une nouvelle fois, trop contente qu'elle ne m'interdise pas de voir Dylan.

– Et si la question se pose, reprend Maman, je veux que vous utilisiez un moyen de contraception. C'est-à-dire pilule et préservatif.

Je ferme les yeux. Mon cœur se ratatine comme un raisin sec. Je suis au-delà de la gêne cette fois. Comment a-t-elle osé ? Là, maintenant, devant Dylan !

– Oui, madame, marmonne-t-il.

Il fixe ses pieds lui aussi, les joues écarlates. Il ne manquait plus que ça. Je jette un regard exaspéré à ma mère.

– Je suis désolée, rétorque-t-elle d'un ton qui fait comprendre qu'elle ne l'est pas le moins du monde, mais je suis infirmière et je pense que certaines choses doivent être exprimées. Surtout quand elles peuvent affecter toute votre vie. J'ai vu trop d'adolescentes enceintes.

Elle accroche son sac à la patère du couloir et enlève ses chaussures, comme pour démontrer que le sujet de la sexualité est parfaitement naturel. Je jurerais qu'elle jubile de nous mettre mal à l'aise.

– Ces filles sont toujours seules pour la simple raison que le jeune homme qui avait promis de ne jamais leur faire de mal a pris la poudre d'escampette depuis longtemps ! ajoute-t-elle.

– Je comprends, marmonne Dylan.

– Je te crois.

Les mains sur les hanches, Maman le dévisage avant de poursuivre.

– J'avais dix-neuf ans quand j'ai eu Arielle mais je veux qu'elle ait le temps d'apprendre qui elle est avant d'avoir à apprendre à être mère.

– Moi aussi, approuve Dylan.

Il a soudain un air presque nostalgique. Comme celui qu'il avait quand il évoquait son frère. Je me demande s'il pense à lui. Ou peut-être à sa mère. D'après la rumeur, elle l'a abandonné quand il était encore très petit.

J'aimerais être près de lui pour pouvoir le toucher.

Alors, fais-le. Il n'a pas hésité à prendre ta défense et toi tu t'es contentée de regarder.

C'est vrai. Je force mes jambes vacillantes à avancer et je glisse ma main dans la sienne. Il sourit et toute ma gêne disparaît. Quels que soient ses secrets, Dylan a autant besoin de moi que moi de lui. Peut-être plus encore.

– Alors très bien, nous sommes sur la même longueur d'onde, déclare Maman.

Elle est appuyée contre l'embrasure de la porte et un drôle de sourire flotte sur ses lèvres.

– Tu as fait tes devoirs pour demain ? me demande-t-elle.

– Oui.

– Bon. Alors vous pouvez encore regarder un peu la télé. Mais Dylan devra être parti à dix heures et demie et toi, je veux que tu sois au lit à onze heures, Arielle. Tu as besoin de repos.

– D'accord.

– Je serai dans ma chambre avec la porte entrouverte. Ce qui me permettra de vous entendre, ajoute-t-elle. J'ai été ravie de te rencontrer, Dylan.

– Moi aussi, madame Dragland. Merci.

– De rien.

Après son départ, Dylan et moi restons là, dans le noir, main dans la main. La musique du menu de *Carrie* passe en boucle. J'ai une soudaine envie d'éclater de rire. On a réussi ! On a réussi !

Et Dylan est encore là, avec moi.

Mais quand je lève les yeux vers lui, son visage est tendu.

– Qu'est-ce qu'il y a ?

– Je... j'ai peur, chuchote-t-il.

– De quoi ?

– Je ne veux pas tout gâcher.

– Mais tout va bien. Elle n'est plus en colère !

– Ce n'est pas ce que je veux dire.

Il reprend sa main.

– Je ne veux pas te faire de mal.

– Alors ne m'en fais pas.

Maintenant que nous ne sommes plus connectés, je me sens de nouveau perdue.

– Ce n'est pas si simple, affirme Dylan d'une petite voix. Je ne contrôle pas tout, tu sais.

Oh, je vois. J'aurais dû me douter que ça ne pouvait pas durer. Nous serons de retour dans la vraie vie demain au lycée et, là-bas, je suis toujours la cinglée. Dylan n'a pas l'intention de ruiner sa réputation à cause de moi.

– C'est à cause des autres, c'est ça ? Parce que si tu veux, on n'est pas obligés de... Tu sais, on peut...

Je voudrais lui dire qu'on peut faire comme si on ne sortait pas ensemble mais après tout je ne suis même pas sûre que ce soit le cas. Et puis, en fait, je ne me vois pas faire comme si Dylan m'était indifférent, comme si je lui étais indifférente.

Il secoue la tête.

– Je te l'ai dit, je me fiche des autres ! Ça n'a rien à voir avec ça. Mais… je ne peux pas en parler.

Il fixe un point derrière mon épaule. J'ai remarqué que c'est ce qu'il fait quand il est trop nerveux pour me regarder dans les yeux. J'en sais tellement plus sur lui ce soir que ce matin… mais je veux en apprendre plus encore. Je veux connaître son secret.

– Pourquoi ? Tu t'es confié à moi tout à l'heure et…

– C'est… différent. Tu vas penser que…

Il hésite.

– Je ne sais pas ce que tu vas penser.

– Fais-moi confiance.

On dirait qu'il cherche sur le mur la réponse à une question non formulée.

– Oui, finit-il par murmurer. Je te raconterai, mais… pas maintenant.

Je laisse retomber mes épaules. J'ai la sensation d'avoir échoué à un test. Je tente quand même :

– Un indice au moins ?

– Un indice ?

– Oui, juste pour…

… m'assurer que tu ne me dissimules pas quelque chose de monstrueux, que je ne vais pas découvrir que tout ce que tu m'as raconté n'était que mensonges, que je peux continuer de t'aimer sans avoir peur de ce qui va arriver parce que, de toute façon, je ne suis pas sûre de pouvoir arrêter.

– Pour que j'arrive à dormir cette nuit.

– Pas sûr que ça marcherait…

Il laisse passer un silence et, quand je commence à me dire qu'il n'ajoutera rien sur le sujet, il me demande :

– Tu crois à la magie ?

– Quelle sorte de magie ?

– Celle qui peut changer l'avenir. Celle dont les sortilèges peuvent transformer les gens en dieux, en esclaves ou en monstres.

Il ne plaisante pas.

– Je... je ne sais pas.

Je réfléchis sérieusement à la douleur de ma vie qui ne s'interrompt que quand je peins. Je pense à mon amie disparue, à son imbécile de père, à la vie familiale brisée de Dylan, à tous les habitants de cette ville qui n'ont jamais laissé à ma mère une chance de s'intégrer. Je pense aussi aux politiciens corrompus, au réchauffement climatique, à la cupidité, à l'égoïsme, à l'apathie, à la haine et à mon sentiment qu'il n'y a pas d'issue à cette sombre époque. Et je secoue la tête.

– Non, je ne crois pas à la magie.

– C'est vrai ?

Il semble surpris.

– Il n'y a rien de magique dans ce qui nous entoure.

– Tu ne vois pas la magie de ta vie ?

Je réprime un rire.

– Oh non ! Toi oui ?

– Plus que tu ne le crois.

– Donne-moi un exemple, alors...

– Je ne peux pas. Pas maintenant.

Sa façon de parler par énigmes est terriblement frustrante. Il reprend :

– Mais je peux quand même te confier ceci : je crois à la magie et je sais qu'elle peut être bienfaisante comme maléfique.

Sa manière de prononcer le dernier mot me fait frissonner. Comme si toutes les mauvaises choses qui nous environnent s'approchaient de moi. Je repense à mon rêve et à l'homme en robe de moine.

– Comment sais-tu ça ?

– Je te le dirai, bientôt.

Il me caresse la joue du bout du doigt. J'ai envie de me laisser aller dans ses bras. Il me trouve vraiment belle. Finalement, rien que ça prouve que la magie existe.

– Mais en attendant, sois prudente, me souffle-t-il. Et dans la mesure du possible, essaie de ne pas te mettre en colère.

– Pourquoi ?

– Je ne pense pas que tu sois folle. Je crois que ces cris que tu entends sont bien réels.

– Ne plaisante pas sur ce sujet !

– Je suis sérieux. Et au cas où j'aurais raison, c'est mieux que tu n'attires pas l'attention.

Je secoue la tête. Des dizaines de questions déferlent dans ma tête. Avant que je me décide à en formuler une, Dylan pose son doigt sur mes lèvres.

– Je te promets de t'en dire plus dès que je le pourrai. Maintenant, tu dois aller te reposer.

– Tu crois que je vais réussir à dormir ? Après ce que tu viens de me raconter ? J'ai l'impression que tu me crois victime d'un ensorcellement ou je ne sais quoi ! Ou tu es fou ou tu...

– ... as raison.

Je le dévisage et j'affirme :

– La magie n'existe pas.

– J'aimerais tant que tu dises vrai.

Je suis plus près de son secret que je ne l'ai jamais été. Je le sens.

– Comment le sais-tu ? Depuis quand Dylan Stroud s'intéresse-t-il au surnaturel ?

– Et si je n'étais pas Dylan Stroud ?

Quoi ? Mais qu'est-ce qu'il raconte ?

– On ne t'a jamais appris à ne pas juger les gens sur leur apparence ? Surtout quand ils sont soudain si différents de ce que tu croyais ?

Ses mots ricochent sur les parois de mon cerveau comme un galet sur la surface d'un étang ; ils forment des cercles ondoyants et, petit à petit, j'énumère tout ce qui m'a surpris chez Dylan. Mais j'arrête rapidement. Je ne veux pas emprunter ce chemin. Je ne sais pas où il mène. Je murmure :

– C'est… de la folie…

– Oui, mais ça vaut le coup d'y réfléchir, sourit Dylan. Tu crois que ta mère me laissera t'emmener au lycée demain ? Maintenant que nous sommes liés par la promesse d'utiliser des contraceptifs.

Je rougis de nouveau.

– Mmm, je crois…

– Super. Je viens te chercher à sept heures. On pourra aller petit-déjeuner quelque part.

Il m'embrasse sur le front et se dirige vers la porte.

Pendant une demi-seconde, je songe à le supplier de rester mais je me retiens. Je le regarde disparaître dans la nuit en me demandant lequel de nous deux est le plus fou : Dylan pour avoir évoqué une telle possibilité ou moi parce que je me demande si je ne le crois pas ?

ONZE

Roméo

Il est sept heures moins le quart quand je me gare devant chez Arielle. Elle m'attend, son sac de classe sur l'épaule. Je l'accueille d'un :

– Tu es plus belle que jamais ce matin.

Je ne mens pas, elle porte un haut blanc, diaphane sur un jean sombre et elle s'est fait deux longues tresses.

– Tu ressembles à une princesse indienne au visage très pâle.

Elle se glisse à mes côtés.

– Merci. Tu es en avance.

– Je n'arrivais pas à dormir. J'avais envie de te voir.

– Pareil.

Elle ferme la portière et je redémarre. Direction le centre-ville.

– Je me suis levée à deux heures du matin, reprend-elle. J'ai commencé un nouveau tableau. Je crois que je vais avoir besoin de caféine, pour une fois.

– Je pense qu'on peut arranger ça.

J'attends qu'elle aborde le sujet qui occupe forcément ses pensées, mais elle ne pose aucune question sur mes avertissements énigmatiques de la veille au soir. Elle fait une remarque sur le temps avant de me rappeler qu'on a une dissertation à rendre en anglais – je ne l'ai pas terminée. Puis elle me demande si je suis prêt pour la dernière répétition avant le grand soir.

– Bien sûr.

Elle lève les yeux au ciel.

– Tu n'es pas nerveux ? Pas du tout ?

– Je ne suis nerveux que pour les questions de vie ou de mort.

Mon ton est plus grave que je n'en avais l'intention. Deux jours. C'est tout ce qu'il me reste. Deux, deux, deux. Je repousse ce mantra perturbant et je me force à sourire.

– De toute façon, je ne chante qu'une chanson. Je ne resterai pas sur scène plus de cinq minutes et ensuite je passe toute la soirée avec toi. Je n'aurai même pas besoin de me changer, on ne se produit pas en costume.

Je baisse le chauffage de la voiture. J'ai moins froid maintenant qu'Arielle est avec moi.

– D'ailleurs, ça me rappelle que je dois aller faire un peu de shopping. Tu m'accompagnerais cet après-midi ?

– Bien sûr.

– Je pensais me trouver un smoking d'occasion. Plutôt clair, de préférence.

Elle acquiesce en riant.

– Pas de problème. Je pense que tu vas être très beau !

Elle me prend la main et de nouveau, je suis… déchiré.

Il vaut peut-être mieux faire semblant de ne pas être une âme perdue dans le corps de Dylan. Le changement chez Arielle est incroyable. Peut-être qu'il me suffirait de continuer comme ça pour sauver ma peau. Mais je ne peux pas me remettre à un « peut-être », alors qu'il me reste moins de quarante-huit heures pour réussir et qu'en cas d'échec, l'enfer m'attend. Je préfère suivre mon instinct et révéler à Arielle toute ma triste histoire, revue et corrigée.

Roméo Montaigu – l'un des amants les plus célèbres de la littérature – a une meilleure chance de gagner son amour que Dylan Stroud. J'ai utilisé ma véritable identité des dizaines de fois par le passé pour convaincre une âme sœur de se convertir. Je suis toujours ébahi de la facilité avec laquelle les humains croient en l'extraordinaire, quand c'est au nom de l'amour.

Et puis, que deviendra Arielle quand le vrai Dylan reviendra si je ne lui dis pas la vérité ? Ou plutôt une certaine version de la vérité. Comment les Ambassadeurs peuvent-ils penser que cette jeune fille continuera à croire en l'amour, si le garçon de son cœur redevient un horrible voyou sans foi ni loi ?

Dylan gardera bien sûr quelques souvenirs de ces moments passés avec Arielle mais il ne l'aimera pas. Je fais semblant dans le but de ne pas tomber entre les griffes des démons, mais lui, qu'imaginera-t-il ? Quelle raison tordue son cerveau inventera-t-il pour justifier cette relation ?

Et même si, par miracle, Arielle n'est pas totalement désenchantée, comment puis-je la protéger des Mercenaires, qui ne se gêneront pas pour la détruire quand elle ne leur sera plus d'aucune utilité ?

Qu'est-ce que ça peut te faire ? Les Mercenaires la tueront probablement mais au moins, sa mort ne sera entachée d'aucun sortilège. Tu ne peux pas en dire autant. Fais attention à toi si tu ne veux pas te retrouver dans un corps pourrissant dès samedi matin.

– Dylan ? On va prendre un petit déjeuner ?

Arielle me secoue doucement le bras. Je sursaute.

– Oui, oui, bien sûr. Hors de question d'attaquer la journée l'estomac vide.

– Tu… tu as dépassé le café il y a cinq minutes.

– Je... je me suis dit qu'on pouvait aller à la boulangerie prendre un croissant. C'est moi qui invite.

Je me gare à quelques mètres du Moulin.

– Non, cette fois, c'est moi, proteste Arielle. Tu as payé le restau l'autre soir et tu as aussi tout acheté hier.

Je sors pour lui ouvrir la portière. Je lui adresse un clin d'œil.

– J'ai réussi à emprunter vingt dollars à mon père hier. Je suis riche.

– Mais tu en auras besoin tout à l'heure pour ton smoking !

– T'inquiète, tout est sous contrôle.

Et c'est vrai. Je veux que rien ne se mette en travers de mon chemin. Je suis une araignée et Arielle, une mouche. Une araignée ne se laisse pas distraire de sa proie. Elle fait ce qu'il faut pour survivre.

– Attends.

Arielle s'est brusquement immobilisée devant la boulangerie.

– Je ne peux pas, souffle-t-elle.

– Pourquoi ?

– Je ne peux pas, répète-t-elle. Je t'ai dit hier que je ne voulais pas venir ici.

Elle recule alors que la porte s'ouvre dans un carillon. Et je découvre ce qui a paniqué ma petite mouche.

– Eh, mec ! Tu crains ! J'ai déjà dépensé ton fric !

La voix grave est suivie par des ricanements.

Trois types entourent un quatrième plus petit aux cheveux dressés sur la tête. Ils me dévisagent, hilares, avant de s'approcher de nous comme des hyènes. Mon regard croise celui, impitoyable, de Jason. Des souvenirs des tortures qu'il m'a infligées pour avoir trahi les Mercenaires me reviennent en rafale.

Mon créateur, le frère Laurence, habitait ce corps lors de ma première venue ici. C'est par sa faute que j'ai dû tuer Juliette et son nouvel amoureux. Il ne m'a pas laissé le choix et c'est lui qui m'a ensuite emprisonné dans un cadavre.

Je serre les poings. Et si c'était lui ? S'il possédait toujours le corps de Jason ? Me reconnaîtrait-il ? Dans ce cas, que ferait-il ? Me renverrait-il sur-le-champ à mon immonde destin ? Me volerait-il ma deuxième chance ? Si c'est lui, il essaiera de la convertir, et s'il n'y parvient pas, il la tuera. Je ne pourrai rien faire pour l'en empêcher.

Je serai impuissant, comme un chien mordillant les chevilles de son maître.

Je dois parler à Arielle. Tout lui révéler. Je dois la persuader de croire en mes mensonges avant que quelqu'un d'autre l'empoisonne avec les siens.

– Pourquoi tu m'as pas appelé hier, mec ? J'ai cru que la cinglée t'avait coupé les balloches !

La voix de Jason est plus aiguë que dans mon souvenir. Son sourire creuse des fossettes dans ses joues rondes. Et ses yeux… cruels mais… pas maléfiques.

Ce n'est pas le moine. Je prends une longue inspiration et je reprends mes esprits. Mais Arielle n'est plus à mes côtés.

– Cinq cents dollars, mon pote ! continue Jason. Une fois que tout le monde aura payé, on pourra s'offrir des amplis tout neufs.

Il lève la main pour taper dans la paume de Dylan en signe de victoire. J'ai une brusque envie de lui arracher les doigts un par un. Mais je me contente de lui tourner le dos. Ce type n'est pas important. Seule Arielle compte.

Je la retrouve à deux rues de là, ses tresses blondes tressautant sur les épaules. Qu'elle se soit attaché les cheveux m'a fait plaisir ce matin, plus de rideau pour la dissimuler à mon regard. Mais quand je la vois ainsi, pliée en deux sous l'effet de la douleur et de l'angoisse, toute ma joie s'évapore. Maudits soient Jason et ses copains. Maudit soit Dylan.

Que je sois maudit moi-même.

– Arielle, attends !

Les crétins derrière moi répètent mon cri d'une voix ridicule. Les types qui accompagnent Jason sont Craig, Tanner et Brodie. Ces noms ne signifient rien pour moi mais c'est différent pour Arielle. Ces vauriens l'ont maltraitée par jeu. C'est leur faute si elle ne parvient pas à oublier les marques sur son visage et sur son cou. Ce sont eux qui ont propagé l'histoire de ses cicatrices et de sa crise en primaire. Qui ont fait d'elle l'objet de toutes les rumeurs et la cible de moqueries incessantes. Ils l'ont enfermée dans une cage invisible et elle les hait pour ça. Mais elle les craint aussi et elle est dans l'incapacité de laisser sa colère s'exprimer à cause des hurlements dans sa tête.

C'est comme s'ils l'avaient envoyée en enfer.

Moi aussi je les hais. D'une haine pure et violente. J'ai peut-être du mal à gérer la tendresse et les émotions positives mais je sais parfaitement quoi faire avec la haine.

Je fais volte-face, les poings dressés. Mon expérience du combat vieille de plusieurs siècles n'a pas été vaine. J'atteins Craig dans la mâchoire et un autre, Tanner ou Brodie, à l'oreille. De l'autre côté de la rue, une voix nous crie d'arrêter mais je n'y prête aucune attention.

C'est magique.

La noirceur qui m'a accompagné durant tout mon temps au service des Mercenaires refait surface. Je lui ouvre les bras. Je me jette en avant et assène trois coups de poing dans les reins du troisième larron. Il tombe en gémissant. Je suis maintenant face à Jason. Un sourire s'épanouit sur mon visage. Ça va être bon de le cogner.

Il aurait dû fuir mais il a commis l'erreur de se réfugier dans l'entrée d'un magasin fermé. Il émet des petits bruits comme des sanglots. Je rugis :

– Ne me dis pas que tu pleures !

Alors que je m'approche de lui, je croise le regard d'Arielle. J'aperçois sa moue et la raideur de son dos. Je suis heureux. C'est pour elle que je me bats. Elle va m'aimer, me sauver.

– Tu devrais avoir honte, je grogne à l'attention de Jason, espèce de sale petit...

Une main se pose sur mon épaule. Je me retourne, m'attendant à affronter un des copains de Jason mais je me retrouve face à... un fantôme !

Je laisse retomber mon bras. Mon visage se décompose.

Non, ce n'est pas un fantôme, il est bien en vie. Ses doigts ne sont pas glacés, ses yeux luisent de colère, et sa voix...

– Arrête !

– Benvolio !

Je n'en crois pas mes yeux. Comment est-ce possible ? Mon cousin est mort il y a des centaines d'années.

Mais malgré son jean et son T-shirt, je n'ai aucun doute. C'est lui. Nous avons grandi ensemble, et durant quinze ans, il a été mon plus proche ami.

Il me lâche et fronce les sourcils.

– On se connaît ?

– C'est moi Roméo, je murmure. Benvolio, je...

– Je m'appelle Ben, me corrige-t-il. Seulement Ben.

– Ben ?

– Ben Luna.

Non, c'est impossible. Ça ne peut pas...

– J'ai emménagé la semaine dernière et j'ai sport avec ce mec.

Du menton, il me désigne Jason, qui a profité de l'interruption pour prendre ses jambes à son cou. Je devrais ressentir de la colère. Je devrais essayer de le rattraper. Je devrais m'assurer qu'Arielle va bien. Mais je n'arrive pas à détacher mon regard de Benvolio. Une onde de panique se propage en moi.

– Je comprends que tu aies eu envie de le cogner, reprend Ben, mais ces types ne t'avaient rien fait. Et puis mon frère ne va pas tarder à arriver. Il est flic. Je pense que tu n'as pas vraiment envie de te faire arrêter.

– Non... oui, merci... Ben.

Benvolio. Ce n'est pas Ben, le garçon qui est tombé amoureux de Juliette, mais bien mon cousin. Il n'a pas cet air en même temps tragique et sincère qui me donnait envie de lui enfoncer une lame dans le ventre. Je reconnais l'âme de Benvolio mais aussi son visage et sa manière de se montrer vaguement menaçant avec sa main sur la hanche.

Pourtant, il semble croire qu'il est réellement Benjamin Luna. Qu'est-ce que ça veut dire ?

Et où est le vrai Ben ?

– De rien, me lance-t-il. C'est quoi ton nom, déjà ?

– Dylan.

Il plisse les yeux, soudain soupçonneux.

– C'est pas le nom que tu m'as donné tout à l'heure.

Je n'ai jamais pu tromper Benvolio. Et ça n'a manifestement pas changé, même s'il est parvenu à se leurrer lui-même. À moins que quelqu'un d'autre l'ait leurré.

Les Ambassadeurs m'ont envoyé dans une autre réalité. Et s'ils l'avaient projeté dans le futur ? Mais pour quelle raison ? Si c'était pour me tuer, il aurait déjà essayé. L'occasion était trop belle. Benvolio n'a jamais été du genre à remettre à plus tard. Alors serait-ce seulement une coïncidence ?

Je me force à rire.

– Je t'ai pris pour quelqu'un d'autre. Un copain avec qui j'ai fait du théâtre cet été. Il jouait Benvolio et moi Roméo.

– Ah oui ? Dans quelle pièce ?

Il sait que je mens. Je hausse les épaules, passablement agacé.

– Il n'y a pas trente-six pièces avec Roméo. *Roméo et Juliette* !

Il hausse un sourcil.

– Jamais entendu parler.

– Quoi ? Tu vis dans un volcan ou quoi ?

Du coin de l'œil, je remarque qu'Arielle s'est approchée.

Merde ! Je l'avais presque oubliée. Je n'ai pas le droit de commettre ce genre d'erreur, même si c'est extrêmement perturbant de discuter avec mon cousin censé être mort depuis plus de six cents ans.

Je souris et la prends par la taille.

– Tu vas bien ? me demande-t-elle.

– Très bien. Et toi ?

Elle acquiesce et jette un regard nerveux à Ben. Je la serre plus fort, histoire que Ben/Benvolio sache qu'elle est avec moi. L'autre avait une certaine attirance pour les blondes à cheveux longs, celle-ci en particulier.

– Arielle, je te présente Ben. Ben, je te présente Arielle.

– Content de te rencontrer, la salue-t-il avec une chaleur qui me donne envie de lui faire avaler son sourire.

Quand nous étions jeunes, Benvolio aurait pu charmer des dizaines de jeunes filles s'il n'avait pas été trop honorable pour mettre en péril leur vertu.

Je dépose un baiser sur le dessus de la tête d'Arielle en m'exclamant :

– Ben me disait qu'il n'avait jamais entendu parler de *Roméo et Juliette* !

– Oh, répond-elle d'une petite voix. Et c'est quoi ? Un groupe de musique ?

– Une pièce de théâtre, la renseigne Ben. Mais ne t'inquiète pas, moi non plus, je ne connaissais pas.

Moi non plus.

Soudain, un doute m'étreint.

Et si… Si…

Je dois immédiatement me rendre au CDI.

– Bon, désolé, Ben, mais on doit y aller.

J'entraîne Arielle vers la voiture. Ben l'observe, essayant de jauger si elle m'accompagne de son plein gré. Je retiens une grimace de mépris et je lui lance :

– À plus.

J'ajoute à l'attention d'Arielle :

– Je sais que je t'avais promis un petit déjeuner mais…

– Ça va, rétorque-t-elle en reprenant sa main. Je n'ai plus faim de toute façon.

Elle croise les bras, manifestement en colère.

– Qu'est-ce qu'il y a ? J'ai fait quelque chose de mal ?

Je baisse la tête et j'essaie de prendre un air honteux.

– Je suis désolé si je t'ai effrayée, je ne me contrôlais plus. Je voulais qu'ils sachent qu'ils n'avaient plus le droit de te faire du mal.

– Je… je n'avais pas peur… j'ai… adoré ça.

Elle lève vers moi un regard anxieux.

– J'ai aimé te regarder leur casser la figure et je n'avais pas envie que ce Ben t'arrête.

Elle hésite un instant avant de murmurer :

– Je voulais que Jason Kim saigne. Beaucoup.

Je cligne des paupières, surpris. Et plutôt content, même si je sais que je ne devrais pas. Je suis censé protéger Arielle de son côté obscur, pas le contraire. Mais jusqu'à présent, je ne pensais pas qu'elle en avait un. Elle est toujours si... généreuse et si gentille. Enfin, la plupart du temps. Quand elle n'essaie pas de se suicider et de tuer son petit ami en envoyant la voiture dans un ravin !

Je la prends dans mes bras.

– Ils t'ont fait beaucoup de mal. Ce que tu ressens est normal.

– Tu crois ?

Je soupire.

– Eh bien... peut-être pas tout à fait normal mais... je peux le comprendre.

– Je sais que tu me comprends.

Elle appuie sa joue sur ma poitrine et se laisse aller.

– Merci, dit-elle.

– Ne me remercie pas. Je suis désolé.

– De quoi ?

– Je... je ne sais pas.

Elle a levé les yeux vers moi mais j'évite son regard. Ben est toujours là. Je me penche pour ouvrir la portière.

– Viens, allons-nous-en. On nous regarde.

– Il est bizarre, ce garçon, tu ne trouves pas ? me souffle-t-elle.

Sa remarque me met du baume au cœur. C'est moi qu'elle préfère. Ah, Arielle ! Certains estimeront probablement qu'elle a mauvais goût mais je ne peux m'empêcher d'être flatté.

Prends ça, preux chevalier sauveur de damoiselle en détresse, cette jeune fille préfère le coquin. J'adresse mon sourire le plus narquois à Benvolio, alors que nous nous éloignons. Maintenant, pour apaiser mes craintes, il ne me reste qu'à retrouver ce fichu livre.

DOUZE

Arielle

Je m'accroche à la main de Dylan. Il marche vite. Nous nous dirigeons vers le lycée. Il fait encore très beau aujourd'hui et la plupart des élèves prennent leur petit déjeuner sur l'herbe, ou sur les bancs de l'allée principale. Le bourdonnement qui s'élève est inhabituellement enjoué mais sur notre passage, les conversations se transforment progressivement en murmures. Tout le monde est étonné de nous voir ensemble : le voyou et la cinglée. Les regards sont comme des doigts tendus. Protégée par mes tresses, je risque un coup d'œil prudent. Il y a de la curiosité, de l'incrédulité, de l'amusement aussi. Et certaines filles ont même l'air presque émues. Comme si elles étaient contentes pour moi.

C'est impossible.

Je n'arrive pas encore à réaliser qu'il y a vingt minutes, Dylan s'est battu pour moi avec ses amis. Il m'a défendue, il a tenu sa promesse de montrer à tout le monde que j'étais importante à ses yeux. J'en ai le vertige.

Même dans mes rêves les plus secrets et les plus romantiques, je n'avais jamais espéré une telle chose.

Je baisse la tête pour dissimuler mon sourire. C'est dingue. C'est un conte de fées. C'est ma vie. Comme si mon cœur prenait feu ; plus jamais je ne serai seule ou effrayée maintenant que Dylan et moi sommes ensemble.

Parce que nous sommes ensemble. C'est évident maintenant, mais je ne peux m'empêcher de poser la question alors que nous franchissons le seuil du CDI :

– Est-ce qu'on peut dire qu'on… sort ensemble ? Qu'on est un couple ?

Sans s'arrêter, Dylan me répond par un vague grognement. Il est distrait depuis tout à l'heure. Il a prétexté avoir oublié un devoir pour m'entraîner ici, mais j'ai du mal à y croire. Ce matin, il avait l'air de se fiche de la dissertation d'anglais et puis, on ne peut pas vraiment le qualifier d'élève studieux. Nous sommes dans la section théâtre.

Comme s'il percevait mon inquiétude, il tend la main et tire gentiment sur une de mes nattes.

– Ça ne me prendra qu'une seconde.

Il laisse tomber son sac et passe la main sur le dos des ouvrages. Il s'arrête sur un gros livre dont il s'empare avidement.

Œuvres complètes de William Shakespeare. Il pose le livre sur une table et l'ouvre à la table des matières. Il lit, secoue la tête, lit encore. Son visage se décompose. Que lui arrive-t-il ? Je lui touche le dos mais il tressaille et me lance un étrange regard comme s'il avait oublié qui je suis.

– Ça va ?

Il tourne les pages à toute vitesse.

– C'est impossible, marmonne-t-il, impossible. C'est forcément une erreur.

– Quoi ? De quoi tu parles ?

– Œuvres complètes, mon cul !

Il referme le livre et le remet sur l'étagère avant de se tourner vers moi.

– Tu es sûre de n'avoir jamais entendu parler de *Roméo et Juliette* ? La pièce de Shakespeare ? L'histoire d'amour la plus tragique jamais racontée ?

Je me mords la lèvre.

– J'aime beaucoup Shakespeare mais je n'ai pas lu toutes ses pièces… Je suis peut-être passée à côté de celle-là.

– Non ! Impossible de passer à côté de *Roméo et Juliette*. Il y a eu des dizaines d'adaptations, de films, de comédies musicales !

Il s'interrompt et pointe le doigt vers moi, les yeux écarquillés.

– *West Side Story* ! Tu connais ? C'est une réécriture moderne de *Roméo et Juliette* ! Tu vois de quoi je parle : « Maria » ! C'est la chanson que tu m'as demandé de chanter le soir où on s'est rencontrés.

– On se connaît depuis le CE1, Dylan.

C'est la pure vérité, même si j'ai effectivement l'impression de n'avoir découvert Dylan que depuis deux jours.

Il me prend la main et murmure :

– Tu sais que non, Arielle. Tu sais que je ne suis pas lui.

Que répondre à ça ? Tout ce qui me vient à l'esprit, c'est :

– *Tristan et Yseut.*

– Quoi ?

– *West Side Story* est une adaptation de *Tristan et Yseut.*

Tout espoir semble soudain l'abandonner. Il pâlit.

– Tu parles de la légende irlandaise ?

J'acquiesce.

– Le chevalier Tristan ramène la princesse Yseut à son roi pour qu'il l'épouse. Mais en chemin, les deux jeunes gens boivent une potion d'amour et tombent amoureux pour l'éternité. C'est à ce moment que Tristan, Tony dans la comédie musicale, chante « Maria ».

Il me lâche la main. Je m'approche de lui pour le réconforter. J'ignore pourquoi mais il en a besoin. Malgré mes bras autour de son cou, il reste immobile et ma crainte se transforme en terreur. Et si je m'étais trompée, si tout ça n'était qu'une énorme blague ? Je suis tellement habituée à m'attendre au pire que je n'arrive pas à me détendre. L'espoir est une brèche dangereuse dans une armure. Je me suis rendue vulnérable et je pourrais en pâtir. Mais lentement, Dylan me prend par la taille avant de nicher son visage dans le creux de mon cou.

– Arielle… je crois que j'ai de gros problèmes.

– Pourquoi ?

– Je ne suis pas sûr… d'exister, chuchote-t-il dans mes cheveux. Et si j'existe, rien ne s'est passé comme ça aurait dû. Je ne comprends pas ce qui se passe.

Je le serre plus fort. Ses propos sont plus qu'obscurs mais je sais trop ce que c'est d'être prise pour une cinglée. Je n'ai pas l'intention de le juger. Pas sans l'avoir écouté. De quoi peut-il s'agir ? Son frère jumeau serait-il encore en vie ? Aurait-il pris sa place ? On dirait le scénario d'un feuilleton de l'après-midi mais je dois bien reconnaître que le Dylan que je fréquente depuis avant-hier est très différent de celui que je connaissais. Je l'encourage :

– Explique-moi. Tu peux tout me raconter.

– Tu ne me croiras pas. Tu ne connais même pas l'histoire. D'ailleurs, peut-être cette histoire n'existe-t-elle même pas.

– Hier, tu m'as parlé de magie noire. Ça ne m'a pas empêchée de monter dans ta voiture ce matin. Je suis avec toi, Dylan…

J'hésite mais j'ai encore trop peur pour lui révéler à voix haute combien il compte pour moi.

– Je veux t'aider. Fais-moi confiance. Je t'ai prouvé que je n'étais pas du genre à me moquer.

Il me fixe un long moment. Je sens ses défenses tomber une à une. Il me donne enfin accès à son âme. À présent, les murailles se sont effondrées. Je vais découvrir la vérité.

– Il y a très longtemps, dans la ville de Vérone, en Italie, vivait un garçon du nom de Roméo.

Au ton de sa voix, je sais qu'il n'est pas du tout en train de me raconter un conte de fées.

– Il avait seize ans et il était très en colère contre son père, contre le monde et également contre Dieu, même si son éducation religieuse l'empêchait de se l'avouer. Il était issu d'une riche famille et avait du temps à dédier à sa rage. Quand il n'était pas plein de hargne, il était amoureux. Il tombait amoureux tous les quinze jours et ses amours finissaient toujours mal. Aucune jeune fille n'était assez parfaite à ses yeux. Jusqu'au jour où il tomba réellement amoureux. La jeune fille venait d'une famille très stricte.

– Comment s'appelait-elle ?

Je suis probablement plus curieuse que je ne devrais l'être.

– Rosaline, répond-il mécaniquement. Roméo et Rosaline s'entendaient à merveille. Ils discutaient des heures durant et se promenaient dans la campagne, toujours accompagnés par la nourrice de la jeune fille, une femme gigantesque, à la respiration de buffle et qui dégageait une odeur de vinaigre. Ce personnage aurait pu tuer l'idée même de l'amour.

Il fronce le nez mais reprend aussitôt.

– Un jour, Roméo convainquit Rosaline de le retrouver derrière les écuries de son père. Mais au lieu de lui donner les baisers brûlants qu'il espérait, Rosaline lui révéla qu'elle avait juré de rester chaste. Elle désirait vouer sa vie à Dieu et entrer au couvent. Elle demanda au jeune homme de ne plus chercher à la revoir et le quitta sans même un baiser d'adieu.

La voix de Dylan s'est presque éteinte mais je sens que l'histoire n'est pas finie.

– Qu'a fait le garçon ?

– Il est sorti ce soir-là, en compagnie de son cousin Benvolio. Il s'est soûlé et il s'est rendu, sans y être invité, à une fête donnée par l'ennemi juré de son père. C'était un bal costumé et il n'eut aucun mal à dissimuler son identité. Son cousin et lui burent le vin de leur hôte, mangèrent ses victuailles et dansèrent avec les femmes présentes. À dix heures, une jeune beauté apparut en haut du grand escalier et Roméo tomba de nouveau amoureux. La jeune fille était le soleil, il fut aussitôt aveuglé.

Son regard se perd dans le vague, comme s'il revoyait cette magnifique jeune fille. Une part de moi, la part enfantine qui croit aux fées et aux licornes, comprend que cette histoire est vraie.

Et que c'est celle d'un garçon qui ne se prénomme pas Dylan, mais Roméo.

– Elle s'appelait Juliette, reprend-il. C'était la fille de l'ennemi du père de Roméo. Mais ça n'avait aucune importance pour le jeune homme. Sa compagnie était magique. Elle était belle et passionnée, généreuse et drôle. Et elle était sienne comme personne ne l'avait jamais été auparavant. Il aurait dû être heureux.

Dylan parle plus vite, comme si les mots lui échappaient.

– Mais il ne l'était pas et il commit la plus grande erreur de sa vie. Il la trahit. Ses intentions étaient bonnes, du moins, il parvint à s'en convaincre, mais il était lâche et… il fut maudit. Condamné à errer éternellement et à perpétrer d'horribles crimes. Il n'y avait plus d'amour en lui. Juliette mourut. Par sa faute.

Malgré moi, les larmes me montent aux yeux.

– C'est si triste.

– Je ne mérite pas ta pitié ! lance-t-il d'une voix éraillée.

– Ça m'est égal !

Sur la pointe des pieds, je pose un baiser sur ses lèvres. Il ne réagit pas tout de suite, mais soudain, il me rend mon baiser comme un noyé accroché à une bonbonne d'oxygène. Il me serre si fort que son cœur résonne contre ma poitrine. Nous sommes si proches que je pourrais me fondre en lui, franchir cette porte qu'il m'a ouverte, me perdre et ne jamais revenir.

– Dylan ? Arielle ?

Le ton de Mme Lorado est plus étonné que scandalisé. Nous nous séparons d'un bond, les mains tremblantes. J'essaie de regarder la documentaliste mais je n'arrive pas à me concentrer sur son visage blanc et ses lèvres pincées. Comme d'habitude, elle porte un sweat hyper coloré avec un personnage de dessin animé.

La première fois que je l'ai rencontrée, je croyais que ses pulls étaient l'illustration de sa gentillesse. Comme ma maîtresse de CE2, qui nous donnait des cartes de non-anniversaire tous les vendredis. Mais Mme Lorado n'est pas gentille et on dirait qu'elle n'apprécie pas que les élèves échangent des baisers passionnés dans le CDI.

– C'est inacceptable ! s'exclame-t-elle. Qu'avez-vous à dire pour votre défense ?

– On est désolés…

Je devrais ajouter quelque chose mais je ne sais pas quoi. Mon esprit est totalement occupé par l'histoire que vient de me raconter Dylan.

– Être désolé ne suffit pas, rétorque sèchement Mme Lorado. Et c'est à cause de ce genre de comportement que nous allons être obligés de fermer le CDI quand je ne suis pas là pour le surveiller. Et d'ailleurs, continue-t-elle, vous savez pertinemment que tout étalage d'affection est interdit dans l'enceinte de l'établissement. C'est écrit dans le règlement intérieur, noir sur blanc.

– Qui lit le règlement ? demande Dylan.

– Ne faites pas votre malin, monsieur Stroud !

Mme Lorado croise les bras sur le chat aux gros yeux de son pull.

– Ceci est un avertissement. La prochaine fois que je vous surprends à faire autre chose que lire dans ce CDI, vous irez chez la proviseur. Et maintenant, filez en cours !

Nous nous éclipsons en bredouillant. La sonnerie retentit, justement. Le soleil est toujours haut dans le ciel mais il me semble moins chaud et je ne suis plus sur un petit nuage. Je devrais me dépêcher de rejoindre mon casier mais je n'en trouve pas l'énergie. Rien ne me paraît plus important que Roméo et Juliette. Je prends Dylan par le bras.

– Tout était vrai, n'est-ce pas ?

– Oui. Cette histoire est la mienne. Tu vas sans doute me prendre pour un fou mais...

Je l'interromps. On n'a pas de temps à perdre avec ce genre de considération. Je le crois.

– C'est pour ça que tu parlais de magie ? Tu es réellement maudit ?

– Je l'étais. Un homme m'a trompé et je lui ai vendu mon âme. J'ai passé des centaines d'années en enfer.

J'ouvre la bouche mais il ne me laisse pas parler.

– Non. Ce que je disais tout à l'heure est vrai. Je ne mérite pas ta pitié. J'ai été égoïste. Et lâche.

Je lui prends la main. Deux filles nous dépassent en courant, mais nous ne leur prêtons aucune attention.

– Tu as changé, je le sais.

Dylan – ou Roméo – hausse les épaules.

– Je ne sais pas. Peut-être.

Il s'arrête et se place face à moi.

– Ce que je sais, c'est que je tiens à toi. Plus que je n'ai jamais tenu à qui que ce soit depuis...

– Juliette.

Je n'éprouve pas la moindre jalousie. Il n'a pas dit qu'il m'aimait mais c'est presque la même chose.

– Oui, depuis Juliette.

– Raconte-moi tout. Comment ? Pourquoi ? Et que Shakespeare vient-il faire là-dedans ?

– Je le connaissais.

– William Shakespeare ? Le Shakespeare ?

Mon Dieu ! Il est si vieux !

– Je lui ai raconté une version de mon histoire et il en a fait une pièce de théâtre. Il la connaissait en fait, j'ai seulement attiré son attention sur son potentiel dramatique.

Nous nous arrêtons devant une salle vide.

– Mais je ne lui ai raconté que le plus facile.

Roméo entre dans la classe sombre. Une voix dans ma tête m'avertit que je ne peux pas rester là avec lui, que ma mère sera très fâchée si elle apprend que j'ai séché. Je la fais taire et je le laisse m'entraîner. Je rentrerai avant Maman et j'effacerai le répondeur.

Et puis de toute façon, ça m'est égal.

Je viens de découvrir que la magie existe.

Il existe des garçons maudits, des secrets mortels mais peut-être aussi des réponses, de l'espoir et des fins heureuses. Et, sait-on jamais, des fées et des licornes ? Il est hors de question que je reste engluée dans ce monde morose et laid.

TREIZE

Arielle

Roméo m'entraîne vers un coin de la salle, invisible depuis la porte vitrée. Il s'accroupit sur la moquette bleue et je m'assois près de lui. J'ai l'impression d'être redevenue une petite fille à la maternelle, quand la maîtresse nous racontait une histoire. Sauf que c'est cent fois plus excitant.

Roméo me prend la main.

– Ce que je vais te raconter est triste, me prévient-il. Je savais que je m'associais à des gens peu reluisants. Comme je te l'ai dit, je n'étais pas sans défaut. J'étais en colère et égoïste. Je croyais que beaucoup de gens dans le monde méritaient de souffrir.

Je pense à Jason, au vrai Dylan et à tous ces garçons qui ont parié sur moi. Je pense à Hannah et aux autres filles qui m'évitaient à cause de mes cicatrices. Je hausse les épaules.

– Tu n'avais pas complètement tort.

Roméo secoue la tête.

– Personne ne mérite tant de cruauté. Les Mercenaires sont le mal incarné mais je ne l'ai réalisé qu'après avoir prononcé mes vœux. J'ai compris alors que j'avais commis une terrible erreur mais il était trop tard. Je n'avais plus d'issue. La manière dont ils forcent les convertis à vivre…

Il essaie de reprendre sa main mais je résiste. Je veux qu'il sache que je suis avec lui.

– Nous vivions dans les cadavres.

– Comment ça ?

– Mon âme s'emparait de la dépouille de mon choix et, grâce à la magie, cette personne reprenait vie. Mais ce n'était qu'une apparence et vivre dans un mort est…

Il lève les yeux vers moi. Des images de films de zombies me viennent en tête. Et soudain, une question me glace.

– Ça veut dire que Dylan est mort ?

– Non. Son corps est vivant et son âme en sécurité. Je ne travaille plus pour les Mercenaires. C'est la première fois que j'habite le corps d'une personne encore en vie. Avant mardi dernier, je n'avais plus rien senti, touché, goûté depuis des centaines d'années. Et j'ai perpétré des actes atroces pendant ces siècles. Des actes indicibles… mais si tu le veux vraiment, je peux te les raconter.

J'aimerais lui dire que ça va, que je n'ai pas besoin d'entendre, que c'est ce qu'il est aujourd'hui qui compte, mais je sais que ce n'est pas si simple.

– Atroces à quel point ?

– J'étais un monstre, déclare-t-il comme s'il prononçait un verdict.

Il parle de meurtres et de choses encore pires auxquelles je ne veux même pas penser. Pourtant, ça ne change rien aux sentiments que j'éprouve pour lui. Je lui demande :

– Tu ne le referais pas si tu avais le choix, n'est-ce pas ? Tu as changé ?

Il hoche la tête, soulagé par ma réaction.

– Oui. Je te le jure.

– Pourquoi es-tu ici ? Tu n'es pas venu pour me faire du mal ?

Il hésite une seconde de trop avant de répondre :

– Non.

– C'est vrai ?

J'ai un doute mais je n'ai toujours pas peur de lui. Notre histoire finira sans doute mal mais ce ne sera pas de son fait.

– Je n'ai pas été envoyé pour te blesser. J'ai récemment agi d'une façon… disons relativement noble, ce qui a attiré l'attention des Ambassadeurs, les détenteurs d'une autre forme de magie. De la magie blanche, cette fois.

Il plisse le nez et se corrige :

– En tout cas, pas noire. On m'a donné l'occasion de…

Il soupire et s'interrompt de nouveau.

– Ce n'est pas facile pour moi…

Je le rassure d'un demi-sourire.

– Je ne suis pas encore partie.

– Je… tu connais l'histoire de la petite sirène ?

J'acquiesce, pas vraiment surprise de cet apparent changement de sujet. Je crois que maintenant, peu de choses peuvent m'étonner.

– Oui, je porte le nom du personnage dans l'adaptation par Disney. Même si ma mère m'a appelée comme ça en référence à l'archange.

– L'ange de la colère et de la création, ça te va bien. Quoi qu'il en soit, tu sais donc que la sirène a échangé sa voix contre des jambes et qu'elle a donc été incapable d'expliquer au prince comment elle était arrivée sur les côtes de son royaume, ni ce dont elle avait besoin pour rester.

– Tu essaies de me dire que tu ne peux pas me dire quelle raison t'amène ?

– Oui, reconnaît-il.

– Et tu ne peux pas non plus me dire de quoi tu as besoin pour pouvoir rester ?

– Oui, répète-t-il.

– Mais tu as besoin de quelque chose et… tu veux rester.

– Je suis prêt à tout pour rester, confirme-t-il, mais la disparition de la pièce m'inquiète.

– Qu'est-ce que la pièce a à voir avec…

– Je n'ai jamais vécu dans un monde où *Roméo et Juliette* n'existe pas. Je ne sais pas ce que cela signifie. Cela veut-il dire que je n'ai jamais parlé avec Shakespeare dans cette réalité ou que tout simplement… je n'ai pas existé ?

Mon cerveau essaie de remettre dans l'ordre les pièces du puzzle. Mais l'une d'entre elles ne rentre pas.

– Qu'est-ce que tu veux dire par… cette réalité ? Il y en a d'autres ? Il se passe des choses ailleurs, au même moment, mais dans un autre espace-temps ?

Je ne suis pas sûre de m'être exprimée très clairement mais Roméo m'a comprise.

– C'est exactement ça.

Étrangement, j'ai plus de mal à croire à ça qu'à l'existence de la magie. Mais j'ai toujours été plus portée sur le rêve que sur la science. Penser que notre corps est fait de minuscules particules douées de vie propre me donne des nausées.

– Je n'en connais que deux, reprend Roméo, mais on m'a assuré qu'il y en avait d'autres. Les réalités parallèles se créent à mesure que les gens font des choix et suivent le cours de leur vie.

– C'est… dingue !

Les mêmes gens. Des vies différentes. Et si… et s'il y avait une raison pour laquelle j'ai si peu de mal à le croire…

– Est-ce que… est-ce qu'on s'est déjà rencontrés dans une autre réalité ?

Nos regards se croisent. Il hésite à répondre mais je ne sais pas s'il s'agit de choses qu'il n'a pas le droit de me communiquer ou si cette réticence lui appartient.

– Oui, finit-il par lâcher. Et non, ajoute-t-il une seconde plus tard. Nous nous sommes vus mais je ne t'avais jamais parlé. J'étais en mission pour les Mercenaires.

– Tu ne travailles plus du tout pour eux à présent ?

– Non. Mais j'ai peut-être été dupé. Je n'ai pas confiance en la femme qui m'a donné le pouvoir d'habiter le corps de Dylan.

– C'est une magicienne ?

Roméo affiche un sourire un peu jaune.

– Plutôt une sorcière.

– Comme celle dans *La Petite Sirène* ?

Prononcée à voix haute, cette question semble complètement idiote.

Dans la pièce sombre, blottis l'un contre l'autre sur la moquette, on pourrait nous prendre pour deux enfants qui jouent à faire semblant. Mais tout est bien réel. Nous parlons de la vie de Roméo et aussi de sa mort. Dans la version originale d'Andersen, la petite sirène se transforme en écume de mer parce que le prince ne parvient pas à l'aimer.

Je crois que j'aime Roméo mais je n'en suis pas absolument sûre. Je n'avais jamais ressenti ce mélange de peur, de joie, de transgression et de félicité.

Et autre chose me tracasse. Beaucoup.

– Tu dis que l'âme de Dylan est ailleurs et que tu as emprunté son corps ?

À son expression, je sais qu'il a deviné ma question avant que je la pose, mais je poursuis malgré tout :

– Il va revenir, c'est ça ?

– Oui.

Oh non ! Le Dylan qui a parié qu'il pouvait coucher avec moi quand il voulait et qui me considère comme une tarée.

– Je suis désolé.

Roméo tire gentiment sur une de mes nattes.

– Tu me détestes.

– Pourquoi je te détesterais ?

– Nous n'avons pas beaucoup de temps. Ça aurait été mieux de...

Il me scrute comme s'il essayait de mémoriser chaque détail de mon visage.

– Je ne veux pas que tu croies que je me sers de toi, énonce-t-il. Je suis là parce que tu comptes pour moi, mais il aurait peut-être mieux valu que je te laisse tranquille.

– Non.

Ma conviction me surprend moi-même.

– Combien de temps avons-nous pour trouver une solution ?

Roméo porte ma main à ses lèvres et murmure :

– Si la sorcière tient parole, nous avons jusqu'à vendredi minuit. Ça fera alors trois jours que j'occupe le corps de Dylan.

Trois jours. Tout pourrait donc se terminer demain soir et après... après, tout ira mal. Très mal.

Je me rends compte que je ne veux pas que Roméo meure. Je ne m'imagine pas sans lui. J'ai besoin qu'il reste près de moi, de savoir ce qu'il ressent minute après minute. Il prend mon visage dans ses mains et m'embrasse. Dans son étreinte vibre tant d'amour, de douleur et de désespoir que mon cœur est prêt à exploser. Mais les particules qui le composent s'éparpillent, se répartissent, se réorganisent et trouvent de la place là où il n'y en avait pas. Finalement, l'espoir n'est pas une faille dans mon armure mais une fenêtre ouverte sur un autre monde.

– Je trouverai un moyen, je ne te laisserai pas partir !

Ma promesse fait frémir le bout des doigts de Roméo sur ma joue.

– S'il te plaît, murmure-t-il, s'il te plaît, n'oublie jamais ce que tu as éprouvé auprès de moi.

Ce serait impossible. Même s'il disparaît demain soir, je passerai le reste de mes jours à me rappeler chaque seconde passée avec lui.

– Et si nous ne pouvons être ensemble, reprend-il, jure-moi de trouver quelqu'un d'autre. Laisse quelqu'un d'autre t'aimer autant que je voudrais pouvoir le faire.

T'aimer. Il l'a dit. Du moins, il a dit qu'il voudrait pouvoir m'aimer, ce qui est presque la même chose.

Presque.

– Je ne veux personne d'autre !

Les larmes me piquent les yeux.

– De toute façon, personne ne veut de moi. Je ne suis personne.

Roméo me serre contre lui.

– Non, c'est faux, pas à mes yeux.

Il m'embrasse de nouveau et alors que la sonnerie retentit, que les couloirs se remplissent d'élèves bruyants et que les casiers claquent, nous sommes dans un autre monde. J'ai créé ma propre réalité parallèle, dans laquelle j'ai le courage de me battre pour obtenir ce que je désire.

Roméo

Mission quasi accomplie. Je devrais être content.

Arielle est à deux battements de cœur de tomber amoureuse de moi. Je le sens à la manière dont ses lèvres se collent aux miennes, à l'avidité de ses mains sur mon torse. J'ai presque gagné son cœur et ainsi ouvert le chemin à mon départ. Quand Dylan récupérera son corps, elle ne sera ni surprise ni désemparée. Les souvenirs de notre histoire lui permettront de ne pas sombrer. Avec cette noble requête qu'elle se trouve quelqu'un d'autre si je ne peux rester, j'ai semé pour elle les graines d'une vie pleine d'amour.

Malgré l'étrange absence de la pièce de Shakespeare, j'ai réussi. Je devrais me féliciter et ne plus m'inquiéter.

Arielle est à moi. Je ne retournerai jamais dans ce corps en décomposition auquel j'étais condamné. Le monde est sauvé – du moins, pour le moment – et les Ambassadeurs et les Mercenaires vont pouvoir continuer à s'affronter pour en conquérir le contrôle. C'est ce que je voulais et peu importe que j'aie été obligé de quelque peu transformer la vérité pour convaincre Arielle. Il vaut mieux pour tout le monde qu'elle ne découvre jamais le véritable visage du mal.

Alors pourquoi ses caresses me sont-elles si douloureuses ? Pourquoi ses lèvres me sont-elles si amères ?

Parce que tu la condamnes à mort. Tu le sais, espèce de lâche !

C'est vrai. Je savais depuis le début que je mettais sa vie en danger. La promesse de l'ambassadrice de prendre soin d'elle m'a permis d'échapper à la culpabilité.

Soudain, je n'y arrive plus.

Il me suffit de me rappeler comment elle a « pris soin » de Juliette. La réduisant à l'esclavage et à l'ignorance avant de l'abandonner aux Mercenaires. Comment risquer qu'Arielle connaisse la même destinée ? Comment justifier mes actes ?

Je l'ignore. Tout ce que je sais, c'est qu'à l'instant présent, alors que je la tiens dans mes bras et que je sens son cœur battre contre ma poitrine, je ne peux imaginer pire qu'un monde sans elle.

Alors fais quelque chose ! Agis avant demain soir !

Je vais le faire. Je dois le faire. Au minimum, j'informerai Arielle plus précisément, je m'assurerai qu'elle est prête à faire face à la cruauté des Mercenaires. Autant qu'un humain peut l'être. En espérant que la connaissance la sauve. Et si j'échoue…

Alors je changerai mon fusil d'épaule. Après tout, comme l'a souligné l'ambassadrice, je ne suis pas encore un des leurs et je peux toujours tricher et mentir pour obtenir ce que je veux. Et ce que je veux, c'est qu'Arielle vive !

QUATORZE

Arielle

Je trouve sa voix encore plus belle qu'il y a deux jours. Plus pure, plus douce. Mais ce n'est plus celle de Dylan. Entendre Roméo chanter est une expérience magnifique qui sollicite tous les sens. J'espère de tout mon cœur que cette nuit ne sera pas notre dernière nuit.

Je ramasse les peintures et les pinceaux tout en n'attendant qu'une chose : qu'il descende de scène, me prenne par la main et m'emmène loin d'ici, dans un endroit où nous pourrons être ensemble.

Ensemble.

Cette simple pensée me donne envie de virevolter. Je n'arrive pas à savoir si je suis plus excitée ou effrayée, mais je sais que dans les contes de fées, le remède à une malédiction est toujours l'amour. L'amour brise le sortilège et permet à la grenouille de redevenir prince, à la bête de reprendre forme humaine, et grâce à l'amour, la petite sirène aurait pu garder ses jambes et rester sur terre pour vivre avec l'homme de ses rêves.

Les baisers que Roméo et moi échangeons prouvent l'intensité de notre amour – ils nous ont aussi valu une remontrance de M. Stark pour notre retard au cours d'anglais – mais je n'ai pas encore prononcé les mots. Je ne suis pas tout à fait prête.

Une part de moi hésite encore à y croire et une petite voix dans ma tête grince que cette fois, je suis vraiment devenue complètement débile. Mais je la fais taire. Ce soir, quand nous ne ferons plus qu'un, que je lèverai les yeux vers Roméo, qu'il me montrera son âme nue, je saurai que je n'ai plus de raison d'avoir peur. Alors je lui dirai que… je l'aime. Parce que c'est la vérité. Je crois vraiment que c'est vrai.

Quand je suis avec lui, je me sens plus vivante que jamais. Avant de le rencontrer, j'avais l'impression d'être entièrement recouverte de cicatrices, j'étais comme une coquille fragile, trop effrayée pour laisser la moindre place au plaisir. Mais à présent, je suis réveillée et déterminée à garder ce que j'ai obtenu.

Il est toujours sur l'estrade et tous les yeux sont tournés vers lui. Sa dernière note reste suspendue dans l'air et chacun retient son souffle. Les dames de service qui avaient commencé le ménage, les professeurs et les étudiants occupés aux derniers préparatifs, tous sont transformés en statues. Le silence se fait et emplit la salle jusqu'à ce qu'une première personne puis une autre relâche la pression. Nous sommes en même temps tristes et soulagés que ce soit fini. C'est presque douloureux d'écouter une telle perfection pendant si longtemps.

Et soudain, les applaudissements crépitent, accompagnés même de quelques cris. Mais soit Roméo ne s'en rend pas compte, soit il s'en fiche. Il repose le micro, regarde Mme Mullen qui lui montre ses pouces levés, et prend sa veste. Il descend et me fait signe.

– Hé ! me lance-t-il.

Sa voix est toujours aussi chaude et merveilleuse.

– Hé.

Je souris.

– Tu es prête ?

– Tout à fait prête.

Nos doigts s'entrelacent et je le laisse m'entraîner vers la cafétéria. Rien ne pourrait être plus normal, plus légitime. Aussi parfait et magique que Roméo lui-même.

Roméo

– On devrait peut-être se dispenser du shopping. Tu es sûr de vouloir aller à la fête ? me demande Arielle.

Nous sommes dans la voiture et elle semble soudain ne plus avoir envie de m'accompagner choisir mon smoking.

– On n'est pas obligés et...

Je l'interromps :

– On va bien s'amuser. Tu vas adorer danser.

– Non, je ne crois pas.

Son ton sceptique m'arrache un sourire.

– Est-ce que tu as déjà dansé au moins ? m'interroge-t-il.

– Non.

– Alors, comment sais-tu que tu n'aimes pas ?

Je me gare devant la boutique et me tourne vers elle mais mon sourire s'efface quand je découvre son regard. C'est le même que quand elle peint. Je sais exactement à quoi elle pense et du coup, je ne peux pas m'empêcher d'y penser moi aussi. À ses longs doigts sur les boutons de ma chemise, à mes mains lui ôtant son haut, à ses lèvres sur les miennes, à...

– Donc...

Je m'éclaircis la gorge et je fais semblant d'observer le parking, le temps de reprendre contenance. Hier encore, j'étais déterminé à coucher avec Arielle si l'occasion se présentait, mais aujourd'hui, rien n'est plus pareil. Je la désire mais je ne veux pas profiter d'elle. Demain soir, je serai parti. C'est la pure vérité, quels que soient les espoirs auxquels je lui permets de s'accrocher.

Et quand Dylan refera son apparition, je ne veux pas qu'il soit en possession de ce genre de souvenir. Je refuse de lui fournir des munitions qu'il pourrait utiliser contre Arielle. Et plus important encore, je ne veux pas la partager. Je ne veux pas qu'un autre garçon, même si c'est celui dont j'habite le corps, lui fasse l'amour. Je suis sûr qu'elle vivra cette expérience un jour ou l'autre, quand elle m'aura oublié, mais je serai dans les brumes à ce moment-là, dans l'attente d'une nouvelle mission des Ambassadeurs et je n'aurai pas besoin de savoir.

J'affirme d'une voix faussement enjouée :

– Mais j'ai envie de danser, moi.

– Pas moi, grogne-t-elle.

– Je veux y aller avec toi.

Je passe mon bras autour de sa taille.

– Je veux te tenir contre moi et respirer le mélange de burritos, de sueur et de parfum bon marché qui flottera dans la salle.

Elle lève les yeux au ciel mais se détend un peu.

– Et je veux me souvenir de toi, magnifique dans ta belle robe de bal, je murmure.

Elle baisse la tête. Une nouvelle fois, elle espère secrètement que demain soir ne sera pas notre dernier soir, mais par bonheur, elle n'en dit rien. Si elle me pose encore une seule question, je risque de lui raconter la vérité et cette vérité n'est bonne pour personne.

Elle me haïra si elle apprend que non seulement Juliette est morte mais que je l'ai poussée à se suicider. Que je l'ai trompée de toutes les façons possibles. Elle sera en colère et horrifiée.

Elle cessera de m'aimer et sa rage prendra le dessus. Soulager ma conscience serait un acte parfaitement égoïste.

Alors pourquoi cette envie presque irrépressible de me livrer ?

La folie qui m'habite me souffle de redémarrer la voiture, d'emmener Arielle à la caverne et de lui montrer mon spectre emprisonné, de lui confesser chacune de mes actions les plus honteuses, les plus sordides. Sans doute une part de moi la pense-t-elle capable de me pardonner. Et alors, peut-être que…

Tu ne mérites aucun pardon, Roméo.

– Bon, d'accord, capitule Arielle. Mais je ne crois pas que je vais trouver une robe ici. En général, ils n'ont pas ma taille.

Nous sortons de la voiture.

– On trouvera quelque chose, je te le promets. Sache que je ne suis pas seulement extrêmement charmant, j'ai aussi un sens de la mode extraordinaire !

– J'en suis sûre, acquiesce-t-elle en souriant.

– Il suffit de me regarder, j'ajoute en désignant les tristes vêtements dégottés ce matin dans l'armoire de Dylan.

Un jean noir, une chemise kaki et une veste en sweat bordeaux découverte dans un carton. Tout me porte à croire que la veste appartenait à sa mère mais je l'ai enfilée quand même.

– C'est vrai, tu es d'une élégance époustouflante ! ironise Arielle. Et modeste avec ça.

– Je laisse la modestie aux hommes de moindre stature !

Je lui tiens la porte et Arielle entre dans la boutique. L'atmosphère y est étouffante et une odeur de poussière m'attaque les narines.

– C'est fort, hein ? rit Arielle en me voyant grimacer.

– On lavera nos vêtements deux fois, ou même trois, avant de les porter, d'accord ?

– Oh oui ! Mais tu sais, c'est drôle, d'une certaine façon, j'aime bien cette odeur.

Nous passons devant des jeans délavés et des pulls déformés.

– Ça me rappelle quand j'étais petite, reprend Arielle. On venait tout le temps ici avec ma mère. Ça nous arrive encore.

– Alors, c'est toi qui vas nous guider !

Arielle me prend la main et je ressens une décharge électrique. J'ai tellement envie de la toucher. En deux jours, me trouver près d'elle est devenu un besoin presque vital. Je me colle à elle, alors qu'elle se penche pour attraper une robe rouge, je caresse le triangle de peau momentanément dévoilé au niveau de sa taille. Elle se penche ensuite pour regarder une paire de bottines blanches et je ne peux empêcher ma main de se refermer brièvement sur ses hanches.

Sa récolte terminée, elle se tourne vers moi, les bras pleins de vêtements et j'ai peine à résister à l'envie de la pousser dans une des cabines d'essayage et de refermer le rideau derrière nous. La femme à la caisse porte des lunettes aux verres épais et des sonotones énormes lui sortent des oreilles. Elle ne remarquerait sûrement rien.

Si tu cèdes à la tentation, tu pourras contempler Arielle en train de se déshabiller, puis de se rhabiller, mais tu ne pourras pas la toucher et la torture sera insupportable.

– J'aime bien me faire du mal de temps en temps, je murmure en m'imaginant descendre et remonter les fermetures Éclair de ses robes.

Elle hausse les sourcils.

– Quoi ?

– Rien, je dis seulement que tu dois tout me montrer.

– Toi aussi, riposte-t-elle. Surtout la veste à carreaux !

Sa bouche forme une moue malicieuse qui me donne envie de l'embrasser. Mais de toute façon, j'ai tout le temps envie de l'embrasser.

Bon sang ! Il faut que je me calme !

Je pénètre dans la deuxième cabine et je me concentre sur les costumes. Je les ai délibérément choisis affreux. En termes de mode, ma devise est la suivante : si tu n'as pas les moyens d'être élégant, alors sois drôle. Ce qui explique la veste à carreaux, le pantalon vert olive, le pull camouflage, le slim brossé et le T-shirt *Jésus règne sur le monde*. Arielle s'est moquée en les voyant, mais quand je sors en smoking bleu ciel et chemise à volants, elle pousse un cri :

– Non !

J'aime son rire argentin. Il me rend heureux et bête. Comme un gamin. Ou même un chien. Je devrais avoir honte d'éprouver tant de plaisir en sa compagnie alors que je lui ai menti et que j'ai mis sa vie en danger mais il n'en est rien. Je veux pleinement profiter de ce moment que nous passons ensemble.

– Il ne coûte que 16,99 dollars !

Arielle écarquille les yeux.

– Tu plaisantes !

Les mains sur les hanches, j'exécute un tour complet sur moi-même.

– Ai-je l'air de plaisanter ?

Elle s'écroule de rire sur la chaise.

– Non, arrête !

– Pourquoi ?

Je déambule entre deux rayons de lingerie, oscillant des hanches, le bout des doigts effleurant les soutiens-gorge et les guêpières.

– Je suis le roi du disco, je suis… une inspiration !

Elle s'essuie les yeux et secoue la tête.

– Le vrai Dylan préférerait mourir plutôt que d'être vu habillé comme ça.

– Le vrai Dylan est nul !

Je me penche vers elle avant d'ajouter :

– Et il n'embrasse pas à moitié aussi bien que moi.

– Ah oui ?

– Tu sais que c'est vrai.

– Oui, je le sais, murmure-t-elle, le souffle plus court.

– Alors ne songe même pas à l'embrasser après mon départ. Tu serais très déçue.

Mon ton est toujours léger mais son enjouement a disparu.

– Je ne veux embrasser personne d'autre ! Je ne veux pas que tu partes.

– Et moi, je ne veux pas partir.

Ma voix est rauque. Je caresse doucement la cicatrice de son cou et l'embrasse rapidement sur la bouche. Elle s'accroche à moi.

– Je t'en supplie, Roméo, laisse-moi t'aider ! Dis-moi ce que je dois faire.

– J'aimerais pouvoir…

Je baisse la tête, sachant que le mensonge viendra plus facilement si je ne la regarde pas dans les yeux.

– Si je te révèle quoi que ce soit, la magie qui me maintient dans le corps de Dylan disparaîtra.

– Je déteste la femme qui t'a fait ça, siffle-t-elle.

– Non. Ne déteste personne, Arielle. Tu es trop belle pour éprouver ce genre de sentiment.

– Tu es bien le seul à me trouver jolie, murmure-t-elle.

Je la corrige gentiment.

– Je n'ai pas dit jolie, j'ai dit « belle ». Et je ne parle pas que de ton apparence. Il s'agit de ce que tu es.

Elle entrouvre les lèvres mais cette fois, elle ne désire pas que je l'embrasse, elle veut juste savoir si je suis sérieux. Je plonge mon regard dans ses yeux bleus... oui, je le suis. Et je veux qu'elle le sache.

– J'ai souvent menti dans ma vie...

J'espère qu'elle voit que ces mots viennent directement de mon cœur.

– ... je suis très fort pour ça. Mais ça, c'est la pure vérité. Tu es unique et merveilleuse. Si tu continues de t'épanouir, tu seras si forte que tu pourras rendre le monde meilleur.

Et j'aimerais être là pour le voir.

– Si je change le monde, répond-elle dans un murmure, ce sera pour toi.

Elle dépose un baiser sur mon front et cette fois la honte m'envahit. Je mérite si peu son attention et son amour. Elle me passe la main dans les cheveux.

– Je suis heureuse que tu portes cet horrible costume.

– Pourquoi ?

– C'est difficile d'être totalement triste en compagnie de quelqu'un avec une chemise à fanfreluches !

Elle se lève.

– Maintenant que tu t'es choisi une tenue, aide-moi à trouver la mienne.

Je me laisse tomber sur la chaise qu'elle occupait quelques secondes plus tôt. Je refuse de sombrer dans le dégoût de moi-même. On a encore quelques heures pour s'amuser ensemble.

– Tu ne m'as encore rien fait voir !

– Je ne pouvais pas. La robe rouge est trop grande et je n'aurais pas le temps de la reprendre avant demain soir ; la rose est trop courte et vraiment moche, elle me donne l'air d'avoir dix ans ; la jupe à carreaux et le pull étaient pas mal mais si tu portes ce smoking...

– Attends ! J'ai aperçu quelque chose tout à l'heure qui serait parfait… Rentre dans la cabine et déshabille-toi !

Je suis déjà dans le rayon d'à côté en train de fouiller quand elle susurre :

– Mmh, voilà ce que je voulais entendre.

QUINZE

Roméo

Je me retourne pour découvrir dans ses yeux un désir qui attise le mien. Jeune fille innocente ! Tu parles ! Même si elle n'avait jamais embrassé de garçon avant moi, Arielle est maîtresse dans l'art de la séduction et moi, je suis... si faible.

Je reviens vers elle malgré le danger.

– Et qu'est-ce que tu veux dire par là ? je lui demande.

– Tu le sais très bien, minaude-t-elle. Mais je peux te donner des précisions si c'est ce que tu veux.

– Non.

Je ne pourrai vraiment plus résister si elle prononce ces mots à voix haute. J'ajoute pour la convaincre :

– Ce n'est pas une bonne idée. Tu oublies que Dylan reprendra possession de son corps.

– Peut-être.

– C'est plus que peut-être, Arielle. Et je ne sais pas ce qu'il se rappellera. Si nous... si nous... il se peut qu'il croit être tombé amoureux de toi mais il se peut aussi qu'il pense avoir gagné son imbécile de pari.

– Ça m'est égal.

– Pas à moi ! Je ne veux pas qu'il te fasse du mal.

– C'est toi qui me fais du mal. Tu ne veux pas m'écouter.

Elle pose sa main sur ma poitrine.

– Je veux tout partager avec toi pendant le peu de temps qu'il nous reste. Je veux danser, te préparer à dîner, prendre un bain de minuit avec toi…

Un bain de minuit ! Non, impossible ! Je proteste faiblement :

– Il fait froid dehors.

– Je connais une source d'eau chaude dans la campagne à côté de là où mes grands-parents habitaient. C'est très isolé, on y serait tranquilles.

Elle se dresse sur la pointe des pieds pour approcher sa bouche de la mienne.

– On pourrait apporter un pique-nique et une couverture pour ne pas avoir froid après. Ce serait parfait.

Couverture. Après. Parfait.

Je ferme les paupières mais me hâte de les rouvrir pour ne pas être submergé par les images que mon cerveau fait apparaître. Je soupire.

– Arielle, j'étais sérieux ce matin. Je parcours ce monde depuis plus de sept cents ans. Je me sens toujours comme un jeune homme mais en réalité je suis vieux. Tu devrais être dégoûtée.

Elle penche la tête sur le côté comme si j'avais énoncé une adorable sottise. J'insiste.

– Tu ne sais rien de moi. Par bien des côtés, je suis un monstre.

– Tu essaies de m'effrayer ?

On dirait, oui. Je devrais attiser son amour et son désir mais je suis fatigué de lui mentir. Si nous nous retrouvons nus l'un contre l'autre, je n'en serais plus capable.

– Peut-être, oui. Peut-être que tu devrais avoir peur de moi.

– Ta malédiction ne m'effarouche pas. Ton âge non plus.

– Mais Arielle, je suis… je suis…

Mes mots se perdent en un bredouillement ridicule.

– Quand je te regarde, ce n'est pas un monstre que je vois, murmure-t-elle en me prenant la main.

– Parce que tu ne me vois pas. Ce corps ne m'appartient pas, je...

– Bien sûr que si, c'est toi que je vois.

Son assurance me cloue le bec.

– Et tu es important à mes yeux, poursuit-elle. C'est tout ce qui compte.

Ma gorge se serre. Je compte pour elle. Elle ne dit toujours pas qu'elle m'aime. Je dois finir ma mission, peu importe ce qu'il m'en coûte. Je ne peux pas me permettre de continuer à la repousser. Pourtant, je ne parviens pas à m'arrêter.

– Oui, ça compte mais imagine si la femme à la caisse était un homme. Un vieillard à la peau ridée et tombante, au crâne clairsemé, au nez rouge, aux oreilles pendantes et à l'odeur de pourriture, que ressentirais-tu en le regardant ?

– Je serais écœurée, sourit-elle.

– Exactement. Maintenant, multiplie son âge par dix et tu auras une petite idée de ma réelle apparence. Tu me trouves toujours aussi désirable ? Tu dois...

Elle m'interrompt par un baiser, qui se fond en un sourire pour reprendre en baiser. Quand elle s'écarte de moi, toute mon inquiétude a disparu. C'est l'effet qu'elle a toujours sur moi.

– Tu es si romantique ! roucoule-t-elle, le regard malicieux.

– Je n'essaie pas de l'être !

– C'est justement pour ça que tu l'es ! Cela dit, tes efforts sont vains. Je sais ce que je veux et tu ne me convaincras pas du contraire.

Elle m'enlace et m'embrasse de nouveau. Mon corps vibre et mon âme se déchire. Il n'en faut pas plus pour que ma raison cède le pas à mon désir.

J'abandonne la lutte. Mes doigts caressent ses cheveux, je l'attire à moi, sachant que je ne pourrai pas m'arrêter. Elle est comme une drogue, mais pas une drogue qui annihile les sensations, elle m'élève au contraire, me réchauffe comme un soleil, me... mon Dieu !

Non, pas mon Dieu ! Pas ce Dieu que j'imaginais, enfant, avant que mon père ne brise ma foi. À travers ses yeux, j'entrevois quelque chose de plus grand que moi, plus puissant que les Ambassadeurs et les Mercenaires. L'amour. C'est enivrant d'être aimé à ce point. De recevoir un tel présent.

De donner un tel présent.

En suis-je capable ? Serait-il possible que je tombe amoureux d'Arielle ? Est-ce la raison pour laquelle je me sens si fort avec elle ?

Menteur ! Menteur ! Tu parviens à te tromper toi-même !

Mon cœur se serre. C'est vrai. Je ne suis pas amoureux d'Arielle. Je ne serai probablement même pas avec elle si je n'y étais pas obligé. Ce n'est pas de l'amour, mais de la gratitude.

Et du désir, bien sûr. C'est mon corps qui parle quand je la veux pour moi et moi seul. Juliette a retrouvé une âme sœur, mais si j'avais encore le pouvoir de distinguer ma propre aura, je saurai alors de façon certaine que je ne suis pas amoureux. Je suis damné, condamné aux limbes, et mon âme est trop corrompue pour être de nouveau habitée par un sentiment innocent ou sincère.

Pourtant, j'ai besoin d'Arielle, d'une façon si profonde que j'en ai le vertige. Je suis perdu et troublé, je ne sais plus rien.

Je m'écarte d'elle, le souffle court.

– Je... Arielle... c'est comme si j'avais...

– De nouveau dix-huit ans ?

Son visage est d'une telle grâce. Chaque fois que j'ai l'impression de l'avoir cernée, elle parvient encore à me surprendre.

– Oui, c'est un peu ça, je n'ai jamais atteint mes dix-huit ans, mais...

– Grâce à toi, je me sens normale, dit-elle en appuyant sa tête contre ma poitrine.

Naturellement, mes bras l'enlacent.

– Je ne savais pas ce que c'était, reprend-elle. Quand je suis avec toi, le monde devient enfin beau. S'il te plaît, viens avec moi ce soir.

Je ne suis pas sûr de ce que je promets mais ça ne m'importe plus. Je ne veux plus réfléchir, je veux me laisser porter. Comme elle, j'ai envie de me sentir normal, même si ce n'est que pour un bref moment volé. Et puis, je n'ai jamais joué le rôle du « type sympa » et j'ai envie de tenter l'expérience.

– D'accord.

– Super !

Non, ce n'est pas super mais il est trop tard pour reprendre ma parole.

– Retourne dans la cabine, je vais te trouver la robe de tes rêves.

Et ensuite, on s'en va ?

– Oui.

– J'irai où tu voudras.

– Où tu voudras, toi.

– Je ferai ce que tu veux, continue-t-elle, les yeux brillants.

– On fera ce que tu veux, toi.

Elle me sourit et sagement retourne à la cabine. Déjà, elle est trop loin de moi.

Arielle

Il se moque forcément de moi.

– C'est une robe de mariée !

J'ose à peine la toucher, comme si ses plis dissimulaient un nid de serpents. Il passe la tête derrière le rideau et semble déçu de me trouver encore en jean et T-shirt. Aussitôt, j'éprouve le besoin de poser mes lèvres sur les siennes.

– Essaye-la ! me demande-t-il.

– Mais…

– Je suis sûr qu'elle t'ira parfaitement.

– Mais je…

– Tu me fais confiance ?

Oui, je lui fais confiance, de tout mon cœur et de toute mon âme. Je prends la robe et l'enfile en me débattant un peu contre la crinoline, les fermetures Éclair et les agrafes.

Quand je me tourne enfin vers le miroir, je suis comme hypnotisée. Le décolleté est presque trop profond mais il met en valeur mon peu de poitrine. Ma taille fine est soulignée et le volant qui part de la hanche gauche et tourne tout autour de la jupe donne du mouvement à la robe même quand je suis immobile. L'effet sera extraordinaire quand Roméo me fera tourner dans ses bras sur la piste de danse.

J'ai toujours tellement envie d'être dans ses bras. Maintenant plus que jamais. Je descends la fermeture Éclair.

– Qu'est-ce que tu fais ? me demande-t-il de l'autre côté du rideau.

Il est juste là, à quelques centimètres à peine.

– Elle me va. Je me rhabille.

– Tu ne me la montres pas ?

Je lance en riant :

– Pas avant le jour du mariage !

– Mais je veux voir !

– Demain soir !

Je laisse la robe tomber à mes pieds.

– Ce sera une surprise.

– Tu es cruelle ! grogne-t-il. Mais bon, d'accord, je m'en fiche ! De toute façon, je suis sûr de mon choix.

Il est réellement contrarié. On dirait que ce qu'il disait tout à l'heure est vrai : il aime vraiment les vêtements. Je me prends à imaginer que nous pourrions faire les boutiques ensemble. Il m'apprendrait à m'habiller, comme il m'a appris à éveiller mes sens au désir.

Car je le désire. C'est comme une drogue. J'ai du mal à croire que j'aie pu prononcer certains des mots que je lui ai soufflés mais je ne regrette pas. Je suis prête. J'ai hâte.

Quand je sors de la cabine, Roméo n'est plus là. Je le cherche des yeux près de la caisse. Il est peut-être allé payer son smoking… non.

Je le repère soudain, au rayon vaisselle. On dirait qu'il discute avec quelqu'un. Aucune chance pour qu'un des copains de Dylan vienne dans cette boutique d'occasion. Les parents de Tanner sont super riches et ceux de Jason encore plus. Les Kim possèdent la propriété juste à côté de celle des parents de Gemma. Dix hectares de vignes, un manoir et une salle de basket couverte.

Je n'y suis jamais allée, c'est Gemma qui m'a raconté. Ses parents étaient régulièrement invités à des barbecues quand elle était petite. Il paraît que la chambre de Jason est aussi grande que ma maison tout entière.

Gemma. Je n'ai presque pas pensé à elle depuis deux jours. C'est étrange. Sa disparition m'a pourtant affreusement inquiétée. Mais ces derniers temps, mon inquiétude a été distraite. Et le plus étrange, c'est qu'en m'approchant de Roméo et de la jeune fille à la casquette rabattue sur les yeux, je la reconnais sans doute aucun.

C'est elle.

À Solvang ! Elle est en vie ! Elle est rentrée.

Je suis si heureuse que j'en lâche la robe pour me précipiter vers elle.

– Gemma.

Elle lève les yeux. Son visage passe de la colère à la surprise pour s'arrêter sur l'agacement. Mais emportée par mon élan, je la prends dans mes bras. Notre étreinte ne dure pas plus d'une seconde. Je me sens soudain complètement idiote. J'essaie de dissimuler ma gêne par un sourire.

– Je suis contente de te voir.

– Moi aussi. Tu m'as… fait peur, bégaie-t-elle en guise d'excuse.

Elle baisse un peu plus la visière de sa casquette et jette un regard inquiet autour d'elle.

– Qu'est-ce que tu fais là ? m'interroge-t-elle un peu trop sèchement.

– Je suis avec Rom… Dylan.

Elle hausse un sourcil dubitatif. Je jette un coup d'œil à Roméo mais il détourne la tête. Je suppose qu'il préfère que je gère la situation. C'est logique. Gemma est ma meilleure amie, après tout.

– On se cherche une tenue pour la fête de demain.

– Tu plaisantes ?

Elle laisse échapper un ricanement.

– Non, pas du tout.

La colère perce dans ma voix. C'est moi qui devrais lui poser des questions ! Pourquoi essaie-t-elle de me mettre mal à l'aise ? Et pourquoi agit-elle comme si sa présence était tout à fait normale ? Elle est quand même classée au fichier des personnes disparues ! Je reprends sans essayer de dissimuler mon irritation.

– Tu étais où ? On était tous inquiets. J'ai failli devenir folle d'angoisse.

Elle pince les lèvres et écarquille les yeux comme si ma question était stupide.

– Ça fait à peine deux semaines, Arielle ! Désolée de ne pas avoir appelé, mais...

– On ne savait même pas si tu étais encore en vie !

Je croise les bras sur ma poitrine comme pour me créer une armure.

– Tes parents ont placardé des affiches partout en ville. Ils ont cru que tu avais été enlevée ou assassinée...

– Mes parents sont des connards ! m'interrompt Gemma. Ils savent parfaitement que je vais bien. La police aussi. Tu as lu dans le journal que l'unique héritière des Sloop avait été kidnappée ?

– Non, c'est vrai, mais...

Une acidité me pique la gorge.

– ... ils savent vraiment que tu es en bonne santé ?

– Évidemment !

– Alors pourquoi...

– Je pense qu'ils espèrent que quelqu'un me voie et me dénonce, réplique Gemma. C'est pour ça que je ne viens jamais dans le centre. Je n'ai pas mon bac et mes parents pourraient me forcer à rentrer s'ils me retrouvent. Mais je les ai appelés le soir de mon départ. Ils savent que je ne reviendrai pas.

– Quoi ?

– Je ne veux plus vivre chez eux !

Elle tend la main vers moi. Je ne comprends pas avant de remarquer les bagues. La première est un simple anneau en argent, la deuxième est sertie d'un minuscule diamant.

– Tu...

Je secoue la tête, incrédule.

Quand je pense que le simple fait d'essayer une robe de mariée me nouait l'estomac...

– Oui, je suis mariée, lâche fièrement Gemma.

– Avec qui ?

Ses yeux se tournent brièvement vers la porte de la boutique.

– Tu vas voir. Il est en train de faire le plein, il ne va pas tarder. Tu sais, on est tous les deux majeurs et c'est complètement légal. Mes parents vont devoir s'y faire. J'ai discuté avec un avocat à Los Angeles. Dès que j'aurai mon diplôme en poche, ils ne pourront plus me mettre de bâtons dans les roues.

Son sourire a changé. Il n'a plus rien de sournois ou de sarcastique. Elle semble heureuse. Un peu nerveuse, peut-être, mais heureuse.

Libre.

Je ne peux m'empêcher d'être contente pour elle. Même si je ne suis pas sûre qu'elle ait eu raison de se marier. Gemma est du genre à s'ennuyer vite. Je ne l'ai jamais vue en couple avec le même garçon pendant plus de deux mois.

– Alors, c'est ça ! lance Roméo. Ils se marièrent et vécurent heureux jusqu'à la fin de leurs jours, comme dans les contes de fées.

J'essaie de lui envoyer un message télépathique pour le prévenir d'être prudent. J'ignore s'il sait que Dylan et Gemma se détestent cordialement.

– Ça va pour moi, grince Gemma. Et toi, t'es toujours psychopathe ? T'as écorché combien de chats dernièrement ?

– J'essaie d'arrêter.

Gemma paraît surprise de la réponse. Je profite du silence.

– Vous allez faire quoi ? Prendre un appart' ici, en ville ?

– Certainement pas ! On se tire le plus loin possible ! D'ailleurs, ça me rappelle que…

Gemma adresse un regard entendu à Dylan.

– Tu peux nous laisser, s'il te plaît ? Je dois parler à Arielle seule à seule, sans délinquant juvénile comme témoin.

Roméo passe sa main autour de ma taille. Pour la première fois, son étreinte me met mal à l'aise.

– Arielle n'a pas de secret pour moi, tu peux parler.

– Dans tes rêves ! ricane Gemma.

– Je ne plaisante pas, insiste Roméo.

– Je ne sais pas pour qui tu te prends, espèce de crétin, mais...

– Gemma ! Désolé, j'étais...

Un homme essoufflé fait irruption dans le magasin. Ses manches relevées dévoilent les tatouages qui lui couvrent les avant-bras. Il ralentit en nous remarquant :

– Oh, salut Arielle. Salut Dylan.

J'ai droit à un sourire, Roméo à une grimace.

Mike est bien placé pour savoir que Dylan est un nid à problèmes. Il était assistant d'anglais au lycée pendant presque un semestre. Notre prof, M. Stark, refile toujours le sale boulot à ses stagiaires, comme distribuer les heures de colle par exemple. Il a quitté l'établissement juste au moment où Gemma a disparu. D'après M. Stark, c'était pour des raisons familiales, mais apparemment, il était surtout occupé à prendre la fuite avec une élève.

Waouh !

Mais je ne suis pas surprise. Gemma a toujours aimé choquer. Je suis sûre qu'elle aurait aussi des tatouages si elle n'avait pas si peur des aiguilles.

– Comment vas-tu, Arielle ? s'enquiert Mike. Gemma t'avait donné rendez-vous ?

– Non, c'est une coïncidence, répond Gemma en l'enlaçant. C'est un bon présage, tu ne trouves pas ?

– Si, bien sûr.

En les voyant, je réalise qu'au moins l'un des deux s'est marié pour de bonnes raisons. Mike est fou amoureux de Gemma. Si Gemma ne partage pas ses sentiments et le largue pour le prochain type qui passe, il sera très malheureux. J'observe mon amie à la dérobée, à la recherche d'un indice quelconque. Je la découvre occupée à dévisager sombrement Dylan.

– Va-t'en maintenant, s'il te plaît, lui demande-t-elle une nouvelle fois. Mike et moi avons vraiment besoin de parler à Arielle et tu n'es pas le bienvenu.

Je tente de la calmer :

– Gemma, s'il te plaît…

– Ça va, m'interrompt Roméo en reculant. Je vais payer nos articles. Je t'attends dehors. Appelle-moi en cas de besoin.

J'acquiesce, pourtant je déteste qu'il s'éloigne ainsi. Il ne nous reste pas beaucoup de temps et je veux profiter de chaque instant. Gemma est ma meilleure amie depuis des années mais son manque de considération pour moi après sa disparition empoisonne nos retrouvailles.

– Quelle tache ! crache Gemma. Qu'est-ce que tu fiches avec lui, Arielle ? Ce type est tordu.

– Il est gentil avec moi.

– Je ne suis pas très sûre que tu connaisses la définition du mot « gentil », raille mon amie. De toute façon, Dylan n'est pas…

Je la coupe sèchement. C'est la première fois depuis que nous nous connaissons que j'ose faire une chose pareille.

– Je sais parfaitement ce que veut dire gentil, Gemma ! Et je sais que ce n'est pas « gentil » de tout quitter sans prévenir ta meilleure amie. J'ai eu peur pour toi. Tu aurais dû m'appeler.

Gemma en reste sans voix. Elle me dévisage pendant un long moment avant de bafouiller :

– Je… je suis désolée. Je n'y ai pas pensé.

– Moi aussi, je suis désolé, renchérit Mike. Nous avons prévenu la police et faxé notre acte de mariage aux parents de Gemma.

Nous ne savions pas qu'ils feraient coller des affiches prétendant que leur fille avait disparu.

– Je te jure que c'est vrai ! renchérit mon amie. Mais… tu as raison. J'aurais quand même dû t'appeler.

Je hoche la tête.

– Oui, tu aurais dû.

– Je suis vraiment désolée, répète-t-elle. Tu me pardonnes ?

– Oui, je te pardonne.

Je suis étonnée qu'elle ait capitulé si vite. J'aurais dû la rembarrer plus tôt, notre relation en aurait sans doute été meilleure, mais j'avais trop peur de perdre ma seule amie. Aujourd'hui, c'est différent, j'ai Roméo. Il pense que je suis forte, que je pourrais changer le monde. Et c'est peut-être vrai mais seulement parce qu'il m'a changée. S'il a pu réaliser ce miracle en seulement deux jours, que serait-il capable d'accomplir en une vie ? J'espère de tout mon cœur que nous trouverons un moyen de le sauver de sa malédiction.

Je jette un coup d'œil par-dessus mon épaule. Il est toujours à la caisse. Je donne encore cinq minutes à Gemma et je vais le rejoindre.

– Tu ne m'en veux plus ? murmure mon amie.

Je la rassure d'un sourire.

– Non, je ne t'en veux plus. De quoi voulais-tu me parler ?

– J'ai besoin que tu me rendes un grand service.

– D'accord. C'est quoi ?

– Mike et moi allons vivre à Seattle chez des amis à lui jusqu'à ce que mon père se calme, m'explique Gemma. Quand il a su pour le mariage, il a dit qu'il me forcerait à l'annuler.

– Il ne peut pas ! Vous êtes majeurs !

– Il prétend que ça ne compte pas parce que je suis toujours au lycée. Mon avocat a confirmé.

– Tu pourrais peut-être essayer de discuter avec lui...

Gemma hausse les épaules.

– Mes parents ne m'ont jamais écoutée. Je ne serais même pas revenue si nous n'avions pas eu besoin d'argent. Nous avons dépensé presque toutes les économies de Mike et il nous faut de quoi tenir jusqu'à ce que nous trouvions un job à Seattle. J'ai pour mille dollars de bijoux cachés dans mon placard. Si on peut les récupérer, ça fera largement l'affaire.

– On doit faire profil bas, ajoute Mike. Je n'aurais jamais dû laisser Gemma sortir de la voiture mais il n'y avait personne sur le parking alors...

– De toute façon, la caissière est aveugle et sourde, affirme Gemma. Et je ne pensais pas rencontrer quelqu'un susceptible de me reconnaître ici.

Je soupire.

– Je suppose que tu veux que je récupère tes bijoux, c'est ça ?

L'idée de me rendre chez les Sloop me glace les sangs. La mère de Gemma est super snob et son père est simplement effrayant.

– Comment tu veux que je m'y prenne ?

– Tu n'as qu'à leur dire que tu as laissé des affaires à toi dans ma chambre, la dernière fois que tu es venue, me suggère Gemma. Tu n'as qu'à y aller juste après les cours. Mon père ne sera pas rentré. Ma mère aura passé l'après-midi à goûter les nouveaux cépages et elle sera un peu éméchée. Elle ne t'accompagnera pas. Il ne te restera qu'à planquer la boîte dans ton sac et à empiler quelques-uns de mes T-shirts par-dessus. Ça m'étonnerait que ma mère vérifie mais de toute façon, elle n'a aucune idée de ce que je porte. Tu n'auras qu'à dire qu'ils sont à toi, lui souhaiter de retrouver sa fille chérie et t'éclipser.

Il ne me faut pas plus de quelques secondes pour réfléchir.

– D'accord.

– D'accord ?

Elle semble étonnée.

– Je vais le faire. Le samedi, ton père travaille jusqu'à quatre heures, j'irai...

– Tu ne peux pas y aller demain, s'il te plaît ?

Gemma prend son ton enjôleur, mais demain sera peut-être ma dernière journée avec Roméo.

– Ça ne te prendra pas plus d'une demi-heure, insiste-t-elle. Tu prends la boîte et tu la déposes à notre hôtel. Après, on te laisse tranquille, promis juré.

Évidemment, je comprends qu'elle veuille quitter la ville au plus tôt.

– Bon, d'accord. J'irai demain, après les cours.

Je demanderai à Roméo de me conduire.

– C'est vrai ?

– Tu en doutes ?

Gemma grimace comiquement.

– Je pensais que tu serais plus difficile à convaincre.

– Eh bien, tu t'es trompée.

Roméo m'attend à la porte, son smoking et ma robe sur le bras. Je n'ai pas envie de rester plus longtemps avec Gemma et Mike. Pour une fois, j'ai ma propre vie à vivre.

Gemma me serre contre elle avec passion.

– Je te remercie mille fois, Arielle. Tu me sauves la vie.

– Nous sommes dans la chambre 53, me précise Mike, qui a l'air un peu mal à l'aise.

Je suppose qu'il n'aime pas avoir besoin de l'argent de sa jeune épouse, mais il n'a probablement pas le choix.

Je me sépare de Gemma.

– Ce sera mon cadeau de mariage, d'accord ? Et j'espère que vous serez heureux tous les deux.

– Ça, j'en suis sûre, affirme Gemma, les yeux scintillants.

En tout cas, elle l'aime apparemment plus qu'elle n'a jamais aimé personne. C'est déjà ça...

– À demain, alors !

– Attends ! me retient Gemma. Je ne veux pas me mêler de ce qui ne me regarde pas, mais tu devrais te méfier de Dylan. Ce type est vraiment un sale con et il peut être dangereux aussi.

– Je sais ce que je fais, Gemma. Mais merci de t'inquiéter pour moi.

– Arielle, je...

– Tout est sous contrôle ! Fais-moi confiance, je ne suis pas stupide.

Pendant un instant, j'ai le sentiment qu'elle va insister mais elle finit par acquiescer.

– D'accord. Fais attention à toi, c'est tout.

– Ne t'inquiète pas.

Après un dernier signe de la main, je me dirige vers la porte. À mon approche, le visage de Roméo s'illumine. Pour moi, Dylan a complètement disparu et je me fiche de ce que Roméo a pu faire auparavant. C'est le plus bel homme du monde, extérieurement et intérieurement.

– Tu te rends compte, m'accueille-t-il, j'ai eu la robe et le costume pour seulement quarante dollars !

Il a l'air si content de me voir. Comme s'il avait craint de me perdre pendant les quelques minutes où nous avons été séparés.

Je me pends à son cou et l'embrasse avant de lancer :

– On y va ?

– Tout de suite.

À eux seuls, ces trois mots recèlent la promesse que je vais vivre tout ce dont j'ai rêvé pour cet après-midi.

Je le prends par la main et nous sortons sans regarder derrière nous.

SEIZE

Roméo

C'est la tête pleine de notre désir qu'Arielle et moi nous arrêtons chez elle préparer un pique-nique. Puis nous reprenons la voiture pour aller récupérer une couverture et des serviettes chez Dylan. Son père sera soit au travail, soit au bar du coin de la rue et même si nous le croisons, il y a peu de chances qu'il me pose des questions. Au contraire de la mère d'Arielle, qui s'est montrée curieuse au point de jeter un œil dans notre panier. Heureusement, c'était avant qu'Arielle y glisse les préservatifs que nous avons achetés à la station-service.

Des préservatifs. Si c'était si facile de se protéger des dangers qui nous guettent…

– Ça va ? s'enquiert Arielle.

– Très bien.

J'écarte mes craintes et je fais mon possible pour me détendre. Nous discutons un peu de la fête et de ce que Gemma et Mike ont demandé à Arielle. Mais le silence ne tarde pas à s'imposer de nouveau. Nous avons presque achevé nos préparatifs et le moment ne se prête pas à des échanges légers.

Sept cents ans d'attente, de frustration, de souvenirs vont bientôt arriver à leur terme. Je n'ai pas fait l'amour depuis Juliette. J'ai essayé une ou deux fois, au temps où j'étais mercenaire mais mon incapacité à sentir quoi que ce soit a coupé court. Ne pas éprouver de plaisir avec une femme est bien pire que de ne pas en éprouver tout seul. Ma solitude en était encore plus insupportable. Je séduisais mais mon rôle s'arrêtait à la porte de la chambre.

Cette fois, pas de chambre de toute façon. Pas de porte non plus. Nous allons nous baigner nus à la lueur de la lune, je pourrai admirer son corps couvert de gouttelettes et...

– Tu es sûr que ça va ?

Sa voix et le frôlement de ses doigts sur mon bras me font sursauter.

– Je ne sais pas.

Je me gare à quelques mètres de chez Dylan.

– Ça fait longtemps que...

– Que quoi ? Oh ! C'est vrai ?

J'ose à peine la regarder.

– Oui, ça fait très longtemps.

– Tu plaisantes ?

Je secoue la tête. Je me sens comme un puceau à quelques instants de sa nuit de noces alors que, lors de ma véritable nuit de noces, j'étais bien trop stupide pour être nerveux.

Arielle m'embrasse sur la joue.

– Ça va être parfait, affirme-t-elle.

– C'est moi qui devrais te rassurer normalement.

– Je n'ai pas besoin d'être rassurée alors que toi oui. On peut juste aller nager si tu veux.

– Non. C'est toi que je veux.

Et c'est vrai. Ce qui ne m'empêche pas de reprendre :

– Mais peut-être que tu vas changer d'avis.

– Aucun risque, sourit-elle.

– Tu as déjà vu des fesses de garçon dans la vraie vie ? C'est moche. Surtout celles de Dylan. Elles sont blanches et poilues.

Elle éclate d'un rire clair. Je proteste :

– Je ne plaisante pas.

– Mais tu es drôle ! dit-elle. Et je n'ai pas peur de voir tes fesses. Je n'ai peur de rien chez toi.

Ce n'est pas mon cas. J'ai peur de mon passé et de mes mensonges. J'ai peur aussi de sa beauté, de sa gentillesse, de sa façon de me tenir la main. Mais par-dessus tout, j'ai peur de la laisser seule et sans défense face aux Mercenaires qui n'hésiteront pas à la torturer.

Je ne peux rien faire pour la protéger, car je ne suis rien. Comment pourrais-je devenir quelqu'un aujourd'hui alors que ma destinée est écrite depuis si longtemps ?

Mais je suis incapable de lui refuser ce qu'elle me demande si ardemment, car moi aussi, je la désire.

Alors je me tais. Je l'embrasse à mon tour et sors de la voiture en lui promettant de revenir très vite.

Je traverse la cour des voisins et j'entre dans la maison de Dylan par la porte de derrière qui n'est jamais fermée à clé. Pourquoi les Stroud se donneraient-ils la peine de verrouiller ? Leur téléviseur a connu de meilleurs jours et les meubles sont tellement vieux qu'aucune association de charité n'en voudrait. Même leur ordinateur date de Mathusalem et prend des heures pour s'allumer et se connecter à Internet.

J'espère quand même avoir le temps…

La disparition de *Roméo et Juliette* continue de me tracasser. C'est peut-être sans importance. Shakespeare a peut-être tout simplement décidé de ne pas raconter cette histoire. Juliette et moi sommes morts longtemps avant sa naissance, et sans lui, il n'y a aucune raison que notre dramatique romance ait passé les siècles. Pourtant, elle était populaire chez les ménestrels à notre époque et je peux essayer d'en retrouver trace.

Il y a aussi Benjamin Luna. Je dois découvrir tout ce que je peux sur lui. Ce mystère est trop étrange pour que je l'ignore.

Coup de chance, l'ordinateur est déjà allumé. Je me connecte et tape le nom de *Benjamin Luna*. En attendant, je monte chercher deux serviettes et la couverture sur le lit. Quand je reviens, je n'apprends pas grand-chose de neuf. Benjamin Luna n'a ni page Facebook, ni blog personnel. Je lis qu'il a reçu les félicitations lors d'un tournoi de foot et la brève notice nécrologique de sa mère. Je parcours les images. Il n'y a que des photos scolaires illustrant ses exploits sportifs.

– Naze, je marmonne.

Physiquement, il ressemble incroyablement à Benvolio, mais le vrai était beaucoup plus intéressant.

Je tape *Roméo et Juliette*. Apparemment, je n'ai pas de raison de m'inquiéter pour ce Ben. La seule question est : comment se fait-il qu'il ressemble autant à mon cousin ? Mais surtout...

– Non !

Ma voix résonne dans le salon vide. Je fais descendre la page. Rien. Rien du tout. J'ajoute *Vérone* dans ma barre de recherche, puis l'année *1304*.

Toujours rien.

La gorge serrée, j'écris *Juliette Capulet* et n'obtiens pour récompense que cette phrase : *Juliette Capulet 1290-1304, enterrée à Vérone, Italie*. Aucune mention des circonstances de sa mort à l'âge si tendre de 14 ans. J'essaie *Roméo Montaigu* et j'attends, en essayant de ne pas paniquer. À la fin de la cinquième page, je découvre enfin un lien. Mais mon soulagement est de courte durée. Le site est en italien moderne. Je suis plus habitué à l'italien médiéval mais je peux quand même le déchiffrer. Il s'agit d'une visite touristique d'une des plus obscures tours de Vérone, qui inclut la tombe de Juliette. Mon nom n'est mentionné qu'une fois dans un paragraphe sous la photo de l'église.

L'église prit feu en 1304.Les flammes furent maîtrisées avant de s'étendre au jardin mais une partie significative de la nef fut détruite. Elle fut reconstruite en 1307 grâce à une donation de Benvolio Montaigu, un riche propriétaire terrien, dont le cousin, Roméo Montaigu, a trouvé la mort lors de l'incendie avec le prêtre de la paroisse. Une statue du bienfaiteur fut érigée entre les tombes, comme pour veiller sur elles. En quittant l'église, tournez à droite après le mausolée central et poursuivez de 50 pas au nord pour apercevoir la statue ainsi que les restes du cimetière...

Je ne peux en lire plus. Je ferme la fenêtre et j'éteins l'ordinateur comme si j'avais le pouvoir d'effacer cette histoire. Car c'est forcément une histoire inventée de toutes pièces. Comme la tragédie de Shakespeare. Je ne suis pas plus mort dans un incendie que sur la tombe de Juliette. Je ne suis pas mort du tout. Je suis ici, dans ce corps.

Le cadavre découvert à l'époque était une coquille vide abandonnée depuis longtemps par mon âme. Ce qui expliquerait pourquoi on a également trouvé le corps de frère Laurence à côté du mien. Il avait fait son temps sous cette forme et a sans doute décidé de prendre une nouvelle apparence.

Mais pourquoi dans l'église ? Le moine y aurait-il apporté mon corps après notre séparation sur la colline ? Je me rappelle m'être enfoncé dans la campagne, avoir marché des jours et des nuits durant. Je tentais d'échapper à ma prison en mourant. Mais j'étais déjà mort. Même le sommeil m'était refusé.

– Ça ne change rien ! je décide soudain en me levant.

Mais je sais que c'est faux.

Roméo et Juliette n'existe pas et tout ce qui reste de moi est cette ligne sur une brochure destinée aux touristes. Le mercenaire que j'étais n'aurait jamais permis une telle chose. Si Shakespeare ne s'était pas montré intéressé, j'aurais cherché un autre auteur pour immortaliser ma tragédie. J'avais besoin de cette reconnaissance. C'était ma seule consolation. J'ai pris un plaisir pervers à obliger des générations de jeunes gens à m'étudier en classe. Chaque personne en Occident connaissait une version de ma confession et cette connexion avec les gens remplaçait mes sens perdus, me permettant tout simplement de rester à peu près sain d'esprit.

Jamais je n'aurais laissé ma vie m'échapper ainsi.

Les serviettes et la couverture sous le bras, je ressors sans cesser de penser à cet incendie. Je suis mort brûlé. J'ai l'impression que ma peau s'embrase, que mes narines s'emplissent de l'odeur douceâtre de la fumée. Perdu dans mes pensées, je ne remarque pas le camion dans l'allée, ni l'homme qui se dirige vers moi. Le père de Dylan.

– Qu'est-ce que tu fous là ?

Il abat le plat de la main sur mon sternum, me coupant la respiration. Je parviens néanmoins à articuler :

– Je vais chez des amis. Je resterai dormir là-bas.

J'essaie de le contourner mais il m'arrête avec un autre coup assez fort pour me faire trébucher. Les serviettes et la couverture tombent par terre. Avant que j'aie retrouvé mon équilibre, il m'a collé contre la porte du garage.

– Je sais que tu m'as volé du fric, petite roulure ! Rends-le-moi !

Son visage est écarlate, ses yeux injectés de sang. Même si je n'avais pas recouvré mon odorat, je réussirais à sentir l'odeur d'alcool qu'il dégage. Une nausée me retourne l'estomac.

Et pour ne rien arranger, le poing du père de Dylan s'enfonce dans mon ventre.

Il m'avait déjà flanqué une raclée la première fois que je suis venu mais à ce moment, je ne sentais rien et j'avais pu rire à chacun de ses coups. Aujourd'hui, j'ai mal et Arielle est dans la voiture. Je ne veux pas qu'elle assiste à ce spectacle.

– Je ne t'ai rien pris ! je bafouille en me redressant.

– Conneries !

Il serre le poing.

– Attends, attends, si tu as besoin d'argent, j'en ai dans mon sac ! Je vais le chercher !

– Je veux pas de l'argent ! Je veux mon fric ! rugit-il d'une voix grasseyante.

Si Arielle ne se trouvait pas à quelques mètres, je le repousserais et prendrais mes jambes à mon cou. Évidemment, je ne pourrais pas me cacher chez les copains de Dylan, pas maintenant que je leur ai cassé la figure, mais...

Tu peux venir chez moi quand tu veux.

Ce sont les mots d'Arielle sur la plage. Elle les a prononcés avant de savoir que je n'étais pas Dylan. Elle n'a pas hésité à m'offrir un sanctuaire. Elle peut être si généreuse, si...

J'aperçois une forme derrière l'épaule du père de Dylan. Arielle se tient au bout de l'allée, le cric de la voiture à la main, une expression inquiétante sur le visage. Ses yeux bleus reflètent la haine et la rage. La seule fois où je l'ai vue ainsi, c'était... juste avant qu'elle se jette sur mon volant pour nous précipiter dans un ravin.

Si je ne désamorce pas très vite, la part sombre d'Arielle va se déchaîner sur le père de Dylan. Il le mérite, évidemment, mais ma mission consiste à la détourner de cette partie d'elle-même. Si je ne me trompe pas et que les hurlements dans sa tête proviennent d'âmes perdues, il est préférable de ne pas attirer leur attention. Inutile d'alerter les Mercenaires.

– D'accord, d'accord, je vais chercher ton argent !

Je lève les mains en signe de reddition. J'espère qu'il ne va pas se retourner. Je n'ai aucune idée de la réaction qu'il aurait à la vue d'Arielle. Je ne pense pas que M. Stroud s'en prendrait à quelqu'un d'autre que son fils, mais je préfère ne pas parier là-dessus. La seule idée qu'Arielle pourrait souffrir me donne envie de l'étrangler.

– Mon sac est dans la maison.

– C'est pas la maison ! aboie-t-il. C'est MA maison !

Arielle est tout près de lui maintenant et je lui adresse un signe discret pour la supplier de retourner à la voiture. Mais au lieu de m'obéir, elle resserre les doigts sur son arme.

– C'est moi qui paie tout pendant que tu te contentes de rester assis sur ton sale petit cul, glapit le père de Dylan.

– Je vais être payé pour des concerts qu'on a donnés avec le groupe. Je vais pouvoir te rembourser, promis…

– Je veux pas que tu me rembourses ! Je veux que tu te bouges le cul et que tu te trouves un vrai boulot ! hurle-t-il, le visage plus rouge que jamais. Quand j'avais ton âge, c'est moi qui subvenais aux besoins de mes parents.

Ses joues ont la couleur d'une betterave cuite et ses poings sont pris de tremblements.

– Moi je te laisse rester ici pour rien ! Et toi, comment tu me remercies ? En me volant !

Tout se passe très vite. Il lève le bras pour me frapper, je pare le coup et Arielle lâche le cric qui tombe dans un fracas métallique. M. Stroud fait volte-face et se retrouve nez à nez avec Arielle dont les yeux se révulsent. Elle s'écroule.

– Bordel de merde ! crie-t-il.

Je le pousse et me précipite sur Arielle. J'empêche de justesse son crâne de heurter le trottoir. Je pose sa tête sur mes genoux. Je m'apprête à porter Arielle jusqu'à la voiture quand je sens le froid glacial de ses membres.

Il se propage à mes os, me brûle, détruit sur son passage l'amour, l'espoir et le bonheur.

La voix du père de Dylan me parvient comme venant de très loin.

– Qu'est-ce qu'elle a ?

Arielle est prise de convulsions, et soudain je ne suis plus dans le corps de Dylan. Je suis perdu dans l'immensité de tristesse qui émane d'Arielle. Je ne peux rien faire d'autre que regarder droit devant moi, impuissant. M. Stroud me glisse un morceau de bois dans la main.

– Si elle continue de trembler, mets-lui ça entre les dents. Je vais appeler une ambulance.

Il chancelle jusqu'à la porte. Je voudrais le retenir car une ambulance ne pourra rien pour Arielle, mais lorsque j'ouvre la bouche, c'est un cri qui m'échappe. Un long hurlement comme ceux qui résonnent dans la tête d'Arielle. Je suis moi aussi une âme perdue. Rien d'autre ne compte. Là au fond, tout au fond, le véritable Roméo est recroquevillé sur lui-même. Créature de l'obscurité pour toujours et à jamais. Je n'y échapperai pas. C'est ainsi que je vais finir. Ma rencontre avec Arielle ne représente que quelques précieuses minutes dans ma misérable éternité.

DIX-SEPT

Arielle

Non ! Non ! Allez-vous-en ! Partez !

Les yeux fermés, je repousse de toutes mes forces les monstres qui me déchirent les entrailles de leurs dents acérées. Il n'y a plus de doute à présent. Les hurlements ne sont pas le fruit de mon imagination. Cette fois, j'ai vu les êtres tendre leurs doigts crochus vers moi pour tenter de me saisir.

Et puis il y a eu le froid.

Et la terreur.

Roméo est près de moi mais il est en péril lui aussi. J'essaie de modérer ma colère mais quand le père de Dylan lève le poing, je perds le contrôle. À cet instant, il représente tous ceux qui se sont moqués de moi, toutes les brutes qui ont profité de leur force pour s'en prendre aux plus faibles. Je dois le punir. J'imagine le craquement de ses os quand le cric va s'abattre sur son crâne. Le sang qui va couler sur le ciment de l'allée. Le sentiment que j'éprouve est celui d'être enfin entière.

Maintenant, la douleur règne sur mon corps et les hurlements résonnent dans ma tête. C'est une véritable torture mais je peux la supporter. Pour la première fois, je m'accroche aux restes de ma conscience, car au milieu des hululements inarticulés, une voix se détache.

Je suis là. Je suis là.

Elle est à peine perceptible mais impossible à ignorer. Je me concentre sur ce mantra répété inlassablement. C'est Roméo. Il est près de moi. Il veille sur moi. Je suis importante à ses yeux, autant qu'il l'est aux miens. Peut-être plus encore parce qu'il sait ce qu'est la solitude absolue et la certitude de ne jamais être sauvé.

Mais il se trompe. Je peux l'aider. Je vais l'aider.

Pardonne. Je te pardonne.

Ce sont les mots qu'il a besoin d'entendre. Je les murmure et soudain, ses épaules frissonnent. Il part, emportant les hurlements avec lui. Il est comme une rafale de vent, balayant mes peurs et mes angoisses.

J'ouvre les yeux. Le ciel est bleu mais déjà la nuit rampe.

– Tu ne peux pas me pardonner, murmure Roméo.

– Tu as entendu ?

Mes lèvres sont sèches. Il acquiesce mais ne me regarde pas.

– Tu ne peux pas me pardonner, répète-t-il.

D'une main tremblante, j'écarte les cheveux de son front.

– Si, je le peux.

Ma voix est rauque mais je parviens à parler et bouger. Pour une fois, j'ai eu une crise et je n'ai pas perdu le contrôle. C'est grâce à lui. Si j'avais besoin d'une preuve supplémentaire de la magie qui l'entoure, elle est là.

– Non, car tu ne sais pas tout, murmure-t-il.

Il courbe la tête encore un peu plus et je suis soudain frappée par sa ressemblance avec le garçon de ma peinture.

J'ai réalisé ce tableau des années avant de le rencontrer, pendant mes insomnies. Car j'ai peur de dormir. Bien sûr, parfois, je rêve du garçon mais souvent, le moine est là, lui aussi. Il me dit qu'il me pardonne et m'accorde la paix. Il est terrifiant mais dans mon rêve j'ai besoin de son pardon. J'ai commis un acte horrible et inexcusable. Ce n'est qu'un rêve mais je le ressens au plus profond de moi-même et je mesure la souffrance d'être au-delà de toute rédemption.

J'entoure mes bras autour du cou de Roméo et je me redresse pour lui chuchoter à l'oreille :

– Quoi que tu aies fait, tu peux le changer. Il te suffit d'être meilleur et je sais que tu en es capable. Je te pardonne.

Il ne répond pas, se contentant de déposer un baiser sur mon épaule avant de m'aider à me relever.

– Je dois empêcher le père de Dylan d'appeler l'ambulance, dit-il.

Il s'éclaircit la gorge et se passe la main dans les cheveux :

– On n'a pas de temps à perdre à l'hôpital. Les médecins ne peuvent rien pour toi.

Je secoue la tête.

– Non. Cet homme est dangereux et…

– Tout se passera bien, me rassure Roméo. Ne bouge pas.

Il traverse la pelouse et gravit les marches qui mènent au porche. Je m'apprête à le suivre mais avant que j'aie le temps d'atteindre la porte, il est déjà de retour.

Il me contemple en haussant un sourcil.

– Je croyais t'avoir dit de ne pas bouger.

– Je refuse de te laisser seul avec cet homme.

– Mon héros ! sourit-il.

Il referme la porte derrière lui et annonce :

– Il est dans les vapes. Il n'est même pas arrivé au téléphone. On peut y aller.

Il ramasse les serviettes et la couverture tombées dans l'allée et se dirige vers la voiture.

Je reprends le cric et lui emboîte le pas.

– Tu les as senties, n'est-ce pas ? Les choses qui crient dans ma tête ?

– Oui, reconnaît-il. C'est normal. Nous venons du même endroit, ces choses et moi.

– Quoi ?

– Si j'échoue à accomplir ma mission, je deviendrai l'une d'elles.

Ses mots ne recèlent pas la moindre possibilité de doute.

– Ce sont des âmes perdues, reprend-il, condamnées à errer dans le monde des humains jusqu'à ce que leur corps tombe en poussière. Elles sont prisonnières pour l'éternité et n'ont plus aucun moyen d'exprimer leur souffrance. Les humains ne peuvent ni les voir ni les entendre.

– Je les entends bien, moi !

Je ne veux pas imaginer que Roméo puisse devenir un de ces êtres. C'est trop insupportable. Mais il faut que je sache.

– Pourquoi ? Pourquoi moi ?

– Je l'ignore, soupire Roméo. C'est peut-être juste de la chance.

– Oui, c'est ça !

J'émets un ricanement désabusé. Un ricanement n'est pas un rire, mais je m'y accroche comme à une parcelle de vie.

– Je ne crois pas à la chance. Nous tenons notre destinée entre nos mains !

Roméo secoue la tête.

– Ah oui, tu crois ça ?

Je le prends par la main.

– Retournons chez moi. Il faut que je te montre quelque chose. C'est peut-être important. Ma mère doit être repartie au travail, on sera tranquilles.

– De quoi tu parles ?

– C'est mieux si je te montre.

Nous montons dans la voiture. Je pose une main sur sa cuisse pendant qu'il conduit.

– Tout va bien se passer. On fera en sorte que tout se passe bien, je lui promets.

Il soupire mais le silence qui suit est confortable. Je m'enfonce dans mon siège et profite de l'instant, alors que la nuit gagne et que les lampadaires s'allument un à un. Même la silhouette du château de l'aire de jeux qui se découpe dans la demi-obscurité ne parvient pas à me gâcher la promenade. Lorsque je tourne la tête, je découvre le regard doux de Roméo posé sur moi.

– Tu es incroyable, susurre-t-il.

Je rougis.

– Je n'ai rien d'incroyable.

– Je suis désolé mais je ne suis pas du tout d'accord.

– Tu n'as pas à être désolé et gare-toi un peu plus loin, que ma mère ne remarque pas ta voiture. Elle rentre tard et je fermerai ma porte à clé.

– Tu me demandes de passer la nuit chez toi ?

Je hausse les épaules, soudain un peu gênée.

– C'est bien ce que tu as dit à ton père, non ? Que tu passais la nuit chez un copain ?

Son visage s'assombrit mais il garde le silence. Alors qu'il se gare à deux rues de chez moi, il lâche :

– Je n'ai pas aimé te voir avec une arme à la main.

– Je ne pouvais pas le laisser te faire du mal.

Nous sortons et remontons la rue, main dans la main.

– Même si tu avais vraiment été Dylan, je ne l'aurais pas laissé faire. Je n'allais quand même pas rester les bras croisés !

– Tu aurais pu appeler à l'aide.

– J'ai déjà essayé mais personne ne peut m'aider. C'est un peu à mon tour d'agir.

Je n'avais pas réalisé à quel point c'est vrai avant de l'énoncer à voix haute. Je ne veux plus jamais avoir peur de personne.

– Alors agis pour toi ! s'exclame Roméo en s'arrêtant. Ne t'inquiète pas pour moi ou Dylan.

– Je ne compte pas m'inquiéter, je compte gagner !

Roméo

Je la suis à l'intérieur. Je sais que rien de ce qu'elle pourra me montrer n'aura le pouvoir de modifier ma destinée… mais je sens que je ne suis déjà plus le même.

C'est à cause de ce qu'elle vient de dire à propos d'agir, de gagner.

La réponse n'est pas loin, dissimulée dans quelques mots simples et une détermination bornée. Peut-être que si… si je décide de tenter le tout pour le tout, quel que soit le risque… si je l'aime…

Est-ce de l'amour que je ressens pour elle ?

Peut-être…

– C'est là.

Elle s'arrête devant la porte de sa chambre et hésite, la main sur la poignée.

– Ce n'est pas encore fini, me prévient-elle. En fait, c'est même à peine commencé mais je veux que tu le voies.

– D'accord.

Je suis intrigué. Et puis, j'ai envie de tout savoir d'elle ; je veux connaître ses secrets, la débarrasser de ce qui la gêne et qu'elle en fasse autant pour moi. Je sais que c'est sans espoir, mais…

Elle ouvre la porte et allume la lumière.

J'aimerais tellement avoir plus de temps devant moi. J'aimerais voir ce qu'elle peindra le mois prochain, l'année prochaine.

Je voudrais lui prouver que je suis capable de la rendre heureuse pendant plus que quelques jours, me prouver à moi-même que j'en suis capable.

Que j'ai enfin appris. Pour la première fois.

J'aimais Juliette mais je me suis mal comporté avec elle. Même avant de la trahir. Avec Arielle, c'est différent. Et ce n'est même plus pour sauver ma peau, mais parce que je n'arrive pas à faire autrement. Si je l'ai prise dans mes bras quand les âmes perdues hurlaient dans sa tête tout à l'heure, c'est parce que j'aurais été incapable de l'abandonner. Parce que…

Je…

– Je…

– Quoi ?

Arielle me regarde par-dessus son épaule. Je suis immobile, ébahi de la découvrir si belle et surtout si familière, comme si… j'ouvre la bouche mais avant que j'aie eu le temps de parler, Arielle m'entraîne dans la pièce.

– Regarde.

Elle soulève son chevalet pour le retourner.

– Je les mets contre le mur, parce que je ne peux pas les avoir sous les yeux tant qu'ils ne sont pas finis, explique-t-elle, mais…

Une soudaine bouffée de chaleur m'étourdit. Je fixe le visage peint, comme hypnotisé. Elle a parfaitement retranscrit ses traits, des yeux sombres et troublés au nez droit, en passant par le teint uniformément hâlé. Elle n'a pas oublié la cicatrice au-dessus du sourcil, là où l'épée de son père s'est abattue pendant un cours d'escrime.

Comment… comment est-ce possible ?

– Roméo ?

La voix d'Arielle me fait tressaillir.

– Roméo, répète-t-elle. Tu… tu connais ce garçon ?

Je m'efforce de garder un ton mesuré pour lui demander :

– La question est plutôt : comment le connais-tu, toi ?

– Je l'ai juste imaginé. C'est lui que j'ai représenté sur la colline. C'était il y a quelques années déjà.

Elle désigne le tableau qui m'avait donné des frissons la première fois que j'étais venu dans sa chambre. Il n'y a plus de doute, il s'agit bien de moi. C'est incroyable, inimaginable et pourtant bien réel.

– Je rêve de lui en ce moment, reprend Arielle. C'est pour ça que j'ai décidé de le peindre.

Je secoue la tête. C'est impossible !

Habiter des cadavres, voyager à travers les siècles, passer du temps avec une jeune fille que tu as tuée d'une balle dans la tête, ça c'est impossible. Ça ne t'empêche pas d'être là. Tu es la preuve même que la magie existe.

– L'amour lui-même est magique.

Ce sont des mots que j'ai soufflés à Juliette lorsque nous nous sommes retrouvés la dernière fois, mais je ne les croyais pas. Je me demande à présent si je n'avais pas raison. Tout cela n'a peut-être rien à voir avec les Mercenaires et les Ambassadeurs. Arielle peut-elle être…

Ma promise.

Je ne peux plus le nier à présent : lorsque nous sommes ensemble, que nous nous enlaçons ou nous nous embrassons, nous ne faisons qu'un.

– C'est toi, c'est toi, n'est-ce pas ? murmure-t-elle en me passant tendrement la main dans le dos.

– Oui. Oui, c'est moi.

Ma poitrine est douloureuse mais ce n'est dû ni à la tristesse ni à la peur. Je ressens de l'espoir et de l'amour. J'aime Arielle, je l'aime et c'est meilleur que tout ce que j'avais ressenti jusqu'à présent.

– Tu m'as trouvé.
– Je te retrouverai n'importe où.

Sa phrase se termine par un baiser sur ma joue et je la serre si fort que je sens son cœur battre à l'unisson avec le mien. Nous nous laissons tomber sur le lit et ses doigts fébriles s'attaquent aux fermetures Éclair et aux boutons qui nous séparent encore. Je n'ai plus de doute parce que maintenant, je sais que je l'aime.

– Je t'aime.
– Je…

Je lui pose la main sur les lèvres.

– Chut, si tu le dis, je n'aurai plus de raison de rester.

Je sais qu'elle n'a peut-être même pas besoin de prononcer les mots mais inutile de tenter le sort. Ce soir, je veux être avec elle afin de pouvoir me rappeler chaque seconde, chaque détail de notre première et seule nuit ensemble.

Elle m'embrasse la paume et lève les yeux vers moi.

– Pourtant, c'est vrai. Et pour toujours.
– Pour toujours.

Pour la première fois, je sais que ces mots ne sont pas vains dans ma bouche. Je tiendrai cette promesse ; je l'aimerai toujours jusqu'à ce que le monde s'écroule et que mes souvenirs soient la seule chose qui me préserve de la folie.

Nos lèvres se retrouvent et nos derniers vêtements s'éparpillent sur le lit.

Puis il n'y a plus rien que la douceur de ses caresses.

Nous discutons jusqu'à une heure avancée de la nuit. Elle me raconte ses cauchemars. Je lui recommande de ne jamais accorder la moindre confiance au frère Laurence, le moine de son rêve. Je lui parle de mon enfance, de mon frère, de ma mère, de ma vie quand j'étais mercenaire. Puis nous recommençons à nous embrasser et à nous étreindre.

Lorsque sa mère rentre, vers deux heures du matin, nous nous pelotonnons l'un contre l'autre, silencieux, doigts entrelacés, jambes mêlées. Je regarde le plafond et me repasse ce que nous venons de partager. Je l'embrasse sur l'épaule. Elle est si belle. Elle est à moi.

Non. Je suis à elle, je lui appartiens. Elle a rêvé de moi, elle m'a arraché à l'oubli du passé et ramené à la vie. Elle m'a sauvé, m'a transformé, a fait de moi quelqu'un de bien. Maintenant, c'est à mon tour de lui tendre la main. Je sais exactement comment m'y prendre. La solution a toujours été là, à attendre que l'amour la mette en lumière.

La nourrice de Juliette m'a dit qu'en cas d'échec, je serai envoyé dans le corps décomposé de la caverne. Demain, lorsqu'elle viendra me chercher et me demandera de prononcer mes vœux, je refuserai. Je retrouverai le spectre, mais je resterai dans cette réalité et je pourrai aider Arielle jusqu'à ce que je devienne poussière.

Je resterai aussi loin d'elle que possible, de façon à ce qu'elle ne voie pas ce que je suis devenu, mais assez près pour pouvoir la défendre contre les Mercenaires. Je connais leurs ruses et je vois leur aura. Je décapiterai le premier qui s'approchera de ma bien-aimée. Ils finiront par m'arrêter mais, en attendant, Arielle sera tranquille.

Je l'attire contre moi.

– Si je ne peux pas rester, je veux que tu saches que je veillerai toujours sur toi.

Les yeux mi-clos, presque endormie, elle murmure :

– Tu vas rester.

– Je ferai mon possible, mais si je n'y arrive pas…

J'ai du mal à prononcer la suite mais il le faut.

– ... promets-moi de trouver quelqu'un d'autre.

– Est-ce que toi, tu pourrais aimer quelqu'un d'autre ? me demande-t-elle.

Bonne question, mais la réponse est non. Ce n'est même pas envisageable. Lorsque je ferme les paupières, c'est le visage d'Arielle qui m'apparaît. Mais ce n'est pas ce qu'elle a besoin d'entendre.

– J'ai déjà aimé quelqu'un d'autre.

– Tu l'aimes toujours ?

– Pas comme je t'aime toi.

Je ne peux pas mentir. La place que j'accordais à Juliette a changé. Je ne l'oublie pas mais, quand je pense à elle, je ne ressens plus que culpabilité et regret.

– En quoi est-ce différent ?

– Mon amour pour Juliette était... égoïste. Je passais beaucoup de temps à composer des vers pour me mettre en valeur à ses yeux. J'espérais aussi que notre histoire blesserait mon père. Quand j'étais avec elle, je pensais trop à moi. Avec toi, c'est différent... Dès la nuit de notre rencontre, tu as réussi à me prendre au dépourvu...

Je laisse les mots couler hors de ma bouche, ils ont le goût de la franchise.

– ... Hier, j'ai passé une des meilleures journées de ma vie, mais tout était encore irréel. Et puis tout à coup, la vérité s'est faite en moi. Je t'aime. Plus que je n'ai jamais aimé personne. Je t'aime assez pour désirer que tu en aimes un autre quand je ne serai plus là.

Elle pousse un soupir qui me rassure : j'ai dit ce qu'il fallait. Pour une fois, je n'ai pas eu besoin de mentir. C'est peut-être toujours le cas avec Arielle.

– Mais tu es encore là et je ne peux pas imaginer ressentir pour quelqu'un d'autre ce que je ressens pour toi.

Elle scelle sa phrase d'un long baiser qui me fracture le cœur.

– Promets-moi d'essayer de rester.

– Je ferai tout mon possible, Arielle. Je te le jure.

– Moi aussi.

La tête sur mon torse, elle ferme les yeux et il ne lui faut pas plus de quelques secondes pour s'endormir. Comme un enfant. J'écoute sa respiration régulière, je regarde sa poitrine se soulever, je respire l'odeur de ses cheveux. Je ne veux pas dormir, je ne veux pas perdre un instant de ce temps à ses côtés, mais l'épuisement a raison de moi et lorsque je tourne le visage vers la fenêtre, je suis proche du sommeil. Le visage qui apparaît contre le carreau pourrait appartenir à un rêve.

Mais quand une main dorée s'élève et tend ses doigts vers moi, une décharge électrique traverse ma colonne vertébrale. Je me redresse brusquement et l'expression satisfaite de la magicienne ne me rassure pas.

Car depuis près de mille ans, le bonheur des Ambassadeurs est pour moi synonyme de souffrance.

Ce ne sera pas différent cette fois.

DIX-HUIT

Roméo

Si seulement j'avais pu feindre le sommeil, mais la magie de l'ambassadrice ne me le permet pas. Doucement, je fais glisser la tête d'Arielle sur l'oreiller, récupère mes jambes et me lève. Mon amour marmonne dans son sommeil et se repelotonne sous les draps. Je prends un moment pour la regarder, l'admirer, me remplir de son image. C'est sans doute la dernière fois que je la verrai dormir.

Peut-être la dernière fois que je la verrai.

Je me dirige vers la fenêtre, déterminé à ne pas laisser l'ambassadrice percer mon secret. Elle sera probablement fâchée que je refuse son offre. Mon allégeance rendrait les siens plus puissants encore. Mais je ne changerai pas d'avis.

Cette assurance me permet de lui rendre son sourire quand j'ouvre la fenêtre, laissant l'air printanier et son parfum vanillé pénétrer dans la chambre.

– À quoi dois-je le plaisir de votre visite ?

– Tu n'as vraiment aucune pudeur.

Son regard me rappelle que je suis nu.

Mon sourire s'élargit.

– Je peux enfiler quelque chose, si ça vous met mal à l'aise.

Elle rit silencieusement.

– Je vis depuis des milliers d'années, Roméo, je me rappelle encore le temps où tous les hommes étaient nus.

Je fronce les sourcils.

– D'après la légende, vous, les Ambassadeurs et les Mercenaires, datez de l'Antiquité grecque.

– Les légendes évoluent et changent selon les besoins de ceux qui les racontent, dit-elle. Ou de ceux qui les écoutent.

– Comme les mensonges.

Elle penche la tête sur le côté.

– Oui, comme les mensonges, m'accorde-t-elle.

– Et quels mensonges êtes-vous venue me raconter au milieu de la nuit ?

– Les Ambassadeurs ne mentent pas, Roméo, me corrige-t-elle.

Elle croise les bras sur sa poitrine. Ses mains projettent toujours cette même lumière dorée.

– Je suis venue te féliciter. Tu as réussi en un temps record. Arielle est amoureuse. Je l'ai senti cet après-midi. Nous sommes soulagés d'un grand poids.

Mes derniers espoirs s'éteignent. Je le savais. Je savais que le silence d'Arielle était vain.

– À présent, poursuit l'ambassadrice, nous sommes sûrs qu'elle ne se mettra jamais au service des forces de l'ombre. Tu peux donc venir avec moi et prendre ta place parmi nous.

– Mais… mais je veux rester auprès d'elle. La protéger.

– Tu sais que c'est impossible.

Sa voix est douce mais ferme.

– Rien n'est impossible.

– C'est vrai, mais ce ne serait pas sage. Et même dangereux. Si je t'autorisais à rester dans le corps de Dylan, Dylan et toi seriez morts dans quelques jours. Sa vie serait inutilement gaspillée.

– Vous ne pouvez pas en être sûre. Je pourrais échapper aux Mercenaires, je pourrais...

– Ce n'est pas négociable, Roméo, m'interrompt-elle.

Son visage se durcit. Elle ne veut plus entendre mes réclamations.

– Tu dois venir avec moi et tout de suite ! conclut-elle.

– Mais je...

Je jette un coup d'œil à Arielle et mon ventre se noue.

– ... je l'aime.

– Je sais et je reconnais que j'en suis très surprise. Tu es une créature extraordinaire, Roméo. Ce changement en toi est un atout supplémentaire pour notre cause.

– Je ne suis ni une créature ni un atout ! Je suis un homme et voilà à quoi je ressemblais avant !

Je tends le doigt vers le tableau d'Arielle. Une étincelle d'émotion s'allume un bref instant dans les yeux de l'ambassadrice, mais s'éteint presque aussitôt, comme une bougie soufflée sur un gâteau d'anniversaire. Elle ne s'attendait pas à ce retournement. Je ne sais pas si sa surprise joue en ma faveur. Je tente néanmoins le tout pour le tout :

– C'est Arielle qui l'a peint. Elle m'a vu dans un rêve. Et ce n'est pas la première fois. Elle m'avait déjà représenté il y a plusieurs années.

Je décroche la peinture du mur pour la montrer à l'ambassadrice.

– C'est la colline où j'ai prononcé mes vœux pour devenir mercenaire.

Je l'observe, espérant l'avoir amadouée, mais elle se contente de me dévisager calmement avec une expression vaguement amusée sur le visage. J'ai soudain envie de l'étrangler.

– Alors, comment vous expliquez ça ? je lui demande, les dents serrées.

Elle hausse les épaules.

– Je ne l'explique pas.

– Vous ne voulez même pas essayer de comprendre ?

– Pourquoi me donnerais-je cette peine ? Tu as accompli ta mission et personne, ni humain, ni immortel, n'a jamais compris la pleine signification des rêves.

– Vous devriez peut-être faire un effort. Parce que le moine aussi est venu visiter ses rêves !

– Quoi ?

– Le moine. Frère Laurence.

Je ressens une satisfaction amère en voyant son visage se décomposer. Mais son inquiétude est alarmante. Cette femme, le seul rempart entre Arielle et le mal, n'est pas préparée à parer l'attaque. Je reprends :

– Il lui a promis de lui pardonner et de lui accorder la paix dont elle a besoin. J'ai prévenu Arielle de ne pas lui faire confiance mais je ne peux pas être sûr qu'elle ne subira jamais son influence. Elle est parfois la proie d'étranges crises. Elle se croyait folle, mais quand je la tenais contre moi cet après-midi, j'ai senti la puissance des Mercenaires. J'ignore comment, mais les âmes perdues ont accès à son esprit. Quand elle se met en colère, elle les entend hurler. Je suis sûr que le moine saura la mettre en colère aussi souvent que nécessaire.

– J'en suis sûre aussi, acquiesce l'ambassadrice après un moment. Quand certaines barrières sont brisées, pratiquement tout devient possible.

– De quelles barrières parlez-vous ? Peut-on les remettre en place ?

– Pas que je sache. Les personnes réceptives à notre magie ont en général été victimes de traumatismes graves. Ce sont ces traumatismes qui détériorent les barrières. Sans ces boucliers naturels, les humains sont vulnérables à toute sorte d'invasion. Les âmes perdues ne sont pas les seules à pouvoir pénétrer le cerveau fragile d'Arielle. C'est pour ça que c'est important que…

– Son cerveau n'est pas fragile ! Elle est victime de crises !

Je ne peux pas retenir ma colère plus longtemps.

– Ces choses qu'elle ne comprend pas la tourmentent depuis son plus jeune âge. Elle mérite…

– Exactement ! approuve férocement l'ambassadrice. Elle ne comprend pas et il est inutile d'essayer de lui expliquer. On ne peut pas lui rendre ce qu'elle a perdu. Une porte est ouverte dans son esprit, on ne peut la refermer. Ce qui est fait ne peut être défait… Je suis sûre que tu comprends ça, ajoute-t-elle en jetant un regard entendu à Arielle endormie.

– Ne vous fatiguez pas à essayer de me culpabiliser ! Faire l'amour avec Arielle n'avait rien d'une erreur. La seule erreur serait de la laisser sans protection.

– Et comment crois-tu que tu as acquis une conscience après toutes ces années ? grimace l'ambassadrice.

Son visage me laisse entrevoir la cruauté qui se cache derrière sa beauté. Les fines rides autour de sa bouche se creusent et je me demande si son corps n'est pas plus près des quarante ans que des trente.

– C'est la magie que je t'ai donnée qui t'a permis de changer, reprend-elle. Tu n'es pas meilleur qu'avant en réalité. Sans mon aide, tu n'aurais jamais éprouvé quoi que ce soit pour Arielle et il t'aurait été bien égal qu'elle ne soit pas protégée comme tu l'entends.

Mes doigts se crispent sur la poignée de la fenêtre.

– Elle n'est pas protégée du tout ! Ils la tueront dès que j'aurai le dos tourné. Je ne vois pas ce que vous pourriez faire pour empêcher ça !

– Tu as raison. J'ignorais que le moine lui rendait visite dans ses rêves. Pour ma part, je ne peux atteindre que l'esprit des convertis. Je ne savais même pas qu'une connexion si intime était possible entre un humain et un mercenaire.

– Pourtant ça l'est. Elle me l'a décrit avec une grande précision.

L'ambassadrice soupire.

– S'il est déjà entré dans son subconscient, il finira par…

– … la rendre folle !

Un frisson d'horreur me parcourt.

– Et les fous sont incapables de véritable amour, renchérit l'ambassadrice. On doit posséder l'esprit pour posséder le cœur.

Je secoue la tête, refusant de croire qu'il n'y a pas de solution.

– Nous devons empêcher ça ! Sinon, tous ces efforts auront été inutiles.

– Chut ! me calme-t-elle alors qu'Arielle marmonne dans son sommeil. Ça n'a pas été inutile. Tu as rejoint les forces du bien.

– Ce… ce n'est pas suffisant.

J'ai l'impression de revivre ce moment où Ben et Juliette étaient à la merci de frère Laurence, quand mon seul espoir était de les tuer avant lui. Mais je suis incapable de tuer Arielle. Même pour la sauver d'un sort pire que la mort. Je l'aime trop. Je la respecte trop. C'est sa vie et certaines décisions ne peuvent pas être prises pour ceux qu'on aime. Si nobles soient les raisons qui nous y poussent.

Cette prise de conscience est douloureuse. Peut-être l'ambassadrice a-t-elle raison. Je sais que je n'ai pas rendu service à Juliette en la poussant au suicide, mais j'ai peut-être eu tort une deuxième fois en la tuant d'une balle dans la tête.

Et s'il y avait des possibilités d'avenir que je suis incapable d'appréhender ?

Des possibilités...

Les changements de cette réalité me reviennent soudain en mémoire.

– *Roméo et Juliette* ! La pièce de Shakespeare a disparu. Juliette n'est plus qu'un nom sur une stèle, et moi une ligne dans une brochure touristique. Ils affirment que je suis mort pendant l'incendie de l'église.

L'ambassadrice ne semble pas surprise par ma révélation.

– Nous sommes dans une réalité parallèle. Des tas de choses sont probablement différentes.

Je suis bien d'accord, mais je ne peux me satisfaire de cette explication. J'insiste :

– Benjamin Luna aussi a changé. Ce n'est plus le même garçon.

– Oui, comme je te l'ai dit...

– Il ressemble trait pour trait à mon cousin Benvolio Montaigu.

– Trait pour trait ? Es-tu sûr d'avoir une aussi bonne mémoire ?

– Benvolio était comme un frère pour moi. Nous n'avions que deux ans d'écart et nous avons grandi ensemble. De mon vivant, j'ai passé plus de temps à regarder son visage que le mien. C'est à lui que j'ai parlé l'autre jour, même s'il pense être Benjamin Luna.

J'attends une réaction mais aucune ne vient.

– Je vous jure que je dis vrai. C'était Benvolio, corps et âme. Ici, en ville, sept cents ans après sa mort. Comment est-ce possible ?

L'ambassadrice m'adresse un regard apitoyé.

– Vous étiez très proches, ce Benvolio et toi ?

– C'était le seul membre de ma famille qui n'était pas cruel, fou ou cupide. Mais c'est sans importance, je sais ce que j'ai vu.

– Parfois ce que nous voulons voir est...

– Ce n'est pas ce qui s'est passé !

Je serre la mâchoire, frustré par son incrédulité.

– Je suis sûre que beaucoup de gens ressemblent à ton cousin, reprend-elle. Dans mon souvenir, il n'avait rien de vraiment particulier, mais...

Son regard se pose de nouveau sur le tableau d'Arielle.

– ... il est certain que c'est toi sur cette peinture. Arielle a du talent.

J'attends la suite, mais rien ne vient. Manifestement, la discussion est terminée. Sauf que je n'ai pas l'intention d'abandonner.

– Que ce garçon soit Benvolio ou pas, vous ne comprenez pas ce que ça signifie ? Si Juliette et moi n'avions pas été envoyés pour remplir la dernière mission, elle n'aurait jamais rencontré Ben Luna, ne serait donc pas tombée amoureuse de lui et aurait continué à servir votre cause.

– C'est vrai, acquiesce l'ambassadrice un peu aigrement. Tu ne l'aurais pas tuée, ni volé une âme précieuse au monde.

Ma poitrine se serre alors que l'image de Juliette agonisante surgit sous mes yeux. C'est plus douloureux encore aujourd'hui car s'il s'agissait de l'âme de Juliette, ce sont les yeux d'Arielle qui sont fixés sur moi. Mais à cet instant, j'étais persuadé de ne pas avoir le choix.

– Elle serait peut-être même là, à ta place, poursuit l'ambassadrice d'une voix tranchante. Mais ce n'est pas le cas et peu importent les coïncidences. La seule chose importante est d'empêcher les Mercenaires de convertir Arielle.

– Je ne peux pas la tuer ! C'est impossible !

La main de l'ambassadrice se pose sur la mienne.

– C'est peut-être le seul moyen de la sauver.

– Non, s'il vous plaît.

Je la supplie mais je sais que si elle me propose que quelqu'un d'autre le fasse à ma place, je refuserai.

– Il y a forcément une autre solution.

– Oui, peut-être...

Son sourire, plus doux que tout à l'heure, me redonne espoir. Peut-être Arielle n'est-elle pas seulement un instrument mais le seul moyen de sauver le monde.

– Je vais consulter les autres Ambassadeurs. Si les Mercenaires ont accès à ses rêves, il est possible que nous en soyons également capables. Dans ce cas, nous la protégerons.

– Je vous aiderai.

– Tu ne peux rien faire. Et je ne sais pas si ce dont je te parle est possible, me prévient-elle, mais à la lumière de ces nouveaux éléments, il est plus sage que tu restes aux côtés d'Arielle pour le moment.

Un intense soulagement m'envahit.

– Merci.

– Reste avec elle. Ne la quitte jamais. Je te contacterai demain.

Elle s'éloigne de la fenêtre et l'aura lumineuse qui émanait de ses mains s'évanouit.

– Si tu n'as pas de mes nouvelles avant le coucher du soleil, sois à la caverne à minuit, lance-t-elle.

– On ne peut pas se retrouver ailleurs, plus près du centre-ville ? J'ai promis à Arielle de l'emmener danser !

L'ambassadrice hausse les sourcils. Je hausse les épaules.

– Je comprends que ça vous paraisse ridicule mais c'est important pour elle. Et pour moi. Ça sera probablement notre dernière soirée, je voudrais qu'elle en garde un bon souvenir.

– N'aie crainte, elle se souviendra de toi, me coupe-t-elle. Et tu te souviendras d'elle, si tu le veux vraiment. Juliette avait choisi d'occulter une partie de son passé. À la différence de tes anciens maîtres, nous ne sommes pas cruels, Roméo. Nous essayons de nous occuper de nos convertis le mieux possible et nous ne les renverrions pas dans les brumes si nous avions le pouvoir de les garder sur Terre. Nous ne volons ni votre esprit ni votre mémoire. Vous gardez le contrôle de votre destinée dans la mesure où vous servez le bien.

Le bien. Quelques jours plus tôt, ce concept m'aurait fait éclater de rire. Mais à présent, je suis désireux d'obéir. Sauf que je n'ai pas forcément la même idée du bien que l'ancienne nourrice de Juliette. Néanmoins, je feins la reconnaissance.

– Je suis content de l'apprendre. Et dans ce cas, j'apprécierai de conserver ce souvenir.

– Très bien.

Elle tend la main et un rayon de lumière jaillit entre nous. La magie pénètre de nouveau mon corps, mais ce n'est pas aussi douloureux que la première fois. Après coup, je me sens rechargé, comme si j'avais dormi toute la nuit.

– Cette force te permettra de rester dans ce corps jusqu'à minuit demain. Pas une minute de plus. Si tu ne prononces pas tes vœux, ton âme retrouvera ton spectre et tu passeras le reste de ta vie dans un cadavre pourrissant.

– Minuit, comme Cendrillon.

– Tu m'as toujours fait penser à Cendrillon, lâche-t-elle.

Je souris malgré moi.

– Tu m'as bien comprise ? demande-t-elle d'une voix plus sérieuse.

– Oui.

– Parfait.

Parfait, effectivement. Je lui promets de la retrouver à onze heures et demie dans le bois derrière le lycée. Mon plan pour échapper à la grâce qu'elle accepte de m'accorder, et pour laquelle j'étais prêt à tuer quelques jours plus tôt, commence à être clair dans ma tête.

L'ambassadrice disparaît dans la nuit. Je retourne auprès d'Arielle. Son corps est chaud et son parfum flotte dans la chambre, apaisant toutes mes craintes. Je n'oublierai jamais l'odeur de sa peau. Même quand mes narines brûleront de la puanteur de ma propre déliquescence.

À peine suis-je allongé près d'elle que sa tête retrouve le creux de mon épaule, sa main ma poitrine. Même si elle est loin de moi, perdue dans son sommeil, tout son amour passe dans sa caresse. Je la serre contre moi et embrasse le haut de son crâne en espérant que son rêve est agréable.

Puis je fixe de nouveau le plafond, essayant d'ignorer la douleur que mon cœur expérimente en se brisant pour la première fois.

INTERMEZZO 3

Vérone, Italie, 1304

Juliette

– Ma nourrice va faire de Roméo un ambassadeur.

Le moine doit croire ce mensonge qui n'en est peut-être pas un. Mon sort en dépend.

Dans mon rêve, Roméo était baigné de lumière dorée.

– Elle veut le voler aux Mercenaires.

– C'est impossible ! affirme frère Laurence.

Pourtant, il s'est immobilisé. Je me mets à trembler. S'il part, je mourrai dans ce trou, mais pas avant un ou deux jours, quand la déshydratation aura eu raison de ma résistance.

– Comment connais-tu l'existence des Ambassadeurs ? crache-t-il.

– Est-ce vraiment important ? J'ai eu des visions !

– Seuls les Ambassadeurs les plus haut placés dans la hiérarchie perçoivent l'avenir. Ce n'est pas ton cas. Tu as été en contact avec la magie, mais…

– Ma nourrice a accès à mes rêves.

Je jurerais même avoir entendu sa voix pendant mon sommeil.

– Elle m'a montré le passé et le futur.

– Pourquoi ?

– Pour me punir.

Je ne peux pas en être sûre mais je dois me montrer convaincante.

– Elle veut me faire souffrir. C'est la raison pour laquelle je suis ici.

– Tu as été amenée dans ce cimetière à l'arrière d'une carriole. Je l'ai vu de mes...

– Je ne parle pas de la tombe, mais de cette réalité. J'étais sept cents ans après aujourd'hui. Je servais les Ambassadeurs.

Même d'où je suis, je sens qu'il est intrigué. Il commence enfin à se demander s'il ne devrait pas me sortir de ce piège.

– Roméo et moi avons survécu, et sommes devenus ennemis. Nous nous sommes affrontés des siècles durant. Puis vous m'avez capturée et il vous a défié. Il voulait m'éviter la torture mais ma nourrice m'a envoyée ici.

– Tu mens, siffle-t-il.

Mais je sens son assurance vaciller.

– Vous avez dit vous-même que je mentais mal.

J'espère que mon mélange de vérité et de mensonge est suffisamment convaincant. Je reprends :

– Nourrice me punit parce que j'ai refusé de renouveler mes vœux. Mais si vous me sortez d'ici, je travaillerai pour vous. Je vous jurerai allégeance et je la ferai payer pour avoir donné une place à Roméo alors qu'il ne mérite que de souffrir.

– Hmm.

Je ne sais pas quoi faire de ce grognement et je garde donc le silence. Il ne tarde pas à reprendre la parole.

– Si ce que tu dis est vrai, si tu viens réellement du futur, Roméo est dans une autre réalité, hors de notre atteinte. La magie des Mercenaires est limitée par l'espace et le temps. Je pensais qu'il en était de même pour les Ambassadeurs mais ça ne semble pas être le cas. Malgré tout, la triste vérité est que je ne peux te renvoyer d'où tu viens, alors que te reste-t-il à m'offrir ?

– Je peux sacrifier mon père !

J'ignore la boule qui s'est formée dans ma gorge.

– Il ne m'est pas aussi cher que Roméo, mais je l'aime.

– Ton père.

Ma proposition ne semble pas l'impressionner beaucoup.

– Je ne l'ai pas vu depuis des siècles. Plus que tout au monde, je voudrais qu'il me prenne dans ses bras. Mais... je le poignarderai !

Je sanglote à présent.

Le moine ne répond pas. Dans ce silence qui semble durer une éternité, je prends le temps de peser mes mots. Prisonnière de l'obscurité, vouée à une mort douloureuse, suis-je réellement prête à tuer pour obtenir la liberté ? Serai-je capable de violer mes propres principes selon lesquels rien de bon ne peut sortir d'un meurtre ? Même le meurtre de ce moine qui a causé tant de souffrance ?

Non. Ben avait raison. Tuer ne servira à rien d'autre qu'à me perdre moi-même. Mais mentir ne me pose pas de problème. Et je prononcerai autant de mensonges que nécessaire pour me sortir de cet enfer.

– Tu veux donc devenir mercenaire, finit par énoncer le moine d'une voix presque atone.

– Non. Mais c'est le seul moyen pour moi d'obtenir vengeance.

– Tu serais prête à te battre contre les Ambassadeurs ?

J'acquiesce dans le noir. Les poings serrés, je me force à articuler :

– Oui.

– Très bien. Disons que ton père suffira.

La pierre tressaille au-dessus de ma tête et, presque aussitôt, une bouffée d'air frais entre dans mes poumons. La lumière grise me pique les yeux et ma poitrine se soulève de soulagement.

Même les bras du monstre se tendant vers moi me paraissent une bénédiction à côté de ce qui m'attendait.

De toute façon, j'échapperai à ces bras. Je trouverai un moyen.

– Tu es prête ?

La main de frère Laurence se referme sur ma hanche. J'essaie de m'écarter mais mes genoux se dérobent et je suis obligée de m'appuyer à lui. Je ne suis pas assez forte pour tenir debout seule, mais je le serai bientôt. Il va être obligé de me redonner de la magie – je ne pourrai tuer personne dans mon état –, et dès qu'il l'aura fait, je fuirai et me cacherai.

– Je suis prête.

Je tourne la tête vers les marches qui mènent vers la cour.

– J'espère pour toi que tu n'as pas menti, susurre le moine à mon oreille en me serrant le bras.

Une brûlure naît dans mon ventre et irradie mon corps. Pliée en deux, je vois mon sang s'écouler sur les dalles. Je m'effondre à ses pieds, mon dernier espoir envolé.

Il savait que je mentais. Il m'a poignardée. Il a gagné. Encore une fois.

Il s'agenouille près de moi. Je ferme les yeux pour ne pas contempler son visage hideux.

– Si elle t'a envoyée ici, elle viendra te sauver, souffle-t-il. Ta nourrice n'est pas cruelle, elle voudra te donner une autre chance. Mais quand elle arrivera, elle découvrira ton cadavre et moi, je l'attendrai. Ainsi, je saurai si le temps est aussi facile à traverser que tu l'affirmes, belle enfant.

J'ouvre les yeux. Je voudrais lui dire qu'il se trompe, que Nourrice se fiche de mon sort maintenant que je ne suis plus à son service, mais il s'en va déjà, monte les marches et disparaît dans la nuit. Ou le petit matin. Je ne le saurai jamais. Je le regarde s'éloigner en expirant mon dernier souffle.

C'est fini. Après tous ces sacrifices, toutes ces luttes, toutes ces leçons apprises…

Elle surgit de l'ombre d'un des plus anciens mausolées de ma famille. S'approche de moi non sans jeter un rapide coup d'œil derrière son épaule. Sa cape est rabattue sur ses cheveux gris et son visage est plus pâle que dans mes souvenirs mais je la reconnais immédiatement.

– Nourrice !

– Ma petite.

Ses mains caressent mon visage.

– Nous n'avons pas beaucoup de temps, murmure-t-elle. Laisse-moi sauver ton âme, Juliette. Renouvelle tes vœux.

Ce n'est pas vraiment Nourrice, mais l'ambassadrice qui habite son corps. Elle était là depuis le début et assistait aux tourments que me faisait subir le moine.

– Non !

Je repousse ses mains.

– Ça ne servait à rien de m'envoyer ici. Ma décision n'a pas changé.

– Ce n'est pas moi qui t'ai envoyée ici ! s'exclame-t-elle. Je te le jure.

Je ne réponds pas. Elle ment autant que frère Laurence.

– Je pense que c'est l'univers lui-même qui t'a amenée dans cette tombe, reprend-elle. Ses pouvoirs sont encore plus grands que ceux des Mercenaires ou des Ambassadeurs.

Elle se penche sur moi et écarte doucement une mèche de mon front. J'en frissonne de dégoût.

– C'est ton destin, Juliette. Tu as été créée pour être bien plus qu'une petite mortelle. Je suis si heureuse de t'avoir retrouvée.

– Comment avez-vous fait ?

Les bras serrés autour de mon ventre, j'ai de plus en plus de mal à parler.

– Quand tu as quitté le corps d'Arielle, la réalité a été altérée, explique-t-elle. Le passé ainsi que le futur qui vous impliquaient, Roméo et toi, se sont modifiés. J'ai la capacité de percevoir ces changements, qu'ils soient produits par des humains ou dus à une influence surnaturelle. Toutes les versions du monde ont été transformées. Il fallait donc que je te ramène à ta véritable place.

– C'est vrai que vous avez fait de Roméo un ambassadeur ?

– Tu as eu des visions, n'est-ce pas ? soupire-t-elle. Je ne voulais pas te donner cette information mais seulement t'envoyer des pensées positives pendant ton sommeil.

Elle tourne la tête comme pour s'assurer que le moine ne revient pas, mais je sais qu'en réalité, elle essaie de me cacher quelque chose.

– Quoi qu'il en soit, précise-t-elle, Roméo n'est pas ambassadeur. Je lui donne seulement une chance.

– Pourquoi ?

Une étrange lueur étincelle dans ses yeux.

– Ne crois-tu pas que tout le monde a droit à une deuxième chance ?

– Pas lui.

Elle sourit.

– Je suis d'accord, mais vous êtes irrémédiablement liés. Je devais m'occuper de Roméo, pour que tu accomplisses ta destinée. Tu ne serais jamais revenue vers nous autrement.

– Je ne reviendrai jamais vers vous. Jamais.

– Juliette, je t'en prie.

Nourrice me prend la main et pose les yeux sur la flaque de sang qui s'agrandit sur le sol.

– Tu es en train de mourir.

– Ce n'est pas la première fois. Je verrai où je me réveillerai la prochaine fois.

– Il n'y aura pas de prochaine fois…

Je ferme les paupières. J'aimerais qu'elle s'en aille, que le moine revienne et lui donne une bonne raison de s'inquiéter, mais elle me secoue l'épaule et une douleur fulgurante me traverse.

– Regarde-moi ! C'est moi qui ai fait ça.

Je marmonne :

– Je croyais que…

– Je ne t'ai pas renvoyée dans ta tombe, Juliette, mais en guidant Roméo vers un autre chemin, j'ai modifié la réalité. Tu es ici parce que tu mérites une nouvelle chance et si je ne m'en étais pas mêlée, tu ne l'aurais jamais su. Tu te serais mariée avec un homme que tu aimes et tu aurais fondé une famille. Tu serais morte à l'âge de soixante-trois ans d'une infection du sang. Voilà la misérable vie humaine qui t'était réservée si je n'avais pas agi.

Je secoue la tête. Mais que dit-elle ?

– Alors pourquoi… pourquoi…

– Pour que tu puisses vivre cette vie, Roméo devait lui aussi trouver le bonheur. Une femme, un enfant, cinq petits-enfants, vingt arrière-petits enfants dont douze qu'il aurait eu la chance de connaître. Dans cette réalité, il mourait paisiblement à près de cent ans ! Toi qui penses qu'une éternité au service des Ambassadeurs est un sort trop miséricordieux pour les gens de son espèce, que penses-tu de cette autre possibilité ? Si je n'étais pas intervenue, tu n'aurais pas une nouvelle chance d'améliorer le monde.

Elle rit et son rire est le son le plus déchirant que j'aie jamais entendu.

– Je ne pouvais le tolérer !

– Vous… vous m'avez volé mon bonheur juste pour empêcher Roméo de trouver le sien !

Mes yeux me brûlent mais je suis trop vide pour pleurer. Elle me caresse les cheveux comme si j'étais son chiot préféré, et je me demande si j'ai jamais été autre chose pour elle qu'un animal de compagnie.

– Non, ma chérie, je ne t'ai rien volé, je te donne au contraire une nouvelle occasion. N'importe quelle fille peut se marier et avoir des enfants, mais tu es la seule à pouvoir changer l'équilibre du bien et du mal dans l'univers.

– Non.

– Tu n'as pas le choix. Certains d'entre nous sont appelés à servir une noble cause.

– Il n'y a pas de cause plus noble que l'amour.

Les battements irréguliers de mon cœur résonnent à mes oreilles.

– Vous avez passé tant de siècles à défendre cette idée…

Je détourne le regard.

– Mais vous n'êtes pas humaine.

– Non, je ne le suis plus, reconnaît-elle. Mais j'ai encore un cœur. Je ne laisserai pas Roméo devenir ambassadeur. J'ai trouvé quelqu'un pour l'éliminer. Et je l'ai fait pour toi.

– Vous n'avez… jamais… rien… fait pour… moi…

La fin est proche, je le sens. Des éclairs intermittents illuminent mon esprit. Je me désagrège, comme une étoile mourante.

– Mon intérêt personnel est aussi celui de l'univers, murmure-t-elle. Peux-tu en dire autant ? J'avais tant espéré de toi.

Elle est maintenant aussi immobile que les tombes qui nous entourent. J'ai connu et aimé certains de ceux enterrés là. Tybalt et Grand-mère, ma petite cousine Louisa, décédée alors qu'elle n'avait pas trois ans. Peut-être les verrai-je quand je rouvrirai les yeux.

Je peux partir à présent. Je suis prête et ce sera facile. Mais étrangement, je n'arrive pas à m'empêcher de penser à cette autre vie que Nourrice m'a décrite, avec un mari et des enfants. J'ai du mal à m'imaginer amoureuse d'un autre que Ben mais…

Ben. Si seulement j'avais pu le tenir contre moi une dernière fois...

Son visage m'apparaît et mes peurs disparaissent. Il est avec moi. Il sera toujours avec moi.

– Tu as seulement besoin d'un peu plus de temps !

En posant une main sur mon bras, Nourrice m'arrache brutalement à ma paix.

D'abord, il y a une douleur assez intense pour me couper le souffle, puis l'énergie qui me submerge et chasse toute autre sensation. Mes poumons se remplissent d'air mais avant que j'aie pu m'émerveiller de ce miracle, je suis soulevée dans les airs et déposée dans la tombe.

De nouveau dans la tombe.

Non ! *Non !*

Je m'étrangle. Je hurlerais si je pouvais mais je n'ai même pas la force de repousser la pierre qui se referme sur moi.

– Je reviendrai te chercher dans quelques heures, me lance l'ambassadrice. Je vais d'abord mettre fin à mon affaire avec Roméo. J'aurai changé de corps mais tu me reconnaîtras.

– Le moine... le...

– Il ne te fera pas de mal, m'assure-t-elle. Il t'utilise comme appât, mais c'est moi qui tiens la canne à pêche. Je me débarrasserai de lui dès que possible, tu verras. Nous survivrons, Juliette, et les sept prochains siècles seront différents. Nous gagnerons ce monde et apporterons la paix à l'humanité. Ensemble.

Elle est partie. Le corps qu'elle abandonne tombe lourdement sur le sol. Ma nourrice, ma vraie nourrice, est vieille et cette chute a dû lui faire mal.

– Nourrice ! Nourrice.

Je crie mais je n'obtiens pas de réponse. Nourrice était peut-être morte avant que l'ambassadrice l'utilise, pourtant seuls les

Mercenaires sont censés habiter des cadavres. Les Ambassadeurs ne sont pas supposés voler des vies, ou juger et enterrer des vivants.

Si c'est ce que le « bien » est devenu, je ne crains plus seulement pour Roméo et moi mais pour le monde entier.

DIX-NEUF

Arielle

La lumière matinale, pure et parfaite, inonde ma chambre, comme si le paradis souriait à ma fenêtre et nous donnait, à Roméo et moi, sa bénédiction. Roméo et moi.

Au fond de moi, je sais que même s'il faisait gris et pluvieux, cette matinée serait magnifique.

Je l'aime et j'aime l'aimer. Si j'avais une chance que ça marche, je ferais de nouveau semblant d'être malade pour passer ma journée au lit avec Roméo, au milieu des draps froissés, sa chaleur contre la mienne.

– Reste encore un peu.

Il ouvre la fenêtre et s'apprête à sortir.

– Nous n'avons plus le temps.

– Encore une heure avant le lycée.

Le soleil forme un halo autour de ses cheveux en bataille et le fait ressembler au plus sexy des anges déchus. Je décide de le peindre comme ça, dans cette exacte position entre le monde et moi.

– Je ne peux pas, dit-il, mais sa détermination vacille.

Je me dresse sur la pointe des pieds pour l'embrasser et un élan d'amour me submerge. Je pensais qu'après hier, ses baisers n'auraient plus autant d'effet sur moi, mais je me trompais.

En fait, c'est pire. C'est comme si mon corps tout entier était pris dans un tourbillon traversé d'éclairs. Je me sens si vivante et si heureuse. Je ne veux pas être séparée de lui, même pour quelques minutes.

– Reviens te coucher.

– Tu ne me facilites pas les choses, murmure-t-il en repassant sa jambe par la fenêtre.

Je souris.

– Non, c'est toi qui rends les choses difficiles.

– Il faut que j'y aille. On se retrouve dans moins d'une heure mais c'est important que je parte maintenant.

Je perçois une tension dans sa voix. Comme de la peur.

– Est-ce que…

Je ne connais pas le nom de la sorcière mais, même si c'était le cas, je ne le prononcerais pas. Surtout pas ce matin. Cet instant appartient à Roméo et à moi, à personne d'autre.

– C'est quelque chose qui pourrait être bien pour nous. Pour toi, murmure Roméo.

– Alors, laisse-moi t'aider. Attends une seconde et je viens avec toi.

Roméo a remis ses vêtements de la veille et je vais en faire autant. Je ramasse mon jean par terre et l'enfile si vite que je manque de tomber.

– C'est une chose que je dois faire seul, dit-il.

– Mais je…

– Pas de mais. Pas cette fois. J'ai besoin que tu sois en sécurité. Va au lycée et ne parle à personne. Même pas à ta mère, si tu peux.

Il réenfourche la fenêtre.

– D'accord.

Je croise les bras. Soudain, j'ai froid. Mais je me rappelle ce que m'a raconté Roméo hier soir. L'homme de mes rêves est un mercenaire et il pourrait tenter de m'approcher sous une autre apparence. S'il tue quelqu'un que je connais, je le saurai trop tard. Je ne peux faire confiance à personne, sauf à Roméo.

– Tu penses vraiment que ma mère est en danger ? Est-ce que je ne peux rien faire pour la protéger ?

Il prend mes doigts froids dans sa main chaude.

– J'aimerais pouvoir te rassurer, soupire-t-il, mais… Sois prudente et je te promets de faire mon possible pour que rien de grave ne se produise. On se voit en cours.

– D'accord. Sois prudent, toi aussi. Et appelle-moi si tu as besoin.

– Prends la voiture de ta mère, me conseille-t-il. Ou le bus. Ce sera plus sûr que de marcher.

Il se laisse tomber sur le sol et je le regarde traverser la pelouse. Il se retourne vers moi. Ce simple geste me remplit de bonheur.

– Arielle ?

– Oui ?

– Je… je t'aime.

– Moi aussi.

Nous nous regardons et nous sommes seuls au monde. Puis il s'en va, saute par-dessus la barrière d'un jardin en s'appuyant d'une main sur la rambarde et j'essaie de ne pas penser que tout ce qui était bon et beau dans cette matinée disparaît avec lui au coin de la rue.

Je fais rapidement mon lit, puis retire mon jean avant de le jeter dans le panier à linge sale. J'ai une heure devant moi. Je prends une douche et m'habille d'un pull rouge à col en V un peu moulant, que je n'avais jamais osé porter auparavant. Autant faire un effort pour avoir l'air jolie. Je me coiffe et prends même le temps de me maquiller légèrement. Il me reste encore vingt minutes. Je fais les cent pas dans ma chambre en essayant de trouver à m'occuper les mains. En général, ça m'évite de trop penser, de me noyer dans un flot ininterrompu d'inquiétude.

Et si je ne revoyais jamais Roméo ? Comment ai-je pu le laisser partir sans moi ? Comment vais-je récupérer les bijoux de Gemma chez elle si je suis censée ne parler à personne ? Que vais-je devenir si je ne parviens pas à sauver ceux que j'aime ? À sauver Roméo ? À me sauver moi-même ?

Je mourrais sans lui. En tout cas, j'aurais envie de mourir. L'idée de passer un seul jour sans lui me rend malade. Mais il faut que j'avale quelque chose. Je pourrais faire des pancakes ou des crêpes. Le temps de les préparer, j'arrêterais peut-être de penser...

J'entre dans la cuisine en énumérant mentalement ce dont j'ai besoin pour les crêpes. J'espère que nous avons des œufs, il en restait de...

Une silhouette attablée m'arrache presque un cri. Gemma.

Elle lève la main en signe d'apaisement.

– Pas de panique. Je sais où tu caches la clé et je mourais d'envie de boire un café. Celui de l'hôtel est immonde et j'avais peur de me faire repérer si j'allais dans un bar. Je voulais te prévenir que j'étais là, mais tu étais sous la douche.

La main sur la poitrine, comme pour calmer l'affolement de mon cœur, je fixe mon amie. Elle est comme d'habitude. Peut-être moins apprêtée avec son jean déchiré et son sweat vert. Pour tout maquillage, elle a celui de la veille qui coule un peu. Mais ça ne veut rien dire. Elle pourrait tout de même être l'ennemi. Je dois rester prudente.

– Qu'est-ce que tu fais là ?

Je reste dans l'embrasure de la porte, trop nerveuse pour faire un pas de plus.

– Waouh, ricane-t-elle. Merci Arielle. Je n'avais jamais été aussi bien accueillie !

Elle repousse sa chaise.

– Tu veux que je parte ?

– Non, bien sûr que non.

Si c'est vraiment Gemma, je ne veux pas la blesser.

– Je suis désolée, tu m'as surprise, c'est tout. Je pensais qu'on devait se retrouver à quatre heures à ton hôtel.

– C'est toujours d'actualité. Je voulais seulement…

Elle tient sa tasse à deux mains.

– Je voulais te parler. Sans Mike.

– Pourquoi ? Vous avez un problème ?

Gemma sourit. Elle semble sincèrement heureuse.

– Non, au contraire, tout va bien entre nous. On est fous amoureux l'un de l'autre. J'aurais dû me marier à douze ans, mes parents auraient économisé les séances de thérapie !

Je hoche la tête en feignant le dégoût.

– Dommage que ce soit illégal et répugnant.

– Rien n'est répugnant quand il s'agit d'amour, Arielle, affirme Gemma. L'amour, c'est du bonheur à l'intérieur d'un beignet recouvert de sucre glace et de sauce au chocolat.

Je ris et ma dernière inquiétude s'envole. Pas de doute, c'est bien Gemma. Elle est la seule personne de ma connaissance à faire des métaphores avec des beignets au chocolat. J'acquiesce.

– Oui, tu as sans doute raison.

Je me sers un café. Habituellement, je n'en prends pas, mais j'ai besoin de m'éclaircir les idées. Roméo et moi n'avons pas beaucoup dormi.

Roméo. Ses lèvres, ses mains, ses… tout chez lui me plaît. Les images affluent et font naître un sourire sur mes lèvres.

– Qu'est-ce qui t'arrive ? me demande Gemma quand je m'assois en face d'elle.

– Rien. Je suis contente, c'est tout.

Elle me scrute, soudain sérieuse.

– Qu'est-ce qui te rend si heureuse ?

Je dissimule mon hésitation à lui répondre en portant la tasse à mes lèvres. Je ne peux pas lui raconter la vérité. Gemma ne croit ni aux contes de fées ni aux malédictions. Je ne pense pas que sa nouvelle relation l'ait changée à ce point. Je me décide pour une réponse sans risque.

– Je suis contente de te voir. Et contente que Mike et toi soyez si bien ensemble.

– Conneries !

Elle pose brutalement sa tasse sur la table.

– Personne ne sourit parce que sa meilleure amie couche avec un garçon. En général, on sourit quand on couche soi-même avec un garçon !

– Gemma !

Je rougis et jette un coup d'œil furtif vers la porte. Heureusement, nous sommes toujours seules. Si Maman surprend une autre conversation de ce genre, je vais me retrouver au planning familial à écouter une conférence sur la sexualité protégée en moins de temps qu'il n'en faut pour le dire. Les préservatifs que Roméo et moi avons utilisés ne sont pas assez sûrs pour une mère.

– Quoi ? J'ai raison ? Tu l'as fait ?

Son ton est aussi monocorde que si elle prononçait une sentence de mort.

Mes joues s'empourprent un peu plus.

– Peut-être.

– Oh non ! s'exclame-t-elle.

Elle enfouit son visage dans ses mains. Son numéro commence à m'agacer.

– C'est quoi le problème ? Tu devrais être contente pour moi. C'est toi qui as dit que j'étais trop ringarde parce que je n'avais jamais vu un garçon nu en vrai.

Alors que tu as commencé à coucher quand on était en quatrième, j'ajoute mentalement.

– Je suis contente, lance-t-elle. Du moins, je le serais si tu avais choisi quelqu'un d'autre !

Je soupire. Bien sûr, Gemma déteste Dylan et je ne peux pas lui reprocher. Si Roméo était Dylan, je le détesterais aussi. D'ailleurs, je le détesterai s'il revient et se vante de ce que j'ai fait avec Roméo.

Mais malgré cette pensée plus que désagréable, je ne peux m'empêcher de me rappeler combien Roméo était tendre quand il me tenait dans ses bras. Peu importe ce qui peut se passer, je ne regrette pas ma décision. Une nuit d'amour avec le garçon que j'aime vaut plus que des mois de tortures de Dylan Stroud.

J'essaie de rassurer mon amie.

– Je comprends. Mais ne t'inquiète pas. Tout se passe bien.

– Non. Je suis désolée, mais ce type est trop tordu. Je t'aime et tu es super intelligente, mais Dylan est cinglé et tu ne peux rien contre ça.

Je me force à rire.

– Moi aussi, je suis cinglée. Toi aussi tu l'es. Tout le monde l'est à sa façon.

– Pas comme lui ! insiste Gemma. Il est dangereux.

– Non, il…

– C'est un menteur compulsif ! Il est capable de faire croire n'importe quoi à n'importe qui !

Gemma me fixe si intensément que je ne trouve rien à riposter.

– Vraiment, reprend-elle. Je pense qu'il se convainc lui-même de ses mensonges pendant un temps, et puis il redevient lui-même. En pire, parce qu'il t'a utilisée entre-temps et a appris des choses sur toi !

Mes doigts se crispent sur ma tasse. Gemma ne peut pas me faire douter de Roméo mais ce qu'elle vient de dire me tracasse réellement.

– Depuis quand tu le connais aussi bien ? Je croyais que tu le détestais.

– C'est vrai, me confirme Gemma. Tu ne t'es jamais demandé pourquoi ?

Je secoue la tête.

– Je pensais… tu as toujours trouvé son groupe complètement nul.

– Ma pauvre chérie ! Ça va bien plus loin que ça.

Gemma éclate d'un rire sombre et je reconnais l'expression de son visage. C'est celle du « je vais te révéler des choses que j'aurais préféré garder pour moi ».

– Tu te rappelles quand je traînais souvent à Santa Barbara ? J'allais dans ce bar où ils ne demandent pas les cartes d'identité.

– Oui.

– Je n'étais pas seule. Dylan est arrivé un soir. J'avais déjà bu une ou deux bières et il s'est assis à ma table.

Elle regarde ses doigts et triture les petites peaux autour de ses ongles. C'est la première fois que je remarque à quel point ses mains sont abîmées.

Habituellement, elle se fait faire une manucure par semaine. Sa mère fait venir une esthéticienne chez elle tous les samedis, pour un soin des mains, des pieds et du visage. À voir ses mains au naturel, je me sens étrangement plus proche d'elle que je ne l'ai jamais été. Mais j'ai peur aussi. Gemma n'est pas du genre à se confier, elle n'ouvre le rideau que quand elle n'a pas le choix. Le fait qu'elle pense qu'elle doit absolument me raconter son histoire me donne la chair de poule.

– Je croyais qu'il allait me demander de lui payer un verre, continue-t-elle, mais c'est lui qui m'a invitée. Et nous avons commencé à discuter. C'était sympa. Très sympa même. Il était gentil et attentionné.

Elle secoue la tête mais ne lève pas les yeux. *Elle n'ose même pas me regarder.*

Il était gentil et attentionné.

Un nœud se forme dans ma gorge mais je me force à avaler une nouvelle gorgée de café. Hier, quand j'entendais les hurlements, Roméo était là et je l'ai vu tel qu'il est vraiment. Il m'a parlé des âmes perdues et il connaît l'homme dans mes rêves. Je suis sûre qu'il n'a pas menti. Dylan ne pourrait pas imaginer une histoire aussi élaborée.

– Je lui ai raconté des choses que je n'avais jamais racontées à personne. Même pas à toi, poursuit Gemma. Et lui aussi, il m'a parlé, de son père et de cet ami de son père qui… lui a fait des choses quand il était petit.

Son poing se ferme et une goutte de sang apparaît sur son doigt, là où elle a tiré la peau. Je fixe la perle écarlate et essaie de ne penser à rien.

Parce que si je le fais, je n'ai aucune idée de ce qui pourrait se passer.

VINGT

Arielle

– Je ne te l'avais jamais dit…

Gemma lève enfin les yeux vers moi. Je lis dans son regard à quel point tout cela est difficile pour elle. Elle se sent probablement aussi démunie et terrifiée que moi quand j'ai parlé des voix dans ma tête à Dylan. Je voudrais lui tendre la main mais son langage corporel ne laisse aucun doute : elle n'en a pas la moindre envie.

Elle prend une longue inspiration.

– Une fois, quand j'avais six ans, mes parents ont organisé une grande fête pour les vendanges. J'étais au sous-sol en train de jouer avec mon château miniature quand mon oncle est venu me rejoindre et… il m'a…

– Oh non !

C'est tout ce que j'arrive à articuler. Il n'y a pas de mots pour ça.

– Au début, je n'ai pas compris ce qui se passait. C'était oncle Steve et je lui faisais confiance. J'ai essayé d'appeler ma mère mais la musique était trop forte à l'étage. Personne ne m'a entendue.

– Gemma.

Je prends sa main. À ma grande surprise, elle se laisse faire.

– Je suis désolée, je balbutie. Tu sais que je t'aime…

– Oui, sourit-elle. Je sais.

Elle pousse un soupir avant de reprendre :

– Ça m'a fait du bien de te parler. Je savais que tu ne me trouverais pas écœurante ou…

– Bien sûr que non !

– Je sais.

Elle hausse les épaules et reprend sa tasse.

– Je n'ai pas eu le droit d'en parler pendant longtemps. Même quand j'ai commencé à perdre les pédales et que mes parents m'ont envoyée chez un psy, ils en ont choisi un qu'ils connaissaient et qui ne dénoncerait pas oncle Steve. Un psy sous contrat avec tes parents, c'est pire que pas de psy du tout, tu peux me croire. Alors j'ai décidé de ne plus jamais en parler.

Je suis sidérée par cette histoire. Le bout de mes doigts me picote et je m'oblige à respirer lentement. Je ne peux pas me permettre une nouvelle crise, là, maintenant, mais c'est ce qui arrivera si je laisse ma colère monter. Je visualise mon sang qui passe dans mes veines et j'écoute les battements de mon cœur. Je suis aussi calme et immobile qu'une statue de Bouddha.

Quand j'ai retrouvé ma sérénité, je rouvre les yeux et pose l'inévitable question :

– Tes parents savaient et ils n'ont rien fait ?

– Oh si, répond Gemma d'une voix amère. Ils ont arrêté d'inviter l'oncle Steve et quand on allait passer Noël ou Thanksgiving en famille, ils s'assuraient qu'il ne buvait pas. Et qu'il ne s'approchait pas trop de moi. Mais ça ne changeait pas grand-chose parce qu'il passait son temps à me regarder à la dérobée. Je peux te dire qu'il ne regrettait pas ce qu'il avait fait.

– Je… Tu n'es pas sérieuse ?

J'ai envie de vomir.

– Oh si. Mais tu sais, Steve est vraiment sympa quand il n'a pas bu. C'était une erreur et on n'allait quand même pas entacher le nom des Sloop avec ce genre de scandale !

Gemma imite si bien la voix de sa mère que j'en ai un frisson. J'imagine parfaitement Mme Sloop expliquer ça à sa fille, l'enterrant sous des tonnes de honte jusqu'à l'étouffement.

– Ça n'aurait pas été bon pour les affaires de Papa. Encore moins pour sa campagne électorale, ajoute Gemma.

Il me faut beaucoup de concentration pour ne pas laisser éclater ma colère. Les gens qui devaient protéger Gemma ont passé les douze dernières années à protéger son violeur. Je souffle :

– Tu ne méritais pas ça !

– Tu crois ?

– Mais évidemment ! Tu n'étais qu'une gamine et c'était un cinglé. Tes parents auraient dû tout faire pour l'envoyer en prison !

Gemma sourit doucement.

– C'est ce que Mike dit.

– Et il a raison ! Et s'ils ne pouvaient pas le faire mettre en prison, ils auraient dû s'occuper de lui eux-mêmes !

Gemma hausse un sourcil.

– Qu'est-ce que tu veux dire par là ?

Je n'hésite pas une seconde.

– Ils auraient dû le tuer et exposer son corps à un endroit où tu aurais pu venir le voir pourrir ! Juste pour que tu sois sûre qu'ils ne laisseraient personne te faire du mal à nouveau !

– Waouh ! C'est un peu extrême, non ?

– Il s'en est pris à une gamine de six ans !

J'essaie d'ignorer l'acide qui me ronge l'estomac, à l'idée d'un type assez tordu pour violer une petite fille en train de jouer à la princesse.

– Si j'avais été tes parents, oncle Steve serait devenu oncle macchabée en moins de temps qu'il n'en faut pour le dire !

– Tu es vraiment folle !

Ses yeux se remplissent de larmes qui étalent encore un peu plus son mascara.

Je ne me rappelle pas l'avoir jamais vue pleurer. Ma cage thoracique se rétrécit au point que je parviens à peine à respirer. Elle ouvre les bras et je la serre contre moi de toutes mes forces.

– Tu es si importante pour moi.

– Toi aussi, tu l'es pour moi.

Je suis ébahie que cette expérience ne l'ait pas totalement détruite et je suis heureuse que Mike l'aime. Si je m'étais doutée de l'ignominie de ses parents, j'aurais fait plus d'effort pour l'assurer de mon affection. Bien que déséquilibrée, ma relation avec elle est une des plus importantes de ma vie.

Nous nous séparons et, d'un même geste, tendons la main vers le rouleau de Sopalin sur la table, ce qui évidemment nous déclenche un fou rire.

Elle finit par déchirer une feuille et me la tendre avant d'en prendre une pour elle.

– Merci.

– De rien, sourit-elle. J'ai pas mal pleuré ces derniers temps, mais je crois que c'est plutôt une bonne chose. Mike ne s'en plaint pas. Ses parents sont tous les deux psys et ils pensent que c'est positif d'évacuer ses émotions.

J'acquiesce :

– Je suis d'accord avec eux.

– Les parents de Mike sont cool, approuve-t-elle. Ils vivent à Los Angeles. On est allés chez eux et ils sont venus à notre mariage. Eux aussi, ils se sont mariés jeunes et ils sont toujours ensemble. Je pense que Mike et moi avons une chance de faire pareil. Je ne pensais pas qu'être heureuse puisse être si facile. Je suis tellement amoureuse de lui.

– Ça se voit.

– C'est vraiment fort, renchérit Gemma.

Elle se tait et son sourire s'évanouit. Elle me regarde et je sais qu'elle a décidé de reprendre la conversation là où on l'avait laissée.

– Dylan n'est pas un type bien, affirme-t-elle. C'est un menteur. Je ne sais pas ce qu'il a inventé pour te convaincre de coucher avec lui mais c'est forcément un mensonge.

Je passe ma langue sur mes lèvres. Elles ont un goût amer.

– Non, Gemma, je ne crois pas.

– Tu sais ce qu'il m'a raconté à moi ? s'exclame-t-elle. Que l'ami de son père le tripotait sans arrêt quand il était petit. Et il pleurait en me disant ça. Il devait savoir que ça me toucherait particulièrement.

– Qu'est-ce qui te fait croire qu'il ne disait pas la vérité ?

– Ce n'est pas à ce moment qu'il mentait. C'est après, quand il a affirmé que rien de tout ça n'était arrivé. Je ne sais pas ce qui s'est passé dans sa tête de cinglé et je m'en fiche. Ce que je sais, c'est qu'il s'est montré complètement différent après avoir couché avec moi une ou deux fois.

Ils ont donc couché ensemble. Ça devrait sans doute me faire flipper, mais ce n'est pas le cas. J'ai de plus gros problèmes à gérer. Et le premier est : est-ce que le garçon que j'aime est un mythomane ? Je demande à mon amie :

– Qu'est-ce qui a changé ?

Le doute et l'angoisse se mêlent en moi, me donnant l'impression que j'ai avalé du poison.

– Tout à coup, il a arrêté d'être gentil et attentionné, m'explique Gemma. Un jour, je frappe chez lui. Il m'ouvre mais ne me propose pas d'entrer. Il me balance qu'il a inventé toute l'histoire du copain de son père parce qu'il s'ennuyait. Il m'a traitée de petite fille de riche, pathétique et pleurnicharde, avant de me claquer la porte au nez.

Sa voix tremble, son visage est blanc comme un linge. Elle a honte et elle aurait probablement préféré se faire arracher les ongles un à un plutôt que de me raconter ça.

Je connais Gemma, et je sais combien c'est difficile pour elle de ne pas se décrire comme l'héroïne, la gagnante, la fille parfaite. Pourtant, elle a osé le faire, pour moi, sa meilleure amie, parce qu'elle ne veut pas que je vive la même expérience. Elle ne peut pas savoir que c'est trop tard et que, si ce qu'elle dit est vrai, je serai bien au-delà de la souffrance. Je serai détruite.

– Après ça, à chaque fois qu'on se croisait au lycée, il se comportait comme un sale con. Je ne me laissais pas faire mais je me répétais sans cesse que j'avais été stupide de lui faire confiance.

Elle se tire une mèche de cheveux, assez fort, comme pour se punir.

– C'est vrai, poursuit-elle. Je me fiche d'avoir couché avec lui, j'ai couché avec des tas d'autres garçons, mais je lui ai confié mon plus gros secret et il m'a démontré que j'étais toujours assez idiote pour ne pas différencier quelqu'un de bien de quelqu'un de malfaisant. Je ne pense pas qu'il ait raconté mon histoire à ses copains mais… mais ça m'a quand même fait du mal pendant un sacré bout de temps.

– Je suis désolée.

Oui, désolée. Mais pour qui ? Elle ? Moi ? Nous deux ?

Et si… Si… je ne peux même pas y penser. Je ne peux pas. Sous peine de perdre l'esprit. De perdre aussi mon âme et mon cœur. Je ne pourrai pas revenir en arrière, comme quand j'ai voulu envoyer la voiture de Dylan dans le ravin.

Gemma agite une main, inconsciente du tsunami qu'elle a soulevé en moi.

– Ça m'est égal maintenant, lance-t-elle. J'ai Mike et je suis heureuse. Et je veux que toi aussi, tu sois heureuse.

Mais je ne le serai jamais si Roméo est un mensonge. Gemma me donne un petit coup du bout de sa chaussure.

– Je suis sûre que tu trouveras quelqu'un de fantastique, Arielle.

Je me force à me concentrer afin d'apaiser le tourbillon de mes pensées qui commence à me submerger.

– Tu es une fille géniale, reprend Gemma, et un type mieux que Dylan s'en rendra forcément compte un jour. À ce moment-là, tu te retourneras et tu verras Stroud comme il est vraiment : un psychopathe, pathétique et égocentrique. Je te le promets.

– Je… je…

Je ne pourrai pas. Je ne pourrai rien d'autre que le haïr de tout mon être. Je lui ferai ce que tes parents auraient dû faire à ton oncle. Je le tuerai. Parce que tu as raison, je suis folle et je ne pourrai pas supporter une chose comme celle-là. Je serai cassée en mille morceaux et tout ce que je pourrai faire alors, c'est casser le monde en mille morceaux.

Je m'agrippe à ma tasse de café et essaie de me reprendre. Je ne dois pas commencer à penser ainsi. Je dois garder la foi. Je prends une longue inspiration et me rappelle l'émotion et la sincérité de Roméo ce matin quand il m'a dit qu'il m'aimait. C'était vrai. Il est réel. Et les actes de Dylan n'ont aucune importance parce que Roméo n'est pas Dylan. J'articule doucement :

– Je trouve horrible ce qu'il t'a fait, Gemma, mais…

– Ne le laisse plus faire, Arielle, m'interrompt mon amie. Ne le laisse plus t'abuser !

– Tu vas probablement penser que je suis stupide mais je sais que c'est différent entre lui et moi. Je crois qu'il a vraiment…

Gemma secoue la tête.

– Écoute, je ne voulais pas en venir là, mais un jour Dylan et moi avons parlé de toi. Je lui raconte que tu n'as jamais embrassé un garçon et on décide de faire un pari : Est-ce qu'un garçon t'embrassera avant la fin du lycée ? Je parie que non et lui parie que oui. On mise cent dollars. Je pensais qu'il plaisantait mais...

Encore un pari. Et cette fois, c'est ma meilleure amie qui l'a lancé.

– Je suis désolée, s'excuse-t-elle. Je sais que je n'aurais pas dû parler de toi comme ça et je ne sais pas pourquoi je l'ai fait. J'étais nulle et trop égoïste pour penser que je pouvais blesser des gens. J'essaie de m'améliorer, tu sais. J'ai vu un nouveau psy à Los Angeles et je te promets d'être une meilleure amie qu'avant.

Elle me prend la main mais je sens à peine ses doigts sur ma peau. Je suis insensible et contente de l'être. Je ne veux pas savoir ce que je ressens. Je ne veux rien ressentir du tout.

– J'aimerais vraiment croire que Dylan a changé, continue Gemma, et qu'il est vraiment amoureux de toi mais je connais son talent pour faire semblant.

Faire semblant. Contes de fées. Sorcières. Souhaits. Malédictions. Rêves.

Suis-je aussi facile à duper ? Certainement. Mon subconscient est accroché aux murs de ma chambre et ma faiblesse affichée sur mon visage. Mais est-il possible que tout n'ait été que mensonges ? Même ses baisers ? Même cette fêlure dans sa voix ? Je lève les yeux vers Gemma.

– Est-ce... est-ce qu'il t'a dit qu'il... t'aimait ?

– Il me l'a répété des centaines de fois, affirme mon amie. Et je le lui ai dit moi aussi. J'étais sincère. Du moins je le croyais parce que c'était si facile de l'aimer. Il était tout ce dont je rêvais mais ce rêve, il l'a ensuite mis en pièces.

Cette dernière phrase de mon amie est la goutte d'eau. Je lui raconte tout. Le pari, ma tentative d'envoyer la voiture dans le ravin, le changement de personnalité de Dylan, son explication incroyable, mes crises, la magie... combien il m'était plus facile de penser que j'étais maudite plutôt que folle, la sorcière, la pièce de théâtre disparue, *Roméo et Juliette*.

Roméo. Roméo. Roméo.

Je t'en supplie, Roméo, ne sois pas un mirage. Je t'en supplie, je t'en supplie.

Tout en déballant mon histoire, je prie intérieurement. Pourvu que tout soit vrai. Sinon, je mourrai.

– Merde, lâche Gemma quand j'arrive au terme de mon récit. Quel salopard ! Quel tordu ! Je pourrais penser que tu es complètement cinglée de l'avoir cru, mais je le connais. Il peut faire avaler n'importe quoi à n'importe qui.

Mon « joli » visage se décompose. « Joli ». J'y ai cru à ça aussi. J'ai joué à la princesse de conte de fées. Mais Roméo n'existe pas. Il n'y a que Dylan, le menteur le plus doué de l'univers. Dylan, à qui j'ai confié tous mes secrets, que j'ai laissé coucher dans mon lit, qui m'a arraché le cœur de la poitrine.

– C'est impossible, je marmonne, impossible...

– Arielle, tu ne dois pas t'en vouloir, tente Gemma en me secouant gentiment. Un bon menteur est capable de tout. Comme ce scientologue qui a convaincu un acteur de ciné que des extraterrestres essayaient de lui voler son âme. C'est dingue, mais la scientologie est considérée comme une religion et des milliers de gens passent leur vie à vénérer un vieux taré branché sur la science-fiction des années cinquante !

Elle sourit mais je sens sa peur.

– Il ne t'a pris que ta virginité, insiste-t-elle. Il ne t'a pas fait de mal. Tu me le dirais s'il t'avait fait du mal ?

J'acquiesce lentement.

– Parfait ! se réjouit-elle, alors rien de grave ne s'est produit !

Je secoue la tête.

– Ce n'est pas ça.

– Tu l'aimais ? soupire Gemma.

– Oui.

Et je l'aime toujours. Je ne peux pas m'en empêcher même si Gemma a raison. J'ai été dupée. Horriblement, stupidement.

Je le déteste, je l'aime, je le déteste, je l'aime. Je vais devenir folle. Je sens les minces fils qui me reliaient à ma conscience se casser un à un, *ting, ting, ting*...

– Ça va aller, me répète Gemma. Je vais t'aider à traverser cette épreuve. On va faire regretter à ce débile profond de t'avoir fait souffrir. On le traînera plus bas que terre et il ne s'en relèvera jamais.

– Oui, peut-être.

Une vengeance ? C'est à peine un réconfort mais ça me donne un but. Un souvenir me revient.

– J'ai quelque chose. Il m'a laissé le filmer.

– Quel genre ? Un truc qui peut lui mettre bien la honte, j'espère.

– Je pense. Au vrai Dylan, sans aucun doute.

– Il n'y a pas de vrai Dylan ! s'exclame Gemma. C'est juste un gros crétin doublé d'une pourriture.

– C'est vrai.

Elle a raison. Mais ça fait tellement mal. Je ne sais pas si je survivrai à cette douleur. Peut-être qu'il ne survivra pas non plus. Peut-être que je le tuerai de mes mains.

– Montre-moi cette vidéo, m'encourage Gemma. Je me ressers un café et tu peux compter sur moi pour te trouver les idées les plus malfaisantes pour le faire payer.

– On ne devrait pas rester ici. Ma mère a travaillé tard mais il est possible qu'elle se lève bientôt. Si elle te voit, elle appellera tes parents.

Je suis surprise de réussir à construire une réflexion logique. Je parle normalement, comme si je n'étais pas rongée par des envies de meurtre.

Mon amie pose sa tasse sur le comptoir.

– D'accord. On va prendre un café à emporter sur la route. Tu conduiras la voiture de Mike et je me cacherai le visage. Tu me retrouves dehors, je suis garée juste au coin.

Je prends mon sac et mon portefeuille.

Gemma me serre rapidement contre elle et se dirige vers la porte. Avant d'ouvrir, elle se retourne vers moi.

– Il ne va pas s'en remettre, je te le promets.

Je lui souris, comme si ses mots m'étaient d'un quelconque secours. Rien ne peut m'aider. Même lui faire du mal. Mais ce sera toujours quelque chose. Je vais d'abord lui faire regretter d'être en vie et si, après ça, je me sens toujours aussi trahie, trompée et vide, alors je le tuerai.

VINGT ET UN

Roméo

Les Mercenaires l'ont eue.

La dernière sonnerie vient de retentir et j'en suis soudain certain. Je suis tout aussi certain que si je la perds, je n'y survivrai pas. Dans mon ancien corps, dans les brumes, dans un paradis doré, peu importe. Si j'ai échoué à protéger Arielle, je ne me le pardonnerai jamais. La première fois, je l'ai tuée de mes mains, mais c'est complètement différent. J'ai donné aux Mercenaires l'occasion qu'ils attendaient et maintenant qu'elle est entre leurs mains, ils vont la torturer et détruire sa beauté, son innocence et son courage.

Je n'aurais jamais dû la laisser seule.

J'accélère le pas, me frayant un passage entre les élèves qui discutent de la tenue qu'ils porteront pour le bal. Leur bavardage joyeux sonne plus creux que jamais à mes oreilles. Arielle a été enlevée, alors que je pensais faire ce qu'il fallait pour rester à ses côtés.

La nourrice de Juliette a dû voir en moi la nuit dernière et, quand je suis arrivé à la caverne, il n'y avait personne. Une odeur de décomposition flottait dans l'air comme si on venait de renverser une poubelle.

Vide. Disparue. Perdue.

Stupide. Imbécile. *Idiot.*

Je me mets à courir.

– Ralentissez, Stroud ! me crie la proviseur mais je suis déjà sur le chemin goudronné qui mène au parking.

Je ne sais même pas où me rendre. Je suis déjà allé chez Arielle, ce midi. Il n'y avait personne. Quand je l'appelle, son portable sonne dans le vide. Je suis revenu au lycée, espérant l'y trouver, mais l'après-midi est passé sans que je l'aperçoive. Maintenant, je ne sais même plus où chercher, mais s'il le faut, j'écumerai chaque centimètre carré de la région.

Mais là… Penchée sur le capot de la voiture de Dylan, elle me tourne le dos… On dirait qu'elle écrit quelque chose. Elle porte un sweat gris dont elle a rabattu la capuche sur sa tête mais je reconnaîtrais ces hanches minces n'importe où. C'est elle !

– Arielle !

Elle se retourne. Elle est si pâle qu'elle ressemble à un fantôme. Quelque chose de terrible s'est produit, mais peu importe. Elle est là. Ensemble, nous trouverons un moyen de la protéger. Elle ouvre les bras et je m'y précipite. Son corps est chaud et c'est si bon d'être contre elle.

– J'ai eu si peur, murmure-t-elle. J'ai cru que Gemma t'avait rejoint pendant que j'étais partie récupérer ses bijoux chez elle.

Ses mains sont nouées autour de mon cou. Je soupire de soulagement et l'étreins plus fort.

– C'est Gemma, c'est ça ?

Je me doutais que les Mercenaires utiliseraient une personne proche d'Arielle et je me maudis de nouveau de l'avoir laissée seule. Elle acquiesce.

– Elle m'a raconté des choses horribles.

J'essaie de la rassurer.

– Tu es en sécurité maintenant.

Même si ce n'est pas grâce à moi. Dans mes bras, Arielle se met à sangloter.

– Je ne comprends rien à ce qui se passe. Je me déteste.

– Ce n'est pas ta faute.

– Ma meilleure amie est morte et une horrible créature a pris son corps, hoquette-t-elle, les yeux pleins de larmes. Et c'est ma faute. C'est à moi que les Mercenaires en veulent. Mais pourquoi ? Qu'est-ce qu'ils attendent de moi ?

– Ton âme.

Je jette un coup d'œil autour de nous. Nous sommes trop exposés. Quelques élèves sont déjà sur le parking, d'autres vont arriver. Des mercenaires pourraient être parmi eux. Il vaut mieux pour Arielle qu'on ne nous voie pas. Je lui prends la main.

– Ce qui s'est passé entre Gemma et toi peut nous donner des indices sur le meilleur moyen de te protéger. Montons en voiture, on va en discuter.

Il lui faut quelques secondes pour se décider à dénouer ses bras. Je comprends ce qu'elle ressent. Maintenant que je l'ai retrouvée, je ne veux plus jamais la laisser partir. Je me penche pour l'embrasser mais elle évite ma bouche.

– Qu'est-ce qu'il y a ?

– Tu vas me détester, prononce-t-elle d'une voix dense. J'étais sur le point de faire quelque chose d'horrible, parce que j'ai commencé par croire tout ce qu'elle me disait et…

Mes mains encadrent son visage.

– Je t'aime. Je ne te détesterai jamais.

– Je n'en suis pas si sûre.

– Moi oui.

Je l'embrasse pour sceller cette promesse et lui ouvre la portière.

– Monte.

Elle obéit et s'installe. Je grimpe à mon tour dans le véhicule en réfléchissant. J'imagine parfaitement ce qu'elle avait prévu. Je sais comment travaillent les Mercenaires et ce dont ils ont besoin pour qu'Arielle devienne l'une d'entre eux.

Je démarre et prends la route de la plage.

– J'ai moi-même été un mercenaire, je lui rappelle. Je connais leur talent pour te faire croire ce qu'ils désirent.

Je devrais tout lui confesser, lui avouer que j'ai dupé et torturé Juliette, que je l'ai poussée à s'enfoncer un poignard dans le cœur. Que je l'ai tuée et tourmentée pendant sept siècles. Mais je n'arrive pas à forcer les mots hors de ma bouche, même quand Arielle chuchote :

– Je me sens tellement honteuse.

Je lui ôte sa capuche et lui caresse la joue. J'aimerais prendre son chagrin et lui laisser le cœur aussi pur et fort qu'auparavant.

– Ne le sois pas. Ne les laisse pas immiscer de la laideur entre nous.

– J'étais tellement en colère, marmonne-t-elle. Je voulais te… tuer.

– Mais tu ne l'as pas fait.

– Tu ne comprends pas, s'anime-t-elle. J'avais un plan. À dix heures ce matin, pendant que les serveurs prenaient leur pause, Gemma et moi nous sommes glissées dans la cafétéria et j'ai caché la carabine de mon grand-père dans un placard. Je voulais attendre que tu montes sur scène ce soir et…

Elle essaie de retirer sa main de la mienne.

– Je ne sais pas si je l'aurais fait, mais j'étais si…

Elle se tait, comme incapable de poursuivre. Il lui faut un certain temps avant de reprendre.

– Je te détestais aussi fort que je t'aimais hier soir.

Un silence s'installe. Je sais ce que je vais lui dire mais je veux prendre mon temps. Je veux qu'elle sache que je l'ai entendue et comprise et que c'est par choix que je garde sa main dans la mienne. Je caresse sa peau du bout de mon pouce.

– Je t'aime.

– Comment peux-tu ? sanglote-t-elle. Je t'ai trahi. Même si je n'ai pas tiré sur toi, je voulais le faire. J'étais soudain si sûre que tu m'avais menti. Pourtant, tu m'avais prévenue et...

– Qu'a dit Gemma pour te convaincre que je devais mourir ?

C'est là-dessus que nous devons nous concentrer. Arielle a été manipulée. Elle n'est pas passée de l'amour passionnel à l'envie de meurtre en quelques heures sans aide.

– Que Roméo était un mensonge, répond-elle d'une toute petite voix. Elle affirmait que tu étais Dylan et que toutes tes histoires de magie et de malédiction étaient des inventions, pour que je couche avec toi. D'après elle, tu lui avais déjà menti pour la même raison. Elle a aussi dit qu'elle et toi aviez fait un pari sur moi.

Je soupire.

– Elle disait vrai. En partie du moins. Dylan lui a menti et ils ont fait un pari.

Je me demande si Arielle ne s'est pas trompée. Et si Gemma n'était pas une mercenaire ? Elle est peut-être seulement inquiète de voir que son amie donne du crédit à une fable incroyable ?

– Je suis désolé de ne pas te l'avoir raconté plus tôt. Je ne voulais pas te blesser inutilement. Pour moi, ce qui s'est passé entre Dylan et Gemma n'a aucune importance parce que je ne suis pas Dylan. Je t'ai dit la vérité. Je te le jure.

Je la sens se détendre.

– Après avoir quitté Gemma, j'ai commencé à réfléchir, dit-elle. Le Dylan que je connaissais n'est pas assez intelligent pour inventer une histoire comme celle-là. Ce que tu m'as raconté est trop incroyable pour ne pas être vrai. Et quand je suis allée chez

Gemma récupérer ses affaires, je me suis rappelé que tu m'avais prévenue de quoi étaient capables les Mercenaires. C'est pour ça que je t'écrivais ce mot. Je voulais qu'on se retrouve quelque part avant que je rapporte sa boîte à Gemma. Mais de toute façon, ça ne sert plus à rien maintenant. Le mercenaire qui s'est emparé de son corps n'a pas besoin d'argent pour aller à Seattle.

Elle se remet à pleurer et j'arrête la voiture sur le bas-côté pour la prendre dans mes bras. Ce que je vais lui dire n'est pas évident.

– Arielle... je... je ne suis pas sûr que Gemma soit une mercenaire.

Elle lève la tête vers moi, les yeux écarquillés.

– Quoi ?

– Nous ne pouvons pas en être certains et il vaut mieux l'éviter mais j'ai l'impression qu'elle était seulement inquiète pour toi.

– Tu... qu'est-ce que tu veux dire ?

Son visage a pris la pâleur d'un linceul.

– Dylan a été cruel avec Gemma. Elle essayait peut-être de t'éviter une expérience similaire. Est-ce qu'elle est au courant pour la carabine ?

– Non... elle était occupée avec le matériel audiovisuel.

La voix d'Arielle est maintenant plus calme.

– Je n'ai pas été dupée, souffle-t-elle. J'allais commettre un meurtre de mon propre chef.

– Tu ne l'aurais pas fait.

– Je crois que si.

Elle tend la main pour ouvrir la portière mais je lui saisis le poignet.

– Où vas-tu ?

– Laisse-moi sortir.

Elle essaie de reprendre son bras mais je l'attire vers moi. Son visage est à quelques centimètres du mien.

– Ne pars pas. S'il te plaît.

– Tu ne comprends pas, sanglote-t-elle. Je suis folle. Je ne mérite pas de...

Je l'interromps, la voix tremblante.

– Tu es la plus belle chose qui me soit jamais arrivée. Ça m'est égal que tu aies voulu me tuer. Ça me serait égal que tu l'aies fait ! Mon histoire avec toi aurait valu le coup, tu aurais valu le coup !

– Tu es fou.

– Je t'ai prévenue le soir de notre rencontre.

J'essaie de sourire mais c'est trop difficile alors qu'elle est si bouleversée. Je murmure :

– Je t'aime. Je te pardonne.

– Ce sont toujours les mots que j'ai envie de prononcer dans mon rêve, dit-elle.

– Moi aussi, j'ai besoin d'être pardonné. Plus que tu ne l'imagines. Alors, je sais à quel point il est possible de pardonner.

Nos lèvres se rejoignent. Sa main caresse ma poitrine.

– Tu veux vraiment...

– Vraiment, je confirme avec assurance. Et rien ne me fera changer d'avis.

– Je ne sais pas quoi dire.

Je passe les doigts dans la ceinture de son jean.

– Alors ne dis rien.

Nous nous embrassons et tout devient parfait. Terriblement parfait.

Quand nous nous séparons, essoufflés, nos fronts appuyés l'un contre l'autre, j'en ai presque le vertige. Je voudrais me perdre en elle et oublier que c'est notre dernière journée. Il ne nous reste que quelques heures et nous ne danserons jamais ensemble.

À moins que...

– Retournons chez toi ! Manger un morceau et nous préparer pour la fête.

Arielle secoue la tête.

– On ne peut pas. Cet après-midi, Gemma a trafiqué l'ordinateur qui passe les vidéos pendant le spectacle. Elle a calé le film que j'ai fait de toi le premier soir. Ton strip-tease. Je ne sais pas comment empêcher que ça passe, je...

– Ça m'est égal. Il n'y a que toi qui comptes.

– Et les Mercenaires ? On ne devrait pas se cacher pour qu'ils ne nous trouvent pas ?

– Un mercenaire ne me tuerait pas dans une salle pleine de gens. Ils n'aiment pas beaucoup les témoins.

Elle se mord la lèvre.

– Ça veut dire que tu seras plus en sécurité là-bas ?

– Exactement. Et puis, je dois chanter. Et je veux aussi découvrir les décors que tu as peints avec un éclairage.

– Moi, j'ai juste envie d'être seule avec toi...

Ses yeux s'emplissent de nouveau de larmes. Je lui glisse une mèche derrière l'oreille.

– Moi aussi, Arielle, mais c'est important. Nous n'avons que jusqu'à minuit. Et je veux que tu te rappelles, malgré tout ce que Dylan pourra dire à son retour, que toi et moi, ce n'était pas un rêve.

Une perle d'eau roule sur sa joue.

– Nous n'avons pas assez de temps.

Ses doigts enserrent mon cou, si désespérément que j'en frissonne. Jamais je n'oublierai ses caresses. Même redevenu poussière, je sentirai encore le contact de sa peau.

– Je suis désolé.

Et je le suis, pour plus de raisons encore qu'elle ne peut imaginer.

– Je te pardonne, dit-elle en m'embrassant de nouveau.

Je voudrais tant une autre nuit. Rien qu'une. À ses côtés. Pour pouvoir la tenir dans mes bras pendant son sommeil. Mais ça n'arrivera pas. Le temps s'écoule si vite.

– Arielle, je sais que c'est difficile, mais...

– ... on devrait y aller, finit-elle. Tu as raison et je crois aussi que je devrais rapporter ses bijoux à Gemma.

– Laisse-moi t'accompagner. Au cas où...

– Non, Gemma n'est peut-être pas une mercenaire, mais elle te déteste. Elle ne comprendrait pas pourquoi nous sommes ensemble.

Arielle se frotte les yeux en poussant un soupir exténué.

– Surtout après tout ce que nous avons fait aujourd'hui, ajoute-t-elle.

– Je refuse de te laisser seule. J'ai cru toute la journée que les Mercenaires t'avaient enlevée par ma faute. C'était une torture.

– Je suis désolée, murmure-t-elle.

Je lui enlace la taille.

– Ne le sois pas. Laisse-moi te protéger.

Elle finit par hocher la tête.

– D'accord. Tu me conduis jusqu'à l'hôtel et tu m'attends dans la voiture. Tu te gareras à un endroit où Gemma ne pourra pas te voir. Je ne devrais pas en avoir pour plus de quelques minutes.

– Je t'en donne dix. Après, je viens te chercher.

Elle acquiesce.

– Ça devrait être largement suffisant. De toute façon, je ne peux pas rester plus longtemps. Gemma a téléphoné au lycée ce matin en se faisant passer pour ma mère. Elle a dit que j'étais de nouveau malade mais la secrétaire a appelé chez moi et laissé un message. Il faut que je rentre avant que ma mère le trouve. Si elle apprend que j'ai séché, elle ne me laissera jamais sortir ce soir.

Je redémarre la voiture en lançant :

– Et il faut à tout prix éviter ça. Je veux te voir avec cette robe !

– Elle est très belle, m'assure Arielle.

– Tu es très belle.

– Grâce à toi.

– Non, parce que…

– Si. Grâce à toi et ne discute pas.

J'obéis et je conduis sans répondre parce que je suis égoïste et que j'ai envie de croire que je lui ai fait cadeau d'un peu de beauté. Il lui restera au moins ça quand le garçon qu'elle aime sera devenu trop hideux pour se montrer à sa fenêtre.

Quoi qu'il arrive, je resterai pourtant près d'elle, caché dans l'ombre, pour la protéger de l'obscurité.

VINGT-DEUX

Arielle

Souris et mens. Souris et mens.

Tel est le mantra que je répète dans ma tête en traversant le parking de l'hôtel. Il me suit des yeux, déterminé à ne pas me laisser seule une minute de plus que nécessaire.

Parce qu'il *m'aime.*

Le nuage noir dans ma poitrine gonfle et bourdonne comme un essaim de guêpes. Je n'entends plus les hurlements. Il n'y a plus de place pour eux à présent. Je suis si furieuse que mon cœur est en feu, que mon âme est emplie d'une fumée âcre et suffocante.

Je monte les marches et frappe à la porte de la chambre 53. Gemma m'ouvre presque aussitôt.

– Coucou, me salue-t-elle. Mike est parti chercher deux trois affaires à son ancien appartement. Ça va, toi ? Tu as réussi à...

Elle s'interrompt et fronce les sourcils.

– Qu'est-ce qui t'arrive, Arielle ?

Je m'efforce de sourire mais en vain. Je peux feindre devant lui mais pas devant elle. Pas après tout ce que sa mère m'a raconté.

– Tu as eu un problème ? panique-t-elle. Merde !

Elle soupire et se penche pour scruter le parking. Puis elle m'attrape le bras et m'entraîne à l'intérieur.

– Rentre et raconte-moi tout.

La pièce est plongée dans la pénombre. Gemma a tiré les rideaux pour éviter les regards inquisiteurs. Contre le mur, deux lits doubles : le couvre-lit du premier est intouché, les draps du second sont froissés. Les deux oreillers sont l'un sur l'autre, ce qui donne l'impression que Mike et Gemma dorment serrés l'un contre l'autre. Comme Roméo et moi, la nuit dernière.

Un sanglot m'échappe, je ferme les yeux. La douleur est pire encore que je ne l'avais imaginée, plus déchirante encore que ce matin, une montagne de souffrance qui s'abat sur moi et m'étouffe.

– Arielle, Arielle ! s'inquiète mon amie.

Je rouvre les paupières et la découvre devant moi. Elle a pris mes mains dans les siennes mais je ne sens plus rien. Ma peau s'est transformée en une armure impénétrable. Je suis prête à me battre. Mais avant tout, je dois m'assurer que ma seule amie est en sécurité.

Je la laisse me guider vers une chaise, près d'une petite table dans un coin. Elle ouvre une cannette de Coca et la pose devant moi pendant que je sors un sac plastique de la poche de ma veste.

– Tiens, ce que tu m'as demandé.

– Merci, dit Gemma sans prendre le sac. Maintenant, raconte-moi. Tu as vu mon père ? Ma mère t'a surprise ?

– Oui.

– Merde !

– Mais ça s'est bien passé.

Parce que ce n'était plus ta mère, j'ajoute mentalement. Inutile d'essayer d'expliquer la situation à Gemma. Elle ne me croirait pas. Une ambassadrice de Lumière, envoyée pour me protéger, s'est momentanément emparée du corps de Mme Sloop. Pour une fois dans ma vie, j'avais raison : Roméo existe réellement. Pourtant la colère que j'ai ressentie quand j'ai pensé que Dylan m'avait dupée n'est rien en comparaison de celle que j'éprouve maintenant.

– Arielle ?

Parce qu'il a quand même menti. Il ne m'aime pas. J'aurais dû m'en douter. Il est venu pour me tromper, et dès qu'il se rendra compte qu'il a échoué, il me tuera. Comme il l'a déjà fait. Je l'ai vu de mes yeux me tirer une balle dans le crâne. J'ai vu la satisfaction illuminer son visage. L'ambassadrice m'a tout montré en envoyant des images dans mon cerveau. Elle m'a aussi montré les autres meurtres de Roméo, des hommes et des femmes qu'il a assassinés pour les transformer en monstres. Il est toujours mercenaire, mais il a été puni par sa hiérarchie et s'il ne trouve pas une fille à sacrifier, il deviendra une de ces âmes perdues que j'entends hurler. C'est la seule raison pour laquelle il m'a séduite. Mais pas de chance pour lui : la nourrice de Juliette m'a prévenue à temps.

Elle m'a donné la possibilité de me venger et de venger aussi Juliette ainsi que tous les innocents dont il a brisé le cœur.

– Parle-moi, Arielle, répète Gemma.

Ses yeux brillent, elle est sur le point de pleurer. Je me suis forcée à pleurer tout à l'heure avec Roméo, afin de le convaincre mais je ne verserai plus jamais une larme de ma vie. Seule la haine m'habite à présent.

– Je vais appeler ta mère ! lance mon amie.

– Non, surtout pas. Ça gâcherait tout.

Ma voix est atone.

– Je m'en fiche ! Dis-moi ce qui t'arrive ! Qu'est-ce qui t'a mise dans cet état ?

– Je suis désolée…

Je me lève et essaie de me concentrer malgré la rage qui bout en moi. Chaque fois que je ferme les yeux, je revois la carabine de mon grand-père. Je n'aurais pas dû la cacher dans le placard de la cafétéria. J'aimerais l'avoir sous la main. Plus vite je mettrai un terme à cette affaire et moins j'aurai à endurer le supplice des caresses et des baisers de Roméo.

Ses baisers. La rage m'embrase de nouveau et je suis dévorée par l'envie de lui arracher les lèvres et de l'entendre hurler. Mais je ne peux pas. Je dois récupérer mon arme. Je ne suis pas sûre d'être assez forte pour faire le travail à mains nues.

Gemma attrape son téléphone, je retiens son poignet.

– Ça va. C'était juste difficile de parler à ta mère. Après tout ce que tu m'as dit, j'avais du mal à la regarder en face.

– Je n'aurais peut-être pas dû tout te raconter, soupire mon amie. J'aurais…

– Non, je suis contente que tu l'aies fait. Je suis contente de savoir la vérité. J'en ai assez des mensonges.

Je porte le verre de Coca à mes lèvres et laisse le breuvage piquant me descendre dans la gorge. Gemma ouvre le sac que je lui ai rapporté.

– Tout est bien là ? je lui demande.

– Oui, je crois, répond-elle en farfouillant parmi les bagues, les bracelets et quelques rouleaux de billets de vingt. Je vérifie quand même que ma mère n'a rien pris.

J'étais tellement hors de moi quand j'ai récupéré le contenu de la boîte que je me rappelle à peine l'avoir fait. C'est l'ambassadrice qui m'a donné le sac. Ses mains aussi tremblaient car il ne lui a pas été facile de me montrer toutes ces images. Et encore moins de m'amener près du garçon.

Il était ligoté dans la grange. Un animal hébété avec un joli visage. Le visage de Roméo qu'il aurait retrouvé après m'avoir tuée. Ma mort était le prix à payer pour qu'il puisse récupérer le corps du garçon sur la colline. Tout comme la mort de Juliette était le prix à payer pour son immortalité.

– Monstre.

Mon murmure fait tressaillir Gemma.

– Quoi ?

– Rien.

J'essaie de desserrer les mâchoires. Je suis si crispée que je pourrais casser les diamants de Gemma avec les dents. Je respire doucement. Je me reprends. Tout va bien se passer. L'ambassadrice va cacher le corps de Roméo dans la chambre froide de la cafétéria cet après-midi. Il m'attendra là, ligoté et drogué de magie. Je n'aurai plus qu'à prendre la carabine et faire ce qu'elle m'a dit.

Gemma referme le sac.

– Tout est là. Merci beaucoup, Arielle. Tu n'as pas idée de l'aide que tu m'as apportée.

– De rien. Je suis contente de t'avoir donné un coup de main.

– Moi aussi, riposte Gemma avec un sourire pervers. J'ai hâte de voir la tête de Dylan ce soir.

Ah oui, j'oubliais ça.

– Justement, je voulais t'en parler.

C'est pour ça que je suis venue. Je n'ai pas le choix si je veux tuer Roméo comme je l'ai décidé et profiter de son expression quand il comprendra que je l'ai battu à son propre jeu.

– Je préférerais que tu ne viennes pas ce soir.

– Quoi ! rit Gemma. Tu es folle. Je ne raterais ce spectacle pour rien au monde.

– Tu ne peux pas venir. C'est trop dangereux. Si quelqu'un te voit, il préviendra tes parents. Ta mère…

– Ne t'en fais pas ! me rassure Gemma. Personne ne me reconnaîtra. Je porterai la veste à capuche noire de Mike et je me cacherai dans les coulisses.

– Mais…

– Arielle, ma chérie, quand la vidéo va se lancer, tout le monde aura les yeux fixés sur l'écran et personne ne se préoccupera de moi. Dès que Dylan se sera tapé la honte de sa vie, je filerai par l'entrée des artistes. Mike m'attendra sur le parking et on partira aussitôt pour Seattle.

Elle a tout prévu. Mais moi aussi.

– Non. Je veux que tu partes maintenant. Dès le retour de Mike.

Elle secoue la tête et fronce les sourcils.

– C'est quoi le problème, Arielle ?

– Si tu restes ici, tu risques ta vie.

– Quoi ?

Sans sourciller, je débite le mensonge que j'ai préparé.

– Dylan est encore pire que nous le pensions. J'ai appris de nouvelles choses sur lui aujourd'hui.

– Quel genre ?

– Je ne peux rien te révéler. Ça te mettrait plus encore en danger. Je ne me le pardonnerais pas si tu étais tuée par ma faute.

– Qu'est-ce que c'est que ce délire ! s'exclame Gemma.

– Je suis sérieuse. Tu dois quitter la ville et ne jamais revenir.

– Et toi ? Si Dylan représente un tel danger, tu…

– Ne t'inquiète pas pour moi.

Mon amie plisse les yeux puis les écarquille.

– Arielle Dragland, dit-elle, tu ne penses pas ce que je pense que tu penses !

– Je ne peux pas t'en dire plus. Ne me pose pas de questions.

Gemma fait les cent pas dans la petite chambre.

– Ça ne va pas du tout ! Je n'ai pas oublié ce que tu m'as dit à propos de mon oncle. Si Dylan a commis un acte qui selon toi mérite la mort, tu dois prévenir la police. Si…

– Gemma, arrête !

Elle s'immobilise et me dévisage, pétrifiée.

– Je ne te dirai rien de plus, je reprends. On nous a vues ensemble à la cafétéria. Si je me fais arrêter, c'est mieux que personne ne puisse supposer que tu étais complice.

Elle se passe la langue sur les lèvres.

– Complice... Arielle, je...

Je me lève.

– Promets-moi de partir dès que Mike arrivera !

– Non. Tu vas gâcher ta vie.

– Ma vie est déjà gâchée.

– Non ! C'est faux !

Elle pose la main sur mon épaule, doucement, comme si elle avait peur que ce simple contact ne me fasse exploser.

– C'est peut-être ce que tu ressens, là, tout de suite, chuchote-t-elle, mais Dylan ne vaut pas...

– Tais-toi !

– Très bien, obéit-elle tout en reprenant son téléphone.

Je le lui arrache des mains et le balance contre le mur.

– Qu'est-ce que...

– Tu ne comprends pas !

Ma voix est tendue comme la corde d'un arc.

– Tu ne peux pas comprendre. Tu ne comprendras jamais, alors cesse de me parler comme si j'étais stupide.

Elle cligne des yeux plusieurs fois. Puis elle se dirige vers la porte, je bondis pour lui bloquer la sortie.

– Tu dois rester ici.

– Non, répond-elle calmement. Je vais à l'accueil, et de là, j'appellerai ta mère.

– Non.

– Si, insiste-t-elle en posant la main sur la poignée. Tu ne sais plus ce que...

Je repousse sa main en criant :

– Il est juste là, sur le parking !

– Qui ?

– Dylan !

– Qu'est-ce que tu racontes ?

– Peu importe. Mais il ne faut surtout pas qu'il te voie. Surtout énervée comme tu l'es.

Gemma se passe la main dans les cheveux.

– Je ne suis pas énervée, Arielle, je suis totalement flippée.

Effectivement, je lis la peur dans ses yeux. Et ce n'est pas Dylan qui lui fiche la trouille, mais moi. Je tente de l'apaiser.

– Il ne faut pas.

Je me mords la lèvre pour l'empêcher de trembler. Je ne veux pas que nous nous séparions ainsi.

– S'il te plaît.

Je la supplie, tout en reculant vers la table.

– Ça ne sert à rien d'appeler ma mère. Si tu veux m'aider, fais ce que je te demande : pars avec Mike et vivez heureux. Tu es ma meilleure amie, ma seule amie…

– Moi aussi, je tiens à toi, Arielle, me coupe-t-elle. Je t'aime et je ne te laisserai pas commettre un acte que tu regretteras forcément.

– Je ne le regretterai pas.

– Bien sûr que si, affirme-t-elle d'une voix butée. Et il est hors de question que je te laisse faire cette bêtise.

Elle ne changera pas d'avis. Elle ne me laisse pas le choix. Alors qu'elle se retourne pour ouvrir la porte, je saisis la lampe sur la table et la lui abats sur le crâne.

Fort. Plus fort que je n'en avais l'intention.

Dans un gémissement, Gemma s'effondre sur la moquette. Elle ne bouge plus, ne parle plus. Je laisse tomber la lampe par terre et porte ma main tremblante à ma bouche pour étouffer mon cri.

Je m'agenouille près d'elle. Il y a du sang qui coule de sa tempe, mais elle respire. Je rassemble mon courage pour poser deux doigts sur sa gorge et trouver son pouls. Lent et régulier. Elle va se remettre. Elle restera inconsciente pendant un moment, mais elle se remettra.

– Dieu merci, je murmure en me redressant.

Je vais chercher quelques serviettes dans la salle de bains. J'en glisse une sous sa tête et j'en enroule une autre autour de sa blessure. Ça n'empêche malheureusement pas tout le sang de couler et un filet rouge traverse sa joue.

– Elle se remettra, je me répète.

De toute façon, je n'avais pas le choix. C'était la seule façon de la protéger. Elle ne peut plus prévenir ma mère, ni venir à la fête du lycée. Quand elle se réveillera, elle aura peur de moi et partira. Je n'entraînerai personne dans ma chute. J'ai déjà écrit une longue lettre à ma mère, pour lui expliquer que je pars pour toujours, mais que je l'aime et que je veux qu'elle soit heureuse. J'aimerais avoir le temps d'en faire autant pour Gemma mais les dix minutes que Roméo m'avait accordées sont largement dépassées. Si je ne le rejoins pas tout de suite, il va venir me chercher.

Je griffonne tout de même quelques mots sur le bloc à l'en-tête de l'hôtel.

Je suis désolée. Pars et sois heureuse, tu le mérites. Je t'aime, Arielle. PS : ne regarde pas derrière toi.

Je lui glisse le papier entre les doigts en murmurant :

– Au revoir.

Je prends une longue inspiration pour retrouver un calme apparent et plaque un sourire sur mon visage.

Puis je sors dans le soleil et je traverse la brume de haine qui m'aveugle presque.

Le monstre que je m'apprête à tuer est de l'autre côté.

VINGT-TROIS

Roméo

Depuis les vestiaires, les mains nouées, j'écoute les autres élèves donner leur représentation.

Arielle a insisté pour porter le long manteau de sa mère par-dessus sa robe. Du coup, je n'en ai même pas eu un aperçu. Elle veut absolument attendre d'entrer dans la salle de danse pour me la montrer. J'apprécie son sens de la mise en scène mais cette attente me remplit de tristesse. Je suis comme un marié sur le point d'épouser la femme qu'il aime en sachant qu'après la cérémonie, elle ira vivre avec quelqu'un d'autre.

À moins qu'elle ne meure avant.

Je me mords l'intérieur de la joue assez fort pour que la douleur me distraie de mes sombres pensées. Ressasser mes erreurs n'aidera pas Arielle. Je l'ai mise en garde autant que j'ai pu contre ceux qui risquent de lui faire du mal après mon départ. Je l'ai aidée à préparer sa fuite en lui donnant tout ce que j'ai appris au cours des siècles. Je ne peux plus qu'espérer qu'elle est assez préparée.

– Chouette, ton smoking, Stroud ! ricane un rouquin en entraînant sa petite amie sur la piste de danse.

– C'est *vintage*, je rétorque en me forçant à sourire.

Une douce lumière bleue éclaire la scène. Derrière la jeune fille qui chante, des photos des terminales défilent sur un écran géant suspendu au-dessus des décors réalisés par Arielle. Elle a peint des motifs ressemblant à ceux que les femmes maghrébines se tracent au henné sur le dos des mains. C'est magnifique. Pourtant, dans quelques minutes, tous les yeux seront fixés sur Dylan en train de se ridiculiser. Quel dommage !

Je n'éprouve aucune gêne, aucun embarras, aucune honte, mais j'aurais préféré passer mes dernières heures en compagnie d'Arielle sans la mini-tornade que le film ne manquera pas de déclencher. J'aimerais la tenir dans mes bras sous les étoiles artificielles collées au plafond, et faire comme si nous avions l'éternité devant nous.

Elle passe la porte et j'en ai le souffle coupé. Elle est incroyablement belle. Ses cheveux à peine plus foncés que la robe tombent sur ses épaules, donnant l'impression que ses boucles soyeuses caressent sa peau. Les fines bretelles mettent en valeur la délicatesse de son ossature et la robe souligne la minceur de sa taille avant de s'épanouir en une cascade de tissu qui tombe à ses pieds. La rose qu'elle porte au poignet – on l'a achetée presque rien dans une épicerie sur le trajet – complète le tableau.

C'est une déesse et, pour la première fois en plusieurs centaines d'années, la beauté me rend humble. Je ne suis rien à côté, trop imparfait et corrompu, mais il lui suffit de plonger son regard dans le mien pour faire de moi un être meilleur.

– Ça va ? me demande-t-elle.

Je secoue la tête, incapable d'énoncer ce que je ressens.

– Toi ? lance-t-elle en riant. À court de mots !

Je parviens à murmurer :

– Danse avec moi.

Son sourire s'évanouit.

– Je n'ai jamais dansé avec personne. Gemma et moi nous amusions à valser quand nous étions petites mais…

– Ne t'inquiète pas. Tu peux t'en remettre à moi.

Je lui tends la main. Elle hésite.

– Tu n'es pas censé te préparer pour chanter ?

– J'ai encore un peu de temps. J'ai besoin de te sentir contre moi.

Après qu'Arielle est ressortie de l'hôtel de Gemma, nous sommes allés chez elle. Sa mère était déjà rentrée. Heureusement, le lycée n'avait pas appelé mais nous n'avons pas eu une occasion d'être seuls tous les deux.

Il est déjà neuf heures. Dans deux heures, je dois la ramener à l'arrêt de bus puis retrouver l'ambassadrice dans les bois derrière l'école. Mon spectre sera peut-être avec elle. Dans ce cas, j'en profiterai pour récupérer mon ancien corps sans qu'elle ait son mot à dire et je pourrai suivre Arielle à Las Vegas et la surveiller.

Au moins, si j'échoue, elle sera loin d'ici. Les Mercenaires ne la retrouveront pas si facilement.

Je l'espère.

J'en ai assez de tous ces doutes, assez d'être à la merci d'événements que je ne contrôle pas. Je ne veux plus penser aux Ambassadeurs ni aux Mercenaires. Je veux seulement tenir Arielle dans mes bras.

– Danse avec moi, je répète. S'il te plaît.

– D'accord, accepte-t-elle dans un murmure.

Nos doigts s'entrelacent. Je n'ai jamais été aussi nerveux de ma vie. Je suis redevenu un jeune homme. C'est même pire car à l'époque, je ne savais rien de la cruauté de la vie et j'ignorais combien ce genre de moment est précieux. Je l'attire contre moi et nous nous glissons entre les autres couples qui évoluent sur la piste.

Une fille est montée sur scène et s'époumone sur une chanson d'amour heureux. Les violons et les percussions me donnent le frisson.

Jamais Arielle n'a été aussi importante pour moi, mais bientôt, je devrai rendre ce corps qui ne m'appartient pas.

– *Tu souris, tu souris*, chante la fille sur la scène.

Et je pense à la première fois où j'ai vu Arielle sourire, cette nuit, sur le bord de la route alors que j'étais encore assez stupide pour croire que je dirigeais les événements. Je la prends dans mes bras et la fais tournoyer avant de la reposer doucement sur le sol.

– On nous regarde, articule-t-elle, le souffle court, la tête sur mon épaule.

– Ça m'est égal.

Ma main se plaque sur le bas de son dos. Son corps dégage une douce chaleur à travers le tissu de sa robe. Elle est si vivante. Je ne peux pas l'imaginer autrement.

– Promets-moi de rester toujours en mouvement. Ne passe pas plus de quelques jours à Las Vegas. Si je ne suis pas arrivé dimanche, prends un bus. Ne m'attends pas. Si je suis retenu pour une raison ou une autre, je me débrouillerai pour te retrouver.

Elle soupire.

– Ma disparition va bouleverser ma mère.

Je sais qu'Arielle ne veut pas abandonner sa mère, mais nous n'avons pas le choix. Ici, je ne suis pas sûr de pouvoir la protéger.

– Si tu restes, ce n'est pas bouleversée qu'elle sera, mais morte. Et toi aussi.

– Je sais, chuchote Arielle.

– Je ne veux pas t'effrayer, je veux seulement…

Je m'interromps avant de reprendre :

– Non, c'est un mensonge, je veux que tu sois terrifiée. Je veux que tu aies si peur que jamais tu ne t'arrêtes de fuir. Dans des années, tu croiras que les créatures ont cessé de te pourchasser mais il n'en sera rien. Elles sont si âgées que dix ou vingt ans ne représentent rien pour elles. Elles te poursuivront jusqu'à ton dernier souffle. Promets-moi que tu feras ce que nous avons décidé.

Pendant de longues minutes, elle reste silencieuse. J'essaie de croiser son regard mais elle prend soin de fixer la boule disco qui tourne au plafond. La pensée qu'elle ait pu changer d'avis me retourne l'estomac.

– S'il te plaît, si je dois partir en n'étant pas sûr que tu es en sécurité, je ne sais pas ce que je ferai.

En réalité, je le sais. Je deviendrai fou.

– Je t'en supplie, si tu m'aimes un tout petit peu, suis mes conseils.

Elle lève le menton. Ses yeux sont pleins de questions muettes.

– Il y a un problème ? Arielle ?

Le silence, toujours. Pendant un moment, elle me semble différente, sans relief, comme une pâle reproduction d'elle-même. Mais elle cligne des yeux et je la reconnais enfin.

– Non, pas de problème, enfin… si, bien sûr, il y a même trop de problèmes, mais tu as raison.

Elle se dresse sur la pointe des pieds et dépose un baiser sur ma joue rasée de frais.

– Je m'en tiendrai au plan, me promet-elle.

Je l'embrasse juste sous l'oreille.

– Merci.

– Tu n'as pas à me remercier. Dis-moi juste encore une fois que tu m'aimes.

– Je t'aime. Je t'aime plus que tout.

J'aimerais tant qu'elle sache que ces mots signifient infiniment plus pour moi depuis que je l'ai rencontrée.

Elle m'adresse un sourire triste.

– Tu devrais y aller maintenant. Tu passes juste après Logan.

Sur la scène, la fille a fini sa chanson et un garçon aux cheveux hérissés de gel a pris sa place.

Je serre sa main dans la mienne.

– Accompagne-moi et reste près de la scène, s'il te plaît.

– D'accord.

Elle baisse la tête, essayant de dissimuler son visage pendant que nous traversons la piste. Quelques couples dansent sagement mais un ou deux autres se trémoussent d'une manière qui ne laisse aucun doute sur l'activité qu'ils comptent partager après. Les hanches roulent, les mains se baladent et je ne peux soudain m'empêcher de penser à la nuit précédente et aux longues jambes d'Arielle autour de moi. Je lui jette un coup d'œil par-dessus mon épaule en me demandant à quoi elle pense mais elle fixe toujours le bout de ses chaussures.

Elle est sans doute trop préoccupée par l'avenir pour se concentrer sur nos derniers moments d'intimité, mais je vais changer ça. J'ai remarqué la façon dont elle me regarde quand je chante et j'ai l'intention de chanter mieux que jamais. Ensuite, je l'entraînerai dans la salle et nous danserons pour tout oublier.

– Ne bouge pas, je lui murmure en lui lâchant la main.

Je lui ai trouvé un coin assez sombre pour qu'elle se sente à l'aise mais assez éclairé pour que je la voie de la scène.

– Je ne bougerai pas, dit-elle en se laissant embrasser sur la joue.

Mais elle ne lève pas les yeux et ses bras restent immobiles le long de son corps. J'ai de nouveau ce sentiment de vide.

– Tu es sûre que tu vas bien ?

Elle me regarde mais son expression est… absente.

– Ça va aller, souffle-t-elle. Va, maintenant, c'est à toi de monter sur scène.

J'acquiesce mais je suis toujours habité par le sentiment que quelque chose ne tourne pas rond. Lorsque, dans les coulisses, je prends le micro des mains de Mme Mullen, mes mâchoires sont crispées. Je me répète que le fait qu'elle abandonne sa famille est suffisant pour expliquer l'attitude d'Arielle mais mon instinct me dit qu'il y a autre chose. C'est à ce moment que j'aperçois la silhouette d'une fille vêtue d'un sweat à capuche trop large. Je reconnais aussitôt son visage. Gemma.

– Qu'est-ce que tu…

– La ferme, Stroud ! siffle-t-elle. On n'a pas le temps pour tes conneries. T'es un minable et je te déteste plus encore que si tu étais un cancer qui me rongeait de l'intérieur, mais je n'ai aucune envie que tu meures !

Que je meure ! Les mots me font l'effet d'un coup de poing dans l'estomac. Quand j'étais mercenaire, j'étais pratiquement invincible mais maintenant…

Je ne suis même pas ambassadeur. Si je suis tué alors que j'habite le corps de Dylan, je ne sais même pas où j'irai, mais je suppose que ce ne sera pas un lieu agréable. Peut-être rejoindrai-je les brumes de l'oubli et y errerai-je éternellement comme les ambassadeurs que j'ai tués. Ou bien je deviendrai directement une âme perdue sans passer par la phase décomposition. Quoi qu'il en soit, je serai alors incapable de protéger Arielle.

– Tu ne peux pas chanter ce soir, continue Gemma en m'agrippant par la manche. Tu me prends peut-être pour une folle mais fais-moi confiance : file par l'entrée des artistes et…

– Pourquoi ?

Elle secoue la tête. J'insiste :

– Je promets de te croire mais donne-moi une raison !

Elle hésite mais Logan a fini et elle n'a plus le temps de tergiverser.

– Quand Arielle m'a apporté mes bijoux, débite-t-elle, elle m'a dit qu'elle ne voulait pas que je vienne ce soir. Elle avait peur que quelqu'un me voie et me dénonce à mes parents. Mais cet après-midi, on a fait un truc et je voulais plus que tout assister à ta débâcle…

– Je suis au courant pour la vidéo.

Elle écarquille les yeux.

– Quoi ?

– Ça m'est égal. Ce n'est rien.

– Et ça, ce n'est rien non plus ?

Gemma ôte sa capuche, révélant une entaille sanguinolente sur sa tempe.

– Quand j'ai menacé Arielle de téléphoner à sa mère, reprend-elle, elle a pété les plombs. Elle a exigé que je quitte Solvang et que je n'y revienne jamais. Sinon, je risquais de mourir ou d'être complice d'un meurtre. Et puis, elle m'a frappée avec une lampe.

Le temps ralentit. La musique sortant des enceintes déraille. Je n'arrive plus à respirer. Arielle m'a raconté qu'elle avait bu un Coca avec son amie et qu'elles s'étaient séparées avec la promesse de rester en contact. Aurait-elle menti ? En tout cas, il est évident que Gemma, elle, dit la vérité. Le chagrin et l'horreur sur son visage sont bien trop convaincants.

Une seule raison peut avoir poussé Arielle à me mentir.

Une raison cauchemardesque.

– Je suis restée inconsciente un moment, poursuit Gemma. Mike m'a réveillée en rentrant. Il a essayé de me convaincre de partir mais je voulais d'abord te prévenir.

– Dylan ! Tu es prêt ? m'appelle Mme Mullen.

Il est temps. Je dois monter sur scène. Me confronter au public et à Arielle. Et au monstre qui a presque gagné son âme.

Je fais un pas en avant mais Gemma s'accroche à mon bras.

– Non ! Je pense qu'elle a l'intention d'agir maintenant. Elle veut te blesser, peut-être même te tuer.

– Laisse-moi, je réponds doucement. Je dois y aller.

Gemma pousse un grognement de frustration.

– S'il te plaît, ne fais pas ça. C'est moi qui ai donné à Arielle l'idée de se venger de toi. Si elle…

– Ne t'inquiète pas. Elle t'aime, et moi je l'aime.

Je serre brièvement Gemma contre moi. La surprise la réduit au silence.

– Va-t'en maintenant. Va rejoindre Mike, allez à Washington et ne revoyez plus jamais Arielle.

Cette fois, Gemma ne me retient pas.

– Je ne savais pas qu'elle était vraiment folle, susurre-t-elle.

– Elle ne l'est pas.

Avant que Gemma puisse ajouter quelque chose, j'entre en scène. L'intro a déjà commencé et j'arrive juste à temps pour les paroles. Je cherche Arielle des yeux, mais je ne suis pas étonné de ne pas la trouver là où je l'ai laissée.

Anéanti, mais pas étonné.

Arielle n'est pas folle. Elle fait ce qu'elle doit faire pour gagner sa place chez les Mercenaires. Sa simulation cet après-midi était si parfaite que même moi, qui ai pourtant des centaines d'années d'expérience, n'y ai vu que du feu. Cette façon de glisser une vérité dans chaque mensonge… exceptionnel. Quand je lui ai assuré que les Mercenaires ne s'en prendraient pas à moi en public, elle n'a même pas tressailli.

Elle a peut-être l'intention de me tirer dessus pendant que je chante. Peut-être va-t-elle attendre un peu, que nous soyons seuls, sur le chemin de l'arrêt de bus par exemple.

Quoi qu'il en soit, elle a fort bien joué son rôle comme j'ai fort bien joué le mien des centaines de fois auprès de jeunes gens qui voulaient croire que l'amour était plus fort que tout. Elle m'a bien eu.

Mais qui suis-je pour la juger ? J'ai agi de la même manière avant elle. Et ce soir, alors qu'elle est peut-être prête à me tuer, je ne la déteste pas. Je l'aime de toute mon âme. Un amour sans espoir mais bien réel.

Elle n'a pas toujours menti, je le sais. Elle m'a aimé comme je l'ai aimée. Elle m'a changé et je ne serai plus jamais le même.

Je continue de chanter. Ma voix est si légère et si prenante que la salle devient silencieuse.

« *Jusqu'à ce que je sois enterré… au fond de la tombe.* »

Enterré. N'est-ce pas poétique ? Arielle a le sens de la mise en scène. Elle élèvera ses missions au rang d'œuvres d'art.

Comme je l'ai fait avant elle.

« *Oh, redonne-moi, redonne-moi ton amour…* »

Une première détonation retentit, coupant la musique, provoquant des hurlements dans la salle. Une seconde fait naître une vague de terreur. Alors que la boule disco explose en mille morceaux, les élèves se couvrent la tête des deux mains et courent en tous sens. Les professeurs et les quelques parents présents se ruent sur les sorties de secours. Mme Mullen me hurle de fuir. Mais je ne bouge pas.

Elle l'a fait. Tout est fini. Je suis Juliette sur le sol du cimetière, un poignard dans le cœur. Arielle ne m'a pas encore touché mais ça ne va plus tarder.

Le bruit sourd du micro que je viens de laisser tomber résonne dans la salle. Je serre les poings, me prépare pour la douleur qui ne manquera pas de me déchirer quand la balle broiera ma chair et mes os. Justice poétique. Quel gâchis. Je l'aimais et bêtement, j'ai cru que ça suffirait. J'espère qu'elle prendra le temps de me regarder avant de…

Elle est là. Près des vestiaires, appuyée contre l'encadrement de la porte. Derrière elle, la lueur de la lune forme un halo. Je ne vois pas son visage mais je sais qu'elle me regarde. Je ressens un mélange de peur, de tristesse et de désir. Oui, de désir. Je ne suis pas devenu aussi sage que je le croyais, apparemment.

– Qu'est-ce que tu attends ? je crie. Ce suspense me tue.

– Le suspense n'y suffira pas, rétorque-t-elle.

Elle cache derrière son dos une arme encore fumante. Elle confirme tous mes soupçons mais j'ai malgré tout du mal à croire qu'il lui sera si facile de me tuer. Peut-elle me détester à ce point ?

J'avance jusqu'au bord de la scène.

– Tu t'y prends très bien, tu sais ! Ton premier meurtre et tu as déjà une repartie extraordinaire. Dans quelques semaines, tu seras...

– Roméo !

Le murmure vient de derrière moi. Je me retourne. L'ambassadrice est cachée derrière le rideau. Son ton semble indiquer que ce n'est pas la première fois qu'elle essaie d'attirer mon attention. Seules une moitié de son visage et sa main sont visibles. Sa main, armée d'un revolver.

Je ne comprends pas.

– Prends-le ! Tu sais ce qui te reste à faire, me souffle-t-elle.

Je regarde vers Arielle. Dans l'encadrement de la porte, elle est une cible inratable ; je suis très bon tireur. Je la tuerai du premier coup. La balle lui traversera l'estomac et une tache rouge s'étendra sur sa robe blanche.

– On ne peut plus rien pour elle, insiste l'ambassadrice en faisant glisser le revolver sur le parquet.

Il s'arrête à mes pieds et tourne sur lui-même.

– Tu dois le faire maintenant, me presse l'ambassadrice. Avant qu'elle ait eu le temps de prononcer ses vœux pour devenir mercenaire.

– Je...

Pourquoi Arielle ne bouge-t-elle pas ? Pourquoi ne pointe-t-elle pas sa carabine vers moi ? Attend-elle que j'arrête cette folie ?

Il fut un temps où j'aurais pensé que la mort d'Arielle était la meilleure solution. Car si elle devient mercenaire, elle ne pourra plus revenir en arrière. Mais en la voyant, si mince, si fragile...

– Je ne peux pas.

– Moi, je ne peux pas, chuchote l'ambassadrice. Ma magie m'interdit d'ôter une vie, mais pour toi, c'est facile. Ensuite, je te promets que tu deviendras ambassadeur. Ce sera ton dernier meurtre, un noble sacrifice pour une noble cause.

Noble sacrifice. Noble cause.

Les mots tournent dans ma tête. Ce sont les mêmes mots que ceux prononcés par le frère Laurence, la nuit où j'ai poussé Juliette à se tuer.

Le bien et le mal ont plus en commun que je ne le croyais.

Je m'accroupis et ramasse l'arme.

VINGT-QUATRE

Arielle

Ses doigts se posent sur le revolver. Je ne ressens aucune peine. Je ne suis même pas soulagée de constater que l'ambassadrice avait raison : Roméo est un tueur.

Je ne suis plus que colère.

Je lève le menton et serre la crosse de ma carabine. Je dois l'abattre avant que la police arrive, avant qu'il me tue, avant que son complice caché derrière le rideau s'en charge à sa place. L'ambassadrice m'avait prévenue que Roméo ne serait pas seul. L'autre mercenaire partira quand j'aurai accompli ma tâche en lui tirant une balle en plein cœur.

Dylan est face à moi, l'ancien corps de Roméo est ligoté dans le vestiaire. L'ambassadrice a tenu parole et elle l'a amené à la cafétéria. Pendant que la vidéo passait, personne ne m'a vue le traîner dans le vestiaire avant de refermer la porte derrière moi. À présent, tous les témoins sont partis. Il n'y a plus que lui et moi.

C'est le moment.

Je lève la carabine, mon cœur bat à tout rompre. Mon sang cogne à mes tempes.

– Attends ! crie Roméo. S'il te plaît !

Il saute de la scène. Sur la piste de danse, les lumières continuent de tourner, formant des flaques argentées et mouvantes sur le sol. J'ai touché les enceintes et la boule disco avec mes premiers tirs. Je ne vise pas si mal. Je devrais être capable de tuer Roméo avant qu'il ait le temps de se servir de son arme.

Mes doigts se crispent sur la détente.

– Parle-moi, supplie-t-il.

– On a assez parlé. Je sais qui tu es.

Il lève une main. Celle qui ne tient pas le revolver.

– Je t'ai dit ce que j'étais, dit-il.

– Tu es toujours un mercenaire.

– Non, je...

Je l'interromps, incapable de résister à l'envie de lui balancer la vérité en pleine face.

– Quand je suis allée chez Gemma, une ambassadrice avait emprunté le corps de sa mère. Elle m'a tout raconté. Elle m'a montré comment tu m'avais tuée.

Il prend enfin un air coupable.

– S'il te plaît, Arielle. Tu ne comprends pas. Je...

– Tais-toi !

– S'il te plaît !

– Je te l'ai dit, j'en ai assez de parler !

– Alors écoute-moi au moins !

Il fait un pas en avant. Je me déplace pour qu'il ne voie pas le corps caché derrière moi. Je veux être prête à tirer quand il le découvrira.

– Écoute-moi, répète-t-il. Juliette habitait ton corps la première fois que nous nous sommes rencontrés. Je l'ai tuée parce que je n'avais pas le choix. C'était le seul moyen de la protéger de...

– Assez ! Assez de ta soi-disant protection ! Assez de tes mensonges !

– Ce ne sont pas…

Il se tait. La peur le fait haleter. Il réalise enfin que tout est fini pour lui, qu'il va mourir.

– Laisse-moi te dire une dernière fois ce que je ressens pour toi, tente-t-il malgré tout.

– Amour… oui… marmonne l'ancien corps de Roméo dans mon dos.

Je lui jette un regard prudent. Il se balance d'avant en arrière, son sourire est si innocent que j'en ai envie de pleurer. Il est plus pathétique qu'effrayant. C'est le beau jeune homme de mes rêves mais vide, abîmé. Je ne l'imaginais pas doué de parole. Il ne prononçait pas un mot dans la grange. Il était si immobile et si silencieux que je l'ai cru mort.

L'ambassadrice m'a expliqué ce qu'est une âme-spectre : c'est ce qui reste quand Roméo investit un autre corps. Roméo est loin de son corps depuis des siècles mais il désire plus que tout y retourner. C'est pour gagner ce privilège qu'il voulait me tuer. Mais je le tuerai avant. Si j'abats Roméo et son spectre à quelques minutes d'intervalle, son règne de terreur se terminera pour toujours. Il sera vraiment mort. Une fois pour toutes.

Cette pauvre chose aussi. Regarde-le. C'est comme noyer un chiot.

Je serre les dents avant de revenir à Roméo dans le corps de Dylan. Je le tiens en joue. Je n'ai pas oublié comme je me suis donnée à lui, corps et âme, pendant qu'il complotait ma mort. Je n'ai pas oublié les visages de tous ceux qu'il a trahis ou tués avant moi. Je n'ai pas oublié la jeune fille dans la tombe, les yeux clos, pendant que son sang s'écoulait.

Si quelqu'un mérite de mourir, c'est bien Roméo. Je ne vais pas réellement commettre un meurtre. Dylan est déjà mort et celui qui s'est emparé de son corps aurait dû disparaître de la surface de la Terre il y a des siècles. Ce n'est que justice, et je dois me le rappeler quand mes mains tremblent à l'idée d'appuyer sur la détente.

– Je t'aime, Arielle, prononce-t-il d'une voix brisée.

– La mère de Gemma m'a prévenue que tu jouerais cette carte, que tu refuserais de reconnaître tes torts. Parce que tu as besoin que je t'aime pour que ma mort t'apporte ce que tu désires.

– Jamais, jamais je n'ai voulu attenter à ta vie.

– Mme Sloop m'a avertie que tu dirais ça aussi.

– Mme Sloop…

Il s'approche de moi, encore un peu.

– … elle ne serait pas rousse par hasard ? Plutôt jolie, la quarantaine ? Elle s'habille souvent en kaki ?

Je ne comprends pas ces questions et le canon de mon arme s'abaisse légèrement vers le sol.

– Pâle, les yeux marron foncé, continue-t-il. Un parfum à l'odeur de vanille ?

– Oui, mais…

– C'est la sorcière qui m'a envoyé ici ! s'exclame-t-il, les yeux étincelants d'excitation. Ce n'est pas une sorcière en réalité, mais une ambassadrice. C'est elle qui m'a donné cette arme et j'imagine ce qu'elle t'a raconté cet après-midi. Elle essaie de nous monter l'un contre l'autre…

– Tais-toi !

– Arielle, je t'en supplie.

Il semble sur le point de pleurer, comme si ma haine lui brisait le cœur.

– Je peux tout t'expliquer, continue-t-il. Je t'aime. Moi aussi, j'étais…

– Je sais ce que tu étais !

J'imagine ses mains couvertes de sang. Je crache presque :

– J'ai vu les gens que tu as tués. Je t'ai vu rire pendant leur agonie.

– J'étais un monstre, cruel et pervers. Je te l'ai avoué mais...

– Tu ne m'avais pas dit que tu avais tué Juliette alors qu'elle était follement amoureuse de toi, qu'elle te faisait confiance.

Son visage pâlit mais il continue d'avancer. Je dois me concentrer sur la vérité, pas sur la douleur que je lis dans ses yeux ni sur la partie insensée de mon cerveau qui brûle d'envie de le croire.

– Je t'ai vu la duper. Elle t'aurait tué de ses mains si elle avait eu la force d'arracher le poignard de son cœur.

– C'est vrai et j'aurais dû te le dire. Mais... je suis désolé, je voulais que tu m'aimes et, même si je ne le savais pas au début, j'avais aussi besoin de t'aimer.

Des sirènes hurlent dans la nuit. L'extrémité de ma carabine touche sa poitrine, au niveau du cœur. Je dois le faire.

– S'il te plaît, Arielle. Regarde-moi. Tu sais que je t'ai dit la vérité sur tout ce qui compte vraiment.

Mes doigts ne se décident pas à appuyer sur la détente. Il est si près de moi que je respire son odeur. Une corde vibre en moi.

Mais je l'en empêche.

– C'est pour tous ceux que tu as assassinés et tous ceux que tu n'assassineras pas !

Ma main est moite.

– C'est pour...

– Une noble cause, prononçons-nous en même temps.

Mes forces m'abandonnent d'un seul coup. J'abaisse la carabine.

– C'est ce que l'ambassadrice m'a dit en me donnant le revolver, ajoute-t-il en indiquant le rideau derrière lui du menton.

Je me penche mais je ne vois rien. Pourtant, au fond de moi, je commence à m'interroger. Et si...

– Elle prétend que si je te tue, ce sera pour une noble cause, qu'il vaut mieux que tu meures plutôt que servir les forces du mal. Mais je ne la crois pas.

Je lève les yeux vers lui.

– Je ne peux croire que te tuer soit noble, continue-t-il. Je t'aime et tu es meilleure que moi. Ne laisse pas les Ambassadeurs ou les Mercenaires te changer en ce que tu n'es pas.

– Je ne...

– Tu n'es pas le genre de personne qui trouve normal d'assommer sa meilleure amie.

Ma bouche devient sèche.

– Comment sais-tu...

– Gemma est venue me prévenir. Elle s'inquiétait pour toi.

– J'essayais de la protéger.

Mais je sais que c'est un mensonge. Roméo secoue la tête.

– Tu n'y crois pas. Pas plus que tu ne crois que c'était bien de tirer des coups de feu dans une cafétéria bondée ou de tuer celui que tu aimes alors qu'il se tient devant toi et affirme que tu es la plus belle chose qui lui soit jamais arrivée.

Je devrais le haïr plus que jamais pour les fausses larmes qui emplissent ses yeux mais je suis seulement triste. Et soudain, je n'ai plus qu'une envie : poser ma joue sur sa poitrine. S'il ment, il est trop bon menteur pour que je le démasque. Et s'il dit la vérité...

Alors, je suis encore plus stupide que je ne le croyais.

– Je vais poser mon revolver, murmure-t-il. L'ambassadrice m'a affirmé qu'elle ne pouvait pas te faire de mal mais je ne veux pas prendre de risque. Cours vers la porte et cache-toi. La police ne va plus tarder maintenant. Je leur dirai que je n'ai pas vu ce qui s'est passé.

Il essuie l'arme sur sa chemise et la jette. Il n'a pas l'intention de me tuer. Il ne voulait même pas se défendre. Pour la première fois depuis cet après-midi, ma colère s'apaise et je redeviens moi-même.

Je suis d'abord soulagée puis... horrifiée. Je laisse tomber la carabine.

– Je... j'ai failli te...

– Mais tu ne l'as pas fait, intervient Roméo en me prenant dans ses bras.

Quand il desserre son étreinte, c'est pour me pousser vers la sortie.

– Dépêche-toi maintenant, mon amour. Je t'aime.

Je secoue la tête.

– Non.

Les sirènes se rapprochent mais je ne peux pas partir. Pas tout de suite.

– Elle m'a expliqué comment me débarrasser définitivement de toi. Je devais aussi tirer sur l'autre garçon.

– Quel autre garçon ?

– Là. Dans les vestiaires. Elle lui a jeté un sort et je l'ai ligoté.

La folie furieuse de la journée me rattrape et j'ai l'impression que je vais m'effondrer. Mon corps et mon esprit sont si fragiles. La frontière entre le bien et le mal est si ténue.

Je n'arrive pas à croire que j'ai frappé Gemma. Je n'arrive pas à croire que j'ai voulu tuer Roméo. Qui m'aime et que j'aime.

– Qui est dans les vestiaires, Arielle ? m'interroge Roméo de nouveau.

– C'est toi. Ton ancien toi, je marmonne.

Roméo ne bouge pas, il est plongé dans un abîme de réflexion. Soudain, une lueur d'excitation s'allume dans ses yeux.

– Est-elle sortie de derrière le rideau ? me demande-t-il à voix basse.

– Non.

– Alors viens !

Il m'entraîne vers les vestiaires. Nous entendons les véhicules de secours se garer sur le parking.

– Attends, Roméo !

Il me soulève de terre.

– C'est ce corps que j'étais parti chercher ce matin. Si je le touche, je peux le réintégrer et rester avec toi.

– Quoi ?

– Je sais qu'il est hideux et je ne te demanderai jamais de...

Il s'immobilise soudain. Pour quelqu'un qui avait l'air de savoir ce qu'il allait trouver, il a l'air très surpris.

– Viens, l'appelle la chose en tendant les bras vers lui comme un enfant.

– Je n'arrive pas à y croire, je... je... Ce n'est pas...

– Je suis désolée.

Je ne sais pas pourquoi je lui présente des excuses. Je ne suis pas encore totalement remise et je sens que le contrecoup va être terrible. Je suis encore plus folle que je le croyais ; je ne suis qu'une pauvre fille prête à avaler tous les bobards qu'on veut bien lui raconter. Mais Roméo se tourne vers moi, un sourire aux lèvres.

– Tu ne comprends pas ! Mon corps n'est pas en pleine décomposition, il était en train de pourrir et...

– Et il pourrira de nouveau !

Mme Sloop est entrée derrière nous. Nous faisons volte-face et la découvrons les mains pressées l'une contre l'autre, créant entre ses paumes un éclat de lumière dorée.

– Je ne te laisserai pas récupérer ton corps, lâche-t-elle. Peu importe que ton âme soit redevenue belle. Tu ne mérites pas d'être libre et elle ne mérite pas de vivre. Il m'a fallu moins d'une journée pour la convaincre de perpétrer un meurtre. Vous êtes tous les deux aussi dangereux l'un que l'autre et...

– Arielle ! Cours !

Roméo se jette sur les jambes de l'ambassadrice mais elle réagit à la vitesse de l'éclair en lui envoyant son pied dans l'estomac. Je pousse un gémissement avant de la supplier :

– Arrêtez !

Mais c'est trop tard.

Elle ouvre les mains et la boule de lumière jaillit et bondit vers Roméo. Il avait réussi à se relever mais cette fois, tout est perdu.

Sans réfléchir, je me jette devant lui. Je ne reconnais peut-être pas le bien du mal mais il m'est beaucoup plus facile de mourir pour Roméo que de le tuer.

La lueur m'atteint au thorax; je tombe sur Roméo et nous nous écroulons tous les deux par terre, à côté de son ancien corps qui, terrorisé, s'est recroquevillé sur lui-même. J'espère que mon geste signifie que je ne suis pas aussi mauvaise que les derniers événements ont pu le laisser penser.

Je voudrais me tourner vers lui mais ma poitrine est en feu. J'ouvre la bouche pour hurler mais les flammes s'étendent à mes poumons, ma gorge, ma bouche, et autour de moi, le monde devient gris.

VINGT-CINQ

Roméo

Tout s'écroule.

Je la prends dans mes bras et m'accroche à un lambeau de chemise de mon spectre, je m'agrippe à mon amour et à mon âme alors que la force du coup qui a frappé Arielle nous renverse au sol en un enchevêtrement de bras et de jambes.

Il n'est peut-être pas trop tard. Toucher mon spectre pourrait suffire pour que je récupère mon ancien corps afin de protéger Arielle. L'ambassadrice m'a dit que sa magie l'empêchait de tuer.

Il nous reste un espoir minuscule. Mais…

Soudain, contre moi, le corps d'Arielle perd toute consistance et en même temps je sens son âme s'échapper, m'échapper. Je hurle à l'ambassadrice de me la rendre mais ma gorge ne produit pas un son. Je ne suis plus rien, je ne veux plus rien. Mes yeux se ferment. Le monde devient malléable et transparent et je le vois enfin comme il est réellement : un mensonge. Un joli mensonge fait de lumière et de foi alors que rien de ce en quoi l'on croit n'existe. Il n'y a ni commencement, ni fin, les forces qui séparent ici de là-bas, le passé et l'avenir sont aussi fragiles que des toiles d'araignées.

Il ne reste qu'une chose tangible : mon amour pour Arielle. Elle est ma moitié, ma deuxième chance, celle par qui j'ai appris à ne plus être un monstre. Sa faiblesse m'a donné de la force, sa foi m'a permis de croire, son amour a fait de moi un homme à part entière. Je ne l'oublierai jamais.

Il fait de plus en plus chaud et je me noie dans la chair, les os et le sang. Mais je ne lâche pas prise et soudain… un gémissement à mon oreille.

J'ouvre les yeux. C'est elle. Arielle. Elle est allongée près de moi. Je caresse la mèche qui lui tombe sur le visage et je reconnais ma main. Ma vraie main. J'ai retrouvé mon corps. Je respire et… je tousse car nous sommes environnés d'une fumée grise. Nous sommes cernés par les flammes. Le bâtiment est en feu. Nous devons sortir d'ici.

– Arielle ! je crie d'une voix rauque. Arielle, réveille-toi !

Le craquement du bois résonne au-dessus de nous. Une poutre s'abat sur une rangée de bancs. Je lève les yeux vers une fenêtre. Un vitrail en fait, représentant la vierge Marie.

Et je comprends.

Je connais cet endroit. J'ignore comment nous sommes arrivés ici mais nous sommes dans l'église où je venais petit, où Benvolio et moi riions en chuchotant que l'enfant Jésus dans les bras de la Vierge ressemblait à notre arrière-grand-oncle. L'église où j'aurais voulu pouvoir me réfugier après la mort de Juliette. Et c'est dans le jardin de cette église que se trouve justement sa tombe. C'est aussi l'église où Roméo Montaigu est mort brûlé dans une autre version de l'univers.

– Juliette.

Un étrange sentiment, entre terreur et espoir, naît en moi.

Juliette est peut-être encore en vie dans sa tombe.

Les flammes bloquent l'entrée mais n'ont pas encore atteint le côté de l'église où je gis avec Arielle dans les bras. On doit sortir de là. Et vite.

– Arielle ! Réveille-toi !

Je la prends sur mes genoux et la secoue doucement. Il reste un passage sur notre droite mais il n'est pas assez large pour que je puisse la porter.

– Arielle, je t'en supplie !

Je lui embrasse le cou, sa peau est si lisse, si…

Les cicatrices ! J'écarte ses cheveux, ses cicatrices ont disparu ainsi que le maquillage qu'elle portait pour la danse. Ses cheveux sont aussi plus longs et tombent en vagues jusqu'à sa taille sur sa cape d'épais tissu gris. C'est la cape que je portais le jour où je devais retrouver le frère Laurence à l'extérieur de Vérone. Mais il n'y a pas de sang sur les manches.

Je n'ai pas encore poussé Juliette au suicide. Mon âme est encore pure.

Je tire Arielle, la faisant glisser sur le sol, mais je perçois un mouvement sur le côté. La femme rousse se tient derrière l'autel.

– Aidez-nous !

Je crie mais elle ne bouge pas. Ce n'est pas très étonnant puisque son but est de nous voir mourir mais elle devrait voir que cette situation n'est pas juste ! Je tente une nouvelle fois :

– Si vous défendez réellement le bien, vous ne pouvez pas la laisser mourir !

Tu sous-estimes sa capacité au mal et la tienne !

Sa voix résonne dans ma tête.

– Elle n'a rien de mauvais.

Je murmure mais je sais que l'ambassadrice m'entend. Je continue :

– À cette époque, une femme est la propriété de son mari ou de son père. Elle n'aura pas la possibilité de…

Les femmes ont le pouvoir qu'elles prennent, Roméo. Regarde comme elle a fait de toi un esclave.

– C'est vous qui vouliez me transformer en esclave !

Je sais pourtant qu'il est inutile de crier. Un seul argument peut la faire changer d'avis.

– C'est contraire à vos vœux de regarder deux personnes mourir sans broncher.

Mes vœux m'empêchent d'attenter à la vie, répond-elle sur un ton sournois qui me rappelle mon créateur. *Mais cette église était vide quand j'y ai mis le feu.*

Je secoue la tête, plus écœuré que surpris.

Je suis désolée que ton histoire finisse ainsi, Roméo.

Je l'ignore et reprends Arielle dans mes bras. Je vais l'emmener en haut du clocher.

Si cela peut te consoler, je vais sauver Juliette. Je la tirerai de la tombe pour lui offrir une nouvelle éternité de bonheur et de lumière.

– Une nouvelle éternité d'esclavage ! je crache en me redressant tant bien que mal.

Arielle ne doit pas peser plus de cinquante kilos mais la fumée me donne le vertige.

Juliette ne sera pas une esclave. Elle sauvera le monde.

Si je ne m'étouffais pas, je rirais ! Cette femme est folle. Aussi folle et maléfique que je l'ai été, et si je le peux, je l'empêcherai de s'emparer de Juliette.

Je lui tourne le dos et gravis péniblement les marches. J'espère que le feu mettra un peu plus de temps à arriver jusqu'à nous. Si je trouve un objet tranchant, je peux couper la corde de la cloche et l'utiliser pour déposer Arielle à l'extérieur de l'église. Ensuite, je la rejoindrai et je la mettrai en sécurité avant d'aller sauver Juliette…

– Roméo ! Enfin, te voilà !

La voix grave provient de la tour. Je manque de tomber à la renverse en la reconnaissant.

Frère Laurence sort de l'ombre, un poignard à la main.

– Non !

– Où te cachais-tu ? Je t'ai attendu pendant des heures sur la route. Je t'ai cherché partout mais tu avais comme disparu de la surface de la Terre.

Il parle en italien médiéval. Il ne semble rien savoir de notre passé commun. Ou futur selon le point de vue. Je suis revenu au point de départ de mon interminable éternité.

– Viens, me souffle-t-il. Nous avons beaucoup à faire. Nous pouvons échapper aux flammes si nous nous dépêchons.

– Éloignez-vous !

Je m'adresse à lui comme un enfant à un chien féroce mais cet homme ne m'écoute pas. Il est inaccessible à la raison, aux supplications ou aux prières, ce qui rend la croix qui pend à son cou plus ironique encore. Il plisse les paupières et ses yeux se posent sur Arielle.

– Juliette disait donc vrai. Tu comptais fuir avec une autre femme.

– Laissez Juliette. Elle n'a aucune valeur pour vous.

Il sourit et écarte un ruban de fumée de la main.

– Tu as raison. Pourquoi m'en prendrais-je à Juliette alors que tu tiens ton véritable amour dans les bras ?

Il me tend le poignard par le manche.

– Emmène-la dans la tour et égorge-la avant qu'elle se réveille. Elle ne sentira rien. Je te rejoindrai immédiatement après pour te faire prononcer tes vœux.

Il s'approche et me glisse le poignard dans la main, puis il prend mon visage dans ses paumes calleuses et m'embrasse sur le front. Une vague de terreur m'envahit. Toute faiblesse m'abandonne. S'il ne me bloquait pas le passage, je monterais en courant. C'est moi qui ai le couteau à présent mais je n'ai aucune chance face à lui. Il peut tuer quelqu'un d'un simple sourire. J'ai expérimenté son toucher, ses doigts s'enfonçant dans ma chair comme des vers. Par la pensée, il a déjà fait exploser mon cerveau, tout en me gardant en vie pour s'assurer que je souffre. Il est le cauchemar que je voulais à tout prix éviter à Arielle.

– Elle t'aime, murmure-t-il à mon oreille. Son cœur est brûlant d'amour pour toi et ton aura scintille pour elle, plus étincelante encore que lorsque tu aimais Juliette.

Il sourit avant de poursuivre :

– J'ai moi-même aimé une femme aussi fort que tu aimes cette petite. Nos chemins se sont séparés mais elle a osé mettre le nez dans mes affaires et je ne peux le tolérer. Même de mon ennemie préférée.

Je suis son regard qui fixe le rideau de flammes derrière lequel se tient l'ambassadrice.

Sa bien-aimée.

Cet homme ignoble et la sorcière se sont aimés. Il ne reste de leur histoire que la magie et la haine. Je vois dans ses yeux ce qu'il compte faire subir à l'ancienne nourrice de Juliette, s'il arrive à mettre la main sur elle.

– Je vous en prie, ne faites pas ça…

Je ferme les yeux un moment en espérant que ma sincérité donnera assez de force à ma prière.

– Je ne vais rien faire, ricane-t-il. C'est toi qui vas la tuer. Une fois le sacrifice effectué, tu deviendras mon frère.

– Non. Je refuse !

– Tu ne peux pas, rétorque-t-il. Tu es un garçon intelligent, Roméo, et tu sais que tu as été banni de Vérone. C'est ta seule issue. Quand les flammes auront atteint le haut des marches, tu transperceras le cœur de ta bien-aimée et l'enverras danser avec les anges. Ensuite, je viendrai te chercher. Nous nous rendrons sur la colline et je te montrerai mes secrets.

Je secoue la tête, pris de nausées.

– Va !

Il lève la main. La force de sa volonté m'oblige à reculer d'un pas comme une marionnette entre ses doigts. Il a toujours une influence sur moi. Suffisante peut-être pour m'obliger à commettre cet acte odieux. Je frissonne et serre Arielle contre moi. Elle gémit. Le moine sourit.

– Va ! répète-t-il. Je te rejoins.

À peine s'est-il tourné vers l'ambassadrice que je gravis les marches aussi vite que possible. Chaque seconde compte. J'ai un couteau pour couper la corde de la cloche. Dès qu'Arielle et moi serons sortis de l'église – si j'y arrive avant que le mercenaire ne s'en aperçoive – nous aurons une chance d'être sauvés tous les trois. Sinon, je ferai ce que j'ai à faire.

Je n'ai pas envie de mourir, mais je refuse de vivre et d'être obligé de la faire souffrir. Je me penche vers elle :

– Arielle, réveille-toi, je t'en supplie. Réveille-toi.

– Roméo ? murmure-t-elle.

Je n'ai jamais été aussi heureux d'entendre mon prénom. Au moins, elle sera consciente quand je la descendrai avec la corde. Et j'en profiterai pour lui redire à quel point je l'aime. En espérant qu'elle me croie à présent.

– Roméo ? Est-ce que…

– Nous sommes en vie mais en danger, mon amour. L'église est en feu.

– Quoi ? Je ne comprends pas…

Elle s'exprime en parfait italien médiéval. Elle a dû assimiler la langue durant le transfert.

– Nous sommes en danger, je répète dans ma langue natale, surpris par l'aisance avec laquelle elle me revient après tant d'années.

– Quoi ? Où sommes-nous ?

Elle passe ses bras autour de mon cou pour se redresser.

– Dans une église.

Je ne veux pas trop lui en dire. Elle est déjà assez confuse.

– Pose-moi.

– Tu crois que tu peux marcher ?

– Pose-moi. Ce n'est pas correct. Surtout dans une église.

J'obéis mais le poignard s'accroche à sa jupe et la déchire.

– Ma robe ! s'écrie-t-elle comme si j'avais perpétré un acte terriblement offensant.

Je la dévisage sans comprendre.

– Arielle, nous sommes au milieu d'un incendie. Ta robe n'a aucune importance.

– Mais que vont penser les gens ?

– De quels gens parles-tu ?

– Est-ce que tu es fou ? me demande-t-elle en se collant le dos au mur. Tu as toute ta tête ?

– Arielle, nous allons mourir brûlés vifs si nous ne sortons pas d'ici au plus vite.

Et je ne te parle même pas du mercenaire, en bas de l'escalier, qui montera dès qu'il aura fini de torturer son ex-femme.

J'essaie de lui prendre la main mais elle se plaque un peu plus contre les pierres.

– S'il te plaît...

– Je ne comprends rien à ce que tu dis !

– Arielle, écoute-moi.

– Pourquoi m'appelles-tu comme ça ?

Je m'immobilise comme si elle m'avait jeté un sort. J'articule lentement :

– C'est ton nom.

– Roméo, tu me fais peur, murmure-t-elle en levant vers moi ses grands yeux bleus pleins de larmes. Tu as oublié mon nom alors que nous nous connaissons depuis que nous sommes enfants.

– Je… de quoi…

– C'est moi, Rosaline…

Rosaline. Arielle. Arielle. Rosaline.

Arielle ne ressemble en rien à Rosaline, comment peut-elle croire… et soudain, je comprends. C'est comme avec…

– … Benvolio.

Je n'ai pas oublié la fois où, alors que je m'apprêtais à casser la figure à Jason, j'ai croisé mon cousin qui était tellement sûr d'être quelqu'un d'autre.

– Ton cousin est là ? me demande Rosaline.

– Est-ce que Ben pourrait être…

– Roméo, appelons frère Laurence. Je sais qu'il est ton ami et ton confident.

Les mots de Rosaline me tirent de ma réflexion. Peu importe qui est qui. Ça ne change rien dans l'immédiat. Un incendie est en train de détruire l'église et deux êtres surnaturels souhaitent notre mort.

Je prends Arielle… Rosaline fermement par la main.

– Je suis désolé de t'avoir effrayée. La fumée a dû me brouiller l'esprit. Je vais mieux à présent.

– Tu es sûr ?

– Certain. Il y a le feu. Nous devons monter pour y échapper. Notre seul espoir est d'atteindre le haut de la tour et de descendre par l'extérieur avec une corde.

Rosaline écarquille les yeux.

– Jusqu'en bas ? Mais je ne pourrai jamais !

– Tu n'as pas le choix.

– Je n'y arriverai pas.

Elle essaie de reprendre sa main, mais je ne la lâche pas.

– Rosaline, s'il te plaît, fais-moi confiance. Laisse-moi t'aider.

Je plonge mon regard dans le sien en essayant de ne pas penser à quel point c'est douloureux de la trouver si… changée.

Rosaline est douce et gentille, mais elle n'est pas Arielle. Elle n'est pas la jeune fille féroce au cœur passionné qui a su écouter mes secrets. Elle ne respire pas de la même façon, ne m'embrassera pas de la même manière. Pas plus qu'elle n'aimera ou détestera, rêvera, espérera ou rira comme Arielle. Cette jeune fille que je tiens par la main n'est en fait ni Arielle ni Rosaline.

Mais il n'est pas temps de me lamenter. L'Arielle que je connais a peut-être disparu, mais son corps et une version de son âme sont encore là.

– Viens, dépêchons-nous. Tes parents seraient effondrés si tu venais à mourir.

– Mes...

Son visage pâlit.

– D'accord.

J'espère que nous n'avons pas perdu trop de temps.

Je gravis les dernières marches en refusant de m'attarder sur la souffrance qui déchire mon cœur.

VINGT-SIX

Arielle

Je suis devenue une des voix.

Je suis là ! Par pitié ! Roméo ! Fais-moi sortir !

S'il te plaît ! S'il te plaît ! S'il te plaît !

Je hurle et je hurle encore, mais Roméo ne m'entend pas. Rosaline non plus. Cette fille a mon corps et utilise ma bouche pour parler dans un langage que je ne connais pas. Ce qui ne m'empêche pas de comprendre qu'elle s'inquiète pour sa stupide robe et sa réputation.

J'entends ses pensées, je ressens même ses émotions comme si elles étaient miennes. C'est comme avoir le pied engourdi et sentir tout de même la douleur quand on se cogne. Je vois bien que je marche, que je parle, que je prends la main de Roméo, mais je n'éprouve rien.

Je ne suis pas là. Pas vraiment. Je ne suis qu'une voix qui hurle dans la nuit et...

Mais soudain Rosaline prononce une phrase et porte sa main à son front. Ma main à mon front. Je recouvre le toucher. Mes doigts sont froids, ils tremblent. Elle commence à...

Elle...

Elle n'est pas elle. Ça semble insensé mais pour moi, c'est une révélation. Mon esprit et mon corps sont de nouveau connectés. Ce n'est toujours pas moi qui contrôle les mouvements mais je fais partie de Rosaline. Rosaline est une autre... version de moi.

Très, très profondément, là où se cache le secret de la chair et du sang, Rosaline et moi sommes la même personne. Elle est ce que j'aurais été si j'avais vécu à une autre époque et si j'avais été élevée d'une manière différente. Si mon père était resté, si ma mère ne m'avait pas élevée seule, si nous avions eu de la famille pour nous aider, si je n'avais pas eu la peau brûlée, si on ne m'avait pas considérée comme un monstre, si je n'avais jamais entendu les hurlements et tant appris sur la peur et la colère ; si j'avais rêvé d'une relation platonique au lieu de faire l'amour avec Roméo.

C'est rassurant, d'une certaine façon. Il me serait facile de laisser partir Arielle Dragland pour devenir Rosaline. Elle m'absorberait comme une éponge. Ce ne serait pas mourir, ce serait seulement... oublier. C'est ce que j'attendais des médecins quand j'étais petite : la première fois que j'ai rencontré un psychiatre, je pensais qu'il allait me réparer, effacer toutes les mauvaises choses dans ma tête pour que je redevienne normale. J'ai été anéantie quand j'ai compris qu'il n'avait pas ce pouvoir.

À présent, mon vœu pourrait être exaucé. Je n'ai qu'à lâcher prise et tomber dans la pénombre accueillante de Rosaline. Toutes les mauvaises choses de ma vie s'effaceraient avec moi.

Il y a une semaine, j'aurais fait ce choix sans hésiter. Mais plus maintenant. Parce que oublier les mauvaises choses m'obligerait à oublier également les bonnes. Ma mère et sa tendresse, Gemma et notre amitié fragile mais précieuse, et surtout Roméo. Tout ce qu'il représente pour moi, ce qu'il a fait par amour pour moi, son pardon. Je voudrais, moi aussi, avoir l'occasion de lui pardonner. Il a retrouvé son ancien corps mais c'est de son âme que je suis tombée amoureuse. Il sait que je ne suis pas cette fille à côté de lui comme je sais que c'est lui.

Il me croit disparue. Ou morte. Je le vois à sa manière de me regarder, de glisser ma mèche derrière mon oreille, de me supplier de monter les marches.

– Je ne peux pas, répond-elle en frissonnant.

J'ai poussé la mince cloison qui me sépare d'elle et je parviens maintenant à la comprendre.

– Je ne me sens pas bien.

S'il te plaît, laisse-moi sortir. Il a besoin de moi. Tu as besoin de moi.

Elle m'écoute. Elle comprend qu'elle pourrait ne plus à avoir peur des gens qui l'entourent, qu'elle ne serait plus obligée d'entrer au couvent. Un nouveau choix s'offre à elle. Aura-t-elle le courage d'aller au-devant d'un monde effrayant et merveilleux ? D'affronter la laideur mais aussi l'espoir, la beauté, l'art, l'aventure et... Roméo ?

Si elle saisit sa chance, je lui enseignerai la magie ainsi que l'incroyable potentiel du cœur humain. Nous pourrons peindre, danser, jouer, rire, profiter de chaque instant passé avec le garçon que nous aimons.

– J'ai peur, murmure-t-elle, et je sais que ce n'est plus à Roméo qu'elle s'adresse.

Ta peur est la seule chose que tu aies à perdre.

Je chuchote dans sa tête. Aucun besoin de crier car la vérité est aussi juste murmurée que hurlée.

Elle a passé sa vie enfermée dans la crainte. La crainte de son père qu'elle soit compromise, la peur de sa mère de perdre sa fille unique, sa propre peur de quitter ses parents qui l'ont tant choyée. J'aperçois leurs visages dans son esprit. Un homme à la barbe rousse et aux cheveux châtains, une femme blonde, au teint aussi pâle que ma mère. Mais ce n'est pas ma mère.

Maman. Je ne la reverrai jamais. Je sais au fond de moi que nous ne reviendrons pas. Même si nous survivons à l'incendie et que je reprends le contrôle de mon corps, je ne sentirai plus jamais les bras de ma mère m'enlacer. Je ne pourrai jamais lui dire que je vais bien ou que je l'aime.

Le chagrin me crève le cœur. Mon emprise sur Rosaline se relâche et sa peur me rejette, avant que j'aie eu le temps de me reprendre.

Elle me repousse au plus loin de son esprit et, de nouveau, je ne sens plus mon corps. Je vois seulement par ses yeux. Nous gravissons l'escalier en colimaçon et atteignons une pièce circulaire, à peine assez grande pour y tenir à deux. Trois vieilles cloches sont pendues à une épaisse corde couverte d'une pâte jaune et collante.

Roméo se précipite vers la cloche la plus proche et commence à couper la corde avec un poignard. Il veut sans doute s'en servir pour descendre de la tour par l'extérieur. Mais où s'est-il procuré ce poignard ? Il m'est vaguement familier. La lune n'éclaire pas assez la pièce pour que je distingue les traits de Roméo mais sa silhouette s'arc-boute sur sa tâche. Il n'y arrive pas et maintenant, c'est trop tard. Il va échouer.

Parce que le moine de mes rêves est réel.

Et qu'il vient juste de nous rejoindre.

Roméo

– Je vois qu'elle est toujours en vie.

Le moine est là. Nous avons mis trop de temps à monter et cette fichue corde est couverte de résine ou de je ne sais quoi...

– Ne t'inquiète pas, mon fils, susurre-t-il de sa voix faussement douce. Ta lame tranchera chair et os avec aisance.

– Allez en enfer !

Je jette le poignard au centre du clocher, dans les flammes qui lèchent le plancher et l'escalier. Il est impossible de redescendre, frère Laurence ne pourra pas récupérer l'arme.

C'est fini. Je ne tuerai pas pour lui. Plus personne ne le fera. Je mourrai avant et je laisserai Rosaline mourir également si j'y suis obligé. Ce sera mieux pour elle de perdre la vie par la faute d'un étranger que par la trahison de celui qu'elle aimait.

Tu te trompes. Il vous torturera tous les deux. Tu ferais mieux de la jeter par la fenêtre.

Mes mains tremblent. Je visualise l'horreur dans ses yeux quand elle réalisera ce qui se passe. Ses bras se tendront peut-être vers moi pendant sa chute. Je ne peux pas le faire. Je ne peux pas. Je ne tuerai plus jamais, même par pitié. J'ai déjà assassiné tant de gens que j'en suis écœuré de moi-même.

– Rejoins-moi, Rosaline, l'appelle le moine. Éloigne-toi de Roméo.

Sa gentillesse feinte me donne envie de vomir.

– Frère Laurence, murmure Rosaline. Que se passe-t-il ? Pourquoi…

– Rejoins-moi, je te protégerai.

J'avance d'un pas pour m'interposer.

– Non, Rosaline ! N'approche pas ! Il est dangereux.

– Allons, mon enfant, sourit le moine en tendant la main. Ce pauvre garçon est devenu fou. Je crains qu'un esprit maléfique ne se soit emparé de son esprit.

– Oh, mon père, sanglote Rosaline. J'ai si peur.

– Viens, mon enfant, insiste le moine. Je te donnerai la paix.

– La paix, répète Rosaline, pleine d'espoir.

Il a suffi d'un mot pour la convaincre. Un fichu mot !

– Oui, mon enfant, je te donnerai la paix.

Elle avance vers lui mais je la repousse de toutes mes forces contre le mur. Sa tête heurte la pierre et elle pousse un gémissement de douleur et de peur. J'ai commis une erreur. Aucune chance qu'elle me fasse confiance maintenant. Rosaline est extrêmement pieuse et il aurait fallu un miracle pour qu'elle m'accorde plus de crédit qu'à un homme de Dieu… Maintenant que je l'ai frappée…

– Fais attention, mon enfant, reprend le moine d'une voix inquiète. Roméo n'est plus lui-même. Je l'ai entendu parler dans des langues étrangères et…

Ce serait si facile de le croire. Même pour moi qui sais qu'il ne prononce que mensonges.

– Laissez-la tranquille ! je hurle. S'il vous plaît, j'ajoute en joignant les mains pour le supplier. Je vous donnerai ce que vous voulez. Mon âme pour l'éternité ! Vous pourrez m'enfermer et me torturer devant vos plus jeunes mercenaires pour que mon sort leur serve de leçon. Je ferai tout ce que…

– Allons Rosaline, dépêche-toi, ma petite, continue-t-il sans me regarder.

Quand je tourne la tête, il est déjà trop tard. Rosaline l'a rejoint par l'autre côté. Elle n'est plus qu'à un ou deux mètres de lui. Elle lui tend les bras comme s'il était son sauveur.

Le temps ralentit et mon cerveau marche à plein régime.

Peut-être la tuera-t-il rapidement afin de se repaître au plus vite de mon désespoir, mais peut-être le fera-t-il lentement, au contraire, et me forcera-t-il à la regarder souffrir jusqu'à ce que je supplie de la tuer pour mettre un terme à sa souffrance. Et alors, je commettrai une nouvelle fois ce même péché. Je marcherai dans les ténèbres pour l'éternité, j'oublierai la sensation du soleil sur mon visage et le bonheur de tenir mon amour dans mes bras.

Mon amour. Arielle. Elle a disparu et je suis seul. Rosaline mourra dans cette tour, Juliette mourra dans sa tombe et la fin de cette histoire sera plus tragique encore que la première fois.

J'ai échoué.

VINGT-SEPT

Roméo

J'ai échoué. Échoué. Échoué. Elle est presque dans ses bras et il sourit, triomphant.

Il n'y a plus rien à faire. Il est trop tard et le poids de mon échec pèse si lourd sur mes épaules que je pourrais tomber en avant dans le feu qui rugit à mes pieds. Et alors, enfin…

Enfin.

Me briser. Disparaître.

Elle le rejoint à présent. Déjà le moine enroule ses doigts autour de son cou frêle et blanc.

Non, il n'est pas trop tard.

Je me vide la tête afin qu'il ne devine pas mes intentions. Je bondis près d'eux, si près que je sens l'odeur de brûlé dégagée par la robe du moine, que je peux compter les rides sur son front, que je suis ébloui par l'étincelle dans les yeux de Rosaline.

Arielle. C'est elle.

L'émerveillement et la surprise balaient toutes mes hésitations. Je souris.

Parce que je connais ma sauvage bien-aimée. Et elle aussi me connaît.

Nos corps sont parfaitement synchronisés comme si nous ne faisions qu'un. Nous nous baissons, agrippons la bure du moine à pleines mains, nous écartons d'un même mouvement pour échapper à ses bras qui essaient de nous saisir et le soulevons en même temps pour le jeter dans les flammes.

Et il tombe. Hurle et tombe.

Je n'arrive pas à y croire. Même alors que les langues de feu s'enroulent autour de lui, même quand son corps atterrit lourdement sur le sol, je garde les poings serrés, prêt à me battre s'il parvenait à remonter.

– Les mercenaires ne survivent pas au feu. C'est une des rares choses capables de les détruire.

J'énonce cette vérité autant pour rassurer Arielle que moi-même.

Arielle. Je me retourne vers elle, terrifié à l'idée qu'elle ait disparu de nouveau, mais avant que j'aie le temps de prononcer son prénom, elle m'enlace et pose ses lèvres sur les miennes. Nous nous accrochons l'un à l'autre, si unis que rien ne pourrait nous séparer. Des mots anciens me viennent aux lèvres :

– Place-moi comme un sceau sur ton cœur, comme un sceau sur ton bras, parce que l'amour est fort comme la mort.

Elle s'écarte de moi, des larmes dans les yeux.

– Shakespeare ?

– Non, un psaume.

– C'est beau.

– Et si vrai. Je ne sais pas comment exprimer différemment ce que je ressens.

Je prends son visage dans mes mains.

– J'ai cru t'avoir perdue. Tu étais devenue une autre personne, la jeune fille dont…

– Rosaline. Oui, je sais. Mais elle n'est pas vraiment une autre personne.

Sa voix tremble légèrement mais elle poursuit :

– Elle était moi. Une moi différente. J'étais prisonnière de son esprit mais quand le moine a prononcé les mots de mon rêve, je l'ai repoussée et elle… elle s'est fondue en moi. Elle ne t'aimait pas autant que je t'aime. Sa peur l'en empêchait.

– Et toi, tu n'as plus peur ?

– Non, grâce à toi, répond-elle. Et maintenant, je te fais entièrement confiance. Nous ne nous mentirons plus jamais. Quoi qu'il arrive.

– Plus jamais.

Je l'embrasse et l'espoir me submerge. Le moine est mort. Nous avons gagné et je vais pouvoir réparer le mal que j'ai fait. D'abord avec Juliette. Pour la première fois de ma vie, j'ai foi en l'avenir, en l'amour et en sa magie.

– Sortons d'ici !

– Comment ? s'inquiète Arielle. Les escaliers sont en feu et on n'a plus de couteau pour couper la corde.

– Tu me fais confiance ?

– Bien sûr, acquiesce-t-elle avec intensité. Toujours.

– Enlève ta robe.

Je commence moi-même à ôter ma cape et ma chemise. Avec force, je les déchire en longues bandes que je noue les unes aux autres. Le visage d'Arielle s'illumine et elle m'imite aussitôt. Rapidement, elle est devant moi avec pour tout vêtement une de ces longues chemises que les femmes portaient à l'époque sous leurs habits.

Elle s'en remet à moi et je m'en remets à elle. La folie des Ambassadeurs et des Mercenaires est derrière nous. Son visage – ses grands yeux bleus, son nez droit, ses lèvres minces – est un miracle révélé par la magie de son sourire. Et cette vie que nous allons partager sera pleine de l'enchantement qui m'a été refusé ces sept cents dernières années.

– Je t'aime.

Je le lui ai déjà dit et je le lui redirai car jamais ces mots ne perdront leur sens. Elle pose sa main sur ma joue.

– Moi aussi, je t'aime et je veux te l'entendre me le répéter des milliers de fois. C'est pour ça qu'on doit sortir d'ici.

– Il nous faudrait huit mètres de corde, ça n'ira pas jusqu'en bas, mais on pourra sauter. Je descendrai le premier pour pouvoir te rattraper.

– Plutôt pour pouvoir regarder sous ma chemise ! sourit-elle.

– Ça aussi !

Je lui fais un clin d'œil et je me demande comment il est possible de se sentir tellement vivant dans notre situation plus que précaire.

– Le père de Rosaline va être très perturbé de voir sa fille habillée d'une manière aussi indécente, remarque Arielle. Je n'ai jamais eu de père mais j'imagine que je vais devoir affronter sa colère !

– Je l'espère bien, je rétorque. Ça fait partie du plan.

La corde de tissu est déjà assez longue. Nous allons y arriver.

– Tu as un plan ? s'étonne Arielle.

– Ça te surprend ?

Je la prends par la taille et l'attire à moi.

– Non. Mais à partir de maintenant, je veux être au courant de tes plans. Et je te dirai les miens.

– Dès que nous serons en bas !

J'enjambe la fenêtre et m'accroche à notre unique moyen de fuite.

– Tu devras bien enrouler tes jambes, comme ça !

Arielle me regarde attentivement.

– Je l'ai déjà fait en sport. Ça ne me fait pas peur, affirme-t-elle.

J'aimerais bien ne pas avoir peur pour elle.

– À tout de suite, alors.

Je n'ai pas envie de la quitter mais nous n'avons pas le choix.

J'entreprends la descente, ne m'immobilisant qu'une fois, alerté par un craquement sinistre. Mais j'atteins l'extrémité sans encombre et risque un œil en dessous. L'incendie illumine la nuit. J'ai moins de deux mètres à sauter. Ça ne va pas être très agréable mais si je pense à plier les genoux…

Je lâche les mains et la terre se rapproche à toute vitesse. La force de l'impact m'envoie rouler un peu plus loin. Je me redresse et vérifie rapidement que je n'ai rien de cassé. Apparemment tout va bien.

Tout à coup, un bruit comme un martèlement me fait me retourner.

Des chevaux. Leurs sabots font vibrer la terre.

Une voix masculine crie dans la pénombre.

– Roméo Montaigu, par ordre du prince, vous êtes en état d'arrestation.

Des hommes en uniforme gris et pourpre approchent. Des gardes princiers. Ils ont l'ordre de m'escorter jusqu'à la prison s'ils me surprennent en violation des termes de mon bannissement. En tuant Tybalt, le cousin de Juliette, je suis devenu l'ennemi juré du prince et de ses amis les Capulet. Je ne passerai pas longtemps au donjon. Ils me feront sûrement très vite exécuter. Si j'ai de la chance, l'affaire restera dans le cercle des proches du prince ; dans le cas contraire, ils me traîneront sur la place publique et me pendront sous les yeux de tous les habitants de la ville.

Sous les yeux d'Arielle qui ne pourra rien faire pour me sauver.

Je joue ma seule carte :

– S'il vous plaît, je quittais la ville ! Je m'apprêtais à rejoindre Mantoue mais j'ai vu le feu et je suis venu aider ! Rosaline DeSare est…

– C'est sûrement toi qui as allumé cet incendie, tonne un des gardes.

Mais aussitôt, une autre voix s'élève :

– Faites venir tous les hommes valides des environs ! Il faut éteindre ce feu avant qu'il s'étende aux arbres du jardin de l'église !

Le garde qui m'a accusé se retourne vers la voix, mais l'individu est entouré d'un nuage de fumée. Quand elle se dissipe, je reconnais Adolfo. C'est un garde lui aussi mais sa famille vit à quelques pas de cette église.

– Adolfo ! S'il te plaît ! Rosaline est prisonnière du clocher ! je crie. Et Juliette Capulet est dans sa tombe. Vivante ! Elle a besoin d'aide.

Il ne m'accorde pas un regard. Soit il ne m'a pas entendu, soit il refuse d'écouter un meurtrier. Je lève les yeux vers le haut de la tour, espérant voir Arielle en train de descendre mais je ne la vois pas. Où est-elle ? Que lui est-il arrivé ? S'est-elle évanouie à cause de la fumée ?

– Je vous en prie !

Je crie si fort que cette fois, Adolfo est obligé de se tourner vers moi. C'est peut-être ma seule chance.

– Rosaline est dans le clocher et Juliette Capulet est enterrée vivante dans le tombeau de sa famille. Il y a eu d'horribles méprises.

Je suis à genoux, suppliant. Pourvu, pourvu qu'il me croie !

– Ligotez-moi si vous le voulez mais par pitié, allez vous occuper d'elles et...

Un hurlement déchire la nuit, puis un autre et encore un autre. Un groupe d'hommes armés de pelles jette de la terre sur le feu, qui s'étend sur la pelouse. Mais en voyant la silhouette trébuchante apparue devant la porte de l'église, ils lâchent leur outil.

– Un fantôme ! s'exclame l'un d'entre eux.

Mais il se trompe.

C'est Juliette. Dans son propre corps. En vie ! Sa robe bleue est déchirée et sale, ses longs cheveux bruns sont emmêlés et elle est si faible qu'elle parvient à peine à mettre un pied devant l'autre mais elle est bien vivante. Je bondis vers elle mais Adolfo m'arrête d'un coup de botte dans la poitrine. Je pousse un grognement de douleur.

– S'il vous plaît ! Elle a besoin d'aide. Et Rosaline aussi. Elle est dans le clocher, l'escalier est impraticable, elle mourra si...

– Bonfilio ! Marzio ! ordonne Adolfo. Il y a une fille dans la tour. Allez chercher l'échelle et vite ! occupez-vous du feu !

Les hommes obéissent. Et Adolfo continue d'interpeller ses hommes, leur donnant des indications plus précises pour organiser le chaos qui règne.

J'en profite pour m'élancer vers Juliette. Je suis si heureux de la retrouver en vie, mais plein de culpabilité et de remords. Effrayé aussi d'avoir à la désespérer une nouvelle fois.

Nous sommes mariés. Elle m'aime. Je suis son âme sœur. Du moins, je l'étais... avant de tomber amoureux de quelqu'un d'autre.

Je dois lui parler d'Arielle. Enfin, de Rosaline. Juliette sait que je faisais la cour à Rosaline avant de la rencontrer. Elle se sentira trahie. Elle ne croira jamais la véritable histoire de ces derniers siècles. Mais je lui avouerai tout quand même, en espérant qu'elle se contentera de se réjouir d'être débarrassé de moi. Seuls le moine et sa nourrice savaient pour notre mariage. Sa nourrice gardera le silence et sa réputation n'en souffrira pas.

Je ne lui veux aucun mal car je l'aime toujours, même si ce n'est plus comme avant.

Ce que j'éprouve pour elle est chaud et joyeux. Je suis heureux que lui soit épargné le malheur que j'avais abattu sur elle dans son autre vie. Je veux l'aider à se mettre en sécurité, lui trouver de l'eau, envoyer quelqu'un chercher son père pendant que je m'occuperai d'Arielle…

– Arrête-toi !

Juliette lève une main tremblante. Les flammes qui se reflètent dans ses yeux lui donnent un regard halluciné. Bien sûr, elle est restée sous terre au moins vingt-quatre heures d'affilée. Peut-être plus.

La honte chasse la joie. Je la pensais sauve mais son esprit est peut-être irrémédiablement endommagé par cette terrible expérience.

– Juliette.

Je m'immobilise à quelques pas d'elle. Elle semble sur le point de s'effondrer. Je tends les bras pour la rattraper mais son expression terrifiée m'en empêche. C'est de moi qu'elle a peur. Comme si elle avait oublié qui je suis pour elle…

– C'est moi, Roméo.

– Je sais. Je n'ai pas oublié ton véritable visage. Tu as retrouvé ton corps. Je ne la croyais pas mais c'est vrai.

Sa voix est rauque. Je secoue la tête. On dirait qu'elle…

J'ai été renvoyé ici grâce à la magie de l'ambassadrice, avec tous mes souvenirs du futur et du passé. On dirait qu'il en est de même pour Juliette. Je murmure :

– Ta nourrice sait-elle que tu es en vie ? C'est elle qui t'a amenée ici.

– J'ignore ce qui m'a amenée, lâche Juliette. Tu m'as tiré une balle dans la tête et je suis morte. J'ai retrouvé mon âme-spectre, mais je me suis réveillée dans ma tombe.

Elle sursaute au vacarme des hommes et des chevaux autour d'elle.

Je lui prends la main.

– Viens.

Je jette un coup d'œil vers la tour et aperçois une chevelure blonde. Arielle. Mais elle se cache de moi. Pourquoi ?

L'envie de courir vers la tour et de l'appeler est presque irrésistible, mais Juliette semble si fragile. Elle a besoin de moi.

– Viens, je répète plus fermement. On ne peut pas rester là.

Je l'entraîne à l'écart des flammes et des hommes qui courent en tous sens. Elle me suit mais trébuche sur sa jupe. Quand j'essaie de la rattraper, elle me repousse et préfère tomber dans la poussière plutôt que d'accepter mon aide. Je me penche vers elle.

– Que s'est-il passé ? Tu es blessée ?

– Non. Je vais bien.

– Mais tes mains sont…

– Je vais bien ! insiste-t-elle.

Elle semble si petite, ainsi recroquevillée sur elle-même.

Je m'agenouille devant elle.

– Juliette, je t'en prie, pardonne-moi. Si je pouvais prendre toute la souffrance que je t'ai fait endurer pendant des siècles, je le ferais.

– Nourrice est morte, soupire-t-elle. Elle était dans un autre corps mais je sais que c'était elle. Le moine lui a tranché la gorge. Elle a tout de même réussi à ramper jusqu'à ma tombe et à pousser la pierre. Elle a expiré dans mes bras.

La tête baissée, Juliette lève les mains. Elles sont rouges du sang de la femme qui l'a sauvée. Qui l'avait condamnée.

– Elle aussi m'a supplié de lui pardonner, ajoute Juliette.

Je hoche la tête.

– Elle a beaucoup à se reprocher.

– Ensuite, poursuit mon ancienne âme sœur, elle m'a demandé de vous tuer, toi et Arielle. Selon elle, si vous ne mourez pas, le monde est perdu.

Elle lève son visage vers moi et, pendant un bref instant, je suis abasourdi par sa beauté. Même couverte de terre et de suie, elle est époustouflante. Ses lèvres pleines, son regard doux, sa peau si claire lui confèrent une splendeur dont Arielle est très loin. Mais c'est pourtant Arielle qui règne sans partage sur mon cœur.

Et Juliette a reçu l'ordre de la tuer. Je murmure :

– Elle est innocente. Tue-moi s'il le faut, mais épargne-la.

– Tu l'aimes.

Ce n'est pas une question. Je réponds, néanmoins, espérant qu'elle saura lire la vérité dans mes yeux.

– Oui.

– D'après Nourrice, tu vas trouver l'amour et le bonheur. Ça aurait pu également être mon cas, mais...

Elle cligne des yeux et essaie de se concentrer sur sa pensée.

– Mais tout est différent maintenant qu'elle t'a donné l'occasion de devenir ambassadeur.

– Je suis désolé.

– Ça n'a plus d'importance.

Elle fixe l'incendie, une profonde tristesse inscrite sur le visage.

– Il est mort, marmonne-t-elle.

– Je pensais agir pour le mieux. Je...

Je me mords la lèvre. Inutile de répéter que je suis désolé. Ce ne sera jamais suffisant.

– Fais-moi une promesse, reprend Juliette en me regardant cette fois.

– Tout ce que tu voudras.

– Promets-moi de mener une vie honorable. Sois un homme bien. Prouve-leur qu'ils avaient tort.

– Je ne suis pas vraiment bon, tu le sais. Je ne le serai sans doute jamais. Mais je peux être généreux et attentionné envers les autres. Et je ferai mon possible pour apporter un peu de lumière dans ce monde. Je te le jure.

Elle acquiesce, apparemment satisfaite de ma réponse.

– Pars maintenant, dit-elle. Va retrouver Arielle et quittez cet endroit avant que les gardes se rappellent qu'ils sont censés te traîner au donjon.

Je me redresse mais Juliette me retient.

– Roméo ?

– Oui ?

Je la regarde se lever douloureusement et mon cœur se serre. Je voudrais tellement lui rendre ce que je lui ai volé.

– Je te pardonne.

Son indulgence et sa charité me frappent comme un coup de poing dans l'estomac.

– Ne reviens jamais, ajoute-t-elle, même si le prince t'accorde sa grâce, je ne veux plus jamais revoir ton ignoble visage !

Je souris parce que c'est vrai, je suis parfois ignoble, mais qu'elle me pardonne pour ça aussi. Arielle m'attend dans la tour, elle m'aime et…

– Roméo ! Tu es fou ! Qu'as-tu fait ?

Une voix familière s'élève de l'autre côté de la route.

Mon cousin Benvolio ! Sauf que c'est Ben Luna qui est à sa place sur son cheval. Et qui parle notre langue natale.

Je suis choqué mais à peine surpris. C'est finalement logique. La femme qu'il aime est ici, après tout. Je commence à penser qu'une seule vérité est importante, que le temps et l'espace n'ont pas de réelle prise sur l'amour.

Ben arrête son cheval.

– Pourquoi êtes-vous…

– Ben ? murmure Juliette d'une voix mêlée de peur et d'espoir.

Ben fronce les sourcils, surpris par l'intimité dans le ton de Juliette. Comme Arielle quand nous sommes arrivés ici, comme le Benvolio que j'ai rencontré dans le futur, il ignore tout de ce qui s'est passé dans le futur.

– Juliette ?

Même son prénom sonne bizarrement dans sa bouche.

– Je croyais... Tes parents t'ont enterrée il y a deux jours !

– Ben... Tu ne... c'est moi...

Juliette chancelle. Je tends les bras et la rattrape avant qu'elle ne s'écroule. Cette fois, trop faible, elle ne me repousse pas et me laisse l'accompagner jusqu'au sol.

Ben – Benvolio – descend de son cheval et s'agenouille devant elle.

– Elle va bien ? me demande-t-il.

Je le rembarre sèchement.

– Bien sûr que non ! Elle a été enterrée vivante.

Je me rends compte que je ne le supporte pas plus aujourd'hui qu'au vingt et unième siècle. Heureusement, comme j'ai été banni, je ne serai pas obligé de le fréquenter quotidiennement.

– Mon Dieu.

Il écarte les cheveux de Juliette avec une tendresse qui trahit déjà ce qu'il ne va pas tarder à ressentir pour elle.

– Pauvre petite, susurre-t-il avec une passion qui amène un sourire sur les lèvres de Juliette.

– Ben.

Elle lui prend la main et la serre de toutes ses forces. Il se tourne vers moi, surpris.

– C'est comme ça que m'appelle ma mère, c'est toi qui le lui as dit ?

– Absolument pas.

Je dépose Juliette dans ses bras, sachant qu'il ne lui faudra pas longtemps pour se rappeler qu'il est amoureux d'elle.

– Elle a besoin d'eau et de repos. Emmène-la chez tes parents. Ne laisse pas les Capulet remettre la main sur elle. Sa mère en particulier. Empêche qui que ce soit de lui faire du mal.

– Je le promets, acquiesce-t-il, les yeux toujours fixés sur elle. Et maintenant, cousin, prends mon cheval et pars. Ils préparent déjà la corde pour te pendre.

– Avant, je dois...

– Non, laissez-moi ! Laissez-moi mourir !

Ce cri ! C'est la voix d'Arielle au milieu du rugissement des flammes.

Je me retourne et...

Arielle

... je repousse l'échelle.

C'était Juliette. C'est avec elle qu'était Roméo avant l'arrivée du jeune homme à cheval. J'ai senti cette énergie entre eux, ce mélange d'amour, de regret et de haine.

Ils se haïssent. Du moins Juliette le hait, car Roméo souriait.

Je devrais être jalouse mais ce n'est pas le cas. Je n'ai aucun doute sur l'amour que Roméo me porte. Et puis, j'ai bien trop peur pour être jalouse.

J'ai entendu les hommes quand ils sont arrivés près de la tour. Ils veulent jeter Roméo en prison. Je ne sais pas grand-chose de l'Italie médiévale, seulement quelques souvenirs épars dans la mémoire de Rosaline, mais je peux imaginer à quoi ressemble un donjon du quatorzième siècle. Rats, torture, maladie et mort.

À moi d'épargner ce destin à Roméo.

– Rosaline !

Roméo est au pied de la tour à présent, il aide les gardes à redresser l'échelle.

– S'il te plaît, crie-t-il. Laisse-nous remettre l'échelle. Je viens te chercher.

Je me penche et réponds dans la langue de Rosaline :

– Je ne peux pas !

Je croise le regard de Roméo, espérant qu'il me comprenne.

– J'ai trop honte !

– Tu ne dois pas avoir honte, répond-il, un peu confus. Je t'aime.

– Moi aussi ! Je t'aimerai toujours.

– Alors descends, je t'en prie.

Les gardes nous écoutent, les yeux écarquillés. Je passe enfin la jambe par-dessus le rebord de la fenêtre. Avec un peu de chance, la vue de mes mollets et de mes cuisses les distraira assez longtemps pour me permettre de réussir. Je rassemble mes forces et mon courage. Je l'aime et je ne laisserai personne me l'enlever.

Je suis Rosaline DeSare, une jeune fille connue pour sa douceur et sa piété, mais même les jeunes filles les plus sages peuvent tomber amoureuses des mauvais garçons. Et dans ce cas, il n'y a qu'une solution pour réparer les dégâts. Du moins, à cette époque.

J'arrive à la fin de la corde. Avant de sauter, je me convaincs de ma propre histoire. Des larmes coulent sur mes joues.

Plusieurs bras me reçoivent, dont ceux de Roméo. Je m'accroche à son cou comme s'il était lui-même une corde, la dernière capable de me sauver, et je murmure :

– Je vous en supplie, ne l'emmenez pas. C'est le père de mon enfant !

ÉPILOGUE

Douze ans plus tard…

Roméo

– Mais tu mentais, Maman, n'est-ce pas ? Je n'étais pas encore dans ton ventre ?

Gemma se penche vers moi, ses joues rondes toutes rouges, ses yeux brillants d'excitation, pendant qu'Arielle arrive à la fin de notre histoire familiale.

Elle a mes yeux sombres, mais les cheveux presque blancs et le teint pâle de sa mère. Elle est très belle. Je pourrais la regarder toute la journée sans jamais me lasser. Quand elle n'était qu'un bébé, je restais des heures à la contempler dans son berceau, ébahi par son existence, par le miracle de cet être minuscule que je dois protéger. Elle est parfaite, inoubliable, à couper le souffle.

Presque autant que sa mère.

Je croise le regard d'Arielle. Elle sourit comme si elle avait deviné mes pensées, ce qui est sans doute le cas.

– Oui, acquiesce-t-elle, je mentais, mais j'y étais obligée sinon ton père n'aurait jamais pu quitter Vérone en vie.

Gemma laisse échapper un soupir de soulagement et se tourne vers moi avec cette expression sérieuse qui, je le sais, est une manière de me pardonner une nouvelle fois de n'avoir pas toujours été l'homme qu'elle connaît. Nous ne lui avons pas raconté l'entière vérité, seulement que son père avait commis des actes idiots quand il était jeune et que c'est la raison pour laquelle nous ne pouvons nous rendre à Vérone. Il fallait bien trouver une explication quand elle a commencé à demander pourquoi nous ne rendions jamais visite à Grand-père et Grand-mère DeSare.

Elle n'a que sept ans mais elle est très curieuse et son imagination se nourrit de toutes les histoires que sa mère lui raconte. Des histoires de fées, de dragons, de trolls qui se cachent sous le pont au bout du chemin et, la plus extraordinaire de toutes sur sa mère et moi, et notre voyage dans l'espace et le temps. Arielle ne mentionne pas les moments les plus effrayants mais garde assez d'action pour que notre fille la réclame sans cesse. Ce qu'elle préfère, bien sûr, c'est la fin.

– Et après, Maman, il s'est passé quoi, après ?

– J'ai serré Papa dans mes bras. J'ai raconté aux gardes que le frère Laurence avait promis de nous marier mais qu'il était devenu fou et avait essayé de nous tuer.

Nous estimons que Gemma n'est pas encore assez grande pour connaître l'existence des Mercenaires et des Ambassadeurs.

– Ils ont fini par me croire, poursuit Arielle. Le capitaine de la garde a fait prévenir Grand-père qui nous a rejoints sur place.

Je prends Gemma sur mes genoux. C'est à mon tour de raconter la suite.

– Deux heures plus tard, ta mère et moi étions mariés par le prêtre du village le plus proche. Avant même que le soleil soit levé... Même si ta grand-tante Marie n'était pas très satisfaite des circonstances de ce mariage.

Gemma plisse le nez et les yeux, dans une grimace qui la fait tellement ressembler à la grand-tante Marie que je me retiens de ne pas éclater de rire. J'essaie de ne pas l'encourager.

Du moins, la plupart du temps.

Le sourire d'Arielle ne laisse aucun doute : elle aussi trouve la mine de notre fille hilarante. Mais, comme moi, elle essaie de garder son sérieux et elle reprend l'histoire où elle l'avait laissée.

– Nous étions inquiets de l'avenir mais heureux d'être ensemble. Nous pensions que le pire était derrière nous. Mais nous avions à peine parcouru deux lieues qu'un homme à cheval nous a rattrapés.

Elle vient s'asseoir près de nous sur le divan rembourré de laine que nous avons fait fabriquer – nous n'arrivons pas encore à nous passer d'un certain confort moderne.

– Vous avez cru que c'était un bandit de grand chemin ! s'exclame Gemma.

– Exactement, confirme Arielle, mais en nous approchant, nous avons vu qu'il portait les armoiries de la famille Capulet. Il nous a remis l'acte de propriété d'une petite ferme aux alentours de Mantoue, offerte à Roméo Montaigu par le seigneur Capulet, père de Juliette. Il y avait également un mot de Juliette à mon attention : Merci pour le passé que tu m'as donné dans le futur. S'il te plaît, accepte…

– … ce présent en signe de ma gratitude éternelle ! termine Gemma en riant. Elle était amoureuse du cousin de Papa et ils se sont mariés deux ans plus tard ! Et ils ont des centaines de bébés !

Je la chatouille sous les côtes, transformant son rire en hurlements.

– Pas des centaines, seulement cinq !

– Il en manque quatre-vingt-quinze ! dit Gemma.

– C'est bien, ma fille, tu es forte en calcul, la félicite Arielle.

– Je sais, soupire Gemma sans modestie avant de descendre de mes genoux.

Je saisis l'occasion pour me rapprocher de ma femme, lui passer un bras autour des épaules et respirer son irrésistible parfum de peinture et de fleurs. Malgré les difficultés pour une femme de cette époque de s'adonner à l'art, Arielle a obtenu des commandes de portraits de quelques riches familles de Mantoue. Tant qu'elle ne fait pas d'ombre à la Guilde des artistes – qui n'accepteraient jamais une femme, si talentueuse soit-elle – en leur abandonnant les travaux les plus rémunérateurs dans les cathédrales et les palais, on la laisse à peu près tranquille.

Mon père est mort il y a quatre ans et j'ai hérité de sa fortune, mais au début, c'est la peinture d'Arielle qui nous faisait vivre. Pendant ce temps, je m'occupais du potager et du poulailler. À présent, je me charge aussi de l'éducation de Gemma afin de lui enseigner un savoir inaccessible aux filles du quatorzième siècle. Arielle me taquine souvent en affirmant que je suis le premier homme au foyer de l'histoire mais ça m'est égal. De toutes mes activités, celle de père et de mari est celle qui me convient le mieux.

– J'aimerais bien avoir des frères et sœurs, annonce Gemma en posant ses pieds sur mes genoux afin que je lui tire les orteils.

Elle adore ça depuis qu'elle est toute petite.

– Tu serais obligée de partager ta chambre, répond Arielle, une certaine tristesse dans la voix.

L'accouchement a été difficile et nous n'avons pas été surpris qu'Arielle ne retombe pas enceinte. Nous n'étions pas déçus non plus. Nous avons une merveilleuse petite fille, une belle vie, la liberté sans Mercenaires ni Ambassadeurs... que désirer de plus ? C'est tellement mieux que l'éternité ou une force surhumaine. Ma vie au quotidien : voilà la véritable magie.

– Ça m'est égal ! affirme Gemma. Je suis toute petite, je ne prends pas beaucoup de place.

Arielle lui pince le talon en souriant.

– C'est faux, tu es la plus grande des petites filles de toute la rue.

Gemma cligne des yeux.

– Oui, et je serai la plus grande de toutes les femmes de la ville ! Et je serai peintre comme Maman, mais je ne peindrai que des animaux. Surtout des chevaux.

– Voilà un excellent projet ! dit Arielle en la serrant contre elle.

Elle est encore plus belle qu'avant. Je suis l'homme le plus chanceux de la Terre, mon âme est transformée, tirée des abysses et bénie par un amour plus puissant que le mal, la mort, l'espace et le temps.

– Je t'aime, je murmure.

– Deux mille vingt-quatre, sourit-elle avant de m'embrasser.

Nous couchons Gemma et quand elle est endormie, nous descendons à la rivière juste derrière la maison, avec une bouteille de vin. Nous ôtons tous nos vêtements et nous rappelons avec bonheur qu'il y a des tas de manières de ne pas respecter les règles. Nous nageons, rions et nous embrassons. Les étoiles brillent au-dessus de nos têtes mais, à mes yeux, Arielle est toujours la plus étincelante.

Remerciements

Comme toujours, je remercie l'équipe de Delacorte Press, en particulier mes éditeurs, Michelle Poploff et Rebecca Short, pour leurs conseils, leur soutien et leur enthousiasme. Merci au Barde pour l'inspiration, à Julie Linker pour ses critiques (tu avais raison à chaque fois) et aux Débutantes de 2009 pour leur amitié. Merci aux libraires qui ont travaillé si dur pour mes livres en ces temps difficiles. Merci au département de l'université de théâtre Ithaca du London Center, pour la balade dans les pas de Shakespeare. Ça valait le coup de se geler les pieds ! Et un merci encore plus grand à mes lecteurs. Vous m'inspirez quotidiennement.

S. J.

Achevé d'imprimer en Italie par Canale
Dépôt légal : 1er trimestre 2013